»Wir waren keine Helden«

Eva Fogelman, Psychotherapeutin, Sozialpsychologin und Filmemacherin, ist Mitbegründerin und Leiterin der Jüdischen Stiftung für christliche Retter (Jewish Foundation for Christian Rescuers). Sie arbeitet als Therapeutin am Training Institute for Mental Health mit Überlebenden des Holocaust und als Senior Research Fellow am Graduate Center der City University of New York.

Eva Fogelman

»Wir waren keine Helden«

Lebensretter im Angesicht des Holocaust

Motive, Geschichten, Hintergründe

Aus dem Englischen von
Bodo Schulze

Campus Verlag
Frankfurt/New York

Die amerikanische Originalausgabe »Conscience & Courage. Rescuers of Jews during the Holocaust« erschien 1994 bei Anchor Books Doubleday.

Die deutsche Ausgabe wurde im Einvernehmen mit der Autorin gekürzt.

Die Deutsche Bibliothek – CIP-Einheitsaufnahme

Fogelman, Eva:
»Wir waren keine Helden« : Lebensretter im Angesicht des Holocaust ; Motive, Geschichten, Hintergründe / Eva Fogelman. Aus dem Engl. von Bodo Schulze. – Frankfurt/Main; New York: Campus Verlag, 1995
Einheitssacht.: Conscience & courage < dt.>
ISBN 3-593-35253-2

Umschlaggestaltung: Atelier Warminski, Büdingen
Umschlagabbildung: Edward Hopper, *Night Windows* (1928). Ausschnitt.
Öl auf Leinwand (73,7 × 84,4 cm).
The Museum of Modern Art, New York. Geschenk von John Hay Whitney.
Photographie © 1995 The Museum of Modern Art, NY.
Satz: Satzstudio Rolfs, Hillesheim
Druck und Bindung: Friedrich Pustet, Regensburg
Gedruckt auf säurefreiem und chlorfrei gebleichtem Papier.
Printed in Germany

Meinem lieben Vater und meiner lieben Mutter,
die die Hoffnung nie aufgaben.

Inhalt

Einleitung 9

I. Die Retter und Retterinnen 19

1. *Eine kleine leise Stimme* 21
2. *Der Krieg gegen die Juden und Jüdinnen* 39
3. *Bewußtwerdung* 58
4. *Handeln* 76
5. *Das Retter-Selbst* 86
6. *Die Angst überwinden und Leben retten* 103
7. *Die Beziehungen zwischen Rettern und Geretteten* 152

II. Die Motivation 171

8. *Moralisch motivierte Retter und Retterinnen* 177
9. *Judeophile* 195
10. *Menschen, die sich von Berufs wegen engagierten* 200
11. *Retter und Retterinnen in Netzwerken* 210
12. *Kinder und Jugendliche, die Menschen retteten* 227
13. *Männer und Frauen* 239
14. *Die Bedeutung früher Kindheitserlebnisse* 247

III. Die Nachkriegszeit 265

15. *Nach dem Krieg* 267

Epilog 293

Danksagung 299
Bibliographie 304
Personenregister 319

Einleitung

Um sechs Uhr morgens, am 20. März 1942, war Simcha Fagelman in der Dorfbäckerei von Illya, einer weißrussischen Stadt hundertsechzig Kilometer östlich von Wilna, bereits hart an der Arbeit. An diesem verschneiten, eisigen Märzmorgen schätzte er sich glücklich, als Brotbäcker eine Arbeit im Warmen zu haben. Dennoch konnte der 26jährige Jude ein Gefühl der Angst nicht abschütteln. Wie ein tiefliegender Nebel hing eine Ahnung des Verderbens über den Straßen, sickerte durch Hauseingänge und schlich sich in seinen Hinterkopf ein.

Simcha war kein Mensch, der sich Angstvorstellungen hingab. Er war Soldat oder vielmehr ein ehemaliger Soldat, der nach dem russischen Einmarsch und der Besetzung dieses Teils von Polen Bäcker geworden war. Während einer antijüdischen Mordaktion war er von ortsansässigen Litauern aus seinem Heimatort Wilna vertrieben worden und lebte nun mit seiner Tante, seinem Onkel und einigen anderen Verwandten in diesem kleinen jüdischen Dorf. Das Leben unter den Russen war hart, aber nicht unerträglich. Simcha kam mit seinem russischen Vorgesetzten gut aus und lud ihn bisweilen zum Essen nach Hause ein.

In den letzten neun Monaten aber war sein heikler Friede durch die Deutschen zerschlagen worden. Sie rollten mit ihren Panzern in die Stadt ein und verhängten gegen die jüdische Bevölkerung eine endlose Flut von Beschränkungen, Verfügungen und Verordnungen. An jenem Morgen fingen die Deutschen die Juden auf ihrem Weg zur Arbeit ab und trieben sie auf dem Dorfplatz zusammen. Simcha aber verfehlten die Soldaten. Er war bereits zur Arbeit gegangen.

Um sieben Uhr platzten Angehörige der Gestapo auf der Suche nach Juden und Jüdinnen, die der Razzia entgangen waren, in die Bäckerei. Simcha war in diesem Augenblick zufällig durch einen großen Backofen verdeckt. »Keine Juden hier«, teilte der russische Vorgesetzte den Deutschen vertrauensvoll mit. Die Soldaten gingen.

Ohne einen Moment zu zögern, drängte der russische Bäcker Simcha nach oben auf den Boden, schloß ihn ein und versteckte die Bodenleiter. Um die Aufmerksamkeit abzulenken und einer gründlicheren Durchsuchung vorzubeugen, brachte er die Brotofen auf volle Touren, so daß der Ort unerträglich heiß wurde.

Durch Ritzen in den Brettern des Bodens, auf dem es so eng und heiß war, daß man kaum atmen konnte, schaute Simcha hinaus auf den Platz. Er sah, wie die jüdische Bevölkerung von Illya, auch seine Tante, sein Onkel, seine Cousins und Cousinen sowie seine Freunde, auf dem Platz zusammengedrängt, nackt ausgezogen und erschossen wurden. Die ganze Aktion dauerte nicht länger als einen halben Tag. Eintausend Juden und Jüdinnen, nahezu die gesamte jüdische Bevölkerung von Illya, wurde ermordet. Von Simchas rund ein Dutzend Familienangehörigen, die in Illya gelebt hatten, überlebte nur er selbst.

In der Nacht kehrte der Russe in seine Bäckerei zurück und erzählte Simcha, was geschehen war. Sie wußten beide, daß es nur eine Frage der Zeit war, bis die Nazis das Versteck auf dem Boden finden würden. Hoffnung gab es für Simcha nur, wenn er sich in den Wald schlagen und verstecken würde.

Simcha begegnete einem weiteren Überlebenden namens Shraga Salemyanski, dem Sohn des Dorfmüllers. Zusammen liefen sie in den Wald. Tagelang streiften sie ohne Nahrung und Wasser durch die Wälder und wagten nicht, um Hilfe zu bitten, aus Angst, sie könnten erschossen oder von einem Bauern, der sich eine Belohnung erhoffte, an die Nazis verraten werden. Schließlich blieb ihnen aber keine andere Wahl mehr, denn sie litten Hunger.

Aufs Geratewohl wählten sie ein Bauernhaus und klopften ans Fenster. Die Augen eines Fremden musterten sie eingehend und verschwanden wieder aus dem Blickfeld. Simcha und Shraga warteten. Einige Augenblicke später tauchte das Gesicht erneut auf, und eine Hand schob eine Flasche Milch und einen Laib Brot durch das Fenster. Die Flüchtlinge griffen hastig nach der Nahrung und machten sich davon.

Während des Frühlings und Sommers brachten sie sich durch eigene Willenskraft, Glück und die Mildtätigkeit Fremder über die Runden. Ihre Tage verbrachten sie im Wald, wo sie sich in einem Erdloch verkrochen, das sie für sich gegraben und mit Blättern und Moos bedeckt hatten. Die Nächte verbrachten sie mit dem Organisieren von Eßbarem. Hauptnahrungsquelle waren wildwachsende Heidelbeeren und Walnüsse. Alle paar Tage ging einer der beiden das Wagnis ein, bei einem vereinzelt stehenden Bauernhaus anzuklopfen und etwas Eßbares zu erbetteln. Sie wurden versierte Allesesser. Eine Flasche Milch und ein halber Laib Brot mußten für zwei oder drei Tage reichen.

Auf ihrer Flucht in Richtung Norden steuerte Shraga die Häuser zweier Bauersfamilien an, die er kannte. Aus Angst, ihre Nachbarn könnten sie sehen und sie alle verhaften lassen, verscheuchten die Bauersleute die beiden Männer von ihrem Grundstück. Aber in der Nacht gingen einige Familienangehörige in den Wald, um Simcha und Shraga mit Lebensmitteln und sauberer Kleidung zu versorgen und ihre verlausten Sachen zum Waschen mitzunehmen. Da den Bauern bewußt war, daß die Flüchtlinge bei den eisigen Wintertemperaturen im Wald nicht überleben konnten, arrangierten sie für die beiden Juden ein Treffen mit einer weißrussischen Partisanengruppe. Simcha und Shraga schlossen sich der Widerstandsgruppe an und verbrachten den Rest des Krieges mit Guerilla-Aktionen gegen die Deutschen.

Simcha Fagelman verdankt sein Leben dem Mut eines russischen Bäkkers und der Großzügigkeit von Bauern, die ihre knappen Lebensmittel mit den Flüchtigen teilten. Simcha vergaß sie nie. Ich auch nicht. Simcha Fagelman ist mein Vater.

Dieses Buch ist mein Tribut an alle, die ihr Leben aufs Spiel setzten, um meinen Vater und Tausende anderer Juden und Jüdinnen zu retten. Es dauerte lange, bis es als Vorhaben in mir herangereift war, und der Weg war verschlungen, spielte dabei doch die Geschichte meiner Familie und welche Sicht dieser Geschichte ich im Laufe der Zeit gewann, eine wichtige Rolle. Mein Vater und meine Mutter lernten sich nach dem Krieg kennen, und ich wurde in einem Flüchtlingslager in Kassel geboren. Wenige Monate später wanderte die Familie nach Israel aus, und Simcha Fagelman begann als Simcha Fogelman ein neues Leben.

In meinen Augen war Simcha Fogelman eine heldenhafte Gestalt: ein Partisan und ein Soldat der israelischen Armee. Ich wuchs heran, fasziniert von seinen Leistungen während der Kriegszeit, und ich identifizierte mich mit dem Kampfgeist und der Lebenskraft seines und unseres neuen Heimatlandes. Erst als ich über zwanzig war, änderte sich mein Bild von ihm.

Ich studierte damals Familientherapie in Boston, und es war die beiläufige Bemerkung eines Dozenten, mein Vater sei ein Überlebender des Holocaust, die mich veranlaßte, ihn mit anderen Augen zu sehen. Auch mich selbst sah ich in einem völlig anderen Licht: als das Kind eines Überlebenden. Ich begann Bücher über junge erwachsene Jüdinnen und Juden zu lesen, deren Eltern die Verfolgung durch die Nazis überlebt hatten und die sich von einer Vergangenheit heimgesucht fühlten, an deren Zustandekommen sie keinen Anteil hatten. Sogar von ihren jüdischen Mitmenschen fühlten sie sich isoliert und entfremdet. Ich wollte diese Kinder von Überlebenden zusammenbringen, um ihnen die Möglichkeit zu bieten, ihre Erfahrungen zu teilen und das Gefühl der Isoliertheit aufzubrechen. Mit meiner Freundin Bella Savran, einer Sozialarbeiterin, deren Eltern ebenfalls von polnischen Bauern vor dem Tod bewahrt worden waren, gründete ich eine Unterstützungsgruppe für Kinder von Überlebenden des Holocaust.

Die Gruppengespräche lösten fast notwendig viele Fragen zum menschlichen Verhalten und zur Motivation bei mir aus. Ich wollte mehr wissen. 1979 schrieb ich mich am *Graduate Center* der *City University of New York* (CUNY) als Doktorandin in Sozialpsychologie ein. Ich hatte dort das Glück, bei Stanley Milgram studieren zu können, dessen wegweisende Experimente zu seinem bahnbrechenden Buch *Das Milgram-Experiment* führten. Dr. Milgram vertrat aufgrund seiner Forschungsergebnisse die Auffassung, daß die meisten Menschen die Verantwortung für ihre Handlungen abtreten, sobald sie von einer Autoritätsperson diktiert werden. Damit bot Milgram die erste psychologische Erklärung, wie und warum gute, anständige Menschen schreckliche Taten begehen können.

Meine Aufmerksamkeit fesselten jedoch nicht die Menschen, die der Autorität gehorchten, *sondern die anderen, die ihr nicht Folge leisteten.* Warum gehorchten sie ihr nicht? Ich erinnerte mich an die Geschichten meines Vaters aus dem Krieg. Ich sah den russischen Bäcker und die Bauersfamilien aus Weißrußland vor mir, die meinem Vater geholfen hatten. Was trieb diese Menschen dazu? Warum brachten sie sich für jemanden in Gefahr, den die Machthaber für nicht einmal der Verachtung wert befanden?

John Slawson, Sozialpsychologe und Vizepräsident im Ruhestand des *American Jewish Committee*, interessierte sich ebenfalls für einige dieser Fragen. Er wollte über den Altruismus als das Gegenteil von Autoritätshörigkeit forschen. Stephen P. Cohen, einer meiner Professoren an der CUNY und ein erfahrener Mentor, war von dieser Fragestellung ebenso fasziniert wie ich. Wir griffen Slawsons Projekt auf, gaben der Untersuchung aber eine andere Wendung: Altruismus war unserer Anschauung nach eine konstante Charaktereigenschaft, während altruistisches Verhalten sowohl durch die Persönlichkeit als auch durch die jeweiligen Umstände bedingt ist. Zu den Faktoren, die die Neigung, jemandem zu helfen, verringern oder verstärken, zählt dabei, ob man Gelegenheit hat zu helfen, ob das soziale Umfeld einen dabei unterstützt, ob man über ausreichende finanzielle Mittel verfügt, ob das Stadtviertel geeignet ist und ob einem die Eigenschaften des hilfsbedürftigen Menschen zusagen. Es war ein sozialpsychologischer Ansatz zum Verständnis menschlichen Verhaltens.

Als Projektleiterin wollte ich untersuchen, ob die RetterInnen gemeinsame Züge aufwiesen, und wenn ja, welche. Waren es Frauen und Männer mit einem Hang zum Abenteuer und gefährlichen Leben? Waren es Menschen, die eine ausgeprägte Fähigkeit besitzen, gefahrvolle Situationen durchzustehen? Waren es gesellschaftlich unangepaßte Individuen, denen der Druck, der von ihrem sozialen Umfeld ausgeht, gleichgültig ist? Aber vor allem: Ist es diesen Menschen möglich, ihren moralischen Mut, ganz abgesehen von individuellen Charaktereigenschaften, die sie sonst noch haben mögen, weiterzuvermitteln? Ist es möglich, Kindern nicht nur beizubringen, richtig und falsch zu unterscheiden, sondern auch die nötige moralische Rechtschaffenheit zu entwickeln, um nach dieser Unterscheidung zu handeln? Diese Fragen bildeten den Ausgangspunkt von Slawsons Altruismus-Untersuchung, die als »Retter-Projekt« bekannt wurde.

»Wir waren keine Helden.« Lebensretter im Angesicht des Holocaust entstand aus der Arbeit mit Menschen, mit denen ich im Rahmen des Retter-Projekts Tiefeninterviews durchgeführt habe, sowie aus meinen darauf beruhenden Überlegungen. Im Laufe der letzten zehn Jahre befragte ich mit Volontären aus der Forschungsgruppe mehr als 300 RetterInnen in Nordamerika, Israel und verschiedenen west- und osteuropäischen Ländern. Ich überprüfte die Erinnerungen jedes und jeder einzelnen in Gesprächen mit den jüdischen Menschen, die sie gerettet haben, oder, sofern das nicht möglich war, anhand von Archivmaterial. Dabei spielte der Zeitfaktor eine wesentliche Rolle. Die Ereignisse, die ich untersuchen wollte, lagen nahezu fünfzig Jahre zurück. Die Erinnerungen verblaßten, und viele RetterInnen und ihre Schützlinge hatten bereits ein hohes Alter.

Die meisten, mit denen ich sprach, waren erstaunt, daß sie von jemandem angesprochen wurden, der über RetterInnen forschte. Sie haben sich nie in dem Sinne als Helden begriffen. Aber sie zeigten ein lebhaftes Interesse, mir bei meiner Forschung zu helfen, obwohl es ihnen widerstrebte, das Trauma dieser Zeiten erneut zu durchleben. Oft mußte ich sie mehrere Male besuchen, bis alle meine Fragen beantwortet waren. Im Fall von Stefania Podgórska Burzminska beispielsweise dauerte es nahezu sieben Jahre, bis ich die vollständige Geschichte ihrer Aktivitäten während des Krieges auf Band hatte. Manchmal mußte ich auch mit anderen Leuten sprechen, um die ganze Geschichte zu erfahren. So entdeckte ich zum Beispiel, daß der Junge, den Martha K. zwei Jahre lang in ihrer Berliner Wohnung versteckt hielt, der Sohn eines Juden war, in den sie sich verliebt hatte, den sie aufgrund von Einwänden seitens ihrer Familie aber nicht heiraten konnte. So heiratete er eine andere Frau, und der Junge stammte aus dieser Verbindung.

Niemand weiß sicher, wie viele nichtjüdische Menschen ihr Leben aufs Spiel setzten, um Juden und Jüdinnen während des Holocaust zu retten. In den von den Nazis besetzten Gebieten lebten fast 700 Mio. Menschen. Nur ein verschwindend geringer Bruchteil von ihnen war an Rettungsaktivitäten beteiligt. Rettungsaktivitäten erforderten höchste Geheimhaltung. Leben hingen davon ab. Zahlreiche Frauen und Männer, die an Rettungsaktionen teilhatten, wurden entdeckt und getötet. Manche boten Hilfesuchenden für eine Nacht Schutz; andere versteckten mehrere Menschen über viele Jahre hinweg. Manche halfen nur einmal oder gelegentlich; andere wiederum waren Teil eines anonymen Netzwerks, das sich um Verstecke, Papiere, Lebensmittelmarken und Geld kümmerte. Bisweilen verabschiedeten sich die Christen von den Juden, die sie retteten, mit den Worten: »Versprich mir, daß du nie jemandem meinen Namen erzählst. Schreib mir nie. Viel Glück.«

Die meisten RetterInnen, die ich befragte, erzählten ihre Geschichte zum ersten Mal; die strikte Geheimhaltung ihrer Aktivitäten während des Krieges war ihnen zur Gewohnheit geworden. Und diejenigen, die berichten wollten, hatten die Erfahrung machen müssen, daß die Welt nicht immer begierig war, ihren Erzählungen zuzuhören. Nach der Befreiung dachten die Menschen nur daran, die Schrecken zu vergessen und ihr Leben neu aufzubauen. In manchen Gebieten, die unter Nazi-Herrschaft gestanden hatten, begegneten die Einheimischen den Juden und anderen Minderheiten noch immer mit fanatischer Feindseligkeit. Die Überlebenden setzten das Leben der Menschen aufs Spiel, die sie gerettet hatten, wenn sie ihre Dankbarkeit offen kundtaten. Alles in allem war es daher am klügsten zu schweigen.

Die RetterInnen mußten dafür einen schrecklichen Preis bezahlen. Ein wesentlicher Teil ihres inneren Selbst war zum Schweigen gebracht, und das ließ psychische Wunden zurück. Oft wurden die starken Bindungen, die sie zu den Menschen ausgebildet hatten, denen sie geholfen hatten, mit einem Mal zerrissen; viele erfuhren nie, ob ihre Schützlinge noch lebten oder gestorben waren. Sie fühlten sich abgeschnitten und verlassen.

Die Gespräche brachten diese Gefühle teilweise zum Vorschein und einen dringend nötigen Heilungsprozeß in Gang. Allerdings verstanden viele RetterInnen anfangs nicht, wie Gespräche über vergangene Ereignisse helfen sollten. Viele dieser Männer und Frauen gehören zu einer Generation, die mit der Praxis, die eigenen Gefühle anderen mitzuteilen, nicht vertraut ist und daher nicht weiß, wie hilfreich das sein kann. In Hunderten von Interviews mit RetterInnen stellte sich heraus, daß nur wenige die Hilfe von Fachleuten gesucht haben, um die durch ihre Aktivitäten während des Krieges verursachten Traumata zu überwinden.

Nicht alle Überlebenden des Holocaust waren gewillt, meine Arbeit zu unterstützen. Da ihnen so wenige Nichtjuden geholfen hatten, zogen viele Überlebende die altruistischen Beweggründe der RetterInnen in Zweifel. Viele befürchteten, ich würde durch das Herausstellen der mutigen Taten von nicht mehr als einer Handvoll einzelner die wesentliche Tatsache verdecken, daß sechs Millionen Juden und Jüdinnen ermordert wurden. Zwei Drittel der jüdischen Bevölkerung Osteuropas wurde ausgelöscht, und die meisten Menschen taten nichts, um es zu verhindern.

Aber genau daran entzündete sich mein Interesse. In einer Zeit weltweiter Umbrüche, als die Normen der Zivilisation einstweilig außer Kraft gesetzt waren, hielten einige Menschen an ihren eigenen Moralvorstellungen fest. Sie waren keine Heiligen. Sie waren auch nicht sonderlich heldenhaft und oft alles andere als außergewöhnlich. Es waren einfach durchschnittliche Menschen, die so handelten, wie sie ihrem Gefühl nach in diesen Zeiten handeln mußten. Mit wenigen Ausnahmen – zu denen unter anderem der schwedische Gesandte Raoul Wallenberg gehört, der mehr als 30000 ungarische Juden vor dem Tod bewahrte und große Medienaufmerksamkeit erfuhr – handelte es sich um Menschen, die bisher kaum Beachtung gefunden haben.

»Wir waren keine Helden« soll dazu beitragen, diese historische Lücke zu schließen. Das vorliegende Buch erzählt die Geschichten dieser Menschen und versucht dabei zu erklären, wie sie zu RetterInnen wurden. Als ich mit der Arbeit begann, sprachen viele RetterInnen nur unter der Bedingung mit mir, daß ihre Namen anonym blieben. Viele haben ihre Meinung seither geändert. Diejenigen aber, die ihre anfängliche Position beibehielten, nenne ich nur mit Vornamen und dem Anfangsbuchstaben ihres Nachnamens. Wo es geboten schien, habe ich auch kennzeichnende Einzelheiten geändert. In den Fällen, in denen mir die RetterInnen die Erlaubnis gaben, ihre Geschichten in diesem Buch zu erzählen, benutze ich ihre vollen Namen, und ich bin stolz darauf, ihnen schließlich die öffentliche Anerkennung zu zollen, die sie so sehr verdienen.

»Wir waren keine Helden« zeichnet die psychologische Entwicklung nach, wie Menschen zu RetterInnen wurden. Ich behaupte, daß ein Rettungsakt kein abweichendes Verhalten der Frauen, Männer und Kinder war, die ihn vollzogen, d.h. kein Verhalten, das erst durch die gräßlichen Bedingungen des Zweiten Weltkriegs verursacht wurde. Ebensowenig läßt sich das Handeln der Menschen auf ein unbewußtes Streben nach dem Tod zurückführen. Vielmehr ist der Rettungsakt, wie ich meine, ein Ausdruck von Werten und Überzeugungen, die im Innersten einer Person wurzeln. Dieser Kern der Persönlichkeit, der in der Kindheit geprägt wird, kam während des Holocaust in einem Rettungsakt zum Ausdruck und wirkte auch in den Nachkriegsjahren fort. Der Anstoß zur Rettung von jüdischen Menschen kam aus diesem inneren Kern, und die Tat selbst wurde wiederum ein Teil davon. Dieses Retter-Selbst war und blieb über die Jahre ein integraler Bestandteil der Identität derer, die Hilfe leisteten.

Mein Buch beruht hauptsächlich auf meinen Interviews mit RetterInnen und den Beziehungen, die sich daraus entwickelten. Gelegentlich verwende ich auch die schriftlichen Berichte bekannter RetterInnen und, soweit möglich, Archivmaterial zur Überprüfung. Im ersten Teil erörtere ich den Prozeß der Bewußtwerdung und inneren Wandlung, der Zuschauende zu Rettenden macht, sowie die daraus sich ergebende Entstehung eines Retter-Selbst. Ich beschreibe, wie dieses Selbst im Alltag mit der quälenden Routine einer Rettungshandlung fertig wurde, und ich zeige, wie sich zwischen den RetterInnen und ihren Schützlingen mit der Zeit Beziehungen entwickelten und veränderten. Im zweiten Teil erörtere ich fünf verschiedene Motivationstypen und lege dar, wie die Beweggründe zur Rettung eines Mitmenschen aus einem inneren Kern von unerschütterlichen Werten und Überzeugungen hervorgehen. Ich zeige, wie diese Werte in der Kindheit ausgebildet werden und wie bzw. ob bestimmte Eltern-Kind-Beziehungen und Geschlechter-Differenzen die Entstehung eines Retter-Selbst beeinflussen. Die Persönlichkeit, auch das wird deutlich werden, ist aber nur ein Teil der Geschichte, denn jede Rettung erfordert eine Reihe von Bedingungen, die es überhaupt erst ermöglichen, den eigenen Überzeugungen gemäß zu handeln. Abschließend gehe ich auf die schmerzvollen Nachkriegserfahrungen von RetterInnen ein und erörtere, wie die Erinnerung ihrer Taten ihren Schmerz heilen und gleichzeitig andere dazu bewegen kann, moralisch couragiert zu handeln.

Speerspitze der Bemühungen, die Aufmerksamkeit der Öffentlichkeit auf die Taten der RetterInnen zu lenken, war und ist Harold Schulweis. Mehr als ein Vierteljahrhundert ermunterte dieser Rabbiner aus Encino in Kalifornien WissenschaftlerInnen dazu, über RetterInnen zu forschen, und er kämpfte unermüdlich für die öffentliche Anerkennung ihrer Taten. 1986 schlossen wir uns zusammen und gründeten die Jüdische Stiftung für christliche Retter (Jewish Foundation for Christian Rescuers). Die Stiftung, die nun ein Teil der *Anti-Defamation League* ist, widmet sich der Aufgabe, RetterInnen ausfindig zu machen, offiziell anerkannte RetterInnen öffentlich zu ehren und sich um ihre gesundheitlichen, finanziellen und sozialen Belange zu kümmern. Auf Konferenzen der Stiftung machten zahlreiche RetterInnen miteinander Bekanntschaft und lernten, sich bewußt zu ihrer Vergangenheit zu bekennen. Sie äußern sich nun bereitwillig über ihre Erfahrungen, schreiben ihre Memoiren und halten Vorträge über die Notwendigkeit, Menschen, die anders sind, mit Toleranz zu begegnen und sie zu akzeptieren.

Ich fühlte mich nicht nur persönlich berufen, einzelne Fälle von moralischem Mut aufzuzeichnen, sondern verfolge mit meinem Buch auch ein weitergestecktes Ziel. Ich möchte dem Altruismus seinen guten Namen zurückgeben. Die Menschen haben mit diesem Begriff eher Schwierigkeiten, oder sie wissen nicht allzuviel darüber. Altruistisch veranlagte Menschen werden als Schwächlinge betrachtet, als »Humanitätsapostel«. PsychoanalytikerInnen werten den Rettungsakt als von Rettungsphantasien überlagerten Narzißmus ab oder deuten ihn als unbewußte Abwehrhandlung, als Bedürfnis nach Macht oder Liebe. Holocaust-

ForscherInnen verbannen die Taten von RetterInnen in ihre Fußnoten.

Aber der moralische Mut der RetterInnen und ihre Handlungen verdienen durchaus Beachtung. Sie gehören ebenso zur Geschichte dieser Zeit wie die Gaskammern von Auschwitz. Mein Buch soll einen Beitrag leisten, diese historische Lücke zu schließen. Ich zeige die RetterInnen, wie sie wirklich gewesen sind: keine mythischen Heroen, sondern gewöhnliche Frauen, Männer und Kinder. Daß diese Taten von normalen, unvollkommenen Menschen vollzogen wurden, bedeutet keineswegs, daß sie uns heute nicht mehr eine Lehre sein könnten. Ihre von Mitleid und Mut geprägten Geschichten, ihre kleineren und größeren Taten bleiben beispielhaft.

Überlebende des Holocaust und ihre Familien leisteten einen Schwur, sich stets der unmenschlichen Taten der Nazis zu erinnern und sie immer wieder zu erzählen, damit solche Greuel nie wieder geschehen mögen. Dieses Buch wirft einen Blick auf die wenigen, die der Autorität die Stirn boten und sich selbst in Gefahr brachten, um menschlich zu handeln. Das sind ihre Geschichten. Ich habe sie ausgegraben, aufgezeichnet und untersucht, in der Hoffnung, daß auch ihre Handlungen nie vergessen und immer wieder erzählt werden.

I
Die Retter und Retterinnen

»Das sind die Gerechten unter den weltlichen Völkern, durch die die weltlichen Völker bestehen.«

Hulin 92a

1
Eine kleine leise Stimme

Der deutsche Industrielle Oskar Schindler war ein Schürzenjäger, ein Drahtzieher hinter den Kulissen und ein versierter Bestecher. Der schwedische Gesandte Raoul Wallenberg war ein gewohnheitsmäßiger Lügner und schamloser Fälscher. Der ungarische Polizeirichter Lajos Mihalcsik war ein krimineller Berater. Henri Reyndeers war ein Antisemit. Katrina W. war ein Flittchen. Die niederländische Studentin der Sozialarbeit Marion van Binsbergen Pritchard wurde zur Mörderin.

Ich könnte die Namen von Dutzenden anderer Schleicher, Diebe, Schmuggler, Straßenräuber, Erpresser und Mörder herunterrattern. Unter meinen InterviewpartnerInnen befand sich eine erkleckliche Anzahl solcher Personen. Einzelne, Familien, Netzwerke, ja ganze Dörfer gebrauchten ihre beruflichen Fähigkeiten und nutzen ihre Gewitztheit, alles Nötige zu tun, um das Leben jüdischer Menschen während des Zweiten Weltkriegs zu retten. Es waren Frauen und Männer, die dem Gesetz wiederholt die Stirn boten und ihr Leben für Fremde aufs Spiel setzten. Sie sind geistige Erben der in der jüdischen Überlieferung so genannten *Lamed Vav,* der sechsunddreißig Frommen einer Generation, deren einzige Aufgabe darin besteht, ohne daß sie selbst oder andere davon wissen, ihren Mitmenschen Gutes zu tun. Im Hebräischen nennt man diese Nichtjuden *Hasidei U'Mot Ha'Olam* – »die Gerechten unter den Völkern«. Sie sind RetterInnen.

Sie sind Bauern, Aristokraten, Geschäftsleute, Angestellte, Kindermädchen, Ärzte, Sozialarbeiter, Diplomaten und Hufschmiede. Sie gehören keiner besonderen Nationalität, Gesellschaftsschicht oder Altersgruppe an; sie haben kein bestimmtes Bildungsniveau, und Frauen finden sich darunter ebenso wie Männer. Sie unterscheiden sich im Temperament, in ihren religiösen Anschauungen und politischen Überzeugungen. Manche glauben inbrünstig an Gott; andere sehen sich durch den Holocaust in ihrer Auffassung bestätigt, daß es keinen Gott gibt.

Ob einzeln oder in Gruppen, sie erkannten die Notlage, fanden einen Ausweg und handelten. Als eine Fremde an Magda Trocmés Tür in dem französischen Dorf Le Chambon-sur-Lignon klopfte, handelte die Pfarrersfrau wie aus einem Reflex heraus: Ihr stand eine Fremde gegenüber, die ihr erklärte, sie sei in Gefahr. Es war eine deutsche Jüdin, die aus Nordfrankreich kam und nicht wußte, wo sie hingehen sollte. Ob sie wohl hereinkommen dürfe? »Natürlich, kommen Sie herein, nur herein«, erwiderte Magda Trocmé, ohne zu zögern (Hallie 1983: 130). Die meisten anderen waren eher auf der Hut und vorsichtiger. Jopie D., eine niederländische Psychoanalytikerin, stellte eine 18jährige Jüdin als Hausmädchen ein, warnte sie aber gleichzeitig: »Ich kann Ihnen nicht garantieren, wie ich reagieren werde, sollten die Deutschen mich und meine Tochter bedrohen.«

Die Taten der RetterInnen, mochten sie nun religiös motiviert sein oder nicht, reichten weiter als die des Barmherzigen Samariters im biblischen Gleichnis. Dort kommt ein Priester des Weges, sieht einen blutüberströmten Reisenden am Straßenrand liegen und geht vorüber. Als nächstes kommt ein Levite, der um den Reisenden ebenfalls einen Bogen macht, als er ihn erblickt. Dann aber kommt ein Samariter, der mit dem Reisenden Mitleid empfindet. Er verbindet ihm die Wunden und bringt ihn in eine Herberge. Als er am nächsten Tag weiterzieht, läßt er Geld für die Pflege des Fremden zurück. Mochte diese biblische Geschichte manche auch ermutigen, sich einzumischen, so waren sich die RetterInnen im allgemeinen doch bewußt, daß ihre Entscheidung zur Hilfe weit anspruchsvoller und gefährlicher war, als sich um einen verwundeten Fremden am Straßenrand zu kümmern.

Die Verordnungen der Deutschen sprachen eine deutliche Sprache; die Strafen, die auf Zuwiderhandeln standen, ebenso. Wurde ein Pole beispielsweise dabei erwischt, Brot an jüdische Menschen außerhalb des Warschauer Ghettos zu verkaufen, wurde er automatisch zu drei Monaten Zwangsarbeit verurteilt. Jean Kowalyk, ein 19jähriges Mädchen, das später sieben Juden in dem kleinen Bauernhaus versteckte, das sie mit ihrer Mutter bewohnte, lernte schon früh, daß die Deutschen meinten, was sie sagten. Als sie das polnische Dorf Zorotowyci besetzten, wurden sämtliche Lebensmittel zum Eigentum des »Dritten Reichs« erklärt. Wer für den Eigenbedarf Vieh oder Hühner züchtete, wurde mit dem Tode bestraft. Jeans Tante wurde ertappt, wie sie Nahrungsmittel anbaute, um ihre neun Kinder durchzubringen. Sie wurde verhaftet und in ein Konzentrationslager gebracht. Sechzehn Wochen später kamen nur ihre Kleider zurück.

Der Barmherzige Samariter ging nach einer Nacht seines Weges; die Menschen, die jüdische MitbürgerInnen versteckten, konnten dies nicht tun. Niemand wußte, wie lange der Krieg dauern würde. In manchen Fällen wurde aus dem Angebot, jemanden über Nacht zu beherbergen, eine nervenaufreibende, spannungsreiche Versteckaktion, die sich über Monate und manchmal Jahre hinzog. Die ungewisse und angsterregende Kriegssituation steigerte den Druck einer auch sonst schon gespannten Situation. Angst davor, entdeckt zu werden, überschattete jede Handlung und jeden Gedanken der Hilfeleistenden. Manche Schützlinge waren schwierige Menschen, mit denen man auch unter günstigen Umständen nur schwer hätte zusammenleben können. Sie beklagten sich bei ihren Gastgebern über alles und jedes und lagen untereinander ständig im Streit. Manchmal waren auch die RetterInnen unausstehlich. Sie waren sich bewußt, daß sie sich selbst und ihre Lieben freiwillig in große Gefahr brachten, und dieses Bewußtsein konnte Spannungen auslösen. Bisweilen fragten sie sich: »Sollen wir das Leben unserer Kinder weiterhin solchen Gefahren aussetzen? Sollen wir die Ration für die Familie weiterhin beschneiden, damit genügend Nahrung für alle im Versteck bleibt? Sollen wir unser Leben weiterhin aufs Spiel setzen, wo unsere Kinder doch auf uns angewiesen sind?«

Die Menschen, die anderen Unterschlupf gewährten, mußten ständig mit diesen Fragen ringen, und ihre Antworten konnten sich von einem Augenblick zum nächsten ändern. Ausschlaggebend war dabei oft die Angst. Marion van Binsbergen Pritchard, die einen niederländischen kollaborierenden Polizeibeamten erschoß, um das Leben eines Vaters und seiner drei Kinder zu schützen, denen sie Unterschlupf gewährte, gab das offen zu:

> Es gab Zeiten, da übermannte mich die Angst so sehr, daß ich nicht tat, was ich hätte tun können. Dann dachte ich [...], daß ich das Risiko eigentlich nicht eingehen sollte, denn wenn mir etwas passierte, was würde dann aus den drei Kindern werden, für die ich verantwortlich war. Aber ich wußte, wann ich einfach nur versuchte, vernünftig zu sein (Rittner/Myers 1986:30)

Die Anspannung, die ein solches Leben mit sich brachte, war fast nicht auszuhalten. Manche konnten sie nur bis zu einem gewissen Punkt ertragen. Von Angst geplagt und dem Hungern nahe, konnte Jopie D. ihr junges Hausmädchen gegen Ende des Krieges nicht länger beherbergen. Sie sagte zu ihr, sie solle ihr Fahrrad nehmen und zu ihren Verwandten im östlichen Holland fahren. Beide wußten, wie gefährlich es war, ungeschützt durch ein Gebiet zu fahren, das von erschöpften und verzweifelten deutschen Soldaten besetzt war. Jopies junge Schutzbefohlene überlebte, aber daß sie selbst die Nerven verloren und sich von ihrem Ziel hatte abbringen lassen, beschäftigt Jopie D. noch heute.

Manchmal, wie im Fall des dänischen Retters Svend Aage Holm-Sørensen, zeigte sich die Nervenanspannung erst später. »Es war mir so gut wie unmöglich, über diese Zeit zu sprechen, ohne am ganzen Körper zu zittern oder einen solchen Kloß im Hals zu bekommen, daß ich kein Wort herausbrachte«, erklärt der Anführer des dänischen Rettungsnetzwerks, als ich ihn fragte, warum er seine Taten nie niedergeschrieben habe.

Die Frauen, Männer und Kinder, die ihr Leben riskierten, um andere zu retten, waren Menschen aus Fleisch und Blut, mit gewissen Stärken und Schwächen. Aber als sie mit Menschen konfrontiert wurden, die anders waren, reagierten sie nicht auf diese Unterschiede, sondern für sie waren die Ähnlichkeiten maßgebend. Während die meisten Menschen Juden und Jüdinnen als Ausgestoßene betrachteten, nahmen die RetterInnen sie als Menschen wahr. Diese humanitäre Reaktion entsprang einem unerschütterlichen Kern unwandelbarer innerer Werte, zu denen auch die Akzeptanz von Menschen gehörte, die anders sind. Im Mittelpunkt ihrer Überzeugungen stand die Ansicht, daß viel vom Tun und Lassen des einzelnen abhängt. Sie waren sich bewußt, daß ihre Entscheidung, nicht länger zuzuschauen, sondern zu handeln, für jüdische MitbürgerInnen Leben oder Tod bedeuten konnte.

Die meisten RetterInnen aber sind noch immer verblüfft, wenn jemand ihre Taten als etwas Besonderes hinstellt. Miep Gies, aus Anne Franks Tagebuch als Miep van Santen bekannt, betont: »Eine Heldin war ich nicht.« Doch wiederholt riskierte diese warmherzige, intelligente Frau ihr Leben, um den Franks zu helfen, als sie sich versteckten. »Ich stehe am Ende einer langen, langen Reihe von guten Holländern, die damals das gleiche taten wie ich – oder mehr, viel mehr. Jene finsteren, schrecklichen Zeiten liegen Jahrzehnte zurück, aber für uns, die Zeugen der Vergangenheit, bleiben sie gegenwärtig. […] An mir ist nichts Besonderes. Im Rampenlicht wollte ich nicht stehen. Ich tat nur, worum ich gebeten wurde und was jeweils notwendig erschien.« (Gies 1991:7)

Auch in anderen Ländern bekam ich im Grunde immer wieder ähnliches zu hören. In diesem Sinn äußerte sich das 17jährige polnische Mädchen, das in ihrer Wohnung dreizehn Jüdinnen und Juden versteckte und mit Essen versorgte. So fühlte jener Mann, der sich finanziell ruinierte und seinen Sohn verlor. Und so hallt es in einer Äußerung des dänischen Fischers wider, der mit seinem Boot Juden in Sicherheit brachte: »Es kam jemand, der Hilfe brauchte; über das Risiko haben wir nicht nachgedacht.«

Aus diesen Menschen spricht die ruhige Stimme des Gewissens und des Muts. Ich denke bei ihnen an die »kleine leise Stimme«, die der biblische Prophet Elia hörte, als er die Stimme Gottes vernahm. Es ist die Stimme von Lajos Mihalcsik, dem ungarischen Polizeirichter, der Juden und Jüdinnen wegen kleiner Vergehen bestrafte und sie am nächsten Tag heimlich anrief, um ihnen falsche Papiere oder ein Versteck anzubieten. Es ist die Stimme des deutschen Mädchens, das, indem sie den vorgeschriebenen Gruß »Heil Hitler« durch »Drei Liter« ersetzte, einen kleinen Akt der Auflehnung beging, denn wer nicht vorschriftsgemäß grüßte, machte sich strafbar. Vielleicht läßt sich das, was die RetterInnen auszeichnete, am besten dadurch ermessen, daß man ihre Haltung und ihr Verhalten mit dem von Millionen anderer Menschen in den von den Nazis besetzten Ländern vergleicht. Claude Lanzmann befragt in seinem Dokumentarfilm *Shoah* einen Bauern, dessen Felder in der Nähe des Todeslagers Treblinka lagen. Mit Hilfe eines Dolmetschers entspinnt sich zwischen Lanzmann und dem Bauern folgender Wortwechsel:

> Erinnert er sich an die Ankunft des ersten Judentransports aus Warschau am 22. Juli 1942?
>
> Ja. Er erinnert sich ganz genau an den ersten Transport, und als all diese Juden hierhergebracht wurden, begannen sich die Leute zu fragen: »Was werden sie mit ihnen machen?«. Sie wußten wohl, daß sie umgebracht werden sollten, aber man wußte noch nicht wie. Als die Leute dann langsam begriffen, was vor sich ging, waren sie bestürzt, sie haben angefangen, untereinander zu sagen, daß seit Bestehen der Welt noch nie so viele Menschen auf diese Weise ermordet worden waren.
>
> Während sich all das vor ihren Augen abspielte, ging das tägliche Leben weiter, sie arbeiteten auf den Feldern?
>
> Natürlich arbeiteten sie, aber sie hatten nicht den Arbeitswillen wie sonst. Sie waren gezwungen zu arbeiten, aber wenn sie sahen, was hier geschah, sagten sie sich: »Und wenn sie in der Nacht unser Haus umstellen und auch uns holen?«

> Hatten sie auch Angst um die Juden?
>
> Er sagt, es tut ihm nicht weh, wenn ich mir den Finger abschneide. Aber in jedem Fall haben sie gesehen, was mit den Juden geschehen ist, denn alle Transporte, die hier ankamen, gingen ins Lager und die Menschen verschwanden. (Lanzmann 1988:40f.)

Für mich steht dieser Bauer exemplarisch für Millionen von Menschen, die gleichgültig, in vielen Fällen auch beifällig, zuschauten, wie Hitler systematisch sechs Millionen Juden und Jüdinnen ermordete. Gleichwohl sagt mir mein Verstand, daß ein einzelner in den meisten Fällen nur wenig tun konnte, um den Massenmord zu verhindern. Wenn die Deutschen eine Razzia durchführten, war es unmöglich, dazwischenzutreten. In den Städten waren die Suchaktionen der Nazis nach jüdischen Menschen, die deportiert werden sollten, gut organisiert und gründlich. Die Spitzel der Nazis saßen überall und warteten nur darauf, versteckte Juden und Jüdinnen an die Behörden zu verraten. Die jüdischen Gemeinden auf dem Land waren voneinander abgeschnitten und unbewaffnet. Gerüchte über Schlächtereien versetzten die jüdische Bevölkerung in Schrecken, aber niemand hatte genaue Informationen. Sie waren eine leichte Beute. Mit blitzartiger Geschwindigkeit bewegten sich die Einsatzgruppen – schwerbewaffnete Tötungseinheiten, die aus Angehörigen der SS, der Waffen-SS, der Gestapo und anderer Gruppen bestanden – von Stadt zu Stadt, von der Ostsee bis zum Schwarzen Meer und mordeten Juden. Oft war die ganze Aktion schon nach wenigen Stunden vorbei. Den Bauern blieb keine Wahl, als weiterhin ihre Felder zu bestellen.

Nur eine Handvoll einzelner schaffte es, Wege zur Hilfe zu finden. Zuweilen war die Hilfe, die sie leisten konnten, durch ihre berufliche Tätigkeit vorgezeichnet. Während einer Mordaktion der Nazis gelang es einem bulgarischen Bäcker, neun Juden in seinem Backofen zu verstekken. In Polen fanden einige Juden, die vor der mörderischen Zerstörung des Lvover Ghettos flohen, in den Abwasserkanälen Zuflucht, in denen ihre beiden Retter arbeiteten.

Je höher die Berufsposition, je größer das Geschäft, um so mehr Menschen konnte geholfen werden. Der deutsche Fabrikbesitzer Oskar Schindler beschützte 1200 Juden und Jüdinnen, indem er sie beschäftigte und den Nazi-Behörden gegenüber betonte, sie seien als IndustriearbeiterInnen unentbehrlich für die deutschen Kriegsanstrengungen. Raoul Wallenberg nutzte seinen Diplomatenposten, um Tausende ungarischer Juden vor der Deportation zu bewahren. Er fälschte schwedische Pässe und argumentierte gegenüber der Besatzungsmacht, die Inhaber dieser Pässe seien BürgerInnen eines neutralen Landes und stünden insofern unter seinem Schutz. Der Plan entsprang der Verzweiflung und wurde mit allem gebotenen Ernst durchgeführt. Es klappte – obwohl das ganze Unternehmen auch etwas Komödienhaftes an sich hatte. Einer der Juden, die Wallenberg gerettet hat, erinnert sich, wie »seltsam es anmutete, daß uns dieses Land der Super-Arier – die Schweden – unter seine Fittiche nimmt. Wenn ein orthodoxer Jude mit Hut, Bart und Koteletten vorüberging, sagten wir oft: »Schau' mal, da kommt wieder so ein Schwede.« (Bierman 1981:96f.)

Bei der Wahl der Hilfsmittel konnten manche RetterInnen zwar auf ihre berufliche Tätigkeit zurückgreifen, aber wie sie das ganze Unterfangen anpackten und wie erfolgreich es war, hing von ihrer Persönlichkeit ab. Schindler war ein notorischer Trinker und Lebemann, wußte das aber zu nutzen. Er trank mit Nazi-Beamten und war daher stets bestens informiert; er bestach sie mit Schnaps und Zigaretten vom Schwarzmarkt und versicherte sich dadurch ihrer Mitarbeit. Wallenberg nutzte sein außergewöhnliches Organisationstalent, um ein 400 Personen umfassendes Netzwerk zu begründen, das ihm dabei behilflich war, die Deportation einer Viertelmillion ungarischer Juden und Jüdinnen zu verhindern. Einmal befreite Wallenberg mit seinen Mitarbeitern eine Gruppe von jüdischen Deportierten, indem er darauf setzte, daß der Nazi-Offizier in Budapest kein Ungarisch lesen könne. Sie fabrizierten eine Menge offiziell aussehender, aber bedeutungsloser Dokumente wie Führerscheine und Steuerbelege, die Wallenberg einem deutschen Offizier als Personalausweise und Beleg ihres geschützten Status vorlegte.

Heldentaten hatten ihren Preis. Der dänische Kriegsdienstverweigerer Harry LaFontaine und die Juden, die er nach Schweden übersetzte, wurden von den Nazis gefangengenommen. Die jüdischen Frauen und Männer wurden in ein Konzentrationslager gebracht und LaFontaine zum Verhör ins Gestapo-Hauptquartier mitgenommen. »Die Gestapo konnte sich vorstellen, daß ich ihnen vielleicht etwas mitzuteilen habe«, erinnert sich Harry LaFontaine. »Sie legten meine Hand zwischen zwei Stangen und brachen mir alle fünf Knochen. Von da an brauchten sie das Ding nur zusammenzudrücken, und ich erzählte ihnen alles, was sie wissen wollten.« (Harry LaFontaine überlebte den Krieg und wurde als Fachmann für Spezialeffekte beim Film bekannt, wo er unter anderem an James Bond-Filmen mitwirkte.)

Als ich über die RetterInnen und über altruistisches Verhalten nachzudenken begann, gab es in der psychologischen Literatur kaum Antworten auf meine Fragen. Als Reaktion auf die Greuel des Zweiten Weltkriegs versuchten Psychologinnen und Psychologen zu ermitteln, welche Faktoren für das Gedeihen des Bösen verantwortlich waren. Zwei Fragen beschäftigten die WissenschaftlerInnen dabei: Wie konnten diese Greuel geschehen? Und könnte so etwas auch in den Vereinigten Staaten passieren? John Slawson vom *American Jewish Committee* drängte eine Gruppe von Sozialwissenschaftlern, die in den dreißiger Jahren aus Nazi-Deutschland geflüchtet waren, diese Fragen zu erforschen. Die Wissenschaftler suchten herauszufinden, aufgrund welcher Persönlichkeitsstrukturen und Erziehungsmuster Menschen dafür anfällig werden, auf andere ethnische oder religiöse Gruppen feindselig zu reagieren. Ergebnis war das bahnbrechende Werk *Studien über Autorität und Familie* (Horkheimer u.a. 1987). Darin wird ein enger Zusammenhang zwischen einer Reihe tiefsitzender Persönlichkeitsmerkmale – wie Mangel an Unabhängigkeit, Autoritätshörigkeit, rigide moralistische Reaktionsweisen und offene Vorurteile – und einer hierarchischen, autoritären Eltern-Kind-Beziehung aufgestellt.

In der Psychologie wird gewöhnlich das normale Verhalten der Mehrheit der Menschen untersucht. Abweichungen werden weitgehend außer acht gelassen. So konzentrierte sich das Interesse der *scientific community* an Stanley Milgrams Experimenten darauf, daß die meisten Versuchspersonen einer Autoritätsinstanz Gehorsam leisteten. Nur wenige interessierten sich für die, die sich den aufgestellten Geboten verweigerten.

Milgrams Forschung zur Gehorsamsbereitschaft gegenüber Autoritäten war angelegt zu erklären, unter welchen Bedingungen durchschnittliche, anständige Menschen einer böswilligen Autorität gehorchen. Zu Beginn der Experimente teilte er den Versuchspersonen mit, sie würden an einer Untersuchung teilnehmen, mit der herausgefunden werden solle, wie sich Strafen auf den Lernprozeß auswirken. Sie sollten den »Lehrer« spielen und versuchen, ihrem »Schüler« eine Reihe sinnloser Wörter beizubringen. Machte der Schüler einen Fehler, versetzte ihm der Lehrer einen recht schmerzhaften Elektroschock. Die Schockintensität wuchs mit jedem Fehler. Der Schüler war jedesmal ein Schauspieler, und in Wirklichkeit gab es keine Elektroschocks. Milgram wollte nur untersuchen, wie weit die Menschen bei der Ausführung von Befehlen einer Autoritätsperson – in diesem Fall war es ein Wissenschaftler im weißen Kittel – gehen würden. Milgram stellte fest, daß die meisten Versuchspersonen ihren Schülern starke Schocks verabreichten. Manche zwangen sogar Schüler mit einer vorgeblichen Herzschwäche, ihre Hand auf die Metallelektrode zu legen. Die Experimente zeigten, daß durchschnittliche Menschen, die einfach nur ihre Arbeit tun, ohne dabei sonderlich feindselige Gefühle zu hegen, zu Werkzeugen eines grauenvollen Vernichtungsprozesses werden können.

Die RetterInnen entsprechen nicht der Norm. Sie fallen aus dem Rahmen und wurden lange Zeit ignoriert. Die WissenschaftlerInnen wußten nicht einmal, wie sie diese anomalen Leute bezeichnen sollten. »Gerechte Nichtjuden« ließ die nötige akademische Objektivität vermissen. »Christliche Retter« machte die notwendige Unterscheidung zwischen jüdischen und christlichen RetterInnen, ließ aber die RetterInnen anderer Religionsgemeinschaften außer acht. Tina Strobos, eine niederländische Psychiaterin, die in Amsterdam mehr als einhundert Juden und Jüdinnen gerettet hat, blieb eine standfeste Atheistin. Sie wird ganz unruhig, wenn man sie als »christliche« Retterin bezeichnet. Die meisten WissenschaftlerInnen, mich eingeschlossen, bezeichnen diese Menschen als nichtjüdische RetterInnen.

Es gibt noch andere Faktoren, die dazu führten, daß die RetterInnen nicht wahrgenommen wurden. Nach dem Sieg der Alliierten standen die militärischen Leistungen und politischen Probleme im Mittelpunkt der Weltöffentlichkeit; die RetterInnen wurden darüber vergessen. »Niemand, ich meine, wirklich niemand wollte wissen, was in den Konzentrationslagern geschah«, erinnert sich Svend Aage Holm-Sørensen, ein dänischer Retter, der für seine Bemühungen mit Konzentrationslager bestraft wurde. »Die Buchläden waren voll mit Büchern von Berufsschreibern, die sich über lebende und gefallene [Kriegs-] Helden und Saboteure verbreiteten.« Der kriegsmüden Öffentlichkeit lag nur daran, zum bürgerlichen Leben zurückzukehren, und so versuchte sie geschäftig, erneut einen Sinn für die Normalität zu entwickeln. Der anfängliche Schrecken und die Abscheu, die die Entdeckung der Konzentrationslager hervorrief, wich dem weit dringenderen Bedürfnis, die Realität der Judenvernichtung zu vergessen.

Als die Öffentlichkeit sechzehn Jahre später von den Verbrechen gegen die Menschheit hörte, wachte sie schließlich auf. Das 1961 in die

Wege geleitete Gerichtsverfahren gegen Adolf Eichmann, der die Vernichtung der Juden durch die Nazis an leitender Stelle koordiniert hatte, rückte die Konzentrationslager in den Mittelpunkt der Aufmerksamkeit und brachte der Öffentlichkeit zum erstenmal zu Bewußtsein, daß es Menschen gab, die auf eigene Faust versucht haben, jüdische Menschen zu retten. Während des Prozesses wurde vor Gericht die schriftliche Zeugenaussage des deutschen Bauingenieurs Hermann Gräbe verlesen. Für die Arbeit am deutschen Schienennetz stellte Gräbe bewußt jüdische Arbeitskräfte ein und schützte sie unter Einsatz seiner ganzen Autorität als leitender Bauingenieur vor den Todesschwadronen der Nazis. Dank seiner außerordentlichen Anstrengungen wurde das Leben von mehr als 300 jüdischen Männern und Frauen in der Ukraine, in Polen und in Deutschland gerettet.

Hermann Gräbe war während der Gerichtsverhandlung nicht anwesend, aber seine schriftlichen Ausführungen über die Massenmorde, deren Zeuge er in Rovno geworden war, hallten im Gerichtssaal eindringlich wider. Die Tötung von 800 bis 1000 Männern, Frauen und Kindern, schrieb er, habe ihn so empört, daß er sich schwor, alles in seiner Macht Stehende zu tun, um den Tod weiterer jüdischer Menschen zu verhindern.

Harold Schulweis, ein junger Gemeinderabbiner aus Nordkalifornien, hörte von Hermann Gräbes Zeugenaussage während des Eichmann-Prozesses und fand darin Trost. Er erblickte in den Taten des deutschen Ingenieurs einen Schimmer Hoffnung angesichts eines ansonsten deprimierenden Menschheitsporträts. Im Jahr 1962 machte Schulweis eine dringende Eingabe, das moralische Heldentum der RetterInnen anzuerkennen.

> Weisheit, Glaube und Wahrheit nötigen uns, diese Taten der Gerechten in Erfahrung zu bringen, aufzuzeichnen und zu würdigen. In welchem Moralkodex steht, daß das Böse das Gute verdunkeln darf? Welche verderbte Logik bringt uns dazu, die Erinnerung an das Noble im Menschen auszulöschen, um die Erinnerung an seine Entartung zu bewahren? Wenn wir die verbrecherischen Schandtaten ausgraben, dürfen wir die Tugenden der Menschheit deshalb noch lange nicht begraben. (Schulweis 1962)

Schulweis' beredtes Plädoyer durchbrach das Schweigen, das die RetterInnen umgab, und das Zögern der Welt, ihre Taten anzuerkennen. Gleichzeitig wurden die Verantwortlichen bei Yad Vashem, Israels Denkmal und Gedächtnisstätte für die Märtyrer und Helden des Holocaust, an ihren Auftrag erinnert, auch Nichtjuden, die das Leben von Juden und Jüdinnen gerettet haben, anzuerkennen. Yad Vashem war mit dem Ziel gegründet worden, der von Premierminister David Ben-Gurion befürchteten historischen Unwissenheit der israelischen Generationen, die nach dem Holocaust geboren werden, entgegenzuwirken. Das 1953 verabschiedete »Gesetz zum Gedenken an die Märtyrer und Helden« sieht vor, alle Menschen öffentlich anzuerkennen, die auf die Bezeichnung »Gerechte unter den Völkern« Anspruch erheben können. Das Gesetz erwähnte jedoch nur die »hochherzigen Gerechten, die ihr Leben aufs Spiel setzten, um Juden zu retten«, ohne auszuführen, wer sie waren. Erst 1963, zwei Jahre nach dem Eichmann-Prozeß, erfüllte die Gedenkstätte ihren Auftrag, auch nichtjüdische RetterInnen zu würdigen.

Die Verzögerung ist verständlich. Niemand wollte sich mit diesen finsteren Zeiten aufhalten. Wer zurückblickte, neigte dazu, sich die Kriegsjahre in einseitiger Schwarzweißmalerei vorzustellen: entweder Verbündeter oder Feind, Täter oder Opfer. Wie die steif posierenden Personen auf einer alten Fotografie wurden die Menschen in der allgemeinen Erinnerung in eine starre Haltung gezwungen, und durch die Kriegsdarstellungen von Kriegsberichterstattern und Historikern wurde dies noch bestärkt.

Die Yad Vashem-Gedenkstätte veränderte diese Sichtweise, indem sie eine andere Art Kriegshelden definierte: die RetterInnen. Yad Vashem bestimmt, wer zu diesem Kreis gehört, und wie der Staat Israel ihnen Anerkennung zollen soll. Die Würdigungszeremonie ist eine öffentliche, feierliche Angelegenheit. In der Allee der Gerechten, die zum Museum führt, wird ein Johannisbeerbaum gepflanzt und mit einer Tafel versehen, auf der Name und Staatsangehörigkeit der zu ehrenden Person verzeichnet sind. Ihre Taten werden während der Feierlichkeiten vorgetragen und in das Museumsarchiv aufgenommen. Anschließend überreichen israelische Staatsbeamte den einzelnen, in manchen Fällen auch einer ganzen Gruppe, eine Ehrenmedaille und eine Urkunde. Die Medaille trägt eine Inschrift aus dem Talmud: »Wer ein Leben rettet, rettet die ganze Welt.« Die Inschrift stellt die rettende Tat in den bedeutsamen Zusammenhang, den sie verdient. Das talmudische Bild bezieht sich auf das gesamte Wirken der Menschen und spiegelt die Anschauung, daß alle Taten, die guten und die bösen, sich die Waage halten. Schon die nächste Tat irgendeines Menschen kann die Waage in die eine oder andere

Richtung neigen. Im Fall der Menschen, die andere Leben retteten, machte der Altruismus, den sie zeigten, den entscheidenden Unterschied. Das Gute obsiegte.

Yad Vashem hat bisher mehr als 12000 Retter und Retterinnen gewürdigt. Die Kriterien, die der Anerkennungsausschuß bei der KandidatInnenauswahl anlegt, sind ebenso streng wie umstritten. Nur Nichtjuden kommen in Frage. Juden, die andere Juden gerettet haben, werden weder von Yad Vashem noch von irgendeiner anderen Institution anerkannt. Um für die Ehrung in Betracht zu kommen, muß man mehr getan haben, als jemandem einmal kurz unter die Arme zu greifen. Die guten Bauersleute, die meinem Vater eine Flasche Milch und einen Laib Brot reichten, retteten damit sein Leben, aber nach den Yad Vashem-Richtlinien handelt es sich dabei lediglich um einen gewöhnlichen Akt der Mildtätigkeit.

Darüber hinaus schließt der Yad Vashem-Anerkennungsausschuß auch die HelferInnen aus, die jüdische Verfolgte retteten, um einen persönlichen Nutzen daraus zu ziehen. Dazu gehören all diejenigen, die bestrebt waren, ihre Schützlinge zum Christentum zu bekehren, die ein Kind adoptieren wollten oder die für ihre Hilfe bezahlt wurden bzw. später bezahlt werden sollten. Alle KandidatInnen müssen von der Person oder den Personen nominiert werden, die sie gerettet haben, oder aufgrund anderer Dokumente oder Zeugenaussagen für die Kandidatur in Frage kommen. Aus jeder Vorlage muß klar und deutlich hervorgehen, daß der Kandidat bzw. die Kandidatin an keinen Nazi-Aktivitäten beteiligt war und die Rettung auch nicht in letzter Minute unternahm, um das eigene Verhalten während des Krieges in einem günstigeren Licht erscheinen zu lassen.

Meine Definition einer Retterin oder eines Retters folgt im allgemeinen den Yad Vashem-Richtlinien, obwohl ich mir über keinen Retter und über keine Retterin eine Meinung bilde, bevor ich nicht selbst mit ihm oder ihr und wo möglich auch mit der Person oder den Personen, die er oder sie vor dem Tode bewahrte, gesprochen habe. Nicht immer ist die Sachlage eindeutig, wie Richter Moshe Bejski vom Obersten Gerichtshof Israels, ehemaliger Arbeiter in Schindlers Fabrik und nun Vorsitzender des Yad Vashem-Ausschusses für die Gerechten unter den Völkern bereitwillig einräumt: »Ob jemand als Gerechter unter den Völkern eingestuft wird, ist weniger eine Frage des Buchstabens als des Geistes des Gesetzes.«

Nehmen wir zum Beispiel den Fall der beiden Näher Leopold Socha und Stefak Wróblewski. Anfangs halfen sie den einundzwanzig Juden aus Lvov nur gegen Bezahlung. Dreizehn Monate lang besuchten sie ihre Schützlinge sechsmal wöchentlich in ihrem feuchten, dunklen Versteck und versorgten sie mit Lebensmitteln, Neuigkeiten und Sabbatkerzen. Jeden Freitag nahmen die Arbeiter die schmutzige Wäsche mit und brachten sie am folgenden Montag von ihren Frauen frisch gewaschen und gebügelt zurück. Doch dann ging den Juden das Geld aus. Sie beschlossen, alle zusammenzulegen und mit den letzten Geldreserven denjenigen zu retten, der bisher den größten finanziellen Beitrag geleistet hatte. Die beiden Näher aber hatten eine andere Vorstellung: »Solange ihr unter unserer Rechtsprechung steht und wir für euch verantwortlich sind, seid ihr alle gleich«, sagte Socha. »Entweder ihr überlebt alle oder keiner von euch.« Von den einundzwanzig Juden überlebten schließlich zehn. Sie berichteten Yad Vashem von den Umständen ihrer wundersamen Rettung, und die Kommission verlieh den beiden Nähern und ihren Ehefrauen den Ehrentitel »Gerechter unter den Völkern«.

Die Sachverständigen von Yad Vashem haben sich eine schier übermenschliche Aufgabe gestellt. Sie dürfen nicht nach den oberflächlichen Umständen einer Rettung urteilen, sondern müssen den RetterInnen ins Herz und in die Seele blicken.

Bei der Beurteilung solch subjektiver Dinge wie Absicht und Motivation sind Fehler unvermeidlich. Verärgert weisen Überlebende auf Fälle hin, in denen die Auszeichnung unverdientermaßen verliehen wurde. So ist ein deutsches Ehepaar geehrt worden, weil es für seinen Sohn eine Jüdin als Kindermädchen einstellte. Die Ehrung fand auf Drängen des Sohns und nach der Zeugenaussage des Kindermädchens und deren Tochter statt. Wie sich später herausstellte, war der Vater ein Nazi. Weder er noch seine Frau wußten, daß das Kindermädchen eine Jüdin war, als sie es einstellten. Erst nach dem Krieg hatten sie davon erfahren.

Angesichts Tausender von RetterInnen, die eine Ehrung durch Yad Vashem verdient hätten, aber wohl nie anerkannt werden, erscheinen solche Irrtümer vergleichsweise geringfügig. Miep Gies schätzt, daß sie nur eine von 20000 NiederländerInnen war, die bei der sicheren Unterbringung von Juden und Jüdinnen halfen. Manche handelten auf eigene Faust; andere waren in einem Hilfswerk organisiert, das nur unter strengster Geheimhaltung und unter Wahrung der Anonymität seiner Mitglieder sicher arbeiten konnte. Diese namenlosen Schmiede, Geschäftsleute und Hausbesitzer besorgten falsche Ausweispapiere, Lebensmittelmarken, Geld und Verstecke. Die Vorsicht gebot es, daß man voneinander so wenig wie möglich wußte. Wer sein Haus Menschen öffnete, die vom Widerstand geschickt waren, vermied die namentliche Vorstellung seiner Familienangehörigen. Manche Juden verbrachten die drei oder vier Jahre, während derer sie sich verstecken mußten, bei bis zu vierzig verschiedenen RetterInnen. Einige von ihnen wurden ergriffen und getötet. An ihre Heldentaten erinnert kein Baum.

Daß die meisten Retterinnen und Retter bewußt anonym blieben und nur ungern über ihre Aktivitäten während des Krieges sprachen, hüllte sie in einen Mantel der Unsichtbarkeit, der es anfangs schwierig machte, sie aufzufinden. Wie schwierig es sich gestalten sollte, konnte ich im Sommer 1981 feststellen, als ich zu einem Treffen von 10000 Überlebenden des Holocaust und ihrer Kinder nach Israel flog. Ich dachte, es müßte möglich sein, über die Überlebenden die Namen einiger RetterInnen in Erfahrung zu bringen. Inmitten der ersten tränenreichen Wiedersehensszenen von Überlebenden, die Mitmenschen aus ihrer Heimatstadt, dem Ghetto oder Konzentrationslager trafen, reichte ich Fragebögen herum. Ich fuhr nicht mit Hunderten von Namen nach Hause. Der Anlaß war für die Überlebenden zu sehr mit Gefühlen befrachtet, als daß sie sich um die Fragen einer Forscherin kümmern konnten. Nach der Konferenz füllten einige den Fragebogen aus und schickten ihn mir zu.

Jahre später wurde mir klar, warum ein Treffen von Überlebenden des Holocaust nicht der beste Ort ist, um nach Menschen, die andere gerettet haben, zu suchen. Überlebende stellen selbst eine Hierarchie des Leidens auf: Sie haben das Gefühl, daß Menschen, die in einem Versteck überlebten, nicht dieselbe Entwürdigung und Demütigung erfuhren wie die Überlebenden der Lager. Der Gestank der Todeslager schwebt noch immer über jenen, die in ihnen gefangen waren, und die Lagernummern, die auf ihre Arme tätowiert wurden, kennzeichnen sie als lebendige Mahnung an einen Alptraum, an den sich niemand zurückerinnern will. Manche Israelis bezeichneten die Opfer des Holocaust als *sabonim* oder Seife – eine gefühllose Anspielung auf das mögliche Los derer, die vergast wurden. So wurden die Überlebenden der Konzentrationslager noch einmal entwürdigt. Ihre Treffen dienen dazu, Wunden zu heilen und ihr zerstörtes Selbstwertgefühl wieder aufzubauen.

Auch AkademikerInnen und Angehörige des Gesundheitswesens verstanden unter einem Überlebenden des Holocaust jemanden, der ein Konzentrationslager oder Ghetto überlebt hatte. Erst seit ein paar Jahren erkennen manche HistorikerInnen und PsychologInnen an, daß Menschen auf unterschiedlichste Weise die Verfolgung durch die Nazis überlebten: Sie konnten sich verstecken, fliehen, als Arier ausgeben oder in einer Widerstandsgruppe kämpfen. Meine Forschung gehört zu den ersten Versuchen, die Definition der Überlebenden weiter zu fassen.

Auch wenn der Beginn meiner Nachforschungen von Hindernissen gesäumt war, so brachte er mir doch den Namen einer Person zur Kenntnis, die meine erste Interviewpartnerin werden sollte. Ilse Löwenberg, eine deutsche Überlebende, schrieb mir, daß sie ihr Leben einer deutschen Näherin verdanke, die sie in ihrer Berliner Wohnung versteckt gehalten habe. Ilse Löwenberg, eine orthodoxe Jüdin, beschreibt ihre Retterin als »geliebte Schwester«. Jedes Jahr fährt sie von ihrem Wohnort Queens im US-Bundestaat New York nach New Jersey, wo die beiden Frauen zusammen Weihnachten feiern.

An einem kalten Dezembertag nahm ich den Bus nach Somerville in New Jersey, um Elizabeth Bornstein, die Ilse Löwenstein gerettet hat, zu befragen. Ich war gespannt und der Meinung, gut vorbereitet zu sein. Ich hatte Biographien gelesen, mit HistorikerInnen gesprochen und war noch einmal die wissenschaftliche Literatur über altruistisches Verhalten und die Entwicklung von Moral durchgegangen. Und trotzdem war es eine Herausforderung, auf diese nicht gerade einnehmende Frau zu treffen, die durch ihr unerschrockenes Handeln das Leben ihres jüdischen Mannes und das ihrer Freundin aus Queens gerettet hatte. Auch Elizabeth Bornstein war etwas erstaunt. Sie war besorgt, ihr Gedächtnis könnte sie verlassen und sie hätte mir nicht allzuviel mitzuteilen. Sie hatte sich vorsorglich Namen, Daten und Zeiten notiert. Ihr Gedächtnis verließ sie jedoch keineswegs. Im nu entstanden die Schrecken der Kriegszeit, die Angst vor Entdeckung und die Nöte des Alltagslebens wieder vor ihren Augen. Es schien ihr, als wäre es erst gestern geschehen. Sechs Stunden später hatte sie mir immer noch nicht alles erzählt.

Das nächste Mal sah ich sie bei einer feierlichen Zeremonie im israelischen Konsulat in New York, wo sie als Gerechte unter den Völkern geehrt wurde. Meine Interviews hatten ihre öffentliche Anerkennung initiiert.

Wann immer sich die Gelegenheit bot, ermunterte ich Überlebende, schriftlich Zeugnis abzulegen, damit die Person, der sie ihr Leben verdanken, von Yad Vashem anerkannt werden könne, und sei es auch nur, um einen mutigen Menschen zu würdigen und eine historische Lükke zu schließen. Bei vielen Menschen half der Prozeß der Anerkennung ihrer Taten, die psychischen Wunden der Kriegszeit zu heilen. Manche, die nie erfahren hatten, ob ihre Schützlinge überlebten, nachdem sie ihre Obhut verlassen hatten, entdeckten nun, daß die Geschichte, an der sie mitgeschrieben hatten, gut ausgegangen war. Zum erstenmal seit dem Krieg trafen sie wieder mit den Menschen zusammen, die sie gerettet hatten. Andere konnten sich durch die schriftliche Niederlegung ihrer Erfahrungen einen jahrelang unterdrückten Teil ihres Selbst wieder aneignen und sich darin wiedererkennen.

1985 erhielt meine Suche nach Retterinnen und Rettern einen unerwarteten Anstoß. Eine israelische Fernsehsendung berichtete von den schlimmen Lebensbedingungen einiger in Israel lebender RetterInnen. Die Fernsehkamera zeigte, in welch ärmlichen Verhältnissen manche dieser Menschen lebten, von denen viele ihre Schützlinge geheiratet hatten und nach Israel ausgewandert waren. Viele waren verwitwet und lebten allein. Die Nachbarn zeigten ihnen die kalte Schulter, weil sie keine Juden waren, und aus demselben Grund hatten sie in Israel auch keinen vollen Rentenanspruch. Die Sendung sorgte für Aufsehen. Allgemeine Betroffenheit machte sich breit. Das israelische Parlament traf sich zu einer Sondersitzung, um die Situation zu untersuchen, und der Yad Vashem-Ausschuß für die Gerechten unter den Völkern kümmerte sich um soziale Hilfeleistungen und organisierte eigens Veranstaltungen. Eine Suche nach in Israel lebenden Retterinnen und Rettern begann.

Im Jahr darauf gründete Harold Schulweis die »Stiftung zur Unterstützung gerechter Christen«, die später in »Jüdische Stiftung für christliche Retter« umbenannt wurde, und betraute mich mit der Leitung. Der Auftrag der Organisation besteht in Schulweis' Worten in *hakarat hatov,* in der Anerkennung von Güte. Sie verfolgt das Ziel, Menschen ausfindig zu machen, die Juden und Jüdinnen gerettet haben, ihnen – wenn nötig – finanzielle Hilfe und soziale Unterstützung zu gewähren und ihrem moralischen Mut die gebührende Anerkennung zu erweisen. Dank der Stiftung erhalten mehr als 1200 RetterInnen in achtzehn Ländern fortlaufend finanzielle, medizinische und soziale Hilfe.

Die israelische Fernsehsendung und zahlreiche Zeitungs- und Zeitschriftenartikel bewirkten, daß die RetterInnen nicht länger unsichtbar blieben. Wo ich zunächst Mühe gehabt hatte, ihre Namen ausfindig zu machen, verfügte ich nun über so viele Anhaltspunkte, daß ich nicht allen nachgehen konnte. Eine Reihe von Freiwilligen aus der Stiftung halfen mir bei meinen Befragungen und unterstützten die RetterInnen bei der Abfassung ihrer Zeugenaussagen. Als sich schließlich Osteuropa öffnete und die Sowjetunion auseinanderbrach, wurde ich mit Namen von RetterInnen schier überschwemmt.

So faszinierend die Geschichten von RetterInnen sind, mußte ich doch auch feststellen, daß sie auf viele ZuhörerInnen beunruhigend wirken. Das altruistische Verhalten von RetterInnen bringt die Leute aus dem Gleichgewicht, da es ihr Selbstverständnis als gute Menschen in Frage stellt. Sie können nicht umhin, sich beim Zuhören zu fragen: »Was hätte ich getan? Hätte ich den Mut aufgebracht, den Machthabern die Stirn zu bieten? Hätte ich mein Leben aufs Spiel gesetzt? Und das meiner Familie?«

Ein durchschnittliches Publikum hört zu, gerät ins Staunen und zweifelt an seiner eigenen Fähigkeit zu selbstlosem Handeln. Dieses Unbehagen wiederum läßt es daran zweifeln, daß jeder sich altruistisch verhalten kann. Die Leute suchen nach Hintergedanken und Nebenabsichten. Besonders deutlich wird dies an den Antworten junger Menschen, die mit den elektronischen Medien aufgewachsen sind. »Wo ist da der Haken?«, wollen sie wissen. Viele junge Leute glauben einfach nicht, daß es damals Menschen gab und heute noch gibt, die nicht immer ihre eigenen Belange in den Vordergrund rücken.

Im Frühjahr 1986 veranstaltete ich mit einer polnischen Retterin und den Juden, die sie vor dem Tod bewahrt hatte, im Diaspora Museum von Tel Aviv einen Workshop über RetterInnen. Die Geretteten und die Retterin tauschten ihre Erinnerungen an diese Rettung und ihre Nachwirkungen aus. Die Israelis, die dem Workshop beiwohnten, hatten noch nie einen Retter oder eine Retterin kennengelernt. Sie glaubten nicht, was sie hörten, und löcherten die Überlebenden nach den Beweggründen der Retterin. Waren sich die Überlebenden sicher, daß ihre Retterin keine Belohnung erwartete, sobald der Krieg vorbei sein würde? Brachte die Retterin den Besitz ihrer Schützlinge an sich, während sie sie versteckte? Sie glaubten ganz offensichtlich nicht, daß jemand lediglich aus tief empfundener Moral und persönlicher Integrität heraus handeln könne.

Die Juden und Jüdinnen, deren Familien ihrer Häuser beraubt und ohne den leisesten Protest zusammengetrieben und ermordet worden waren, glaubten einfach nicht an selbstlose Taten. Sie stellten sich vor, daß Katrina W. – die einen deutschen Grenzposten ablenkte, indem sie mit ihm schlief, damit sich eine jüdische Familie über die Schweizer Grenze in Sicherheit bringen konnte – dafür wohl bezahlt wurde. Sie taten Henri Reyndeers Wandlung vom Antisemiten zum Retter, der im Zusammenhang eines belgischen Netzwerks tätig war, als zu unwahrscheinlich ab, um glaubwürdig zu sein.

Doch gab es auch in diesen finsteren Zeiten einige moralisch mutige Menschen, die fest daran glaubten, daß es sehr wohl darauf ankommt, was sie tun und wie sie sich verhalten. Sie hatten altruistische Beweggründe. Sie sahen Menschen in Not und wollten helfen. Ona Simaite aß nur Kartoffeln und Kohl, um genügend Lebensmittel für Juden und Jüdinnen übrig zu haben. Elisabeth Heimsk, eine deutsche Quäkerin aus München, starb in einem Konzentrationslager, weil sie versuchte, die jüdischen Waisenkinder zu beschützen, die sie versteckt hielt. In einem Dutzend Dörfer der südfranzösischen Regionen Vivarais-Lignon und Cévennes hielten die BewohnerInnen zusammen und versteckten rund 5000 jüdische Kinder und Hunderte von Familien vor den Nazis. Im italienischen Assisi nahmen Franziskanermönche 200 jüdische Flüchtlinge in ihre Obhut.

Ein Vorfall im deutschen Wankheim veranschaulicht, welcher Geist viele RetterInnen beseelte. Es war in der Gegend allgemein bekannt, daß Pfarrer Richard Gölz Feinden des Nazi-Regimes Zuflucht gewährte. Eines Tages platzten einige Nazis auf der Suche nach dem flüchtigen Bürgermeister von Leipzig in sein Pfarrhaus. Sie wollten wissen, ob der letzte Besucher des Pfarrers dieser Mann gewesen sei. Daraufhin erwiderte Richard Gölz: »Das wäre eine große Ehre gewesen, aber er war es nicht.«

2
Der Krieg gegen die Juden und Jüdinnen

Viele RetterInnen sehen sich außerstande, jemandem, der diese Zeiten nicht durchlebt hat, die Beweggründe ihres Handeln zu erläutern. Während des Krieges gab es keine Regeln. Das Vertraute schien fremd und das Merkwürdige normal. Im Rückblick können sich manche RetterInnen selbst nicht erklären, warum sie sich so verhalten haben. Wie konnten sie nur ihre Familien in Gefahr bringen? Wie konnten sie nur so handeln? Und solche Dinge sagen? Die Geschichtsschreibung hat ihnen nur wenig Aufmerksamkeit geschenkt, und das wenige, was über sie geschrieben wurde, gewährt keinen Einblick in die Psychologie oder Beweggründe dieser Menschen. Die HistorikerInnen überlassen die Beantwortung solcher Fragen bereitwillig anderen. Ihr Interesse ist auf die Erklärung des historischen Zusammenhangs gerichtet, in dem die RetterInnen handelten (Bauer 1978). Gleichwohl liefert ein historischer Überblick über diese geschichtliche Phase das nötige Hintergrundwissen, um die Taten der RetterInnen adäquat beurteilen zu können. Zwar mag es für uns, die wir damals nicht dabei waren, schwierig, vielleicht sogar unmöglich sein, die wahre Natur der damaligen Ereignisse zu verstehen, jedoch scheint es nützlich, den historischen Hintergrund kurz zu umreißen, um die Ereignisse und den ganzen Zeitabschnitt in einem angemessenen Licht wahrzunehmen.

Im Jahr 1932 waren die Aussichten für die meisten deutschen Arbeiter und Arbeiterinnen sehr düster. Die ansatzweise Verbesserung der finanziellen und psychologischen Lage in Deutschland nach dem Ersten Weltkrieg wurde durch die wirtschaftliche Depression wieder zunichte gemacht. Die deutsche Industrie hatte keinen sicheren Stand und versank in Schulden. Arbeitsplätze waren rar. Entlassene Fabrikarbeiter lungerten auf der Straße herum und drängten sich in den Bierkneipen.

Inmitten dieser finanziell schwierigen Zeit kam Adolf Hitler mit seiner Nationalsozialistischen Deutschen Arbeiterpartei an die Macht. Vielen

Arbeitslosen gab Hitler eine Beschäftigung in seinen Sturmabteilungen (SA), und er versprach, wieder Vollbeschäftigung herzustellen und die wirtschaftliche Lage zu bessern. Den Industriellen und Geschäftsleuten bot er sich als Alternative zu der wachsenden Macht der Kommunistischen Partei an. Denen, die noch immer unter der demütigenden Niederlage im Ersten Weltkrieg und den Kapitulationsbedingungen litten, versprach er, Deutschland wieder zur Weltmacht aufzubauen und zur mächtigsten Nation der Erde zu machen. Dieser schwindelerregenden Vision arischer Überlegenheit fügte Hitler ein weiteres Element hinzu: den Haß auf die jüdischen Menschen.

Hitlers fanatischer Antisemitismus war keineswegs eine bloße Nebenvorstellung, um überzeugte Antisemiten anzuziehen und andere von seinen eigentlichen Absichten – seiner unersättlichen Machtgier und seinem Willen zur Weltbeherrschung – abzulenken. Im Gegenteil: Der Rassismus stand im Mittelpunkt der nationalsozialistischen Weltanschauung. Danach ging die Überlegenheit der arischen Rasse Hand in Hand mit der Wiederherstellung Deutschlands als Weltmacht. Für Hitler waren Jüdinnen und Juden minderwertig, Untermenschen, Dreck und Ungeziefer, ein »Krebsgeschwür im Volkskörper«, und er rief den Pöbel zum Krieg gegen die Juden auf (Dawidowicz 1979).

Das Vorkriegs-Deutschland schenkte ihm Gehör. Im Januar 1933 wurde Hitler zum deutschen Reichskanzler ernannt. Zug um Zug ergriff er alle nötigen Maßnahmen, um seine Macht zu festigen und jede oppositionelle Kraft auszuschalten. Unter dem Vorwand, das deutsche Volk vor der drohenden kommunistischen Gefahr zu bewahren, peitschte er eine Reihe von Notverordnungen durch, die die Grundrechte der Rede-, Presse- und Versammlungsfreiheit außer Kraft setzten und dem Regime die Möglichkeit einräumten, ohne richterliche Anordnung Hausdurchsuchungen durchzuführen und allgemein jede Maßnahme zu ergreifen, um die öffentliche Sicherheit wiederherzustellen.

Starkbewaffnete SA-Einheiten konnten ungestraft durch die Straßen ziehen. Unter dem Vorwand, »zersetzende Elemente« festzunehmen, griffen sie willkürlich jüdische Menschen von der Straße auf und schlugen sie zusammen. Anfangs waren davon nicht nur Juden und Jüdinnen betroffen, sondern auch politische Gegner (KommunistInnen und SozialdemokratInnen) und wer immer gegen das neue Regime protestierte: JournalistInnen, SchriftstellerInnen und kritische Geistliche. Bereits im März 1933, knapp zwei Monate nach der Ernennung Hitlers zum

Reichskanzler, waren die Gefängnisse mit Tausenden von Menschen überfüllt, die aufgrund »präventiver« Sicherheitsmaßnahmen verhaftet worden waren. Noch im selben Monat wurde in Dachau, einer Kleinstadt unweit von München, das erste Konzentrationslager gebaut. Bald darauf wurden viele andere errichtet. Im Sommer 1933 gab es rund zehn Lager und Haftanstalten, in denen mehr als 25000 Menschen inhaftiert waren (Dawidowicz 1979:77f).

Die Kirchen, Unternehmensgruppen und soziale Einrichtungen buhlten um die Gunst des neuen Regimes. Der Vatikan erkannte den neuen nationalsozialistischen Staat schon frühzeitig an, um seine Priester zu schützen und einen gewissen Einfluß in Deutschland zu behalten. Am 8. Juli 1933 unterzeichnete der Vatikan ein Konkordat mit Nazi-Deutschland, das dem neuen Regime Respektabilität und Legitimität verschaffte. Der Deutsche Richterbund gelobte seine Treue. Es war ein trauriges Omen dessen, was sich während des Krieges auf dem ganzen Kontinent wiederholen sollte: ein allgemeines Versagen der Institutionen, Hitlers rassistische Politik zurückzuweisen. Die Entscheidung, ob man dieser Politik zustimmen oder die Stirn bieten sollte, blieb den einzelnen überlassen. Auf der einen Seite standen Autorität, Sicherheit und die Neutralität, wenn nicht Zustimmung der Institutionen; auf der anderen menschlicher Anstand. Jeder einzelne traf seine Wahl. Es war eine persönliche, mitunter sehr einsame Entscheidung.

Luitgard Wundheiler erinnert sich, wie ihr Vater, ein Marburger Richter, die Sache erwog. Wie alle deutschen Beamten erhielt er im Jahre 1936 eine schriftliche Aufforderung, der NSDAP beizutreten und einen Treueeid zu unterschreiben. Nachdem er dies mit seiner Frau besprochen hatte, rief er die 14jährige Luitgard in sein Arbeitszimmer, gab ihr den Brief zu lesen und fragte sie, was sie meine – ob er unterschreiben solle. Sie wußte, wie er sich entscheiden würde. Er solle nicht unterschreiben, weil das eine Lüge wäre, und ihr Vater log nie. Siebenundfünfzig Jahre später erinnert sich Luitgard noch immer, mit welchem Scharfsinn ihr Vater darlegte, was dabei auf dem Spiel stand:

> Bevor du ganz spontan und eindeutig mit Ja oder Nein antwortest, möchte ich, daß du dir auch über die möglichen Folgen im klaren bist. Ich weiß zwar nicht genau, welche Folgen das haben wird, aber irgendwelche wird es haben. Im besten Fall werde ich meine Arbeit verlieren. Im schlimmsten werden sie mich holen, und du wirst mich dein Lebtag nicht wiedersehen. Dazwischen gibt es eine Reihe verschiede-

ner Möglichkeiten. Vielleicht stecken sie mich in ein Konzentrationslager und lassen mich später wieder frei; jedenfalls wird es irgendwelche Konsequenzen haben, und ich möchte, daß du das weißt.

Schließlich weigerte sich ihr Vater, ein grundehrlicher und der Gerechtigkeit leidenschaftlich verpflichteter Mensch, der NSDAP beizutreten. Er wurde unverzüglich aus der Richterschaft entfernt, konnte sich aber eine Stelle als Gerichtsdiener beschaffen. Während der verbleibenden Jahre der Nazi-Herrschaft lebte die Familie nur knapp über der Armutsgrenze.

Die meisten Deutschen hatten sich schon früher zwischen ihren persönlichen Überzeugungen und der völkischen Politik zu entscheiden. Im April 1933 riefen die Nazis zum Boykott jüdischer Geschäfte auf. Es war der erste Fall von staatlich veranlaßtem Antisemitismus, ein organisierter und offizieller Versuch, die Juden und Jüdinnen als »andere« abzustempeln. Vor den Geschäften sowie den Arzt- und Anwaltspraxen jüdischer Menschen standen Wachen, um eventuelle Besucher einzuschüchtern. Das war ein entscheidender Augenblick. Würde es funktionieren? Würden sich die Deutschen dazu bringen lassen, sich von ihren Nachbarn und Freunden zu distanzieren?

Wenige widersetzten sich dem Boykott, die meisten schlossen die Augen vor dem Unrecht. »Die Universitäten schwiegen, die Gerichte schwiegen, und der Reichspräsident, der auf die Verfassung vereidigt ist, schwieg«, schrieb Leo Baeck, der herausragende Vorsteher der liberalen jüdischen Gemeinde von Berlin. Für Rabbiner Baeck war das »der Tag der größten Feigheit. Ohne diese Feigheit wäre alles weitere nicht geschehen.« (Baker 1982)

In schneller Folge wurde eine Reihe von Gesetzen erlassen, durch die die Juden zunehmend ausgegrenzt und in ihren Rechten beschnitten wurden. Sie wurden aus der Beamtenschaft ausgestoßen, aus dem Gerichtswesen verbannt und aus den Universitäten und öffentlichen Schulen hinausgeworfen. Schließlich wurden am 15. September 1935 die Nürnberger Gesetze verabschiedet, so genannt nach der Stadt, in der die Nationalsozialistische Partei in jenem Jahr ihren Parteitag abhielt. Die Nürnberger Gesetze übersetzten die Weltanschauung der Nazis in politische Realität. Jeder Mensch, der mindestens ein jüdisches Großelternteil besaß, wurde als Jude bzw. Jüdin definiert. Auch jüdische Menschen, die zum Christentum übergetreten waren, oder Kinder aus Mischehen, die als »Mischlinge« bezeichnet wurden, waren davon betroffen. Ihnen allen wurde die deutsche Staatsangehörigkeit aberkannt. Nichtjüdische

Deutsche durften weder eine Jüdin oder einen Juden heiraten noch außereheliche Beziehungen mit ihnen unterhalten; auf Zuwiderhandeln standen Gefängnisstrafen (Gordon 1984). Der Spalt, der sich durch den Boykott, mit dem alles anfing, zwischen der deutschen jüdischen Bevölkerung und dem Rest der BürgerInnen aufgetan hatte, weitete sich nun zum gähnenden Abgrund. Wer ihn überschritt, tat es auf eigene Gefahr.

Die Strafen, die auf den Bruch dieser Gesetze standen, wurden postwendend vollzogen: ohne Warnung, ohne Berufungsmöglichkeit, ohne eine zweite Chance. Ein Lehrer, dem nachgesagt wurde, er sei zu einem jüdischen Schüler nett gewesen, verlor seine Stelle. Ein Geschäftsinhaber, der für den jüdischen Besitzer als Strohmann fungierte, wurde verhaftet. Jeder konnte Opfer polizeilicher Handlungen werden, nicht nur politische Dissidenten. Wer der Linie der NSDAP nicht folgte, konnte von Psychiatern, die dem Nazi-Regime wohlgesonnen waren, für geisteskrank erklärt und in ein Konzentrationslager geschickt werden.

Die Konzentrationslager erfüllten die Herzen der Zivilbevölkerung mit Schrecken. Auch vor der Errichtung der Todeslager und Gaskammern starben zahlreiche Menschen in Lagern oder wurden umgebracht. Viele Gefangene erlagen der Erschöpfung oder fielen Krankheiten zum Opfer, die auf Unterernährung, zermürbende Schwerstarbeit und sadistische Wächter zurückzuführen waren. Manche wurden bei angeblichen Fluchtversuchen erschossen.

Diese Nachrichten verbreiteten sich rasch. Die in Berlin wohnende Protestantin und Näherin Elisabeth Bornstein war daher zu allem bereit, nur um die Freilassung ihres jüdischen Ehemannes zu erwirken, der in das Konzentrationslager Buchenwald eingeliefert worden war. In ihrer Verzweiflung wandte sie sich in einem persönlichen Brief an den preußischen Innenminister und spätereren Chef der Luftwaffe Hermann Göring. Einen Hoffnungsschimmer erblickte sie in der Tatsache, daß Göring ebenfalls eine fünfjährige Tochter hatte und ihn die schlimme Lage, in die die Familie geraten war, daher vielleicht rühren könnte. Zu ihrem Erstaunen wurde ihr Brief beantwortet. Elisabeth sollte für ihre Eltern den Ariernachweis erbringen und belegen, daß ihre Tochter getauft war.

Aber ihre Tochter war nie getauft worden. Elisabeth hatte sich nie darum gekümmert, weil sie dachte, daß sich ihr Pastor sicherlich weigern würde, ein Kind mit einem jüdischen Familiennamen zu taufen.

Aber nun blieb ihr keine Wahl. Obwohl sie befürchtete, daß er ihr die Bitte abschlagen und sie den Behörden melden könnte, sprach sie bei ihm vor und erzählte ihm ihre Geschichte. Der Pastor erfaßte die Situation sofort. Er war selbst gerade aus einem Konzentrationslager freigelassen worden und kannte den Terror, der dort herrschte, aus eigener Erfahrung. »Kommen Sie nächsten Sonntag in die Kirche; ich werde das Mädchen nach dem Gottesdienst taufen«, war seine Antwort.

Neun Monate nach seiner Verhaftung wurde Elisabeth Bornsteins Ehemann aus Buchenwald entlassen. Er war an Typhus erkrankt und humpelte, weil man ihm ein Bein zertrümmert hatte. Aber zumindest vorübergehend waren er und seine Frau in Sicherheit.

Hitlers totalitäre Ziele und sein Drang, die jüdischen Menschen aus dem »Dritten Reich« zu vertreiben, waren von Anfang an offenkundig. Der Völkermord wurde erst begonnen, als dieses Unterfangen fehlschlug. Seine Vorgehensweise änderte sich jedoch nie. Um sich die örtliche Bevölkerung gefügig zu machen und jede Opposition zu zerschlagen, wandte er drei außergewöhnlich wirksame Mittel an: die Unterlaufung bestehender Gesetze durch die Verabschiedung neuer (insbesondere solcher, die die jüdischen Menschen isolierten und ihre Rechte einschränkten), ein endloser Strom von Propaganda und tatkräftiger Terror. Zunächst erachteten es viele Deutsche als nicht der Mühe wert, eine dermaßen ungehobelte und komische Gestalt ernstzunehmen und sich ihr zu widersetzen, und mit der Zeit wurde es immer schwieriger und gefährlicher. Die Historikerin Lucy Dawidowicz (1979:57) schreibt:

> Hitler kam legal an die Macht, indem er die Buchstaben des Gesetzes benutzte, um das Gesetz umzustoßen. Kluge Menschen waren überzeugt, daß Hitler sich nicht lange würde halten können, daß Anstand, Vernunft und politische Ordnung sich durchsetzen würden – müßten. Keine zivilisierte Nation, kein vernünftiges Volk, wurde behauptet, könnte Massenhysterie als Ersatz für Parlamentarismus, Terrorherrschaft anstelle der Herrschaft des Gesetzes ertragen. Aber die Deutschen waren in eine makabre Ära eingetreten, in der das Böse und Vernunftwidrige zwölf endlose Jahre herrschten und die ganze Nation verführt werden sollte.

Nach der Evian-Konferenz, dem erfolglosen Versuch, eine Bleibe für die deutsche jüdische Bevölkerung zu finden, diente die Erschießung eines untergeordneten deutschen Gesandtschaftsrats in Paris durch einen polnischen Juden, dessen Vater aus Deutschland vertrieben worden war, als Vorwand für die sogenannte Reichskristallnacht vom 9. auf den 10. November 1938. Sie machte alle Hoffnung zunichte, daß sich die Vernunft bald wieder durchsetzen oder irgendeine staatliche Einrichtung zugunsten der Jüdinnen und Juden einschreiten würde. Auf Befehl aus Berlin begann die SA im ganzen Land gegen die jüdischen Menschen zu wüten. Zahlreiche Synagogen wurden bis auf die Grundmauern niedergebrannt. Mehr als 7000 jüdische Geschäfte wurden geplündert und zerstört. Nahezu einhundert Juden wurden ermordet und Tausende anderer zusammengeschlagen und verletzt. Rund 30000 jüdische Menschen wurden festgenommen und nach Dachau, Buchenwald oder Sachsenhausen gebracht. Wer immer für jüdische Menschen Partei ergriff, lief Gefahr, ebenfalls verhaftet zu werden. Die jüdische Gemeinde mußte eine Milliarde Reichsmark »Schadensersatzleistung« zahlen.

Keine deutsche Organisation erhob ihre Stimme, um die Barbarei zu verurteilen. Einzelne Personen, darunter Monsignore Bernhard Lichtenberg, der dem bischöflichen Hilfswerk für bedrängte Juden in Berlin vorstand, prangerten das Wüten der Nazis an. Andere halfen. Kardinal Michael von Faulhaber stellte dem Oberrabbiner von München einen Lastwagen zur Verfügung, um religiöse Gegenstände aus der Synagoge zu retten, bevor sie zerstört wurde. Hunderte von Deutschen versteckten ihre jüdischen Freunde, Nachbarn und Kollegen. Sogar ausländische Besucher halfen. Während der Mob vor seinem Berliner Hotel wütete, versteckte der kurz zuvor entthronte Boxweltmeister im Schwergewicht, Max Schmeling, die beiden Söhne eines befreundeten Juden in seiner Suite. Vier Tage lang blieb der ehemalige Champion unter dem Vorwand, er sei krank, in seinem Hotelzimmer, bis er benachrichtigt wurde, daß man die Jungen nun sicher an einen anderen Ort bringen könne.

Als Hitler 1933 an die Macht kam, lebten in Deutschland eine halbe Million Juden. Sechzigtausend davon wanderten während der ersten beiden Jahre der nationalsozialistischen Herrschaft aus. Manche Deutsche und auch einige jüdische Persönlichkeiten, darunter der Berliner Rabbiner Leo Baeck, drängten ihre jüdischen Freunde, das Land zu verlassen. Wer Einblick in die inneren Angelegenheiten des neuen Regimes hatte, tat das mit besonderem Nachdruck. Frieda Suss drängte die jüdischen Nachbarn ihrer in Bayern lebenden Mutter wiederholt, außer Landes zu gehen. Sie war mit einem in der französischen Botschaft in Berlin tätigen Beamten verheiratet und wußte daher, in welch schrecklicher

Gefahr die jüdischen Bekannten schwebten. Die Nachbarn ihrer Mutter, die Familie Kissinger, wollten das Land nicht verlassen. Ludwig Kissinger, ein Mathematiklehrer und Veteran des Ersten Weltkriegs, war der festen Überzeugung, »sie werden keine deutschen Offiziere anrühren«, erinnert sich Frieda Suss. Sein Sohn Heinrich, der spätere Henry Kissinger, spielte gerne Fußball und wollte das Land auch nicht verlassen. Die Familie Suss aber war hartnäckig. Suss eröffnete mit seinem eigenen Gehaltsscheck und Geld von Ludwig Kissinger ein Bankkonto in den Niederlanden. Schließlich floh die Familie Kissinger doch nach Holland, wo sie dank der Hilfe von Herrn und Frau Suss über genügend Geld für die Überfahrt in die Vereinigten Staaten verfügte.

Nach der Kristallnacht brauchten die Jüdinnen und Juden nicht mehr überredet zu werden, das Land zu verlassen; sie versuchten es verzweifelt. Zwischen Ende 1938 und Anfang 1939 verließen 50000 jüdische Menschen Deutschland. Als Hitlers Truppen im März 1938 in Österreich einmarschierten und das Land annektierten, flohen weitere 85000 Menschen. Eine noch größere Anzahl floh ein Jahr später, als Hitler die Tschechoslowakei besetzte. Da der Strom der aus Deutschland und Österreich Fliehenden zu einer Flut anschwoll, begannen immer mehr Länder, ihre Grenzen für jüdische Flüchtlinge zu schließen. Die Evian-Konferenz, die Franklin Roosevelt für den 6. Juli 1938 anberaumt hatte, um den Massenexodus der Flüchtlinge zu besprechen, endete ergebnislos. Es wurde deutlich, daß kein Land sie aufnehmen wollte. Ohne Hilfe saßen die jüdischen Menschen in der Falle.

Einmal mehr sprangen einzelne Menschen in die Bresche. Sie halfen, selbst auf die Gefahr hin, verhaftet und in ein Konzentrationslager gesteckt zu werden. Sie versorgten Jüdinnen und Juden mit falschen Papieren und Pässen sowie mit dem nötigen Geld, um Deutschland verlassen zu können. Die Problemlage erforderte jedoch weniger ein individuelles als ein organisiertes Vorgehen. In Deutschland wie auch in anderen europäischen Ländern bildeten sich Untergrundorganisationen. Die 19jährige Marion Fürst aus Stuttgart zum Beispiel arbeitete für eine Hilfsorganisation, die von sympathisierenden Geschäftsleuten finanziert wurde. Die hochgewachsene blonde, blauäugige junge Frau arbeitete als Kassiererin in einem Warenhaus. Im Vertrauen darauf, ihr arisches Aussehen würde sie vor Verdächtigungen schützen, nahm sie gefälschte Papiere, Zugfahrkarten und Geld mit zur Arbeit und steckte die Utensilien im Laufe des Tages heimlich in die Einkaufspackungen der jüdischen Kunden, die ihr das Kodewort des Tages – meist ein lateinisches Wort oder einen Pflanzennamen – zuflüsterten.

Am 1. September 1939 marschierten die deutschen Truppen in Polen ein. Zwei Tage später erklärten Großbritannien und Frankreich Deutschland den Krieg. Hitler konnte seine militärischen und weltanschaulichen Ziele nun offen verfolgen. Er verlor dabei wenig Zeit. Polen fiel innerhalb eines Monats. Die Beute wurde zwischen Deutschland und dem verbündeten Rußland aufgeteilt. Rußland übernahm Litauen, Lettland, Estland und Ostpolen, während sich die Deutschen des westlichen Landesteils bemächtigten. Wer von der jüdischen Bevölkerung die Möglichkeit hatte, floh vor den vorrückenden Deutschen. In Wyszków, einer Kleinstadt nahe Warschau, überredete der Vater meiner Mutter einen Mann, der ein Pferd und einen Wagen besaß, der Familie eine Spazierfahrt in die Umgebung zu gönnen. Sie fuhren ostwärts bis nach Rußland hinein, den Bomben und den nachkommenden Deutschen immer einen Schritt voraus. Als sie anhielten, waren die Deutschen weit hinter ihnen, und sie selbst befanden sich nun mit rund 25000 anderen polnischen Juden tief in Rußland in solch unbekannten Gegenden wie Usbekistan, Sibirien und dem Ural.

Für Hitler waren die polnischen Slawen eine Rasse von Untermenschen, die nur ein wenig über den Juden stand. Er und seine Truppen sahen keinen Grund für taktische Rücksichten. Ihre Methoden waren grobschlächtig und mörderisch. Hitler brachte die polnische Regierung vollkommen unter seine Kontrolle und begann sogleich, einen Teil der Bevölkerung niederzumetzeln. In dem Dorf Szalas wurden alle dreihundert Männer, die über fünfzehn Jahre alt waren, festgenommen; ein Teil starb im Maschinengewehrfeuer, die übrigen schlossen die Nazis in eine Schule ein, die sie daraufhin in Brand setzten (Gilbert 1982:39).

Obwohl für die polnische jüdische Bevölkerung schon damals besondere Qualen und der Tod vorgesehen waren, wurde in diesem Stadium noch nach dem Zufallsprinzip gemordet. Die Deportationen und die Gaskammern gehörten noch der Zukunft an. Im Augenblick gab sich Hitler damit zufrieden, die jüdischen Menschen ihrer Häuser und Geschäfte zu berauben und sie in Ghettos zu stecken. Angesichts der beengten und schmutzigen Lebensumstände, die dort herrschten, brachten manche ihre Kinder gegen Bezahlung bei Nachbarn oder Freunden unter. In anderen Fällen erboten sich die Nachbarn selbst, die Neugeborenen und Kleinkinder aufzunehmen. Gegen Ende des Jahres

1940 gab es in allen größeren Städte im deutschbesetzten Teil Polens Ghettos.

Anfangs waren die Ghettos »offen«, so daß die Menschen in relativer Freiheit ein- und ausgehen konnten. Während dieser Zeit brachten Nachbarn Lebensmittel, Arznei, falsche Papiere, Geld und Informationen ins Ghetto. Aber schließlich wurde das Betreten und Verlassen der Ghettos scharf kontrolliert. Die Gestapo, polnische Wachmannschaften und als Polizisten zwangsverpflichtete Juden überwachten das Kommen und Gehen jedes und jeder einzelnen. Wer ins Ghetto wollte, mußte Papiere und Passierscheine vorzeigen und sich auf Schmuggelware durchsuchen lassen.

Das Warschauer Ghetto war das größte von allen. In dem etwa einhundert Häuserblocks umfassenden Teil der Stadt wurden eine halbe Million Menschen zusammengepfercht. Die Lebensverhältnisse waren in allen Ghettos äußerst beengt, Lebensmittel waren überall knapp und Krankheiten nahmen überhand; aber aufgrund der schieren Größe des Warschauer Ghettos waren die Lebensbedingungen dort um so furchtbarer. Unter den Eingeschlossenen befand sich auch der Historiker Emmanuel Ringelblum, dessen außergewöhnliches Tagebuch das Leben im Ghetto beschreibt. Am 16. November 1940, als das Warschauer Ghetto durch Mauern aus Ziegelstein und bewachte Zugänge von der übrigen Stadt abgeschnitten wurde, »brachten zahlreiche Christen ihren jüdischen Bekannten und Freunden Brot«, schrieb Ringelblum. »Das war ein Massenphänomen.« Wenige Tage später zeichnete seine Tagebucheintragung ein düstereres Bild: »Ein Christ wurde getötet [...], weil er einen Sack Brot über die Mauer warf.« (Ringelblum 1967)

Der Krieg hatte den Einsatz erhöht. Natürlich wirkte die drohende Einlieferung in ein Konzentrationslager oder in ein in der Nähe errichtetes Arbeitslager weiterhin als Abschreckung. Aber nun ermordeten die Nazis Zivilisten nicht nur wegen größerer Straftaten, sondern auch wegen kleinerer Vergehen. In der polnischen Stadt Torun zum Beispiel wurden zwölf Jungen zwischen elf und sechzehn Jahren erschossen, weil sie ein Fenster der örtlichen Polizeiwache eingeworfen hatten (Gilbert 1982: 39). Dieses scheinbar sinnlose Töten hatte durchaus einen Zweck. Die Menschen bekamen Angst und wurden willfährig.

Die deutschen Behörden wandten noch andere Methoden an, um sich der Zusammenarbeit der Ortsansässigen zu versichern. Wenn sie eine Stadt einnahmen, verhafteten sie sämtliche bekannten Bürger und hielten sie als Geiseln fest. Die Botschaft an die Stadtbewohner war klar und deutlich: Befolgt unsere Anweisungen, oder wir werden nicht nur die Schuldigen bestrafen, sondern auch die örtlichen Honoratioren und Stadtväter und vielleicht sogar das ganze Dorf. (Eines der bekanntesten Beispiele für dieses Prinzip der Sippenhaft ereignete sich zu einem späteren Zeitpunkt während des Krieges. Als Vergeltungsmaßnahme für die Ermordung des Sicherheitspolizeichefs Reinhard Heydrich am 27. Mai 1942 löschten die Deutschen das gesamte tschechoslowakische Dorf Lidice aus und töteten in Prag 2000 Tschechen.)

Am 15. Oktober 1941 erließen die deutschen Behörden ein Gesetz, das für alle Juden und Jüdinnen, die das Ghetto ohne Erlaubnis verließen, die Todesstrafe vorsah. Dieselbe Strafe galt auch für »Personen, die Juden wissentlich Unterschlupf bieten«. Alle waren verpflichtet, die Behörden in Kenntnis zu setzen, wenn sie von Jüdinnen und Juden wußten, die diesem Gesetz zuwiderhandelten; andernfalls wurden sie mit *derselben* Strafe belegt.

Das Gesetz wurde weithin bekannt gemacht und entschlossen angewandt. Auf dem Marktplatz in Lodz wurde ein christliches Ehepaar mit seinen Kindern neben den jüdischen Freunden erhängt, die sie bei sich aufgenommen hatten. Diese öffentlichen Hinrichtungen machten die Botschaft der Nazis auch in entlegeneren Dörfern bekannt. Jedem polnischen Bauern war bewußt, daß er nicht nur sein eigenes Leben aufs Spiel setzte, wenn er einem jüdischen Menschen half, sondern auch das Leben seiner Frau und seiner Kinder.

Trotz des verbreiteten Denunziantentums gab es weiterhin Tausende von Menschen, die Jüdinnen und Juden versteckten. Dachböden, Keller, Abwasserkanäle, Gräben, Schweineställe, Heuschober, Bordelle, Wandschränke, Vorratskammern, der Raum hinter einer doppelten Wand, Klöster, Waisenhäuser, Schulen und Quarantäneräume in Krankenhäusern verwandelten sich in vorübergehende Zufluchtsorte und langfristige Verstecke.

Im April 1940 marschierten die Deutschen in Dänemark und Norwegen ein. Einen Monat später besetzten deutsche Truppen die Niederlande, Belgien und Luxemburg. Wieder einen Monat später fiel Frankreich. Jedesmal überzog Hitler die besetzten Länder mit neuen Gesetzen, Verordnungen, Propaganda und Terror. Inwieweit diese Taktik Widerstand wirksam verhinderte, hing von zahlreichen Faktoren ab. Dazu gehörten die natürliche Beschaffenheit des besetzten Landes, die Nähe eines neutralen Landes oder einer freien Zone, das Ausmaß des Antisemitismus vor Kriegsausbruch (in Osteuropa größer, in Westeuropa geringer), die mehr oder weniger scharfe Überwachung durch die Nazis und der Kriegszeitpunkt. Die Niederlande beispielsweise, ein kleines, aber dichtbesiedeltes Land, sind von Großbritannien durch die Nordsee abgeschnitten. Die ebene Landschaft bietet keine natürlichen Schutzräume wie dichte Wälder oder unzugängliche Berggegenden, in denen jüdische Menschen Zuflucht und bewaffnete Widerstandsgruppen ein Versteck hätten finden können. Polen, die Tschechoslowakei, Frankreich, Jugoslawien, Italien, Griechenland und der deutschbesetzte Teil Rußlands hingegen wiesen Bedingungen auf, die ein größeres Ausmaß von Widerstand ermöglichten.

Die Existenz von Widerstandsgruppen bedeutete für die Juden aber nicht unbedingt eine Chance auf Rettung. Der russische und der polnische Widerstand waren nur einem Ziel verpflichtet: die Deutschen aus dem Land zu vertreiben. Alles andere galt als Nebensache. Meinem Vater wurde das klar, als er eines Tages im Wald auf eine Gruppe von Juden stieß, die sich in der Nähe des Lagers der weißrussischen Widerstandsgruppe versteckt hielt, der er sich angeschlossen hatte. Sie waren dem Verhungern nahe. Mein Vater, der nur allzugut wußte, was es bedeutete, versteckt im Wald zu leben, stahl Brot aus dem Lebensmittelvorrat seiner Gruppe und brachte es den Juden. Er wurde erwischt und vor ein Tribunal gebracht, das seine Hinrichtung beschloß. Der Befehlshaber der Gruppe nahm das Urteil jedoch in letzter Minute zurück, da er meinen Vater für einen zu guten Soldaten hielt, um ihn zu verlieren.

Die Widerstandsgruppen in Frankreich, Dänemark, Belgien und den Niederlanden hingegen halfen den Juden. Die Niederländer fanden Wege, sich den antijüdischen Verordnungen zu widersetzen. Zahlreiche ArbeiterInnen traten in Streik, um gegen den Ausschluß jüdischer Personen aus der öffentlichen Verwaltung zu protestieren. Als eine kleine jüdische Widerstandsgruppe einen Nazi tötete und eine deutsche Polizeipatrouille überfiel, reagierten die Nazis in gewohnt brutaler und abscheulicher Manier; sie verhafteten 400 jüdische Männer und Jungen und deportierten sie nach Buchenwald. Die Niederländer waren entsetzt. Am 25. Februar 1941 traten zahlreiche ArbeiterInnen in Amsterdam und einer Reihe umliegender Städte in den Streik. Er dauerte zwei Tage, bis die Deutschen ihn gewaltsam beendeten.

Bei der niederländischen Bevölkerung löste die Besetzung durch die

Nazis zwei unterschiedliche Reaktionsweisen aus. Während viele Bürger und Bürgerinnen mit den neu gebildeten Widerstandsorganisationen sympathisierten, nahm andererseits auch die Zahl der Kollaborateure zu. Die Nazis hatten die schöne Stadt Rotterdam in Schutt und Asche gebombt und die Regierung ins Exil gejagt. Die Besatzungskräfte bestanden aus fanatischen Nazis, die Hitler treu ergeben waren. Diese ideologiebesessenen Schurken, erinnert sich der niederländische Retter Johtje Vos, waren »gegen die Juden und alle, die ihnen halfen«.

Frankreich und Belgien dagegen waren von deutschen Militärs besetzt. Viele hatten eine normale Offizierslaufbahn hinter sich und waren Hitler nicht unbedingt treu ergeben oder mit seiner antisemitischen Weltanschauung sonderlich einverstanden. In Frankreich verfügten die militärischen Besatzer nicht über genügend Leute oder brachten nicht die nötige Begeisterung mit, um mit eiserner Hand zu regieren. Es blieb der französischen Polizei überlassen, die Befehle der Deutschen auszuführen.

Frankreich war anfangs in zwei Zonen unterteilt: die von deutschen Truppen besetzten nördlichen Landesteile und die nichtbesetzte oder freie Zone im Süden. Die nichtbesetzte Zone wurde von Marschall Henri Pétain und Pierre Laval verwaltet, die als Zeichen ihrer Kooperationsbereitschaft mit den Deutschen sogleich die Rechte der jüdischen Bevölkerung einschränkten und eine Reihe antijüdischer Gesetze initiierten. Dennoch konnten sich die Juden und Jüdinnen in Südfrankreich relativ frei bewegen und hatten eine Chance, der Deportation zu entgehen. Hinter vorgehaltener Hand erzählte man sich, daß die in den bergigen Gegenden des Vivarais-Lignon lebenden Nachkommen der einst verfolgten Hugenotten in ihrer stillen Art nun anderen Verfolgten Zuflucht gewährten. Das Dorf Le Chambon-sur-Lignon, wo Magda Trocmés Haus allen Ankömmlingen offenstand, liegt im Zentrum dieser Region. Es bildete mit den umliegenden rund ein Dutzend Dörfern ein informelles Rettungsnetzwerk, das jüdische Menschen verstecken und ihre Flucht in die Schweiz organisieren half. Viele jüdische Familien aus Paris und anderswo besorgten sich falsche Papiere und schlugen sich bis in diese bergige Gegend im Zentrum Südfrankreichs oder in die angrenzenden Cevennen durch. Stellte sich das als unmöglich heraus, setzten sie ihr Vertrauen in die Dorfleute und schickten lediglich ihre Kinder.

In dem Maße, in dem Hitler seine Machtpolitik fortsetzte, brauchten die Deutschen immer mehr Arbeitskräfte, Nachschub und Kriegsmaterial. Zur Deckung dieses Bedarfs wurden in der Nähe der Konzentrationslager spezielle Arbeitslager errichtet, die ebenfalls von sadistischen Menschen betrieben wurden. Aber sogar die Zwangsarbeit von jüdischen Männern im Alter zwischen 14 und 60 Jahren und anderen Gefangenen, die zu Feinden des »Dritten Reichs« erklärt worden waren, reichte nicht aus. Man brauchte noch mehr Arbeitskräfte. Hitlers Führungsstab löste das Problem, indem er in den besetzten Ländern junge Erwachsene von der Straße wegholte und zum Arbeiten nach Deutschland verschleppte. Ob die Betroffenen damit einverstanden waren, spielte keine Rolle. Jedermann wurde als Freiwild betrachtet. Um dieser Deportation nach dem Zufallsprinzip zu entgehen, versteckten viele polnische, französische und niederländische Familien ihre älteren Kinder.

Vichy-Frankreich, Finnland und Dänemark durften ihre eigenen Regierungen behalten, solange sie den Deutschen nicht den Kampf ansagten. Die dänische Regierung zum Beispiel blieb an der Macht und konnte die innenpolitischen Angelegenheiten des Landes weiterhin ohne Einmischung der Deutschen regeln. Als demokratische Nation mit einer langen Geschichte religiöser Toleranz ließ Dänemark die Verfolgung der jüdischen Bevölkerung durch die Nazis nicht zu. Dänische Beamte weigerten sich, die Juden und Jüdinnen zum Tragen des gelben Sterns zu verpflichten oder in Ghettos zu pferchen, wie die Nazis es forderten. Die politische Führung Dänemarks tat die Frage einer Sonderbehandlung der jüdischen Bevölkerung einfach mit dem Hinweis ab: »Es gibt in Dänemark kein Judenproblem.« So machten die Deutschen fortan weniger Druck, um antijüdische Maßnahmen durchzusetzen; sie wollten sich die kooperative Haltung der Dänen erhalten und nicht verspielen. Worum es ihnen eigentlich ging, war der Nachschub an Lebensmitteln.

Nach einer weitverbreiteten Legende ritt der König eines Morgens mit dem gelben Stern durch die Hauptstraße von Kopenhagen, während 50000 Dänen aus Protest ebenfalls mit dem Judenstern durch die Straßen zogen. Daß weder König Christian X. noch die Dänen je etwas Ähnliches taten, macht die Legende nicht weniger populär oder glaubwürdig.

Im April 1941 nahm die deutsche Armee Jugoslawien und Griechenland ein. Zwei Monate später brach Hitler den Nichtangriffspakt mit Rußland und schickte seine Truppen über die Grenze. Den Fußsoldaten folgten unmittelbar die sogenannten Einsatzgruppen. Diese Todesschwadronen der Nazis hatten die Aufgabe, sämtliche »unerwünschten Elemente« wie Politkommissare, aktive Kommunisten und vor allem jüdische Menschen zu töten. Ob in der Ukraine, in Lettland, Estland oder Weißrußland, immer gingen sie nach demselben Muster vor. Sie marschierten in eine Stadt ein, trieben sämtliche Juden und Jüdinnen auf dem Marktplatz oder an einem nahegelegenen Ort zusammen, der als Massengrab ausersehen war, und erschossen sie. Manche Dorfbewohner in der Umgebung wurden mitten in der Nacht geweckt, weil jemand an ihre Tür klopfte: Es waren jüdische Menschen, die aus einem Leichenberg hervorgekrochen oder den Todesschwadronen irgendwie entkommen waren. Den Dorfbewohnern blieb keine Zeit zum Nachdenken. Sie mußten auf der Stelle entscheiden, ob sie das Leben dieses Menschen retten oder ihn wegschicken wollten. In der Hoffnung auf eine Belohnung unterrichteten manche am nächsten Morgen die örtliche Gestapo von dem nächtlichen Vorfall.

Tatsächlich halfen viele Ortsansässige den Einsatzgruppen nur allzu gern bei ihrer Arbeit. Manche Rumänen machten den nachrückenden Deutschen den Weg frei, indem sie Tausende von Juden und Jüdinnen ermordeten. Fanatische ukrainische Antisemiten jagten jüdische Menschen wie Kaninchen und erschossen sie. In Litauen wurden 200000 der insgesamt 250000 Juden ermordet, ohne daß irgendeine führende Persönlichkeit oder Institution des politischen oder religiösen Lebens auch nur mit der Wimper gezuckt hätte. Einzelne aber, ganz normale Bürger, halfen. Ona Simaite, eine Bibliothekarin der Universität Wilna in Litauen, gründete mit zwei anderen Frauen das »Komitee zur Rettung von Juden«. Sie organisierten Verstecke, besorgten falsche Papiere und sammelten für Hunderte jüdischer Menschen Geld.

Am 20. Januar 1942 wurden 13 Vertreter von Partei und Staat in Berlin-Wannsee von Hitlers Entscheidung in Kenntnis gesetzt, die »Endlösung der Judenfrage« in Angriff zu nehmen. »Endlösung« war der Deckname der deutschen Bürokratie für die Vernichtung der Juden und Jüdinnen. Die Todesschwadronen hatten sich als eine zu ineffiziente und teure Lösung herausgestellt. Ab sofort bestand die Antwort auf die Judenfrage in der Massendeportation der jüdischen Menschen in Vernichtungslager, wo sie durch Vergasen ermordet wurden. Wie der niederländische Historiker Louis de Jong betont, kam dies für die zivilisierte Welt völlig unerwartet.

> Wir kommen hier zu einem Aspekt des Holocaust, der von größter Bedeutung ist und gar nicht genug hervorgehoben werden kann: daß

> der Holocaust, als er stattfand, das Vorstellungsvermögen der allermeisten damals lebenden Menschen, auch der Juden überschritt; daß sie es einfach nicht glauben konnten. Jeder wußte, daß die Geschichte der Menschheit durch unzählige Grausamkeiten gezeichnet ist. Daß aber Tausende, ja Millionen von Menschen – Männer, Frauen und Kinder, Alte wie Junge, Gesunde wie Gebrechliche – umgebracht würden, auf mechanische Weise fertiggemacht, industriell sozusagen, ausgerottet wie Ungeziefer – diese Vorstellung war dem menschlichen Begriffsvermögen so fremd, das Ereignis so grauenhaft, daß die instinktive und in der Tat natürliche Reaktion der meisten Menschen lautete: Das kann nicht wahr sein. (De Jong 1990:6)

Während die Einsatzgruppen im Osten weiterhin ihrem Sonderauftrag nachgingen, widmeten sich die Nazis nun mit aller Energie der Deportation jüdischer Menschen in die sechs Todeslager Auschwitz, Belzec, Treblinka, Sobibor, Chelmno und Majdanek. Zu diesem Zweck griffen die Deutschen auf Täuschung und Terror zurück. Die Rede von der »Umsiedlung in den Osten« und später von Arbeitslagern war ein grundlegender Bestandteil der Lüge, mit der die jüdischen Menschen über ihr künftiges Schicksal hinweggetäuscht werden sollten. Die Deutschen trieben einen außerordentlichen Aufwand, um ihre Lüge glaubhaft erscheinen zu lassen. Juden, die deportiert werden sollten, durften ihre persönlichen Habseligkeiten mitnehmen. Die Schilder entlang der Eisenbahnlinie und auf den Gebäuden, die den Weg säumten, wurden ausgewechselt, um die Deportierten über ihren tatsächlichen Bestimmungsort im unklaren zu lassen. Wer nicht sofort in die Gaskammer geschickt wurde, mußte auf Befehl Postkarten und Briefe nach Hause schreiben und der Familie mitteilen, er bzw. sie sei wohlbehalten angekommen. Um die Verbleibenden in ihrem Glauben zu bestärken, die Deportierten seien noch am Leben, wurden sie von den Deutschen ermuntert, ihren »umgesiedelten« Verwandten zu schreiben. Zehntausende solcher Briefe wurden den Deutschen übergeben, aber natürlich kam kein einziger an (De Jong 1990:17). Wie leicht Juden und Nichtjuden die Lügen glaubten, die Täuschungsmanöver für bare Münze nahmen oder es vorzogen, sich hinters Licht führen zu lassen, war von Land zu Land, von Stadt zu Stadt, ja von Familienmitglied zu Familienmitglied verschieden.

Als die Massendeportationen in Dänemark begannen, starteten einige Dänen ein gewagtes Rettungsunternehmen und brachten 7200 dänische Juden, Halbjuden und jüdische Flüchtlinge mit Fischerbooten nach

Schweden in Sicherheit. Auch in den Niederlanden und in Belgien wandten sich einige Bürger gegen die Deportation der jüdischen MitbürgerInnen. In Belgien galt die Rettung von jüdischen Menschen als integraler Bestandteil des Widerstands. Die Widerstandsbewegung richtete einen speziellen Ausschuß ein, das *Comité de Défense des Juifs,* das die Juden vor ihrer bevorstehenden Deportation warnte und Geld, Papiere und Verstecke beschaffte. Mit der entscheidenden Unterstützung der Katholischen Kirche Belgiens arbeiteten Juden und Nichtjuden zusammen, um Leben, insbesondere von Kindern, zu retten.*

Sogar die Regierungen der mit den Nazis verbündeten Länder sträubten sich gegen die Massendeportationen. Deutschlands wichtigster Verbündeter, Italien, lehnte es ab, Juden und Jüdinnen deportieren zu lassen, die auf italienischem Boden oder in den von Italien besetzten Teilen Frankreichs und Griechenlands lebten. Um sich die Gunst Deutschlands zu sichern, erließ der italienische Führer Benito Mussolini eine Flut antijüdischer Gesetze, aber die italienische Bevölkerung tat nicht viel, sie in die Praxis umzusetzen. Die italienischen Truppen, die Teile von Südfrankreich, Kroatien, Jugoslawien und Griechenland besetzt hielten, halfen den dort lebenden jüdischen Familien. Im Sommer 1941 intervenierten italienische Soldaten, die im südlichen Kroatien stationiert waren, um Juden und Serben vor einem Massaker durch die kroatische Polizei zu retten. Einmal mehr ergriffen dabei einzelne Menschen die Initiative. Wochen später erklärten die Führungsspitzen des italienischen Außenministeriums und der Armee den Schutz der kroatischen jüdischen Bevölkerung zur offiziellen Politik.

---

* Zum Zeitpunkt des deutschen Einmarschs in Belgien waren 90 Prozent der 90000 belgischen Juden und Jüdinnen keine belgischen Staatsangehörigen. Die meisten waren Ausländer und viele kamen aus Deutschland (15000), ein Ergebnis der früheren Anstrengungen der belgischen Regierung. Sie hatte in Zusammenarbeit mit anderen Gruppen einen Hilfsfonds für jüdische Flüchtlinge eingerichtet. Daher konnte der Widerstand auf festgefügte Strukturen zurückgreifen, als die Deutschen das Land besetzten. Von den insgesamt 90000 Juden und Jüdinnen wurden 20000 versteckt, während weitere 25000 ins benachbarte Frankreich entkamen (um dann unglücklicherweise von dort deportiert zu werden). Durch die Anstrengungen der Basis konnten 8000 jüdische Kinder und 20000 Erwachsene gerettet werden (Steinberg 1974:131ff.).

Der Führer Rumäniens Marschal Ion Antonescu, der die ungezügelte Ermordung der jüdischen Bevölkerung durch seine Miliz zunächst billigte, warf das Ruder schließlich herum und erteilte dem Deportationsbegehren der Nazis eine Absage. Statt dessen ließ er sie wissen, daß jeder Jude und jede Jüdin sich freikaufen und nach Palästina auswandern könnte. Ähnlich widersetzte sich auch Bulgarien beharrlich der Deportation der bulgarischen Juden und Jüdinnen. Die Regierung hatte sich bereits dem Verlangen gebeugt, 12000 Juden aus dem bulgarisch besetzten Thrakien und Makedonien deportieren zu lassen, und so wurde beschlossen, keinen weiteren Deportationsgesuchen stattzugeben. Im allgemeinen akzeptierten die Bulgaren weder die Weltanschauung der Nazis noch die antijüdischen Gesetze, da sie nicht in einer antisemitischen Tradition standen. Angelo Giuseppe Roncalli, der spätere Papst Johannes XXIII., legte bei König Boris III. Fürsprache für die bulgarischen Juden ein, wurde bei der türkischen Regierung wegen der jüdischen Menschen vorstellig, die sich bis in die Türkei durchgeschlagen hatten, und tat sein möglichstes, um die Deportation der griechischen jüdischen Bevölkerung zu verhindern.

In Griechenland konnte man nur wenig tun, um die Massendeportationen aufzuhalten. Die meisten der 76000 griechischen Juden und Jüdinnen lebten in der Hafenstadt Saloniki, wo sich ihre sephardischen Vorfahren bereits im 15. Jahrhundert niedergelassen hatten. Schnell und reibungslos schafften die Nazis die dort lebenden Juden und Jüdinnen nach Auschwitz. Demgegenüber hatten die jüdischen Menschen, die verstreut in Südgriechenland lebten, mehr Glück. Trotz einer Anordnung der Nazis, nach der jeder Nichtjude, der einem Juden Unterschlupf gewährt, auf der Stelle erschossen würde, wies Erzbischof Papandreou Damaskinos die griechischen Klöster auf eigene Initiative an, jeden jüdischen Menschen aufzunehmen, der bei ihnen anklopfte. Der Athener Polizeipräsident Anghelos Evert versorgte Juden und Jüdinnen mit falschen Papieren und ermöglichte ihnen damit, auf der Flucht als Nichtjuden durchzugehen.

Im März 1944 marschierten die Deutschen in Ungarn ein, erließen die üblichen antijüdischen Gesetze und begannen sogleich mit der Deportation nach Auschwitz. Die jüdische Landbevölkerung wurde sofort deportiert, während die in Budapest lebenden jüdischen Männer, Frauen und Kinder in spezielle Gebäude gepfercht wurden. Damals trafen im Westen die ersten Berichte von Flüchtlingen über die Gaskammern von

Auschwitz ein, so daß sich die Stimmen des Protests endlich Gehör verschaffen konnten. Das Internationale Rote Kreuz, der Papst, der König von Schweden und führende Persönlichkeiten unter den Alliierten – alle protestierten gegen die Deportationen. Das zeigte sofortige, wenn auch keine anhaltende Wirkung. Die Deportationen wurden für drei Monate ausgesetzt. Als sie erneut aufgenommen wurden, blieb es wiederum der Findigkeit einzelner Menschen überlassen, darunter Raoul Wallenberg und der spanische Gesandtschaftsvertreter Angel Sanz-Briz, so viele Juden wie möglich vor dem sicheren Tod zu bewahren. Soweit es in ihrer Macht stand, beanspruchten die Diplomaten die erwähnten Sonderunterkünfte als Hoheitsgebiet ihrer jeweiligen Länder und erklärten die darin lebenden Menschen zu Staatsbürgern, die unter ihrem Schutz ständen.

Je mehr Rückschläge Hitler in seinem militärischen Krieg hinnehmen mußte, um so entschlossener und rasender verfolgte er seinen Rassenkrieg. Das Morden in den Todeslagern wurde beschleunigt. Angesichts der im Osten vorrückenden Roten Armee brachten die Nazis die Gefangenen der Arbeitslager weiter westwärts. Manche wurden in Viehwaggons verladen, andere mußten zu Fuß gehen. Hunger, Krankheit und die Brutalität der Nazis forderten ihren Tribut. Zehntausende starben.

Stetig und unaufhaltsam rückten die alliierten Truppen auf Berlin vor. Die Niederlage Deutschlands war nur noch eine Frage der Zeit. Am 30. April 1945 beging Hitler Selbstmord, acht Tage später kapitulierten die Deutschen. Hitlers zwölfjährige Zwangs- und Mordherrschaft ging zu Ende, ein Regime, das unser Vorstellungsvermögen noch ein halbes Jahrhundert danach herausfordert. Das Böse wurde belohnt, und gute Taten wurden bestraft. Die Schinder wurden geehrt und die Mildtätigen mit Füßen getreten. In dieser verrückten Welt verloren die meisten Menschen die Orientierung. Angst machte sie kopflos, und aus Selbstschutz wurden sie blind. Einige wenige jedoch kamen nicht vom Weg ab. Sie folgten der Richtung, die ihnen ihr eigener moralischer Kompaß wies. Warum? Sahen sie die Welt so, wie sie war, oder durch eine andere Brille? Was nahmen sie eigentlich wahr, wenn sie um sich blickten?

3
Bewußtwerdung

»Sie war eine eigenartige und leidenschaftliche Person, meine Mutter. Um eine eigene Meinung über die politischen Ereignisse war sie nie verlegen. Uns Kinder störte das kaum, aber meinen Vater machte es regelrecht wütend.« So beschreibt Wendelgard von Staden ihre Mutter Irmgard (Von Staden 1981:29).

Ihr Vater war Baron Ernst von Neurath, dessen Bruder kein anderer als Hitlers erster Außenminister Konstantin von Neurath war. Unter dem Schutz ihres adligen und einflußreichen Familiennamens konnte sich Irmgard von Neurath eine gewisse Unverblümtheit leisten. Wie mir ihre Tochter mitteilte und in ihren bewegenden Memoiren über die Kriegsjahre *Darkness Over the Valley* ausführt, war Irmgard von Neurath aber mehr als eine unabhängige Ehefrau mit einem eigenen Kopf. Sie war eine Frau, die aufmerksam beobachtete, was in ihrer Umgebung vorging, und die vor allem eine gesunde Neugier an den Tag legte.

So auch im Juli 1944. Als ihr zu Gehör kam, daß in einer neuerrichteten Baracke in der Umgebung von Vaihingen seit neuestem Fremde lebten, die regelmäßig ins Dorf kamen, um Lebensmittel zu erbetteln, nahm sie ihre Tochter bei der Hand und begann, Nachforschungen anzustellen. Durch beharrliches Fragen fand sie schließlich heraus, daß es sich um halb verhungerte ungarische Arbeiter handelte, die tagsüber eine unterirdische Flugzeugfabrik bauten und des Nachts auf der Suche nach Nahrung das Dorf durchstreiften. Wie die Ungarn ihr erzählten, kümmerte es die Deutschen nicht, daß sie abends die Baustelle verließen, aber sie wollten auf keinen Fall, daß Deutsche aus den umliegenden Dörfern das Gebiet betreten – »und ich glaube nicht, daß irgendjemand außer mir und meiner Mutter es versuchte«, fügt Wendelgard von Staden hinzu (ebd.:62).

Später enteigneten die Nazis ein kleines bewaldetes Tal, das zum Anwesen der von Neuraths gehörte, und errichteten dort ein »Sonderlager« für »gefährliche Verbrecher«: das Lager Wiesengrund. Um wen es sich bei diesen gefährlichen Verbrechern handelte, kam ans Licht, als die von Neuraths eines Tages vom Lebensmittelbewirtschaftungsamt die Anweisung erhielten, Bohnen ins Lager zu liefern. Erschöpft, wie Wendelgards Mutter und ihre Helfer waren, teilte sie den Beamten mit, daß sie, wenn sie Bohnen brauchten, gefälligst Leute zum Bohnenpflücken schikken sollten.

Kurz darauf vernahmen Wendelgard und ihre Mutter ein seltsames Geräusch, das von Holzschuhen herrührte, die über eine unbefestigte Straße schlurften, und als sie aus dem Fenster blickten, sahen sie, wie sich eine Prozession ausgezehrter, schwankender Gestalten mit kahlrasierten Schädeln und grünlichen Gesichtern langsam dem Haus näherte. Der Zug kam vor der Tür der von Neuraths zum Stehen, und ein Wächter erklärte, das Arbeitskommando vom Lager Wiesengrund sei gekommen, die Bohnen zu lesen. Für Irmgard von Neurath sahen die angeblich »gefährlichen Verbrecher« eher wie Verrückte aus, und so fragte sie den Wächter, wer die Gefangenen seien. »Juden, die die Bohnen pflükken sollen«, war die Antwort.

Frau von Neurath sagte sich, daß die ausgemergelten Gefangenen erst einmal etwas zu essen brauchten, und sie setzte einen Kessel Kartoffeln auf. Als sie den Deckel abnahm und verkündete, die Kartoffeln seien gar, stürzten die Gefangenen auf sie zu und warfen dabei den Kessel um. Die Kartoffeln fielen zu Boden, und es gab ein Handgemenge. Die Gefangenen schlugen sich um die beschmutzten, heißen Kartoffeln, während die Wächter sie unter Flüchen mit ihren Gewehrkolben traktierten. »Was sind das eigentlich für Leute?« fragte Frau von Neurath, der bei dem Anblick der Schrecken in die Glieder fuhr. »Das sind keine Menschen mehr.« »Nur Juden«, erwiderte der Wächter achselzuckend, »Untermenschen«.

> Ich stand neben meiner Mutter, als wir hinter uns plötzlich die Stimme eines Mannes vernahmen. Es war eine gesenkte, leise Stimme, die ein gutes, wohlartikuliertes Deutsch sprach, aber mit einem wütenden Unterton, der beinahe bedrohlich wirkte. »Ihr habt uns zu Tieren gemacht, und ihr werdet für alles bezahlen, was ihr uns angetan habt.« (ebd.:70)

Die Worte des Gefangenen machten Irmgard von Neurath schlagartig klar, daß die Leute weder verrückt noch »Untermenschen« waren. Es wurde ihr bewußt, daß der Hunger diese Menschen verrückt gemacht und auf atavistische Verhaltensweisen reduziert hatte. Und was am wichtigsten war: Sie begriff, daß diese Menschen Hilfe brauchten.

Später am Abend, schreibt Wendelgard, ging ihre Mutter aufgewühlt durch ihre neue Erkenntnis in der Wohnung auf und ab. »Ist dir klar, was das ist, dieses sogenannte Sonderlager?« fragte sie ihren Mann. »Es ist ein Konzentrationslager, es kann nur ein Konzentrationslager sein. Und weißt du auch, was das bedeutet? Es bedeutet, daß sie diese Menschen umbringen werden, wenn die Front näherrückt, das heißt, wenn sie dann nicht schon verhungert sind.« (ebd.:70f.)

In dieser Nacht heckte Frau von Neurath einen Plan aus, wie sie den Gefangenen helfen könnte. Sie würde den Lagerkommandanten bitten, ihr dieselben Gefangenen auf den Hof zu schicken, um ihr bei der Arbeit behilflich zu sein. Auf diese Weise könnte sie nicht nur dafür sorgen, daß sie genug zu essen bekämen und vor ihren Wächtern eine Weile in Sicherheit wären, sondern auch herausfinden, was in dem Lager vor sich ging.

In ihrer Arbeit über Zuschauer, die schließlich aktiv werden, grenzen die Sozialpsychologen Bib Latané und John Darley fünf unterschiedliche Phasen ab: Die Wahrnehmung: etwas liegt im argen; die Interpretation dieser Situation: Menschen benötigen Hilfe; die Übernahme von Verantwortung: die Hilfe soll gewährt werden; die Mittelwahl: wie kann geholfen werden?; und schließlich die praktische Umsetzung. Die ersten beiden Stadien bei Latané und Darley – Wahrnehmung und Interpretation – nenne ich Bewußtwerdung.

Wer sich bewußt war, daß die jüdischen Menschen in Todesgefahr schwebten, hatte den ersten Schritt zum Retter getan. Er hatte einen klaren Blick für Dinge, die andere nicht wahrnahmen. Manche RetterInnen waren sich der hoffnungslosen Lage der Juden und Jüdinnen so deutlich bewußt, daß sie ihre Bewußtwerdung später auf keinen besonderen Vorfall zurückführen konnten. In anderen Fällen hat sich alles, was der Retter bzw. die Retterin im kritischen Augenblick der Bewußtwerdung sah, roch und hörte, für immer ins Gedächtnis gegraben. Noch heute hallt im Kopf der Wendelgard von Staden das Geräusch wider, das die Holzschuhe hervorriefen, als sich die Lagerinsassen schlurfend dem Bauernhof näherten.

Es erforderte Entschlossenheit und Anstrengung, die Propaganda zu durchschauen und sich bewußt zu werden, was da vor sich ging. Wer zum Rettenden wurde, unterzog sich dieser Anstrengung. Die ausgeprägte Empathie der RetterInnen setzte sich über die Propaganda der Nazis und ihren eigenen Selbsterhaltungstrieb hinweg. Sie nahmen die Opfer der Juden-Verfolgung als Menschen wahr, die vielleicht anders waren als sie selbst, aber nichtsdestotrotz Menschenkinder.

Die hoffnungslose Lage der jüdischen Mitmenschen und anderer Opfer der Nazis berührte sie als Person tief in ihrem Inneren. In einigen Fällen war das Wahrnehmungsvermögen der RetterInnen durch eine frühere Krankheit mit beinahe tödlichem Ausgang oder durch den Tod eines Familienangehörigen oder Freundes geschärft. In anderen Fällen wurde ihre empathische Reaktion durch die tiefe religiöse oder moralische Überzeugung gestärkt, »allein Gott soll mein Richter sein«. Als ich mich 1984 mit der niederländischen Retterin Theresa Weerstra unterhielt, war ihr noch immer schmerzhaft bewußt, wie sehr sie sich mit den Verfolgten identifizierte und mitfühlte, was sie durchlitten haben:

> In Amsterdam verhafteten sie die Juden, öffneten die Brücken und trieben die Juden in die Grachten, um sie zu ertränken. Ich sah mit meinen eigenen Augen, wie einhundertzwanzig Juden getötet wurden. [...] Ich war mit meiner Schwester auf offenem Feld. Wir sahen, wie die Juden gezwungen wurden, niederzuknien und ihre Hände hochzuheben. Wie einer nach dem anderen das Gleichgewicht verlor – peng – wurden sie erschossen. Einer weg, zwei weg, drei weg, einhundertzwanzig weg. Und sie ließen sie dort liegen. [...] Und Mütter weinten um ihre Kinder. [...] Das treibt mir die Tränen in die Augen. [...] Ich war Mutter; ich hatte Kinder.

Ein wesentlicher Bestandteil von Bewußtheit ist die Fähigkeit, sich den Tod vorzustellen und mit leidenden Menschen mitzufühlen. Niemand schreitet zur Tat, wenn er sich nicht bewußt ist, daß seine Hilfe benötigt wird. Bei vielen Menschen war es ein besonderer Vorfall, der ihnen zu Bewußtsein brachte, daß sie gebraucht wurden. Irmgard von Neurath wurde sich beim Anblick der Gefangenen, die wegen ein paar kochendheißer Kartoffeln übereinander herfielen, der verzweifelten Lage der Lagerinsassen bewußt. Oskar Schindler, der eine bankrotte Emailwarenfabrik außerhalb von Krakau übernommen hatte und jüdische Menschen vor der Deportation in ein Todeslager bewahrte, indem er ihnen Arbeit, Unterkunft und Essen gab, erkannte auf einer Fahrt zum Bahnhof von Prokocim, wo Juden und Jüdinnen auf entmenschlichende Weise behandelt wurden, wie unsicher und gefährdet ihre Situation war.

Am 3. Juni 1942 saß Schindler bei einer Tasse Kaffee zu Hause, als er von seiner Sekretärin telefonisch benachrichtigt wurde, daß sein Büroleiter Abraham Bankier nicht zur Arbeit erschienen war. Die Sekretärin berichtete, sie habe gesehen, wie Bankier von Nazis aus dem Ghetto geholt und zur Bahnstation geführt worden sei. Ein Dutzend anderer Arbeiter von Schindler seien auch darunter gewesen.

Schindler verlangte seinen Wagen und fuhr zur Bahnstation. Der Bahnhof war mit jüdischen Menschen überfüllt. Manche standen in ordentlichen Reihen, andere waren bereits in die Viehwaggons gezwängt worden. Der Anblick ließ Schindler innehalten. Er »sah zum ersten Mal einen solchen Transport, und die Viehwagen schockierten ihn sehr« (Keneally 1994:111).

Schindler schritt die mehr als zwanzig Viehwaggons ab und rief nach Bankier. Im anschließenden Gespräch mit dem diensthabenden Offizier ließ er geschickt die Namen einiger ranghoher Funktionäre fallen und machte dem Deutschen hinreichend klar, er würde sich in Südrußland wiederfinden, wenn er die Industriearbeiter nicht umgehend freiließe. Schindler bekam die Arbeiter zurück.

Bankier räumte daraufhin ein, daß sich keiner von ihnen die blauen Abzeichen angesteckt habe, die den Träger als unentbehrlichen Arbeiter auswiesen; deshalb seien sie zur Deportation verhaftet worden. Ungehalten wies Schindler sie an, sich sofort die Abzeichen zu besorgen. »Seine Wut galt eigentlich aber der Tatsache, daß hier so viele darauf warteten, in Viehwagen verladen zu werden. Die Viehwagen waren für sie das neue Sinnbild ihrer Lage.« (Keneally 1994:113)

Die Menschen wurden sich über Hitlers Absichten zu verschiedener Zeit und auf unterschiedliche Weise bewußt. Ausschlaggebend war dabei, wie sehr sie dem Nazismus ausgesetzt waren, was sie sahen und hörten und welche persönlichen Erfahrungen sie mit dem neuen Regime machten. Einige derer, die Hitlers Ausfälle gegen die jüdischen Menschen in *Mein Kampf* bereits bei Erscheinen des Buches 1925 gelesen hatten, nahmen ihn beim Wort und sagten ihm den Kampf an. Wie in dem Buch – eine Mischung aus Autobiographie, Weltanschauung und politischem Planspiel – deutlich wird, war Hitler überzeugt, es sei die Aufgabe seines Lebens, die Juden zu vernichten und ihre angebliche Weltherrschaft zu brechen. Andere sahen genug oder entwickelten schon frühzeitig ein Gefühl für das Kommende, um beunruhigt zu sein. Als Hitler an die Macht kam, fuhr der niederländische Geschäftsmann Aart Vos nach Deutschland, um eine seit Jahren befreundete Familie zu besuchen. Die

Familie hatte zwei Söhne, aber einen bekam Aart kaum zu Gesicht. Jede Nacht ging er außer Haus. Als Aart seine Gastgeberin fragte, wohin ihr Sohn jedesmal gehe, bekam er zur Antwort, er solle besser nicht fragen. Aart blieb hartnäckig und erfuhr schließlich, daß der Sohn einem Geheimclub angehörte. (Später legte der Club die Geheimnistuerei der Anfangszeit ab und wurde als Hitler-Jugend bekannt.) Die Mutter erklärte, daß ihr Sohn seine Abende mit besonderen Übungen verbringe: Sie fingen Tiere – Kaninchen, Schweine, Mäuse oder Ratten – und töteten sie. Sie gewöhnten sich ans Töten und an den Anblick von Blut.

Dieser Vorfall machte auf Aart einen überwältigenden Eindruck. »Das war für mich eine Warnung«, sagt Aart, der mit seiner Frau Johtje während des Krieges sechsunddreißig jüdische Verfolgte versteckt hielt. »Ich sprach darüber mit mehreren Freunden. Als der Krieg 1940 in Holland begann, wußte ich über die Grausamkeiten, die sie in Deutschland bereits begangen hatten, Bescheid.«

Trotz des virulenten Antisemitismus der Nazis und ihrer mörderischen Einfälle in das Judenviertel von Amsterdam verstand es sich keineswegs von selbst, daß die Juden und Jüdinnen als solche in Todesgefahr schwebten. Zusammenstöße mit Zivilisten sind in Kriegszeiten an der Tagesordnung. Lebensmittel- und Wohnraumknappheit, Luftangriffe und Gewehrfeuer gehören zur Normalität. Die Energie und Aufmerksamkeit der Menschen konzentriert sich in erster Linie darauf, das eigene Überleben und das der Familie zu sichern. Alles andere wird beiseite geschoben. Zwar waren sich manche der ortsansässigen Bürger und Bürgerinnen bewußt, daß die jüdische Bevölkerung ihrer bürgerlichen Rechte beraubt wurde, aber die meisten dachten, diese Veränderung sei nur vorübergehend und kein Zeichen des kommenden Unheils, so daß es nicht unbedingt angebracht sei, etwas dagegen zu unternehmen.

Darüber hinaus klang die Erklärung der Nazis, die Juden würden in den Osten umgesiedelt, um dort für die deutschen Kriegsanstrengungen zu arbeiten, durchaus plausibel. Da die deutsche Kriegsmaschine quer durch Europa rollte, über Polen und Rußland hinweg, wurden alle Hände gebraucht, um sie in Bewegung und in einem guten Zustand zu halten. Es entbehrte nicht der Logik, davon auszugehen, daß die jüdischen Menschen, solange sie arbeiten konnten, für die Nazis von einigem Wert und daher in Sicherheit waren.

Um die Fiktion zu untermauern, mußten die Juden, die noch nicht für die Gaskammern ausgesondert waren, auf Anordnung der Nazis Postkarten und Briefe an ihre Familien schreiben und ihnen mitteilen, daß es ihnen gut gehe und die Lebens- und Arbeitsbedingungen erträglich seien. Angesichts der tatsächlichen Bedingungen war diese List der Nazis besonders grausam. In einem Brief aus dem Arbeitslager der Buna-Werke, auch als Auschwitz III bekannt – wo 25000 bis 35000 Gefangene ums Leben kamen –, hieß es: »Nun bin ich schon vier Wochen hier, und es geht mir gut. Ich bin bei guter Gesundheit. Die Arbeit ist nicht besonders beschwerlich. Wir fangen um sieben Uhr morgens an und arbeiten bis vier Uhr nachmittags. Das Essen ist gut: Mittags bekommen wir eine warme Mahlzeit, und abends gibt es Brot mit Butter, Wurst und Käse oder Marmelade. Wir haben hier Zentralheizung und zum Schlafen zwei Decken. Wir haben herrliche Duschen mit kaltem und warmem Wasser.« (De Jong 1990:16)

Einigen niederländischen Gefangenen gelang es, die Wahrheit in den Postkartentext einzuschmuggeln. So lautete der Schlußsatz einer Postkarte, die ein Niederländer abschickte: »Grüße Ellen de Groot ganz herzlich von mir.« Da es sich dabei um einen geläufigen niederländischen Namen handelte, zensierten die Deutschen ihn nicht. Was sie allerdings nicht wußten, war, daß *ellende* auf niederländisch »Elend« und *groot* »schrecklich« bedeutet, so daß die Postkarte von »schrecklichem Elend« berichtete.

Daß die Nazis entschlossen waren, sämtliche Juden und Jüdinnen zu ermorden, wurde öffentlich nicht bekannt gemacht und erst recht nicht schriftlich niedergelegt. Am 31. Juli 1941 gab Hermann Göring dem Gestapo-Chef Reinhard Heydrich in Form eines kryptischen Briefes den Befehl, alle Gebiete unter deutscher Kontrolle von Juden zu säubern. Die Botschaft war klar: Vernichte die Juden schnell und geräuschlos.*

Die Konzentrationslager wurden vor der Öffentlichkeit sorgfältig abgeschirmt. Das Lager auf dem Anwesen der von Neuraths zum Beispiel lag in einem Tal verborgen und war so schwer zu finden, daß man der französischen Befreiungsarmee bei Kriegsende erst mitteilen mußte, daß es überhaupt existierte.

---

* Der Wortlaut des Briefes findet sich bei Hilberg 1982:283.

Im Gefolge ihres Vernichtungsfeldzuges gegen die Juden entfachten die Nazis einen Sturm antisemitischer Propaganda. Seit den zwanziger Jahren waren viele deutsche Veteranen des Ersten Weltkriegs überzeugt, daß jüdischer »Verrat« hinter der demütigenden Niederlage steckte. Die jüdische Bevölkerung gab für alle möglichen Übel und Enttäuschungen einen Sündenbock ab. Die Juden, so der Eindruck der Veteranen, hätten sich um ihre Pflicht gedrückt. Wer von ihnen in der Armee gedient habe, habe eine sichere Tätigkeit weitab von der Front ausgeübt. Andere seien durch Kriegslieferungen reich geworden. In Polen, Lettland, Estland, Weißrußland und der Ukraine wurden die jahrhundertealten, von den Nazis nur neu aufgelegten antisemitischen Schmähungen, die Juden hätten Jesus getötet und buken das Blut von Christenkindern in ihre Pessacher Mazzot ein, nicht als plumpe Verleumdungen, sondern als treffende Wahrheiten wahrgenommen. Die meisten Osteuropäer griffen den Nazis kooperationsbereit, wenn nicht gar begierig unter die Arme, um ihre Städte von den Jüdinnen und Juden »säubern« zu helfen.

Sogar in Ländern mit einer langen Geschichte religiöser Toleranz und Freizügigkeit erwies sich die grobschlächtige Nazi-Propaganda als erstaunlich wirksam. Marion van Binsbergen Pritchard, die beim Einmarsch der Nazis in Amsterdam Sozialarbeit studierte, erinnert sich, wie die Deutschen in der Schule den Film *Der ewige Jude* zeigten.

> Wir saßen das durch, lachten lauthals und dachten bei uns, wie lächerlich das doch ist. Was mich rückblickend aber am meisten beeindruckte, war, was einer der Studenten am nächsten Tag zu mir sagte: »Weißt du, das war ein abscheulicher Film, einfach ordinär, und ich glaube auch nicht ein Wort davon, aber er hat es geschafft, uns in ›die‹ und ›uns‹ zu spalten. Mir wäre lieber, er hätte das nicht geschafft, aber nun schaue ich mir die Leute an und sage: ›Aha, du bist ein Jude‹.«

Es ist nur ein kleiner Schritt von dem Glauben, daß Menschen jüdischen Glaubens anders sind, zur Überzeugung, daß sie eine andere Behandlung verdienen. In der gesellschaftlichen Rangordnung der Nazis standen die Arier als höchste Rasse an der Spitze, alle anderen mehrere Sprossen darunter. Die jüdischen Menschen waren auf die unterste Sprosse verwiesen.

Dieser elitäre Aufbau der gesellschaftlichen Rangordnung erstickte die natürliche Empathie der Menschen. Mitleid setzt beim Helfenden die Erkenntnis voraus, daß sich der um Hilfe Bittende kaum von ihm selbst unterscheidet. Indem die Nazi-Propaganda es schwierig machte, Empathie für Juden und Jüdinnen zu empfinden, wurde sie zum integralen Bestandteil der Endlösung. »Es ist alles in Ordnung, solange es nur Juden sind«, wurde dem gemeinen Volk nahegelegt. »Sie reagieren nicht so wie wir.«

Auch andere psychologische Prinzipien verhinderten, sich der hoffnungslosen Lage der jüdischen Mitmenschen bewußt zu werden. Der Selbsterhaltungstrieb verbot es, ihres Schicksals gewahr zu werden: Es wäre zu schmerzhaft, zu gefährlich, zu grauenerregend gewesen.

Der Psychologe Daniel Goleman erörtert diese psychisch bedingte Wahrnehmungsbeschränkung in seinem kenntnisreichen Werk *Vital Lies, Simple Truths.* Die Dinge, die wir wahrnehmen, bezeichnet er als unseren »Wahrnehmungsrahmen«. Alles andere – insbesondere Dinge, die uns beunruhigen oder schmerzlich berühren – wird aus der bewußten Wahrnehmung ausgeblendet. Unsere Vorstellungsbilder sind lückenhaft; jeder Hinweis, daß etwas im argen liegt, wird ausgeblendet. Diese primitive Reaktionsweise auf eine drohende Gefahr war unter der deutschen Besatzung für viele Menschen kennzeichnend.

Rückblickend ist nur schwer zu verstehen, wie Menschen mitten im Holocaust nicht wahrnehmen konnten, was da geschah. Vor einigen Jahren sprach die deutsche Retterin Gitta Bauer in Essen über ihre damaligen Erfahrungen. Im Publikum befanden sich auch Gleichaltrige, die ihr erwiderten, sie hätten »nichts gewußt«.

Gitta geriet in Rage. »Nichts gewußt? Auf den Parkbänken waren Schilder mit der Aufschrift ›Nur für Arier!‹ angebracht. Juden wurden mit Umhängetafeln durch die Stadt geführt, auf denen zu lesen war: ›Ich bin ein Judenschwein‹. Juden verloren ihren Arbeitsplatz, wurden auf der Straße verhöhnt und aus ihren Wohnungen vertrieben. Die mörderische Plünderei der Kristallnacht wurde von den Nazis sorgfältig als landesweites Ereignis organisiert. Synagogen wurden in Brand gesteckt, Schaufenster eingeworfen und jüdische Friedhöfe verwüstet. Wie war es hier in Essen möglich, wo es eine Synagoge und einen jüdischen Friedhof gab, daß die Leute nicht wußten, was die Nazis vorhatten. Selbst wenn Sie es nicht mit ihren eigenen Augen gesehen haben«, tadelte sie ihre Zuhörer, »mußten Sie sich doch dessen bewußt gewesen sein.«

Tatsächlich waren die meisten Menschen sich dessen nicht bewußt. Mag es für RetterInnen auch schwierig sein, das zu verstehen, andere Menschen nahmen die Situation anders wahr. Sie sahen nicht, was die RetterInnen sahen. Wie Pferde, deren Sicht nach links und rechts abgeschirmt ist, trugen die meisten ZuschauerInnen Scheuklappen. Rechts von ihnen klopfte die Gestapo mitten in der Nacht an die Tür eines Verwandten oder Freundes, um ihn zu verhaften. Links von ihnen erhoben sich die hohen Mauern der Konzentrationslager, oder ein Brief traf ein, daß einer ihrer Lieben »wegen plötzlicher Krankheit« verstorben sei. Sie verengten ihr Gesichtsfeld aus Selbstschutz und um sich darauf konzentrieren zu können, in dieser neuen, schreckenerfüllten Welt der Nazis zu überleben. Die Mißhandlung jüdischer Menschen wurde zum Hintergrundgeschehen.

Die westlichen Alliierten waren nicht weniger blind. Trotz des Augenzeugenberichts des polnischen Diplomaten Jan Karski über das Warschauer Ghetto und das Todeslager von Belzec blieb Felix Frankfurter, Richter am Obersten Gerichtshof der Vereinigten Staaten, ungläubig. Obwohl er Karskis Bericht Präsident Roosevelt zuleitete, äußerte er sich selbst skeptisch. »Ich sagte nicht, daß er lügt«, erklärte Frankfurter später. »Ich sagte, ich könne ihm nicht glauben. Das ist etwas anderes.« (Aus einem Interview der Autorin mit Jan Karski)

An dem einen Ende des Bewußtheits-Spektrums standen diejenigen, die von Anfang an begriffen hatten, was Hitler im Schilde führte; am anderen diejenigen, die erst mit eigenen Augen sehen mußten, wie Jüdinnen und Juden niedergemetzelt wurden. Die Ukrainerin Jean Kowalyk etwa begann das Großprojekt der Nazis erst in dem Moment zu erahnen, als die Deutschen vor ihrem Haus ein Arbeitslager errichteten. Zu ihren besten Kindheitsfreundinnen gehörte eine jüdische Klassenkameradin aus der Grundschule namens Blumka Friedman. Bis vor kurzem hatte sie Blumka nie in der Gegend des Dorfes gesehen. Eines Tages aber, als sie an dem neu erbauten Arbeitslager vorbeikam, begegnete sie Blumka. »Was machst du denn da?« rief sie ihr über den Stacheldrahtzaun des Lagers zu. Die Frage erstarb ihr auf den Lippen, als sie die zerlumpten, ausgezehrten Gestalten erblickte, die dort zusammengedrängt waren. Jeans Vater war im vergangenen Jahr gestorben und ihre beiden Brüder gerade von der russischen Armee eingezogen worden. Das Elend, das sie in diesem Lager sah, berührte sie in ihrem Innersten. Ohne nachzudenken und ohne von dem in der Nähe stehenden Gestapo-Wachposten Notiz zu nehmen, griff sie in ihren Beutel und warf Blumka ihr Vesperbrot über den Zaun zu. Wann immer sie konnte, ließ sie Blumka und anderen Lagerinsassen nun Lebensmittel zukommen. Auch eine Schußverletzung am Bein, die ihr ein Lagerwächter zufügte, als er sah, wie sie Brot über den Zaun warf, konnte sie davon nicht abhalten.

Wie Jean Kowalyk war auch Irene Gut Opdyke eine scharfsinnige, empathische Natur und daher bereit wahrzunehmen, was andere nicht bemerkten. Irene Gut Opdyke sah mehr als die meisten ihrer Mitmenschen und erinnert sich an alles. Ich begegnete dieser immer noch schönen, tatkräftigen Frau zum erstenmal 1986, kurz nachdem sie von Yad Vashem geehrt worden war. Damals, als die Deutschen in Polen einmarschierten, wohnte die 19jährige Krankenschwesterschülerin in einem Schlafsaal in Radom. Ihre katholische Familie, die zur polnischen Oberschicht gehörte, lebte in derselben Stadt. Irene Gut Opdyke war auf dem Weg zum Dienst, als auf einmal die deutschen Bomber über sie hinwegdonnerten. Plötzlich explodierte ein Gebäude in der Nähe, und irgend jemand zog sie in einen Graben. Schreie durchschnitten die raucherfüllte Luft, während Irene Gut Opdyke zum Krankenhaus rannte, wo sie rund um die Uhr arbeitete und kaum Zeit hatte, über das, was draußen geschah, nachzudenken.

Während die Deutschen und die Russen durch Polen marschierten, beschlossen Irene Gut und einige ältere Krankenschwestern, sich dem polnischen Widerstand anzuschließen. Kurz vor Weihnachten, auf dem Höhepunkt des eisigen Winters, kam die Gruppe in ein kleines Dorf. Irene Gut sollte Wache stehen, während die anderen in den Ort gingen, um Tabak und Kaffee gegen Lebensmittel zu tauschen. Da kamen Russen in das Dorf und nahmen sie und ihre FreundInnen gefangen. Gut wurde vergewaltigt und geschlagen und dann im Wald dem Sterben überlassen. Glücklicherweise wurde sie gefunden und in ein Krankenhaus gebracht, wo ihr eine Ärztin half, ihre körperlichen und seelischen Traumata zu überwinden.

Als sie sich wieder erholt hatte, arbeitete sie als Krankenschwester in der infektiösen Krankenabteilung eines Kriegsgefangenenlagers. Als Rußland und Deutschland 1941 polnische Kriegsgefangene austauschten, nutzte sie die Gelegenheit dazu, ihre Familie aufzusuchen. Sie machte sich auf den Weg nach Radom, wo es ein kurzes und freudiges Wiedersehen gab. Aber schon bald schickten die Deutschen ihren Vater in eine andere Stadt zur Arbeit, und ihre Mutter folgte ihm. Irene Gut und ihre Schwester mußten sich in Radom nun allein durchs Leben schlagen.

Irene bekam eine Arbeit als Kellnerin im Hotel der Stadt zugewiesen, das den Nazis nun als Offizierskasino diente. An ihrem ersten Arbeitstag bemerkte sie an einem Stacheldrahtzaun hinter dem Hotel eine Gruppe von Gestapo-Leuten. Sie dachte nicht weiter darüber nach, bis sie Wochen später hinter dem Hotel Gewehrfeuer und Hilferufe hörte. Sie rannte zum Fenster, riß die Vorhänge zur Seite und sah ungläubig und erschreckt, wie Männer, Frauen und Kinder versuchten, den Kugeln auszuweichen und sich in Sicherheit zu bringen. In diesem Augenblick kam ihr Chef, ein Major der Nazis, ins Zimmer, legte ihr die Hand auf den Mund, bedeutete ihr, sich ruhig zu verhalten, und schloß die Vorhänge. Er erklärte, hinter dem Stacheldraht befände sich ein Ghetto für Ungeziefer, und die Gestapo sei dabei, einen Teil davon auszurotten. Es sei nicht ihre Angelegenheit, warnte er abschließend.

Irene Gut sagte kein Wort, aber nach einem Ball der Nazis einige Tage später fragte sie ihren Chef, ob sie ein paar übriggebliebene Lebensmittel mit nach Hause nehmen dürfe. Major Ruegemer gab seine Einwilligung, und nach der Arbeit ging Irene mit ihrer Schwester, die in dem Kasino ebenfalls als Kellnerin arbeitete, hinter das Haus. Sie fanden eine durchlässige Stelle in dem Stacheldrahtzaun und ließen die Lebensmittel dort liegen. Das wurde ihr tägliches Ritual. Jeden Tag nach der Arbeit brachten die beiden Schwestern Lebensmittel ins Ghetto.

Eines Tages auf dem Weg zur Arbeit beobachteten sie auf der anderen Straßenseite, wie die Gestapo das Ghetto hinter dem Offizierskasino abschloß und die Juden und Jüdinnen aus der Stadt führte. Wie die Szene, die sie vorher durch das Fenster beobachtet hatte, brannte sich der Todesmarsch der Alten, Gebrechlichen und Hilflosen in ihr Gedächtnis und zerriß ihr das Herz.

> Wenn ich meine Augen schließe, sehe ich sie immer noch vor mir. Es war grauenvoll. Ich sah eine schöne blonde Frau, hochschwanger, im neunten Monat, und eine andere mit einer Beinverletzung. Sie ging langsam, ein kleines Mädchen hing an ihrem Rockschoß, und viele verkrüppelte Männer humpelten auf Krücken einher. Da waren auch Jungen, wie die Jeschiwa-Studenten, blaß, hoch aufgeschossen, wie lebende Skelette. Eine der Frauen, die ich sah, war mit einem Polen verheiratet, und der kam auf die Straße gerannt und rief ihren Namen, und als er die Kolonne erreicht hatte, wurde er erschossen und fiel zu Boden.
>
> Dann sah ich eine andere Frau mit einem schreienden Baby auf dem Arm. Einer der Gestapo-Leute bellte das Baby an: »Halt's Maul! Still jetzt! Hör auf zu schreien!« Die Mutter versuchte, ihr Baby zu beruhigen. Sie knöpfte ihre Bluse auf und versuchte es zu stillen, aber das Baby fürchtete sich, oder es fror, oder es hatte Schmerzen, es schrie

> einfach nur. Auf einmal riß der Gestapo-Offizier das Baby mit einer Handbewegung aus den Armen seiner Mutter, nahm es bei den Füßen und schleuderte es mit dem Kopf zu Boden. Das Baby war im nu still. Ich werde nie vergessen, was für einen unmenschlichen, schrillen Schrei die Mutter ausstieß, als sie zu ihrem Kind eilte.

Wer hätte sich träumen lassen, daß so etwas möglich war? Wer hätte sich solche grauenvollen Dinge vorstellen können? Fest steht, daß die Juden und Jüdinnen es nicht konnten. »Weder die Sonne noch den Tod kann man unverwandt anblicken«, schrieb der französische Philosoph François La Rochefoucauld.

Wer mit jüdischen Menschen befreundet war, hatte oft alle Mühe, sie zu überzeugen, daß sie ihre Heimat aus Sicherheitsgründen verlassen sollten. Viele deutsche Juden und Jüdinnen, die sich selbst mehr als Deutsche denn als Juden fühlten, konnten nicht glauben, daß ihr Leben in Gefahr war. Jüdische Menschen aus anderen Ländern reagierten ähnlich. Am 11. Juli 1942 las Janny Blom in der niederländischen Zeitung eine Bekanntmachung, wonach sich alle Juden bei ihrer örtlichen Synagoge zu melden hätten. Die Juden sollten nach Westerbork gebracht werden, eine Zwischenstation auf dem Weg zur Umsiedlung in den Osten. Sie könnten nur einen Koffer mitnehmen, hieß es in der Bekanntmachung. Beginnend mit dem nächsten Tag würden die Deutschen alle Jungen im Alter von 16 Jahren aufwärts in alphabetischer Reihenfolge verhaften.

Janny Blom war entsetzt, als sie die Bekanntmachung las. Sie hatte Angst um ihren früheren Chef, den Zahnarzt Samuel Vreedenburg, in dessen Praxis sie bis zu ihrer Heirat als Zahnarzthelferin gearbeitet hatte. Sie mochte ihren Chef und dessen Familie; ihr Mann Willem und ihr 13jähriger Sohn ebenfalls. Sie fürchtete vor allem um den Neffen von Marianne Vreedenburg, den 16jährigen Johnny Veeth. Noch am selben Tag eilten Janny und Willem zu den Vreedenburgs, um sich zu erkundigen, was der Neffe zu tun gedenke. Er würde sich der Anordnung wohl fügen, war die Antwort. »Mein Schwager sagt, daß es vielleicht nur Arbeitslager sind«, erinnert sich Janny an Marianne Vreedenburgs Worte. »Vielleicht tut es dem Jungen gut.« Janny Blom traute ihren Ohren nicht. »Ist er denn völlig von Sinnen?«, stieß sie wütend hervor. »Wir haben von verschiedenen Seiten gehört, daß sie alle vernichten!«

Als die Vreedenburgs an der Reihe waren, erboten sich die Bloms, sie bei sich zu verstecken, und ihr Angebot wurde sogleich angenommen. Ihre spontane Tat aus Mitleid und Zuneigung wiederholte sich in

Tausenden von Familien in ganz Holland. Der niederländische Historiker Louis de Jong, der bereits zu einem früheren Kriegszeitpunkt nach Großbritannien geflüchtet war, merkte in seiner Harvard-Vorlesung von 1990 zu den Mitleidsbekundungen und der Betroffenheit der Niederländer folgendes an:

> Es mag sein, daß mehr als hunderttausend Juden deportiert worden sind, aber es gilt ebenso festzuhalten, daß der niederländische Untergrund versuchte, 25000 Juden zu retten. Ich möchte hier noch hinzufügen, daß viele Juden, meine Eltern eingeschlossen, die ihnen angebotene Hilfe ausschlugen, weil sie glaubten, daß ihnen die Deportation eine größere Überlebenschance biete, als wenn sie sich versteckten. (De Jong 1990:41)

Wie sich herausstellen sollte, war das Kalkül falsch. De Jongs Eltern wie auch seine anderen näheren Verwandten kamen um.

Leider waren solche Fehlkalkulationen weit verbreitet. Trotz der Warnungen und Bitten von FreundInnen, sie sollten endlich fliehen, wollten viele Juden und Jüdinnen einfach nicht glauben, daß die Nazis sie ermorden wollten. Es war ausgesprochen schwierig, sie von ihren Ansichten abzubringen, denn die Täuschungsmanöver der Nazis waren sehr überzeugend. Der niederländische Retter Arnold Douwes, der mehr als 3000 Juden und Jüdinnen bewegte, ihren Amsterdamer Wohnsitz zu verlassen, um sie in Nieuwlande zu verstecken, fand für dieses Problem eine einfache Lösung: Er log. Er übertrieb die Annehmlichkeiten eines Lebens auf dem Bauernhof und erging sich in poetischen Beschreibungen der reizvollen Idylle von Nieuwlande. Er erzählte jüdischen Familien, die Schulen hätten einen erstklassigen Ruf, und daß sie bei hilfsbereiten Bauersleuten untergebracht würden. Auf der anderen Seite machte er zögernden Bauersleuten vor, es handle sich nur um einen einzigen Juden, der lediglich für eine einzige Nacht einen Unterschlupf brauche. Wenn er dann mit mehreren Juden und Jüdinnen aufkreuzte, appellierte er an das Schamgefühl der Menschen. Er bat, sie alle zu verstecken, und schüchterte die Bauersleute so lange ein, bis sie in eine längere Aufenthaltsdauer einwilligten.

Einigen BürgerInnen im besetzten Europa wurde das Vernichtungsvorhaben der Nazis gegen ihren Willen zu Bewußtsein gebracht. In der Sprache der Psychologie machten diese Zuschauer ein *transforming encounter* durch, ein Erlebnis von solch aufrüttelnder Eindringlichkeit, daß sich die betreffende Person für immer veränderte. Im Gegensatz zur beschriebenen Bewußtwerdung waren beim *transforming encounter* außer der plötzlichen Erkenntnis, daß die jüdische Bevölkerung niedergemetzelt wurde, noch andere Faktoren im Spiel.

Sicher blieb an jenem Oktobertag 1944 in Budapest auch anderen Menschen nicht verborgen, was der Italiener Giorgio Perlasca sah. Perlasca war in Budapest als Vertreter eines in Rom ansässigen Unternehmens tätig, das die italienische Marine mit Fleisch belieferte. Im spanischen Bürgerkrieg hatte er als Soldat in der italienischen Armee gedient. General Francisco Franco gab damals allen, die für ihn gekämpft hatten, ein Dokument, das ihnen den Schutz der spanischen Regierung in Aussicht stellte. Giorgio Perlasca hatte nun aus irgendwelchen Gründen beschlossen, daß es an der Zeit sei, Franco bei seinem Wort zu nehmen, und so machte er sich auf den Weg zur spanischen Gesandtschaft in Budapest.

Unterwegs sah er, wie eine Bande ungarischer Nazis einen 10jährigen Jungen jagte. Als sie ihn eingeholt hatten, nahm einer von ihnen sein Gewehr und schlug es dem Jungen mit voller Wucht gegen den Kopf. Giorgio traute seinen Augen nicht. »Ich fragte die Leute dort: ›Warum‹?, und sie antworteten, ›weil er ein Judenkind ist‹.«

Perlasca beschleunigte seinen Schritt und eilte zur spanischen Botschaft. Dort stellte ihm der spanische Gesandtschaftsvertreter Angel Sanz-Briz einen regulären Diplomatenpaß aus. Während das Dokument vorbereitet wurde, bemerkte Perlasca, daß sich vor der spanischen Gesandtschaft Hunderte von Menschen versammelt hatten. Einige versuchten, sich einen Weg hinein zu erkämpfen. Es waren Juden und Jüdinnen, die Schutz vor der Deportation suchten. Sanz-Briz stellte wie Raoul Wallenberg falsche Papiere aus – in diesem Fall waren es Schutzbriefe –, die den Inhaber als spanischen Bürger auswiesen, der Anspruch auf den Schutz der spanischen Regierung hatte. Er hoffte, daß die ungarische Nazi-Regierung, die großen Wert auf gute Beziehungen zu Madrid legte, die Dokumente anerkennen und deren Inhaber in Ruhe lassen würde. Jedem, der in sein Büro gelangte und das Gesuch formulierte, händigte Sanz-Briz einen Schutzbrief aus.

Der Vorfall mit dem jüdischen Jungen und dem Mob war noch frisch in Perlascas Gedächtnis. Was die Nazis mit den Juden vorhatten, war klar, und Giorgio Perlasca war sich sicher, daß noch mehr Kinder ermordet würden, wenn er nicht irgend etwas unternähme. Auf der Stelle bot er freiwillig seine Dienste an, um mitzuhelfen, das Leben von jüdischen Männern, Frauen und Kindern zu retten. Perlasca begegnete dem Tod von Angesicht zu Angesicht, und er war davon so erschüttert, daß der Vorfall unmittelbare Wirkung zeigte. Aus einem italienischen Faschisten wurde ein Mann, der entschlossen war, alles zu tun, um das Leben jüdischer Menschen zu retten. Ähnlich wurde auch Irmgard von Neurath zum Handeln getrieben. »Was dieser Gefangene neben dem umgekippten Kartoffelkessel gesagt hatte, brachte meine Mutter zum Nachdenken«, erinnert sich Wendelgard von Staden. »Es war, als hätten seine Worte ihr eindringlich vor Augen geführt, was mit diesen Menschen eigentlich geschah.« (Von Staden 1981:81)

Als Oskar Schindler sah, wie die jüdischen Männer und Frauen in Züge verladen wurden, wurde ihm wie nie zuvor bewußt, daß die Nazis die Juden als Vieh betrachteten. Aber erst ein Vorfall tags darauf verwandelte den zuschauenden Sympathisanten in einen Retter. Am Morgen nach der Episode mit den Viehwaggons ritt Schindler mit seiner deutschen Geliebten aus. Als die beiden durch das hügelige Weideland kamen und von einer bestimmten Stelle auf das jüdische Ghetto blickten, sahen sie, wie Frauen und Kinder in einer langen Reihe weggeführt wurden. Am Ende der Kolonne trödelte ein kleines Mädchen mit einem scharlachroten Mantel und einer gleichfarbigen Mütze. Unmittelbar dahinter marschierten SS-Mannschaften mit Hunden, die alle Juden aufspüren sollten, die den Nazis bei der ersten Suche entgangen waren. Der SS-Trupp wartete nicht einmal, bis die Kolonne um die Ecke gebogen war. Sie zerrten die jüdischen Menschen aus ihren Verstecken und erschossen sie auf offener Straße. Just in dem Augenblick, da das scharlachrot gekleidete Mädchen den Kopf wandte, tötete ein Soldat eine Frau mit einem Genickschuß, und nachdem ihr Sohn wimmernd eine Mauer heruntergerutscht war, preßte ihm ein SS-Mann mit dem Stiefel den Kopf gegen den Boden und schoß. Diese Szenen veränderten Oskar Schindler. Er erkannte, was hinter dem fehlenden Schamgefühl der Deutschen stand: Ihre Taten waren von offizieller Seite abgesegnet. Sie duldeten Augenzeugen wie das kleine Mädchen in Scharlachrot, weil sie glaubten, daß alle samt und sonders umgebracht würden. »Seit damals mußte jedem denkenden Menschen klar sein, was geschehen würde. Und ich nahm mir fest vor, das zu verhindern, soweit es in meiner Macht stand.« (Keneally 1994:121)

Dramatische *transforming encounters* waren eher die Ausnahme als die Regel. Manche RetterInnen waren der Mißhandlung durch die Nazis zum Opfer gefallen; sie waren als Juden verdächtigt und entsprechend behandelt worden. Andere waren mit Geisteskranken, Alten oder körperlich Behinderten verwandt, die im Zuge des Euthanasie-Programms ermordet worden waren. Wieder andere hatten Kinder, die zur Zwangsarbeit für das »Dritte Reich« entführt wurden. Wer unter den Nazis auf diese Weise zu leiden hatte, wurde sich mit größerer Wahrscheinlichkeit bewußt, daß auch die jüdischen Frauen, Männer und Kinder zu den Opfern gehörten.

Andere RetterInnen, mit denen ich sprach, sagten, ihnen sei erst durch eine ganze Reihe von Einflüssen und Ereignissen bewußt geworden, was da geschah. Zu dieser Gruppe gehört auch Gitta Bauer. Gitta führt ihre erste bewußte Erfahrung mit der NSDAP auf das Jahr 1929 zurück, als sie mit ihrem Vater beobachtete, wie eine Gruppe junger Männer in braunen Uniformen mit der Hakenkreuzfahne, dem Emblem der SA, durch die Straßen marschierte. Das zehnjährige Mädchen hob den Kopf zu ihrem Vater und fragte, wer diese Leute seien. Der stolze Veteran des Ersten Weltkriegs überraschte mit einer abschätzigen Antwort: »Diese Leute *wollen* den Krieg wieder.«

Vier Jahre später, erinnert sich Gitta Bauer, kam ihr Vater aufgewühlt nach Hause. Er hatte einen jungen Mann – einen Kommunisten – erstochen auf der Straße gefunden. Der Vorfall bestätigte Bauers finsterste Vorahnungen im Hinblick auf den Aufstieg Hitlers und seiner Günstlinge.

Aber Hitlers Propaganda und Suggestionskraft war so wirksam, daß sich auch Gitta Bauer, obwohl sie in einer vehement gegen Hitler eingestellten Familie aufwuchs, zur Nationalsozialistischen Partei hingezogen fühlte. Im Jahre 1936 nahm das sechzehnjährige Mädchen aktiv an den Eröffnungsfeierlichkeiten zu den Olympischen Spielen von Berlin teil. Die theatralische Inszenierung entfachte ihre nationalistische Gesinnung. »Das Olympiastadion ist für mich eine steinerne Nachbildung des Nationalsozialismus«, schrieb sie in ihr Tagebuch. Der junge Priester, dem sie diese Tagebuchnotiz mitteilte, war entsetzt. Hitler sei darauf versessen, die Kirche und ganz Deutschland zu zerstören, wies er sie zurecht. Seine Worte ließen ihren erwachenden Nationalismus im Keim erstikken. Aber erst die Kristallnacht zwei Jahre später führte ihr die Konsequenzen von Hitlers Nationalismus vor Augen. Sie sah die Schläge, die Verhaftungen, die Morde. Davor hatte sie das alles nur am Rande wahrgenommen; nun sah sie es wirklich:

> Wir gingen durch die Straßen und sahen, wie die Flammen aus der Synagoge schlugen. Als wir nach Hause kamen, hörten wir, daß man den Rabbiner zusammengeschlagen auf der Straße gefunden hatte. Er war ein gütiger Mensch, nicht sehr groß und eher schmächtig, so daß es für diese Raufbolde ein leichtes war, ihn zu überwältigen. Sie hatten ihm den Bart ausgerissen – es war schrecklich.

Die Fähigkeit, klar zu sehen, den Nebel der Nazi-Euphemismen zu zerreißen und zu erkennen, daß Unschuldige ermordet wurden, ist zentral für das, was Rettende von untätig Zuschauenden unterscheidet. Es war der notwendige erste Schritt, der Rettungsaktivitäten im folgenden möglich, in manchen Fällen auch zwingend machte. Im Gegensatz zu anderen, die von den Vergasungen und anderen Techniken des Massenmords gehört hatten, glaubte Theresa Weerstra den unglaublichen Erzählungen eines Freundes, der wie durch ein Wunder einem Todeslager entkommen und in seine Heimat nach Holland zurückgekehrt war, sofort. Sie hatte die Unmenschlichkeit der Nazis mit eigenen Augen gesehen. Sie war sich darüber bewußt. Sie erschienen ihr jeder Barbarei fähig. Wie andere, die zu RetterInnen wurden, war sie zum Handeln bereit.

4
Handeln

»Die Hand des Mitleids war schneller als das Kalkül der Vernunft.«
Otto Springer, Retter

Diejenigen, die sich über die damaligen Vorgänge bewußter waren als andere, mochten zwar erkennen, daß Handeln not tut, aber um aktiv Handelnde zu werden, brauchten sie auch die Gelegenheit dazu, und die hatten sie nicht immer. Manchmal war es bedingt durch die Umstände zu gefährlich oder zu unsicher, den Ereignissen nicht weiter passiv zuzuschauen, sondern helfend einzugreifen. An einem Tag im Jahre 1942 fuhr die Amsterdamer Studentin der Sozialarbeit Marion van Binsbergen Pritchard mit ihrem Fahrrad zur Fachhochschule. Vor einem Heim für jüdische Kinder waren Nazis gerade dabei, die Kinder auf Lastwagen zu verladen. Unvermittelt hielt sie an. Die Kinder im Alter bis zu acht Jahren hatten Angst und weinten. »Wenn sie sich nicht schnell genug bewegten, ergriffen die Nazis sie beim Arm, beim Bein oder gar bei den Haaren und warfen sie auf den Lastwagen«, erinnert sich Marion. Dieser Anblick schockierte sie so sehr, daß sie wütend aufschrie. Im gleichen Moment kamen zwei Frauen die Straße entlang und versuchten die Verladung zu verhindern. Die Deutschen schleuderten auch sie auf einen Lastwagen.

Die beiden niederländischen Frauen handelten keineswegs unüberlegt. Blitzschnell stellten sie dieselben Überlegungen an wie alle Umstehenden, die zusahen. Sie beschlossen, die Nazis direkt herauszufordern. Aber sie beurteilten die Situation falsch. Sie überschätzten ihre Möglichkeiten und mußten diesen Fehler teuer bezahlen. Die Lektion ging an van Binsbergen nicht spurlos vorüber. Sie gelangte zu dem Schluß, daß es Selbstmord war, die Nazis direkt herauszufordern. Um überhaupt eine Erfolgschance zu haben, mußte man im geheimen handeln.

Der Vorfall vor dem Heim für jüdische Kinder dauerte nur wenige Minuten. Aber diese Minuten veränderten Marion van Binsbergens Leben. Sie wurde zu einer entschlossenen Retterin. Als jemand sie bat, drei

Kinder zu verstecken, brachte sie die Kleinen heimlich ins Landhaus ihrer Eltern und behielt sie dort bis zur Befreiung.

Marion van Binsbergens Geschichte veranschaulicht den Zusammenhang von Bewußtwerdung und Handeln. Ein Verhalten, das darauf ausgerichtet ist, zu helfen oder gar Leben zu retten, ergibt sich aus dem Zusammenspiel von situativen Gegebenheiten (wie etwa die Anzahl der anwesenden Zuschauer) und persönlichen Eigenschaften (die Bereitschaft zur Übernahme von Verantwortung, das Gefühl persönlicher Kompetenz und Empathie) (Cialdini u.a. 1987). Obwohl sich also Helfende von Nichthelfenden durch bestimmte Merkmale unterscheiden, sind sich die meisten SozialpsychologInnen einig, daß es keine feste Merkmalkombination gibt, anhand derer sich voraussagen ließe, ob sich eine Person als Helfer verhalten wird. Wenn sich ein zur Hilfe neigender Mensch bewußt wird, daß seine Hilfe gebraucht wird, entscheiden oft situative Nuancen, ob er eingreifen wird oder nicht.

Bib Latané und John Darley führten 1970 eine Reihe von Versuchen durch, bei denen sie die Versuchspersonen in scheinbar gefährliche Situationen versetzten, die entschlossenes Handeln erforderten. Bei einem dieser Experimente mußten StudentInnen in einem geschlossenen Raum einen »Test« absolvieren. Plötzlich wurde beißender Rauch in den Raum geleitet. War die Versuchsperson allein, rief sie um Hilfe; die Anwesenheit von anderen hingegen verringerte die Wahrscheinlichkeit, daß irgend jemand etwas unternahm. Die beiden Sozialpsychologen nannten diesen Sachverhalt das Prinzip der »Verantwortungsdiffusion«, worunter zu verstehen ist, daß ein Mensch in einer Situation, die seine Hilfe erfordert, mit weit geringerer Wahrscheinlichkeit Verantwortung übernimmt und einschreitet, wenn er mit anderen zusammen ist.

In der Begrifflichkeit von Latané und Darley sind diejenigen Versuchspersonen als RetterInnen zu bezeichnen, die etwas gegen den Rauch unternahmen. Es kam ihnen nicht in den Sinn, daß sich schon jemand anders darum kümmern würde; sie übernahmen Verantwortung. Obwohl auch andere sahen, was mit den Juden und Jüdinnen geschah, hatten nur die RetterInnen das Gefühl, daß ein Mitmensch sterben würde, wenn sie nicht persönlich eingriffen.

Die Übernahme von Verantwortung bildet das dritte Stadium in Latanés und Darleys Modell. Daraus ergeben sich folgerichtig die beiden letzten Stadien: die Wahl einer bestimmten Form der Hilfe und schließlich die Umsetzung. Die Psychologin Elizabeth Midlarsky ist der Auffassung, daß für die Bereitschaft, Verantwortung zu übernehmen, auch die eigene Kompetenz eine Rolle spielt, d.h. das Vertrauen darauf, daß man den Lauf der Ereignisse ändern und in die gewünschte Richtung lenken kann. Für Midlarsky ist Kompetenz eine notwendige Vorbedingung für Hilfe: Ob man die Situation tatsächlich verändern kann, ist nicht so wichtig, solange man sich nur dazu imstande fühlt (Midlarsky 1984). Andere PsychologInnen nannten den Glauben an die eigene Fähigkeit, den Lauf der Ereignisse beeinflussen zu können, »internal locus of control«.

Die RetterInnen waren weder verrückt, noch neigten sie zum Selbstmord. Wenn sie nicht das Gefühl hatten, daß ihre Chancen gut stünden, boten sie auch keine Hilfe an. Sie mußten sich nicht nur für gewieft genug halten, die Nazis austricksen zu können, sondern auch an ihre Fähigkeit glauben, die Lage richtig einzuschätzen und Lösungen zu finden. Gelegenheit zum gründlichen Nachdenken hatten sie selten. Die Zeit reichte gerade für eine kurze Einschätzung der eigenen Möglichkeiten und der jeweiligen Situation.

Das war sehr schwierig. Es gab Dutzende von unbekannten Faktoren. Niemand wußte, wie lange der Krieg dauern und wer ihn am Ende gewinnen würde. Wie lange würden sie sich engagieren müssen? Einige Wochen? Mehrere Monate? Janny Bloms Angebot, den Vreedenburgs Unterschlupf zu gewähren, verdankte sich einer Augenblicksentscheidung vor dem Hintergrund der Reden von Winston Churchill, die sie illegalerweise im Radio verfolgt hatte. Sie meinte, daß sich die Vreedenburgs nur sechs Wochen bei ihr verstecken müßten, bis der Krieg vorbei sein würde; sie blieben drei Jahre.

Wer einem Juden oder einer Jüdin Unterschlupf gewährte, beging eine gesetzeswidrige Handlung. Diejenigen, die die Ereignisse passiv beobachtet hatten und nun kurzentschlossen ihre Hilfe anboten, brachten sich in eine oppositionelle Lage zu ihren gesetzestreuen Familien, FreundInnen und Nachbarn. Mit der Möglichkeit, weiterhin ein normales Leben zu führen, war es vorbei. Darüber hinaus war man nun vollständig für das Überleben eines anderen Menschen verantwortlich. Im Gegensatz zu einer Frau und einem Mann, die ein Kind bekommen und im Normalfall Monate Zeit haben, um sich auf ihre neue Rolle einzustellen, blieb den RetterInnen physisch wie psychologisch kaum Zeit zur Vorbereitung. In den meisten Fällen wurden sie mitten in eine verzweifelte Situation hineingestoßen, die wenig Zeit für quälende Fragen ließ. Die Bitte, die an sie herangetragen wurde, war klar, wie sich der niederländische Retter Wilto Schortinghuis und andere erinnern; ebenso klar wie die Folgen, derer man gewärtig sein mußte, wenn man sie erfüllte. »Die Regel lautete: Wenn du Juden hilfst, wirst du als Jude behandelt und sofort in ein Konzentrationslager geschickt.« (In Polen galten andere Regeln. Wer eine jüdische Person aufnahm, wurde erschossen oder erhängt.)

Um vorauszusagen, für welche Art des Beistands sich ein Mensch entschließt, der vom Zuschauenden zum Handelnden wird, gehen die meisten SozialpsychologInnen von einem Belohnung-Kosten-Ansatz aus. Die für die Hilfe zu erwartende Belohnung muß die voraussichtlichen Kosten überwiegen (Lynch/Cohen 1978). Für die meisten RetterInnen bestand die Belohnung in der persönlichen Genugtuung, das Richtige getan zu haben und ihrem Gewissen treu geblieben zu sein.

Milgrams Untersuchungen zur Gehorsamsbereitschaft geben heutigen WissenschaftlerInnen einen Anhaltspunkt, wie schwer es für die meisten Menschen gewesen sein muß, der Autorität zu widerstehen, um anderen zu helfen. Seine Untersuchungen ergaben, daß sich die meisten der Befragten zwar sicher sind, daß sie niemandem bewußt Schaden zufügen würden. In der Versuchssituation waren aber nur die wenigsten imstande, ihren Worten Taten folgen zu lassen. Im Gegenteil, viele Menschen, die bei Vorträgen etwas über das Leben von RetterInnen während des Holocaust erfahren, zögern mit der Behauptung, daß sie ihr eigenes Leben aufs Spiel setzen würden, um einen Fremden, eine Bekannte oder auch einen Freund zu retten. Gewohnt, sich selbst für gute Menschen zu halten, müssen sie der Ehrlichkeit halber einräumen, daß sie sich nicht sicher sind, ob sie ihr Leben für jemand anders riskieren würden, wenn es darauf ankäme.

RetterInnen gaben der Frage eine andere Wendung: »Kann ich mit mir selbst weiterleben, wenn ich nein sage?« Gelangten sie zu dem Schluß, daß das nicht möglich war, hing es von der konkreten Situation ab, ob sie zur Tat schritten oder nicht. Noch heute fühlt sich Wilto Schortinghuis wegen der jüdischen Schutzsuchenden schuldig, die er wegschickte, weil die Aufnahme weiterer Schützlinge das Leben derer, denen er bereits Unterschlupf gewährte, gefährdet hätte. Obwohl er und seine Frau zwanzig Juden und Jüdinnen auf ihrem Bauernhof nahe der belgischen Grenze mit Erfolg versteckten, wird der niederländische Pazifist von den Geistern derer heimgesucht, die getötet wurden, nachdem er niemanden mehr bei sich aufnehmen wollte.

Wenn sich eine Gelegenheit zur Hilfe bot, hing es von verschiedenen Faktoren ab, ob jemand zur rettenden Tat schritt oder nicht. Dazu gehörte unter anderem, ob er oder sie direkt um Hilfe gebeten wurde und über die nötigen Hilfsmittel verfügte: ein einigermaßen sicheres Versteck (einen Boden, Keller oder Unterschlupf im Wald, doppelte Wände oder einen unterirdischen Gang), Zugang zu Lebensmitteln, eine Scheinidentität, mit der ein Jude als Nichtjude oder eine Jüdin als Nichtjüdin auftreten konnte, Informationen oder einen Fluchtweg.

Ein weiterer situationsbezogener Faktor, der die Entscheidung eines Menschen, helfend einzugreifen, mehr oder weniger wahrscheinlich machte, waren die äußeren Merkmale der um Hilfe bittenden Person. Einer blonden, blauäugigen Jüdin, die von allen für eine Arierin gehalten werden konnte, wurde mit größerer Wahrscheinlichkeit Unterschlupf gewährt als einem Juden, der mit seinem jiddischen Akzent, seinem dunklen, gelockten Haar, seiner Hakennase, seinen dunklen Augen und großen Ohren, seinem Bart und seinem beschnittenen Penis dem von den Nazis propagierten Bild vom Juden entsprach. Darüber hinaus war auch die Haltung der anderen Familienmitglieder entscheidend. Lehnte das unmittelbare soziale Umfeld eines oder einer potentiellen RetterIn das Vorhaben ab, konnte dies das Handeln vereiteln.

Die meisten retteten nicht aus eigener Initiative. Ein Freund, eine Bekannte, die Freundin eines Freundes kam und bat um Hilfe. Eine direkte, persönlich formulierte Bitte bot die Gelegenheit, den eigenen Absichten gemäß aktiv zu werden.

So war es auch bei Gitta Bauer, die am 21. Juli 1944, einen Tag nach dem versuchten Attentat auf Hitler, von einer Freundin ihrer Tante angesprochen wurde. Die Frau brauchte ein Versteck für ihre Tochter, Ilse Baumgart, eine 21jährige Halbjüdin, die bisher unauffällig in Berlin gelebt hatte, nun aber in großen Schwierigkeiten steckte und um ihr Leben fürchtete. Ilse Baumgart hatte sich Papiere besorgt, die sie als Arierin auswiesen. Bald darauf war sie zum Frauenverband der deutschen Luftwaffe eingezogen worden, wo sie als Fernschreibkraft in der Nachtschicht arbeitete. Nun war sie in der vergangenen Nacht an ihrem Schreibtisch eingenickt, als ihr Vorgesetzter sie plötzlich wachrüttelte und ihr die Neuigkeit des Attentatsversuchs auf Hitler mitteilte. Noch im Halbschlaf murmelte Ilse Baumgart: »Ist das Schwein tot?« – und sie fügte hinzu: »Wenn es geklappt hat, wäre der Krieg endlich vorbei.« Was sie gedankenlos dahingesagt hatte, war unmöglich rückgängig zu machen.

Ihr Vorgesetzter denunzierte sie postwendend beim befehlshabenden Offizier. Aber der Vorfall ereignete sich zu einem Zeitpunkt, als der Krieg schon weit fortgeschritten war, so daß es der Offizier nicht übers Herz brachte, sie zu verhaften. Statt dessen sagte er zu ihr mit schneidender Stimme: »Ich gebe Ihnen fünfzehn Minuten, um darüber nachzudenken, was Sie getan haben. Allein. Dann komme ich wieder, und Sie wissen, was ich dann zu tun habe. Ich werde Sie festnehmen lassen.«

Baumgart folgte dem Wink und machte sich aus dem Staub. Aber sie kannte keinen sicheren Ort, an dem sie hätte bleiben können. Ihre Mutter verwies sie an Gitta Bauer. Wie andere RetterInnen schätzte Gitta Bauer blitzschnell die Situation ein und erwog ihre eigenen Möglichkeiten. Sie wußte, Ilse Baumgart würde gefangengenommen und deportiert werden, wenn sie ihr nicht helfen würde, und Deportation bedeutete für Juden und Jüdinnen den sicheren Tod. Auf der anderen Seite war sie allein. Es gab niemanden, der ihr bei der Entscheidung helfen und die folgende Verantwortung mittragen konnte. Ihre Eltern waren an einen sichereren Ort im Südwesten Deutschlands gezogen, und so war sie in ihrer Berliner Wohnung allein auf sich gestellt. Letzten Endes lief die Entscheidung darauf hinaus, ob sie einer in Not geratenen Freundin der Familie helfen sollte oder nicht. »Was hätte ich anderes sagen sollen, als daß ich sie zu mir nehme?«, fragte mich Gitta. Sie versteckte die junge Frau neun Monate lang in ihrer Wohnung, eine Erfahrung, die sie mit »Leben geben« gleichsetzt. Sie und ihr »Baby« schafften es.

Ihr Selbstverständnis verbot es ihr, nein zu sagen. Aufgrund ihrer von Kindheit an entwickelten Selbstsicherheit war sie imstande, klar zu erkennen, daß Nichtstun für das Opfer den sicheren Tod bedeuten würde. Darüber hinaus verfügte sie über einen mehr oder weniger sicheren Ort, um Ilse Baumgart zu verstecken; sie hatte keine Familie, die sie in Gefahr hätte bringen können; sie hatte keine anderen Verpflichtungen, die mit ihrer Entscheidung in Konflikt hätten kommen können; und sie besaß die emotionalen und geistigen Fähigkeiten, um Alltagsprobleme wie das Organisieren von Lebensmitteln zu lösen. Es war in Lewins Begrifflichkeit der »Zustand der Person wie des Umfelds« (Lewin 1952:13), der Gitta Bauer zu der Äußerung veranlaßte: »Was hätte ich anderes sagen sollen, als daß ich sie zu mir nehme?«

Eine verzweifelte Bitte in letzter Minute war der Anlaß zur Hilfe. Auch Jean Kowalyk, ihre Mutter und andere Familienangehörige wurden auf diese Weise gegen ihren Willen zu versierten RetterInnen mit einem Haus, in dem bald viele jüdische Menschen lebten, die aus dem örtlichen Arbeitslager geflohen waren. Jeden Tag sahen Jean und ihre Mutter, wie die bis aufs Skelett abgemagerten Gefangenen das nahegelegene Arbeitslager verließen und abends wieder zurückkehrten. Außer Zuschauen konnten sie nur wenig tun. Hin und wieder gelang es ihnen, ein oder zwei Gefangenen, die den Mut aufbrachten, die Marschkolonne zu verlassen, und schnell genug waren, sich wieder einzugliedern, ein Stück Brot zuzustecken. Aber eines Tages wurde Jeans Mutter krank. Anstatt sie in die weitentfernte Stadt zu bringen, in der es medizinische Hilfe gab, bat Jeans Bruder den Lagerkommandanten, ob er nicht einem jüdischen Arzt erlauben könnte, seine Mutter zu untersuchen. Der Kommandant willigte ein, und Dr. Salomon Berger durfte solange kommen, bis es Jeans Mutter besserging. Bei einer dieser Visiten fragte Berger Jeans Bruder, ob er bereit wäre zu helfen, wenn sich die Lage verschlimmerte. Der Bruder hatte vier Kinder und wollte ihm das nicht versprechen. Jean und ihre Mutter aber erklärten sich dazu bereit.

Bald darauf klopfte es des Nachts an die Tür. Jean machte auf. Da stand Dr. Berger. »Er kam ins Zimmer, riß meine Mutter an sich und begann, sie zu küssen und zu weinen«, erinnert sich Jean Kowalyk. »Bitte helfen Sie«, wiederholte er immer wieder, »Bitte retten Sie mich«. Jean willigte ein und sagte, er solle nächste Nacht wiederkommen. Dann lief sie zum Haus ihres Bruders und erzählte, was passiert war. Der wiederum wandte sich an den Mann ihrer gemeinsamen Schwester, und sogleich zogen die beiden Männer auf dem Boden eine doppelte Wand hoch, hinter der sich Dr. Berger verstecken sollte. In der folgenden Nacht kam er und war voller Dankbarkeit. Wenige Minuten später aber hörten sie noch jemanden ans Fenster klopfen. Zu Jeans Entsetzen standen da neunzehn weitere Juden, die eine Zuflucht suchten. Dr. Berger hatte ihr Hilfsangebot einigen Freunden gegenüber erwähnt. Jean zog sie herein und bestürmte ihren Bruder und ihre Schwester, sie mögen helfen. Die drei fanden Verstecke für alle neunzehn.

Jean Kowalyk war nicht die einzige, die mehr tat, als sie geplant hatte. Auch andere RetterInnen, vor allem wenn sie einer Untergrundorganisation angehörten, berichten, wie die Kriegsumstände sie zwangen, sich stärker gegen die Nazis zu engagieren, als sie beabsichtigt hatten. Der dänische Retter Harry LaFontaine zum Beispiel begann in aller Unschuld mit der Veröffentlichung einer gegen die Nazis gerichteten Zeitung. Die erste Ausgabe erschien schon bald nach dem Einmarsch der

Deutschen in Dänemark im Jahre 1940. LaFontaine druckte die inoffizielle Version innenpolitischer Ereignisse und veröffentlichte die Namen von Leuten, die nach Auffassung der Herausgeber zu eng mit den Deutschen zusammenarbeiteten. Von da an entwickelten sich die Dinge nach dem Schneeballprinzip, erinnert sich Harry LaFontaine.

> Ich glaube nicht, daß irgend jemand, der anfängt zu protestieren, daran denkt, daß es irgendwann einmal soweit kommt, daß er Sprengstoff und Gewehre einsetzt. Am Anfang schreibst du ein paar Zeitungen und verteilst sie, um deiner Enttäuschung Ausdruck zu verleihen. Dann merkst du, daß es für den Feind so etwas wie »passiven Widerstand« gar nicht gibt, und daß du absolut schutzlos bist, wenn du erwischt wirst. Wenn du gegen irgendeine Regierung den Kampf aufnimmst, bist du ein Verbrecher; du stehst nicht unter dem Schutz der Genfer Konvention; du wirst auch nicht von denen beschützt, mit denen du gern zusammenarbeitest, denn sie können nichts für dich tun. Du bist vollkommen und einzig und allein auf dich selbst gestellt. Und irgendwann merkst du, daß du erschossen werden kannst, nur weil du geschrieben hast, daß du mit der Situation unzufrieden bist. Ja, und dann greifst du zum Sprengstoff und sagst dir, »wenn ich sowieso sterben muß, kann ich in der Zwischenzeit auch etwas tun«.

Wie gewöhnlich führte auch hier eins zum anderen, und als sich die Gelegenheit bot, half Harry Lafontaine, Juden nach Schweden in Sicherheit zu bringen.

Aart Vos mißtraute den Nazis von Anfang an. Die nächtlichen Abenteuer des Sohns seiner deutschen Freunde waren ihm eine Warnung. Als seine guten Musikerfreunde Alice Heksch und Nap de Klijn auf der Ghetto-Liste auftauchten, sorgten sich er und seine Frau Johtje um sie. Da die beiden jüdischen Freunde einen sehr wertvollen Flügel besaßen, den sie nicht mitnehmen durften, besorgte sich Aart eine falsche Besitzurkunde. Darüber hinaus wurden sie von ihren Freunden gebeten, einen Koffer mit wertvollen Papieren aufzubewahren. Als die beiden Musiker schließlich die Aufforderung erhielten, sich im Ghetto einzufinden, wurde auch den Voses angst und bange. Heksch und de Klijn wollten nicht, daß ihr dreijähriger Sohn ihre unsichere Zukunft teile. Aart Vos erbot sich, auch ihn zu behalten. »Es ist sehr schwer zu sagen, wie wir [mit unseren Rettungsaktivitäten] begannen«, sagt Johtje Vos, die ihr Haus in Laren zusammen mit ihrem Mann in einen Unterschlupf für den niederländischen Untergrund verwandelte. »Du stehst nicht eines Morgens auf und sagst dir, ab sofort werde ich Juden verstecken. Das wächst langsam. Du fängst mit einem Koffer an und mit einem Kind und mit einem Klavier.«

Auch John Stenekes engagierte sich erst nach und nach für die Rettung von Mitmenschen. Warum er damit begann, kann niemand so recht sagen. John und Berta Stenekes waren jung verheiratet und besaßen im holländischen Friesland, einer kleinen bäuerlichen Gemeinde nordöstlich von Amsterdam, in der auch Theresa Weerstra mit ihrem Mann lebte, eine Bäckerei. Alles, was John Stenekes über die Juden und Jüdinnen wußte, hatte er aus der Bibel. Über die Konzentrationslager war er aus einer Untergrundzeitung und durch Kontakte zu Leuten aus dem Widerstand unterrichtet. Anfangs erledigte Stenekes nur ab und zu kleinere Aufträge für den Widerstand. Er beherbergte Jungen aus der Stadt, die den Deutschen bei ihren Razzien entwischt waren oder die ihm geschickt wurden, weil es auf dem Land reichlicher Lebensmittel gab. Darüber hinaus versorgte er seine Tante und seinen Onkel in Amsterdam einmal wöchentlich mit Lebensmitteln. Sie brauchten diese Extra-Ration für die beiden jüdischen Mädchen, die sie auf ihrem Dachboden versteckten.

John Stenekes, eines von sechzehn Kindern, hatte eine Schwester, die einige Blocks weiter wohnte und zwei jüdische Kinder versteckte, einen zwölfjährigen Jungen namens Jacques und ein neunjähriges Mädchen namens Anna. Jeden Tag kamen die beiden Kinder herüber, um Rosie, das Baby der Stenekes, im Kinderwagen auf einen Spaziergang mitzunehmen. Berta Stenekes, die damals im siebten Monat schwanger war, wußte nicht, daß die beiden Babysitter aus der Nachbarschaft jüdische Kinder waren.

Schließlich wuchsen Johns Schwester die Sorgen, die das Verstecken zweier jüdischer Kinder mit sich brachte, über den Kopf. Wie sie ihrem Bruder mitteilte, wollte sie die beiden in einem Hotel unterbringen. Das wäre außerordentlich gefährlich gewesen, da jede Hotel- oder Pensionsleitung Ausweispapiere verlangte und dabei sofort entdeckt hätte, daß es sich bei den beiden um jüdische Kinder handelte. John wollte sie zu sich nehmen, mußte darüber aber zunächst mit seiner Frau sprechen. Er erzählte ihr, daß Jacques und Anna jüdische Kinder seien und in welcher Lage sie sich befanden. Seine Frau überlegte kurz. Sie beherbergten schon drei Menschen. Zwei weitere aufzunehmen und zu ernähren, wäre zu viel, dachte sie. Aber John führte ihr vor Augen, daß auf die Kinder der sichere Tod wartete, wenn sie sie nicht zu sich nähmen. Das hätte auch seine Frau nicht mit ihrem Gewissen vereinbaren können. »Wir wußten nicht, wo sie sonst hätten hingehen können«, sagt John Stenekes, »und deshalb nahmen wir sie bei uns auf.« Die Stenekes hielten die beiden Kinder über zwei Jahre lang versteckt.

Der Antrieb zum Handeln kommt zwar aus dem Innersten des Selbst, wird aber durch situative Einflüsse entweder blockiert oder verstärkt. Deshalb kann man mit Hilfe von Persönlichkeitstests nie genau vorhersagen, wer möglicherweise zum Retter oder zur Retterin wird und wer nicht. Wie an unseren Fallstudien deutlich wird, war es einer bewußten Person mit Verantwortungsgefühl nur dann möglich, zur Tat zu schreiten, wenn die konkrete Situation die entscheidenden Hilfsmittel und Umstände bot.

5
Das Retter-Selbst

»Es ist erstaunlich, wie oft, wie nobel und wie uneigennützig diese Arbeit verrichtet wird und wie die Leute unter Einsatz ihres Lebens anderen helfen und andere retten«, schreibt Anne Frank (1991:176f.). »Das beste Beispiel dafür sind doch wohl unsere Helfer [...]. Nie haben wir von ihnen ein Wort gehört, das auf die Last hinweist, die wir doch sicher für sie sind.«

Wie allgemein bekannt, wurde Anne Franks Familie von einem Informanten verraten und in ein Konzentrationslager gebracht. Anne starb zwei Monate vor Kriegsende in Bergen-Belsen. Das letzte Wort zum Versuch der Rettung soll daher Miep Gies (1991:7) haben: »Ich war bereit, meinen Teil beizutragen, soweit ich es vermochte. Ebenso mein Mann. Doch es war nicht genug.«

Dieses tragische Ende verdunkelte lange die persönlichen Opfer und das Engagement, das Miep Gies und andere wie sie erbrachten, um jüdische Männer, Frauen und Kinder zu retten. Ihre Opferbereitschaft war ungeheuer. Wenn Menschen zu RetterInnen wurden, schoben sie die Sorge um ihr eigenes Überleben in den Hintergrund und übernahmen die Verantwortung für das Wohlergehen anderer. Sie wurden zu Gesetzlosen im Niemandsland der Nazis. Ihre Vorstellungen von Recht und Unrecht waren überholt und außer Kraft gesetzt. Das war für sie eine neue Erfahrung, denn vor dem Krieg waren sie in ihr jeweiliges soziales Umfeld wohlintegriert. Die meisten RetterInnen waren keine EinzelgängerInnen oder Menschen, die der Gesellschaft fremd gegenüberstanden. Aber die notwendige Geheimhaltung ihrer Rettungsaktivitäten isolierte sie wirksam von allen anderen. In den Augen ihrer Nachbarn galten sie, die jüdische Menschen beherbergten, als selbstsüchtig und gefährlich, weil sie nicht nur ihr eigenes Leben riskierten, sondern auch das ihrer Mitmenschen in Gefahr brachten.

Das Leben eines Retters oder einer Retterin war kompliziert und voller Angst. Ein unvorsichtiges Wort, ein vergessenes Detail oder eine falsche Bewegung konnte den Tod bedeuten. Die niederländische Retterin Louisa Steenstra erinnert sich, wie deutsche Soldaten die sechzehnjährige Tochter einer Freundin verhafteten, nur weil sie einem Mann aus dem Widerstand, der gerade abgeführt wurde, »hallo« zurief. Sie wurde in ein Konzentrationslager gebracht, wo sie eine Stunde später von einem Wächter wegen einer frechen Bemerkung erschossen wurde.

Die häusliche Situation war oft ebenso spannungsgeladen. Über Nacht änderten sich die innerfamiliären Beziehungen, da man sich auf den neuen, schutzbedürftigen Angehörigen einstellen mußte. Die Stimmung konnte umschlagen, wenn ein Ehepartner die Rettungsanstrengungen des anderen nicht unterstützte oder ertrug. Die bequeme Alltagsroutine wurde durcheinandergebracht; man mußte sich neu einrichten. Eheleute gaben ihr Privatleben auf. Kinder mußten plötzlich mit Fremden in einem Raum oder sogar im selben Bett schlafen und lernen, sie als Bruder, Schwester, Tante oder Onkel anzureden, je nachdem was die Situation erforderte. Zwischen den »Familienangehörigen« entwickelten sich Konkurrenzverhalten und Eifersüchteleien.

Eine Art Urvertrauen, ein starkes Selbstwertgefühl und eine Situation, die die nötigen Hilfsmittel bereitstellt – das sind die Faktoren, die es einem Zuschauer ermöglichen, rettend einzugreifen. War die Entscheidung, zur Hilfe zu schreiten, aber erst einmal gefällt und hatten die Rettungsaktivitäten begonnen, so bildete sich ein anderes Selbst – ein *Retter-Selbst* – heraus, das den Retter oder die Retterin in die Lage versetzte, alles Nötige zu tun, ohne sich durch die neue Verantwortung und den Druck der Situation überwältigen zu lassen.

Eine »Verwandlung« hatte stattgefunden. Aber es war nicht einfach nur das Verhalten, das sich änderte.

Erfolgreiche RetterInnen wurden in der Tat zu anderen Menschen. Der Psychohistoriker Robert Jay Lifton (1976) erklärt den dabei ablaufenden psychologischen Prozeß folgendermaßen: Wenn sich Menschen in einer Welt wiederfinden, die keinen Sinn mehr macht, entspricht ihre Identität – ihr Verhalten, ja, ihre Vorstellung von Recht und Unrecht – offensichtlich nicht mehr den Erfordernissen. Sie sind »dezentriert«. Um ihr psychologisches Gleichgewicht wiederzugewinnen, versuchen sie mit aller Kraft, einen neuen Mittelpunkt zu finden, ein neues Selbst aufzubauen. Im Fall der RetterInnen ruhte dieses neue Selbst auf soliden moralischen Grundlagen. Nur dadurch waren sie in der Lage, alles Nötige zu tun – auch sich zu verschwören, zu stehlen, zu lügen, Risiken auf sich zu nehmen, harte Situationen zu ertragen, ihre Lieben in Gefahr zu bringen und in Angst zu leben –, damit die Welt (und ihr Platz darin) wieder auf festem Grund stand.

Eine rettende Handlung zog oft große Sorgen und Risiken nach sich. Sie konnte starke Gefühle freisetzen: Schuldgefühle, weil man unfähig war, mehr zu tun, oder weil man die eigene Familie in Gefahr brachte, um anderen zu helfen; Wut auf die Unterdrücker; schreckliche Angst und Traurigkeit beim Anblick von Greueltaten und entmenschlichenden Handlungen; alles Gefühle, die einen Menschen innerlich ins Chaos stürzen können. Aber wie aus meinen Interviews deutlich wird, verfügten die RetterInnen über ein stabiles inneres Gleichgewicht. Sie waren in der Lage, starken dezentrierenden Erfahrungen sowie dem Schmerz und der Verwirrung, die damit einhergingen, zu widerstehen. Wie Robert Jay Lifton betont, können solche Erfahrungen helfen, den Menschen *neu zu zentrieren* und es ihm ermöglichen, mit Problemen auf neue Weise psychologisch flexibel fertig zu werden.

Das Retter-Selbst hielt die Angst vor dem Tod und das Wissen um Hitlers Mordmaschinerie in Schach. Der französische Pastor und Untergrundkämpfer Marc Donadille faßt das folgendermaßen zusammen:

> Auf einer bestimmten Ebene wußten wir zwar, daß Juden vergast werden – so unglaublich das auch erschien –, aber wir schoben das in unseren Hinterkopf und machten mit unserer täglichen Arbeit weiter, Menschen zu retten. Es machte ja keinen Sinn, den Juden, die wir retteten und mit denen wir zu Hause Seite an Seite lebten, zu sagen: »Hitler wird euch alle umbringen«. Was uns dauernd beschäftigte, war, die jüdischen Menschen zu retten, die da waren. Wir hatten genug damit zu tun, sie zu verstecken, zu beschützen und zu ernähren. (Joutard/Poujol/Cabanel 1987:242)

RetterInnen mußten tüchtig, findig und praktisch begabt sein, um jeden Tag sicher durchzustehen. Ihre Schützlinge mußten essen, und der Einkauf von Lebensmitteln war eines der Hauptprobleme. Um keinen Verdacht zu erregen, durfte man nicht zu viel Lebensmittel auf einmal kaufen; deshalb machten die RetterInnen weite Wege. In Großstädten wie Amsterdam war das zunächst kein Problem. Janny Blom, die eine erweiterte fünfköpfige Familie zu ernähren hatte, und Miep Gies, die sowohl für die sieben Menschen im Versteck als auch für sich selbst und ihren Mann Lebensmittel beschaffen mußte, verteilten ihre Einkäufe auf mehrere Geschäfte. Diese List war jedoch nicht völlig sicher. Eines Tages bemerkte Mieps Gemüsehändler, daß sie immer große Mengen Gemüse kaufte. Ohne ein Wort zu sagen, legte er nun stets welches für sie zurück. Monate später, als sie bei ihm wie gewohnt vorbeischaute, war er nicht mehr da. Man hatte ihn verhaftet, weil er zwei Juden versteckt hatte. (Gies 1991:121f. u. 150f.)

Auf dem Land war die Beschaffung von Lebensmitteln und anderen Grundbedarfsgütern für die versteckten Menschen nahezu eine Vollzeitbeschäftigung. Jean Kowalyk mußte bis in die nächstgelegene Stadt gehen, um zusätzliche Seifenstücke zu kaufen, damit der Kaufmann am Ort keinen Verdacht schöpfte. Gegen Ende des Krieges mußten auch RetterInnen in größeren Städten immer mehr Zeit für die Nahrungsmittelbeschaffung aufwenden. Nicht selten stand man lange Schlange, um dann festzustellen, daß es außer ein paar Kartoffeln nichts zu kaufen gab. In Holland dachten sich die Köche und Köchinnen allerlei kreative Zubereitungsarten für Tulpenzwiebeln aus.

Auch Menschen, die man versteckt, werden manchmal krank, und mitunter bedurfte es regelrecht verrückter Handlungen, um sie wieder gesund zu bekommen. Den Arzt konnte man nicht rufen, um versteckten jüdischen Menschen im Krankheitsfall zu helfen. Und einen Verstorbenen konnte man nicht beerdigen: Der Mensch existierte ja gar nicht. Im Jahre 1942 wurde Wladyslaw Misiuna, ein Jugendlicher aus Radom in Polen, von den Deutschen herangezogen, um einigen Gefangenen des Konzentrationslagers Majdanek beim Aufbau einer Kaninchenzucht zu helfen: Die Soldaten an der russischen Front brauchten Pelze. Wladyslaw fühlte sich für die dreißig jungen Frauen, die er zu beaufsichtigen hatte, verantwortlich. Er stopfte sich die Manteltaschen mit Brot, Milch, Karotten und geklauten Kartoffeln voll und schmuggelte die Lebensmittel ins Lager zu den Frauen. Aber eines Tages zog sich eine der Arbeiterinnen, Devora Salzberg, eine seltsame Infektion zu. Misiuna war außer sich. Er wußte, daß die Deutschen sie umbringen würden, wenn sie die offenen Wunden zu Gesicht bekämen. Er mußte sie kurieren, aber wie? Er wählte den einfachsten Weg. Er infizierte sich mit ihrem Blut und ging zu einem Arzt in die Stadt. Der verschrieb ihm ein Medikament, das er dann mit Devora Salzberg teilte. Beide wurden geheilt, und beide überlebten den Krieg.

Aus dem Zusammenspiel von Retter, Opfer und Situation ergab sich jedesmal eine andere Alchimie. Das sich herausbildende Retter-Selbst wich nie von den grundlegenden humanitären Wertvorstellungen dieser Person ab, welche besonderen Merkmale es im übrigen auch aufweisen mochte. Diese demokratischen und humanen Werte waren fest und unwandelbar verankert. Es war natürlich leichter, einen liebenswürdigen als einen unangenehmen oder anspruchsvollen Menschen zu beherbergen. Aber wenn sich eine Rettungs-Beziehung einmal geknüpft hatte, wurde sie nicht einfach durch persönliche Differenzen beendet. Took Heroma und ihr Mann, von Beruf Arzt, nahmen eine Jüdin im Alter zwischen zwanzig und dreißig Jahren auf, die eine sehr einfache Frau war. Kurz darauf hörte Took Heroma von einem bekannten Professor, der ebenfalls ein Versteck suchte. Sie hatte große Schuldgefühle, als sie sich bei dem Wunsch ertappte, die einfache Frau gegen einen »interessanten« Professor auszutauschen. Ihrem Retter-Selbst war bei dem Gedanken alles andere als wohl zumute.

Das Retter-Selbst war wachsam und erfinderisch, es wurde mit unerwarteten Situationen im Handumdrehen fertig und hielt durch, wo der Streß, den das Zusammenleben in beengten Verhältnissen mit sich bringt, die anderen aus der Fassung brachte. Während einer Razzia der Nazis mußten die Vosens einen der versteckten Juden von einem selbstmörderischen Sprung aus dem Fenster abhalten. Bei einer anderen Gelegenheit warf eine Jüdin, die bei den Vosens wohnte, ihrem Mann einen Kessel mit kochendem Wasser an den Kopf, ging dann auf die Vosens los und rannte schließlich mit den Worten aus dem Haus, sie würde sich jetzt der Gestapo stellen. Glücklicherweise tat sie das nicht. Sie kam wieder zu Sinnen und kehrte zu den Vosens zurück. Sie überlebte den Krieg und blieb, nachdem sie drei Jahre bei den Vosens verbracht hatte, eine gute Freundin. Aber Johtje gedenkt der momentanen Geistesverwirrung ihrer Freundin als einen der gefährlichsten Augenblicke der ganzen Kriegszeit.

Um effektiv arbeiten zu können, mußten die RetterInnen ihr Selbst und ihre Aktivitäten geheimhalten. Die Nazis hatten für Informationen, die zur Ergreifung von Juden und Jüdinnen führten, eine Belohnung ausgesetzt. Überall waren Informanten. In Polen preßten berufsmäßige Schwindler, Informanten und Erpresser, genannt *szmalcowniks,* aus ihren Opfern Geld und Wertgegenstände heraus und drohten, sie ansonsten an die Besatzungsbehörden zu verraten. Wie die Deutschen achteten auch sie auf das kleinste verräterische Anzeichen illegaler Aktivitäten. Wäsche auf der Wäscheleine, die erkennbar nicht der Hausbewohnerin gehörte – ein Büstenhalter in der falschen Größe zum Beispiel –, konnte den

Verdacht der Nachbarn erregen. Für Retterinnen wie Jean Kowalyk, die für sieben Flüchtlinge wusch und bügelte, war das ein ernstes Problem. Sie löste es, indem sie die Kleider nachts im Haus trocknete. Als die Nachbarn aber bemerkten, daß der Schornstein der Kowalyks zu allen Tages- und Nachtzeiten rauchte, schöpften sie dennoch Verdacht. Sie verständigten die Behörden, und Jeans Haus wurde durchsucht. Jean hatte Glück, denn die doppelte Wand auf dem Boden, hinter der sich die Flüchtlinge versteckten, wurde nicht entdeckt.

Holland war voll mit Nazi-Kollaborateuren. Obwohl die Zahl der Rettungsversuche in den Niederlanden offensichtlich hoch war, belief sich der Anteil der tatsächlich geretteten Juden und Jüdinnen nur auf 11 Prozent der jüdischen Gesamtbevölkerung (Bauer 1978). Verrat war an der Tagesordnung. Die Bloms in Amsterdam wagten nicht, ihrem dreijährigen Sohn Hubert zu sagen, wer ihre Gäste eigentlich waren, aus Angst, er könnte sich in seiner Unschuld verplappern. Tagsüber blieben die Vreedenburgs außer Sichtweite in einem Schlafzimmer im zweiten Stock. Sie trugen gehäkelte Hausschuhe, um das Geräusch ihrer Schritte zu dämpfen. Doch eines Abends sah Hubert sie, woraufhin Janny ihn ins Bett schickte und ihm einredete, er habe geschlafwandelt. Damit hatte sie auch eine Entschuldigung, ihn fortan nachts einzuschließen.

RetterInnen hatten ständig mit der Frage zu kämpfen, wem sie ihr Geheimnis anvertrauen können. Der Stiefvater der sechsjährigen Annie P. sagte der Kleinen, sie sollte bestimmte Fremde nach der Sperrstunde immer ins Haus lassen. Sie wohnten damals in Bussum, einem Vorort von Amsterdam. Ihr Stiefvater, von Beruf Gärtner und für seine schwarzen Rosen bekannt, versteckte in seiner Pflanzschule fünfundzwanzig Juden und Jüdinnen. Niemand sagte Annie, daß die Familie jüdischen Menschen Unterschlupf gewährte, aber sie fand es heraus. Genauso wie die Nachbarn, die zu den Nazis hielten. Sie bemerkten, daß die Menge Abfall, die Annies Familie produzierte, auch für eine Familie mit zwölf Kindern zu groß war. Sie setzten die Deutschen von ihrem Verdacht in Kenntnis, und so wurde Annies Haus regelmäßig durchsucht.

Bei einer dieser Anlässe war der diensthabende Offizier besonders enttäuscht, daß seine Truppe wieder nicht fündig geworden war. Er fragte Annie aus: Wußte sie, wo die Juden sich versteckten? Annie sagte nichts. Der Deutsche warf sie zu Boden und trat immer wieder auf sie ein. Aber Annie blieb stumm. Sie wahrte das Geheimnis. Die Juden und Jüdinnen überlebten den Krieg, aber die gemeinen Tritte, die auf Annie niedergeprasselt waren, hatten ihre Wirbelsäule verletzt. Jahre später verlor sie nach einer Reihe erfolgloser Operationen die Kontrolle über ihr linkes Bein; seither braucht sie eine Beinschiene.

Als allgemeine Faustregel galt: Je weniger Leute Bescheid wissen, desto besser. Willem Blom zum Beispiel handelte nach dieser Regel. Obwohl er zum niederländischen Untergrund gehörte, hat er anderen Mitgliedern nie verraten, daß er Juden und Jüdinnen Unterschlupf gewährte. »Wer solche Dinge weiß, weiß zuviel«, meint Blom, zu dessen Untergrundarbeit es gehörte, andere Mitglieder an neuen Waffen, darunter das Sten-Gewehr und die Bazooka, auszubilden. Miep Gies' Ehemann hatte bereits sechs Monate für den niederländischen Widerstand gearbeitet, bevor er seiner Frau das Geheimnis enthüllte. »Ich wollte dir nichts davon erzählen, um dich nicht zu beunruhigen«, antwortete er, als sie ihn fragte, warum er ihr das nicht schon eher gesagt habe (Gies 1991:162). Gitta Bauer vertraute ihr Geheimnis nur ihren Schwestern und einigen Freunden an, auf deren Hilfe sie angewiesen war. Aber gegen Kriegsende, als sie und Ilse Baumgart hungerten und verzweifelt waren, ließ sie es darauf ankommen und wandte sich an einen deutschen Soldaten. Er verriet sie nicht und gab ihr tatsächlich Lebensmittel. Sonst wußte niemand davon, nicht einmal ihre Eltern. »Wir wußten, daß sie sie nicht im Stich lassen oder gar denunzieren würden«, sagte mir Gitta Bauer. »Aber wir wußten auch, daß es für sie eine schreckliche Last gewesen wäre. Sie hätten Angst gehabt.«

Viele RetterInnen behielten die Gewohnheit der Geheimhaltung auch dann noch bei, als sie nicht mehr nötig war. Sie verdrängten die schmerzhaften Erinnerungen dieser Zeit und schwiegen. (Erst vor wenigen Jahren zum Beispiel erinnerte sich Annie P. im Laufe einer Psychoanalyse, daß sie von deutschen Soldaten sexuell mißbraucht worden war.) Manche RetterInnen fürchteten um ihr Leben und wagten daher nicht, irgend etwas zu sagen. Andere schämten sich für das, was sie getan hatten, um die Sicherheit ihrer Schützlinge zu gewährleisten, und sagten daher nur wenig. Katrina W., die mit einem Grenzbeamten schlief, um ihn abzulenken, bekam aus dieser Begegnung ein Kind. Ihre Tochter wuchs in dem Glauben auf, ihr Vater sei an der russischen Front gefallen. Als ich ihre Mutter über den Krieg befragte, äußerte sie sich über ihre Rettungsaktivitäten mit Stolz, aber auch mit Vorsicht. Erst nach Katrina W.s Tod verglich ihre Tochter Daten und Zeitpunkte und fand die Wahrheit heraus.

Viele hielten ihre Aktivitäten auch deshalb geheim, weil sie Angst hatten, zuzugeben, daß sie das Leben ihrer Familie ohne deren Wissen oder Einwilligung aufs Spiel gesetzt hatten. Ein polnischer Retter zum Beispiel hielt vor seiner Frau verborgen, daß er in einer Wohnung am anderen Ende der Stadt Juden versteckte. Während des Krieges fürchtete er, seine Frau würde die Wahrheit vor Angst nicht ertragen. Und nach dem Krieg vermutete er, daß sie böse würde, wenn sie erführe, wie er mit ihrem Leben gespielt hatte.

Das Retter-Selbst mußte schauspielerische Fähigkeiten besitzen und je nach Situation in andere Rollen schlüpfen oder gar in anderen Stükken spielen. John Weidner, Kopf der Untergrundorganisation Niederlande-Paris, benutzte elf verschiedene Decknamen, um den Nazis zu entwischen. Einmal gab er sich als John Cartier aus, dann wieder als Paul Rey. Weidner, der 800 Juden und Jüdinnen und mehr als einhundert alliierten Fliegern über die Grenze in die Schweiz oder nach Spanien verhalf, studierte seine Rollen sorgfältig ein. Zuerst lernte er alle Einzelheiten seiner neuen Identität auswendig und anschließend probierte er sie mit einem anderen Organisationsmitglied in einem Frage-Antwort-Spiel aus. In ähnlicher Weise übten manche RetterInnen mit den ihnen anvertrauten jüdischen Kindern deren angebliche Taufnamen ein und ließen sie den Katechismus sowie Kirchen- und Weihnachtslieder auswendig lernen. Sie brachten ihren jüdischen Schützlingen bei, wie man in der Kirche niederkniet und sich bekreuzigt. Sollten sie dann von den Nazis angehalten und aufgefordert werden, die erwähnten Gesten auszuführen, was recht häufig vorkam, waren sie in der Lage, eine überzeugende Vorstellung zu geben.

Die niederländische Hausfrau Theresa Weerstra lebte die Rolle einer schwangeren Frau, um die tatsächliche Schwangerschaft einer ihrer Schützlinge zu decken. Sie polsterte ihre Unterwäsche nach und nach mit immer mehr Kleidungsstücken aus und »kam« dann zum richtigen Zeitpunkt »nieder«, so daß sie ein Neugeborenes beherbergen konnte, ohne Verdacht zu erregen. Die deutsche Quäkerin und Retterin Olga Halle schlüpfte in die Rolle einer »lieben Verwandten«, als die Nazis den Zug durchsuchten, in dem sie mit einer älteren Jüdin unterwegs war. Halle plauderte mit den Wachen, während ihre Begleiterin kein Wort sagte. Geistesgegenwärtig meinte sie, sie bringe ihre stumme Verwandte nach Berlin. Die Wachen wünschten ihr eine gute Reise. Sie und ihre Begleiterin kamen durch.

Manchmal mußten die Rollen auch improvisiert werden. Als es im Winter 1943 spät in der Nacht bei Maria Byrczek klopfte, wurde die polnische Katholikin und Mutter von vier kleinen Kindern in eine Rolle gedrängt, auf die sie in keiner Weise vorbereitet war. Vor der Tür ihres Hauses in dem kleinen Dorf Jaworzno-Borj bei Krakau stand eine ältere Nachbarin mit einem fünf Monate alten Mädchen auf dem Arm. Wie die Nachbarin erklärte, war die Mutter des Babys in ein Konzentrationslager gebracht worden und hatte sie gebeten, jemanden zu finden, der sich um Marysia kümmern würde. Ob Maria diese Aufgabe wohl übernehmen könne. Maria Byrczek sah das Kind an und dachte, wie groß die Verzweiflung einer Mutter sein müsse, um ihr einziges Kind einer Fremden anzuvertrauen, weil sie darin die letzte Überlebenschance erblickt. Maria nahm das Kind auf.

Aber schon im nächsten Augenblick kam ihr ihre eigene Lage wieder zu Bewußtsein und ließ sie am ganzen Körper zittern. Es wurde ihr klar, daß sie und ihre eigenen Kinder getötet würden, wenn sie mit einem jüdischen Kind erwischt würde. Im Haus war sonst niemand, der ihr hätte helfen können. Ihren Mann hatten die Besatzer umgebracht. Eine Schwester aus Warschau war in einem Konzentrationslager. Maria wurde halb verrückt vor Angst. Um sich zu beruhigen und innerlich zu entspannen, erfand sie eine Geschichte. Sie erzählte den Dorfleuten, das Baby gehöre ihrer Schwester. Unbekannte hätten das Kind zu ihr gebracht, weil man ihre Schwester in ein Konzentrationslager gesteckt hatte und es sonst niemanden gebe, der sich um das Baby kümmern könnte. Die Geschichte klang plausibel, und die Rolle der Tante gab Maria den nötigen Mut und die innere Ruhe, den Alltag zu meistern. Sie besorgte sich für Marysia eine Geburtsurkunde mit dem Nachnamen ihrer Schwester. Ihre Kinder hießen die neue »Cousine« willkommen und halfen, sie aufzuziehen. »Dank dieser Geschichte ließen meine Angst und meine Sorgen etwas nach«, sagt Maria Byrczek. Ich hatte sie kennengelernt, weil ihre Enkelin meiner in einer polnischen Zeitung veröffentlichten Bitte nachkam, mir die Namen von RetterInnen mitzuteilen. »Aber ich konnte immer noch nicht ruhig schlafen«, fährt sie fort, »vor allem während der Razzien und Durchsuchungen und wenn nachts geschossen wurde.«

Verzweifelte Zeiten erfordern kreative Lösungen und beständige Wachsamkeit. Das Retter-Selbst mußte dauernd in Alarmbereitschaft sein. Ein warnender Telefonanruf oder das dröhnende Geräusch eines Lastwagens in der Nacht genügte, und die Schützlinge eilten in ihr Versteck.

Denn die RetterInnen wußten nie, ob ein Informant der Gestapo ihren Aufenthaltsort verraten hatte oder ob die Gestapo einfach einem Verdacht nachging. In jedem Fall mußten sie etwas vorspielen. Einmal platzten die Nazis unerwartet bei Jean Kowalyk herein. Jean, die mit ihrer Mutter zusammenlebte, war nicht vorgewarnt. Ihre Schützlinge hatten kaum Zeit, sich zu verstecken, bevor die Soldaten die Stiege zum Boden heraufkamen. Dort stand für jedermann sichtbar ein Tisch, der mit Zigarettenstummeln und Karten übersät war. Zigarettenrauch hing in der Luft. In diesem gefährlichen Augenblick griff Jeans neunjähriger Neffe ein. Er gestand, daß er mit Freunden heimlich Karten gespielt und geraucht habe und flehte die Soldaten an, seiner Mutter nichts zu sagen, weil er sonst eine Tracht Prügel bekäme. Die Deutschen versprachen ihm dichtzuhalten und zogen ab.

Ein Retter oder eine Retterin mußte in der Lage sein, blitzschnell und unmerklich von einer Rolle in die andere zu schlüpfen. Einmal wurden John Stenekes und sein Schützling Jacques auf dem Rückweg von Haarlem von einem deutschen Soldaten angehalten und mußten ihre Papiere vorzeigen. Zum Glück waren sie in Ordnung, aber dann fragte der Deutsche Stenekes, ob der Junge sein Sohn sei. Ohne sich etwas anmerken zu lassen, verwandelte sich Stenekes in einen stolzen, behütenden Vater und erwiderte: »Ja, dieser prächtige Bursche ist mein Sohn.« Dann wartete er ab. Der Deutsche musterte Jacques aufmerksam und meinte schließlich: »Der Junge sieht wirklich prächtig aus. Wie ein richtiger Arier.« Stenekes stimmte ihm zu, und die beiden gingen ihres Weges.

Mit der Zeit wurde Stenekes immer geschickter. Er hatte das Gefühl, daß er »sich im richtigen Augenblick in die richtige Person verwandeln kann«. In seinem Haus und in seiner Bäckerei in Friesland hatte er nun drei jüdische Menschen untergebracht: Jacques, die neunjährige Anna und eine jüdische Frau. Als Tarnung hatten sie sich ausgedacht, daß die drei Gäste die einzigen Überlebenden einer Rotterdamer Familie seien, deren Haus zerbombt worden war. Von Zeit zu Zeit schlüpften auch noch andere, die vor den Deutschen auf der Flucht waren, bei John unter. Im Oktober 1944 wurde seine Situation noch komplizierter. Sieben deutsche Soldaten zogen in sein Haus. Sie hatten den Auftrag, die 150 deutschen Soldaten in der Gegend mit Essen zu versorgen. Johns Haus war als Hauptquartier vorgesehen.

Es erforderte eiserne Nerven, die Rolle der örtlichen Bäckersleute, die sich nur um ihre eigenen Angelegenheiten kümmerten, durchzuhalten. Einmal saßen John und seine Frau mit einem SS-Mann und der Jüdin, die durch ihr Aussehen und ihre falschen Papiere »echt« wirkte, am Eßtisch. Plötzlich kam Anna ins Zimmer gerannt. Sie war gestürzt und befleckte nun alles und jeden mit Blut. Der SS-Mann sprang zur Seite und fuhr sie an: »Du verdammte kleine Jüdin!« Alle im Raum Anwesenden erstarrten zu Stein. Anna und die um den Tisch Sitzenden wurden kreidebleich. »Innerlich kamen wir ins Schwanken«, sagte mir John. Aber dann wurde uns klar, daß der SS-Mann nichts Bestimmtes mit seiner Bemerkung meinte. Es war nur ein spontan dahingesagter Fluch.

Die leidenschaftlichen Hitler-GegnerInnen unter den Deutschen mußten ihre Rolle als verläßliche Volksgenossen zwölf Jahre lang spielen. Oskar Schindler spielte den Part eines deutschen *bon ami* so überzeugend, daß der brutale und sadistische Lagerkommandant Amon Göth, mit dem Schindler gesellschaftlich verkehrte, sich beim Kriegsverbrecherprozeß überlegte, ob er ihn nicht als Zeugen benennen solle. Schindler war nicht der einzige Deutsche, der solch ein Doppelleben führte. Gitta Bauer und Hiltgunt Zassenhaus, zwei junge Frauen, dienten Nazi-Deutschland in der Verwaltung und versuchten gleichzeitig, die bürokratische Maschinerie zu unterlaufen. Gitta Bauer war zur Ausbildungsabteilung des Wehrmacht-Hauptquartiers abkommandiert, während Hiltgunt Zassenhaus eine Stelle als Dolmetscherin für die in Deutschland inhaftierten politischen Gefangenen aus Norwegen und Dänemark erhielt. Gitta murmelte zwar das obligatorische *Heil Hitler,* versteckte gleichzeitig aber eine Jüdin, und Hiltgunt versorgte die Gefangenen bei ihren Dolmetscheraufträgen mit Vitaminen und Arzneimitteln und sprach ihnen Mut zu. »Es war ein fortwährendes Spiel«, meint Zassenhaus, die aus der Überlistung der Nazis nicht nur Mut schöpfte, sondern dabei wie viele andere RetterInnen in gewisser Weise auch Spaß hatte.

Aber die RetterInnen waren sich nur zu sehr bewußt, daß Schauspielerei nicht genügte, um die Nazis an der Nase herumzuführen. Sie überprüften ihre Wohnung oder ihr Haus beständig auf Details, die nicht ins Bild paßten. Selbst kleinere Gegenstände konnten Sorgen bereiten. Christen, die jüdische Bücher und Wertgegenstände aufbewahrten, achteten darauf, daß sie gut versteckt waren. Wer sein Haus dem Widerstand als Unterschlupf zur Verfügung stellte, sorgte dafür, daß sein Haushalt in jeder Hinsicht völlig normal wirkte. So durfte man Personalausweise mit einem eingestempelten »J« für *Jude* zum Beispiel nicht in Schubladen verstecken. Die eigenen Familienangehörigen teilten das Bett mit ihren Schützlingen, damit bei einer nächtlichen Razzia nicht zu viele ungemachte Betten entdeckt werden konnten. In Mietshäusern durfte man die Toilettenspülung wegen der vernehmbaren Geräusche nur so oft betätigen, wie es der Anzahl der offiziellen BewohnerInnen entsprach.

Daß Romualda Ciesielska die Bühne mit den richtigen Requisiten versah, rettete ihr und dreiundzwanzig jüdischen Menschen das Leben. Romualda und Felix Ciesielska arbeiteten bei der katholischen Wohlfahrt in Krakau. Ihr Büro diente als Fälscherwerkstatt, in der für die christliche Untergrundbewegung *Ruch Oporau* falsche Ausweispapiere hergestellt wurden. Im Dezember 1940 riegelte die Gestapo den jüdischen Teil der Stadt ab und begann, die Einwohner zu ermorden. Zahlreiche Juden und Jüdinnen flohen in Ciesielskas Büro. Als sich die Gestapo dem Gebäude näherte, traf Romualda Ciesielska die nötigen Vorbereitungen. Sie schnappte sich ein katholisches Gebetsbuch und schlug es irgendwo auf. Mit einer Mehlpaste klebte sie Heiligenbilder an die Wände vor ihrem Büro. Die Gestapo betrat das Gebäude und stürmte auf der Suche nach Juden durch jede Wohnung. Als sie vor Ciesielskas Tür die Heiligenbilder sahen, bemühten sie sich erst gar nicht hineinzugehen, weil sie dachten, das sei sowieso ein christlicher Außenposten.

Einige Tage später erfand Ciesielska eine neue Rolle. Sie war auf dem Weg, einer Frau und deren elfjähriger Tocher, die sich bei einer Bauernfamilie versteckten, Essen zu bringen. Als sie in das Dorf kam, sah sie, wie die Nazis sämtliche Juden auf dem Dorfplatz zusammentrieben und ihnen einen Spaten in die Hand drückten, mit dem sie im Wald ihr eigenes Grab schaufeln sollten. Romualda Ciesielska ging zunächst weiter, als sei nichts gewesen. Als sie außer Sichtweite war, rannte sie zu dem Versteck der beiden Jüdinnen, um sie zu warnen. Zur Flucht war keine Zeit mehr, und die jüdische Frau sah zu semitisch aus, um nicht verdächtigt zu werden. Romualda befahl der Frau, sich ins Bett zu legen, und sagte ihr, sie solle sich sterbend stellen. Sie bedeckte ihr Gesicht mit einem Tuch, legte ihr ein Kreuz in die Hände und stellte zu ihren beiden Seiten Kerzen auf. Dann schnappte sie sich die Schürze der Bäuerin, band sie der Tochter um und wies sie an, neben dem Bett niederzuknien und zu weinen. Die Bauersfrau schickte sie hinaus, die Hühner füttern. Als die Gestapo-Männer hereinkamen, sprach Ciesielska sie auf deutsch an: »Bitte machen Sie keinen Lärm, hier liegt eine Frau im Sterben.« Die Deutschen sahen sich kurz um und gingen wieder.

Die Rollen, die RetterInnen zu spielen hatten, waren weit anstrengender durchzuhalten als im bloßen Bühnenspiel. Sie lebten ihren Part Tag und Nacht. Ihre Rollen mußten ein Körnchen Wahrheit enthalten, einen Teil ihrer wirklichen Existenz, da die Deutschen und ihre Sympathisanten sie andernfalls als das erkennen würden, was sie waren.

Indem die RetterInnen ein Retter-Selbst entwickelten, konnten sie ihre Angst unter Kontrolle halten. Es verschaffte ihnen Genugtuung und Befriedigung, die Behörden erfolgreich zu überlisten, und das Inschutznehmen anderer ermutigte sie, durchzuhalten und ihre Aktivitäten mitunter sogar auszuweiten. Maria Byrczek, die zunächst nur ein Baby aufgenommen hatte, versorgte später auch zwei junge Frauen, die aus dem Ghetto geflohen waren. Die beiden Flüchtlinge versteckten sich im Stall, was Maria vor ihren Kindern geheimhielt. Jedesmal wenn sie die Tiere fütterte, stellte sie den beiden Frauen etwas zu essen hin. Im Winter brachte sie ihnen heißes Wasser und erlaubte ihnen, sich spät in der Nacht, wenn die Kinder schliefen, im Haus aufzuwärmen. Nur ihre in der Nähe wohnende Schwester und der Dorfarzt, der sie mit Lebensmittelmarken und warmer Kleidung versorgte, waren in ihr geheimes Leben eingeweiht.

Es gab auch ein vernünftiges Argument, mehr zu tun. Wie LaFontaine und andere RetterInnen hervorheben, stand auf kleine und große Straftaten dieselbe Strafe. Manche RetterInnen sagten sich, daß sie genausogut mehrere Juden verstecken könnten, wenn sie schon für einen erschossen würden. Für den niederländischen Retter Wilto Schortinghuis und seine Frau fing alles damit an, daß sie der Bitte eines Freundes nachkamen, einen jüdischen Arzt und dessen Frau zu verstecken. Aber bald darauf wurde Maria Schortinghuis von einer jüdischen Krankenschwester, die in derselben psychiatrischen Klinik arbeitete, angesprochen, ob Maria und ihr Mann sie und ihre beiden Brüder aufnehmen würden. »Wilto sagte: ›Wenn wir schon zwei aufgenommen haben, können wir genausogut auch vier oder sechs aufnehmen‹«, erinnert sich Marie Schortinghuis. »Das Risiko war dasselbe.«

Die RetterInnen erwärmten sich an der Wertschätzung ihrer Schutzbefohlenen. In den Augen derer, die sie retteten, sahen sie ihre eigene Güte und bemühten sich, diesem Spiegelbild zu entsprechen. Schindlers ArbeiterInnen zum Beispiel hielten Schindler für einen humanen, ausgesprochen mitleidsvollen Menschen. Der Wille, diesem Bild zu entsprechen, spornte ihn zu weiteren humanitären Handlungen an. Oskar Schindler verdoppelte seine Anstrengungen, ArbeiterInnen aus den unmenschlichsten Arbeitslagern zu rekrutieren. In Brunnlitz, wohin er seine Fabrik verlagerte, traf er mit der Ortspolizei die Abmachung, sie solle jüdische Flüchtlinge lieber zu ihm schicken, als sie den deutschen Behörden zu überstellen.

RetterInnen waren imstande, verschiedene Rollen zu spielen und alles Nötige zu tun, weil es ihnen in ihrem innersten Wesen um ihr Selbstbild und ihre ureigensten Überzeugungen ging. Sie waren sich sicher, daß es unrecht sei, eine bestimmte Gruppe von Menschen auszusondern, zu erniedrigen und zu Tode zu hetzen. Ihre Nachbarn, Freunde und Kollegen sollten tun, was sie für richtig hielten; sie jedenfalls wußten es besser: Die Gesetze waren unrecht. Anders als bei den Nazi-Ärzten, deren Verhalten Robert Jay Lifton (1988) untersucht hat, stimmte die Handlungsweise eines rettenden Menschen mit seinen Moralvorstellungen, seiner Identität, seinen Gefühlen und Einstellungen überein. Er fühlte sich gut bei dem, was er tat. Viele RetterInnen erzählten mir, daß diese Zeit des Schreckens und der Vernichtung für sie einer der befriedigendsten Abschnitte in ihrem Leben war. Nichts, was sie danach taten, schien ihnen je so bedeutend oder lebenswichtig.

Das Retter-Selbst erlaubte einem Retter oder einer Retterin, alles Nötige zu tun, um Leben zu retten. Wenn sie dafür lügen, stehlen, ja töten mußten, so taten sie es. Unter anderen Bedingungen hätten sie sich nicht träumen lassen, daß sie sich auf solche Weise verhalten könnten. Aber es waren eben keine normalen Zeiten.

Freilich gab es Grenzen. Verstieß etwas gegen ihre persönlichen Wertvorstellungen, so verweigerten sich die RetterInnen. Pazifistisch Denkende erschossen keine anderen Menschen. Religiös Motivierte rächten sich nicht an ihren Verfolgern. Tina Strobos zum Beispiel, eine in Amsterdam lebende Medizinstudentin, wurde gebeten, als Doppelagentin für den niederländischen Untergrund zu arbeiten. Da sie jedoch das Gefühl hatte, daß das dafür erforderliche Ausmaß an Doppelzüngigkeit sie in ihrem innersten Selbstverständnis verletzte, weigerte sie sich. Dagegen war sie sofort dazu bereit, Personalausweise für den Untergrund zu stehlen. Ohne die geringsten Gewissensbisse begab sie sich auf eine Beerdigung, wartete, bis die Trauernden in der Kapelle waren, schlich sich in die Garderobe, durchsuchte sämtliche Mäntel und stahl an Personalausweisen, was sie finden konnte. Ein andermal lud sie einige StudienkollegInnen zu einer Party ein. Jedesmal wenn einer ihrer Gäste ins Badezimmer ging, durchsuchte sie seinen oder ihren Mantel und entwendete den Ausweis.

Manchmal überkamen die RetterInnen auch Zweifel. »Wir mußten unseren Kindern beibringen, zu lügen«, sagt Johtje Vos, damals Stiefmutter eines neunjährigen Jungen und Mutter zweier Mädchen im Alter von einem und drei Jahren. »Das war in diesem Lebensabschnitt eines unserer größten Probleme. Auf der einen Seite mußten wir sie bestrafen und tadeln, wenn sie aus anderen Gründen logen. Wir mußten ihnen den Unterschied zwischen Lügen und Lügen verständlich machen. Alle unsere Kinder, auch die kleinen, wußten, was sie sagen durften und was nicht.«

Mitunter taten RetterInnen auch Dinge, die sie später bereuten. Jopie D. und andere warfen ihre Flüchtlinge hinaus, als die Lebensmittel knapp wurden oder Nachbarn drohten, sie zu denunzieren. Andere nahmen unglaubliche, verrückt erscheinende Risiken auf sich. Bis zum heutigen Tage erfüllt es Johtje Vos mit Schrecken, wenn sie daran denkt, was sie bei einer Gelegenheit tat. Damals war ein Mitglied ihres Rettungsnetzwerks verhaftet worden. Das Leben aller war in Gefahr. Die Vosens setzten sich mit ihren Flüchtlingen zusammen, um zu beraten, was sie tun sollten. Als Vorbereitung auf den Umzug in ein anderes Versteck hatte Johtje Vos bereits ihre richtigen Papiere hervorgekramt. Die Deutschen kamen ohne Vorwarnung. Aart Vos und die Juden rannten zu dem Tunnel, der ihr zweistöckiges Haus in Laren mit einem Naturpark, mehrere hundert Meter entfernt, verband. Da die Kinder im Obergeschoß ihren Mittagsschlaf hielten, mußte Johtje Vos einsehen, daß sie nicht wegkonnte. Sie raffte die Papiere zusammen und stopfte sie ihrem Sohn in Ermangelung eines anderen Verstecks in die Strickjacke. »Versuch' ganz ruhig aus dem Haus zu gehen und verschwinde mit den Papieren«, befahl sie ihm. Er tat, wie ihm gesagt, und schließlich wurde niemand verhaftet. Aber die Sache war auf der Kippe gestanden, und im nachhinein war Johtje Vos entsetzt, daß sie das Leben ihres Sohnes aufs Spiel gesetzt hatte.

Der Sozialwissenschaftler Kenneth Keniston (1968) von der Universität Harvard stellte bei seinen Untersuchungen über Gegner des Vietnamkriegs fest, daß ihre Antikriegsaktivitäten kein einmaliges, zeitlich begrenztes Engagement waren, sondern Ausdruck einer länger andauernden Betroffenheit und Beschäftigung mit sozialen Themen. In ähnlicher Weise entdeckte der Sozialpsychologe David Rosenhan (1970) von der Universität Stanford, daß die moralischen Wertvorstellungen von engagierten BürgerrechtlerInnen eine Kontinuität aufweisen. Diese Befunde stimmen mit meinen Beobachtungen überein, daß sich die grundsätzliche

Mitleidsbereitschaft und moralische Integrität, die das Engagement als Retter oder Retterin auslösten, sämtliche Lebensabschnitte dieses Menschen durchziehen. Gegen Kriegsende zum Beispiel litten die deutschen Soldaten in Friesland Hunger. Sie kamen mit Koffern voller gestohlener Sachen zu den Stenekes und wollten das Diebesgut gegen Lebensmittel tauschen. Berta Stenekes sagte zu ihnen, sie sollten ihr Zeug behalten. Aber wenn sie ein Stück Brot übrig hätte, würde sie es ihnen geben. »Irgendwie taten auch sie mir leid; sie waren so ausgehungert.«

Ähnlich brachte es auch Aart Vos aufgrund seiner Wertvorstellungen nicht übers Herz, dem deutschen Soldaten, den er verwundet auf der Straße fand, den Rücken zu kehren. Ohne viel nachzudenken, packte Vos den jungen Soldaten auf sein Fahrrad und sorgte für medizinische Hilfe. Ein Freund, der für so viel Barmherzigkeit nur Unverständnis übrig hatte, machte ihm deswegen Vorhaltungen. Feind sei Feind, meinte er zu Aart. Die Feinde würden kein Pardon kennen, und deshalb brauche man auch mit ihnen kein Erbarmen zu haben. Vos sah das anders. Er sah nicht *den* Feind vor sich, sondern einen verletzten jungen Mann, und entsprechend fiel auch seine Reaktion aus.

Menschen mit einem Retter-Selbst konnten Dinge tun, die auch und vielleicht besonders ihnen selbst unglaublich erschienen. Noch heute staunt John Stenekes über manches, was er damals tat. »Man wuchs da hinein und merkte gar nicht, wie weit das ging«, sagt Stenekes, sich an sein junges Retter-Selbst erinnernd. »Und wenn mir heute jemand eine Million Dollar gäbe, ich könnte das heute nicht mehr. Aber damals ging es um Leben und Tod, und langsam gewöhnte man sich daran. Es war, als hätte man die halbe Zeit nicht einmal mehr Angst. Und schließlich hatte man nur noch selten Angst. Aber wenn man Angst hatte, dann richtig.«

Das Retter-Selbst ging aus dem natürlichen Wesen eines Menschen hervor und war weitgehend ein Ergebnis der natürlichen Entwicklung seines Temperaments und seiner Erfahrungen. Ärzte und andere berufsmäßige Helfer verhielten sich bei ihren Rettungsaktivitäten mit gewohnter Professionalität und distanzierter Anteilnahme. Abenteurer wie LaFontaine blieben auch weiterhin Abenteurer. John Weidner zum Beispiel war vor dem Krieg erfolgreicher Geschäftsführer eines Textilunternehmens und begeisterter Skifahrer. Während des Krieges gebrauchte er seinen Scharfsinn als Geschäftsmann zur Beurteilung der verschiedenen Faktoren, die beim Aufbau und bei der Führung eines ganz anderen Unternehmens, eines Rettungsnetzwerks, von Bedeutung sind: Wer brauchte Hilfe? Wer würde aushelfen? Welche Wächter waren bestechlich? Welche sympathisierten mit der Sache? Wie ein Geschäftsführer bei der Festlegung seiner Unternehmensstrategie vervollkommnete Weidner sein Produkt und schätzte die Konkurrenz ein. Er verband seinen Geschäftssinn mit der Liebe zum Abenteuer des Skifahrens und schuf ein Unternehmen, mit dem er und seine Mitarbeiter Juden, Jüdinnen und andere Flüchtlinge auf abenteuerliche Weise über die Grenze in Sicherheit brachten.

Was mich bei diesen vielen, von geistiger Wendigkeit und bemerkenswerter Tapferkeit zeugenden Geschichten am meisten beeindruckte, war das Durchhaltevermögen der einzelnen Retter und Retterinnen. Tag für Tag setzten sie sich mit den Problemen auseinander, ihren geheimen Haushalt zu ernähren, ihre Schützlinge zu pflegen, wenn sie krank wurden, und ihrer Langeweile entgegenzuwirken, so gut sie konnten. Sie riskierten ihr Leben, um einen verstorbenen Juden zu begraben, einer Verrücktgewordenen zu helfen oder einen von Angst Geplagten zu beruhigen. Die meiste Zeit verging ohne einschneidende Ereignisse oder dramatische Taten voller Entschlossenheit. Retten war vielmehr eine eintönige, aufreibende Arbeit, die eher der Tätigkeit eines Fließbandarbeiters ähnelte als der eines Filmstars. Niemand wußte, wie es ausgehen würde. Viele RetterInnen beschreiben, wie müde sie diese endlosen Tage der Enttäuschung und Sorgen machten. Dennoch ließen die meisten ihre Schützlinge nicht im Stich. Die meisten waren hartnäckig entschlossen, mit ihrer Hilfe fortzufahren. Wilto Schortinghuis faßt diese Bedingungen folgendermaßen zusammen: »Unser ganzes Leben veränderte sich. Wir konnten unsere Freunde nicht mehr empfangen [...] nicht einmal unsere Eltern wußten Bescheid; dennoch konnten wir sie nicht daran hindern, uns dreimal im Jahr zu besuchen. Wann immer jemand an die Tür klopfte, wehte der Schrecken durchs Haus. Wir lebten unter dauerndem Druck, Tag und Nacht, dreihundertfünfundsechzig Tage im Jahr.«

Manche RetterInnen entwickelten ungeheure Energien unter diesem Druck. Andere staunen noch heute, wie sie das geschafft haben. Erst viel später wurden einige von ihnen von den Nachwirkungen dieser Erfahrung heimgesucht.

6
Die Angst überwinden und Leben retten

»Mut bedeutet nicht, keine Angst zu haben, sondern sie unter Kontrolle zu halten.«

Dick Chapel, Kriegskorrespondent

Manche Auschwitz-Überlebende erinnern sich an das Gefühl, dem Geschehen um sich herum völlig distanziert gegenüberzustehen. »Ich konnte weder etwas empfinden noch weinen; ich versuchte mir zu sagen, daß das alles nicht wirklich ist.« Diese Gefühle bewahrten die Lagerinsassen davor, das volle Ausmaß dessen wahrzunehmen, was ihnen angetan wurde.

Natürlich würde niemand behaupten wollen, daß die Menschen, die andere retteten, mehr zu ertragen oder größere Angst gehabt hätten als die Insassen von Auschwitz. Aber sie waren in den Wochen, Monaten oder gar Jahren, während sie Juden versteckten, gezwungen, Tag für Tag mit den unterschiedlichsten Problemen fertig zu werden: Lebensmittel für ihre jüdischen Schützlinge zu beschaffen, ihre Notdurft zu beseitigen, den Alltag so angenehm wie möglich zu gestalten, und dabei nach außen hin unter den aufmerksamen Augen mißtrauischer Nachbarn ein normales Leben weiterzuführen.

Gesellte sich zu ihrer Angst, entdeckt zu werden, noch die Gewißheit, gleichzeitig das Leben ihrer Lieben zu gefährden, wurde der daraus entstehende Konflikt nahezu unerträglich. Unter psychologischen Gesichtspunkten kann die Situation einer helfenden Person in diesen Zeiten mit der Lage eines Menschen verglichen werden, der von Terroristen als Geisel festgehalten oder von der Geheimpolizei eines diktatorischen Regimes gefoltert wird. Plötzlich findet man sich in einer Situation wieder, in der alle Regeln auf den Kopf gestellt sind. Für Taten, die zuvor geahndet wurden, wird man nun belohnt, und verhält man sich korrekt, wird man bestraft. Einen wesentlichen Unterschied zwischen der Lage eines Retters und der eines Gefangenen markiert aber das Phänomen der Hilflosigkeit, das den Erfahrungshorizont des letzteren bestimmt. Auf der anderen Seite war ein Mensch, der anderen Schutz bot, gefordert, die ganze Last der Verantwortung nicht nur für sein eigenes Leben, sondern auch für das seiner Schützlinge zu tragen. Die damit einhergehende Einsamkeit war um so unerbittlicher, da man sie freiwillig auf sich genommen hatte: Jeder Mensch, der gegen Verordnungen der Nazis handelte, brachte sich bewußt in eine gefährliche Lage. Da die Entscheidung, diese Gefahren auf sich zu nehmen, auch wieder zurückgenommen werden konnte, hatte man sein Leben selbst in der Hand. Wie gut die meisten Retter und Retterinnen mit dieser immensen existentiellen Verantwortung zurechtkamen, ist bemerkenswert.

Jede Retterin und jeder Retter entwickelte eine eigene Strategie, um mit den extremen körperlichen und psychischen Belastungen, die das gefahrvolle Leben mit sich brachte, fertig zu werden. Manche besaßen die Fähigkeit, ihre Angst einfach zu überspielen und sich auf die jeweils nächstliegende Handlung oder Aufgabe zu konzentrieren, z.B. auf die Beschaffung einer zusätzlichen Lebensmittelmarke für einen Laib Brot oder ähnliches. Indem sie sich auf die alltäglichen Verrichtungen konzentrierten, die das Leben mit versteckten Personen erforderte, konnten sie zumindest zeitweise verdrängen, in welch große Gefahr sie sich gebracht hatten.

Manche der RetterInnen, die zur Zeit des Zweiten Weltkriegs Jugendliche oder junge Erwachsene waren, führen ihre damalige Fähigkeit, der Angst zu widerstehen, auf ihre jugendliche Kraft oder Naivität zurück. Junge Leute begegnen Gefahren oft gleichgültiger, entweder weil sie unbewußt nicht erkennen wollen, wie ernst die Lage ist, oder weil sie Gefahren überhaupt auf die leichte Schulter nehmen, oder auch weil sie nicht wahrhaben wollen, daß ihnen die öffentlichen Gewalten Schaden zufügen könnten. Das Gefühl von Unsterblichkeit, das jungen Menschen eigen ist, ließ sie das Ganze als spannendes Abenteuer empfinden, ohne daß sie an einen möglicherweise unglücklichen Ausgang gedacht hätten. Dies erleichterte ihnen zweifellos, mit dem Trauma eines Lebens unter größter Gefahr fertig zu werden.

Andere RetterInnen schlossen sich einem Netzwerk an, oder sie konnten die aktive Unterstützung ihrer Frau oder ihres Mannes finden. Damit war es ihnen möglich, ihre Ängste, ihre Isolation und ihre Verantwortung mit anderen zu teilen und dadurch besser damit zurechtzukommen. Ebenso existentiell war emotionale Unterstützung. Nur sehr wenige Menschen hätten die Kraft gehabt, die Belastungen eines Lebens in Gefahr über einen so langen Zeitraum auszuhalten, wenn nicht jemand an ihrer Seite gestanden hätte, der sie immer wieder daran erinnerte, daß sie nicht allein waren.

In Augenblicken größter Gefahr verschaffte oft die Hinwendung zu Gott Erleichterung. Der Schrecken der Gegenwart konnte religiös transzendiert werden, und auf diese Weise war die regelmäßige Begegnung mit dem Tod heil zu überstehen. Gläubige wie Ungläubige berichten von Wundern, die sie erlebt haben. Oft beteten sie, nicht nur, weil sie göttliche Führung brauchten, sondern weil Gott in diesem Moment direkt eingreifen sollte. Für viele RetterInnen war das Gebet die letzte Zuflucht, wenn sie sich aus eigener Kraft nicht mehr außer Gefahr bringen konnten.

Wieder andere kamen mit ihrer Angst zurecht, weil ihren Taten eine generelle Wut auf das Nazi-Regime zugrunde lag. Im allgemeinen aber wirkt Wut nicht so sehr als ausgleichendes Moment, vor allem, wenn die Belastung über Monate und Jahre anhält. Die Wut legt sich mit der Zeit, und dann setzt das Trauma, das sich an die Erfahrung als Retter oder Retterin knüpft, mit aller Heftigkeit ein.

Die folgenden Geschichten von drei Menschen, die Juden und Jüdinnen gerettet haben – Stefania Podgórska, Alexander Roslan und Louisa Steenstra – veranschaulichen, wie die Menschen ihre Angst angesichts eines nahezu sicheren Todes kontrollieren konnten.

Stefania Podgórska Burzminska, Polen
Jugendliche Kraft und geistliche Transzendenz

Stefania Podgórska war kein besonders religiöser Mensch, als sie begann, jüdischen Menschen zu helfen. Ihr Engagement als Retterin verdankte sich vor allem der persönlichen Beziehung zu einem jungen Juden, dem Sohn der Besitzerin des Lebensmittelladens, in dem sie zuvor gearbeitet hatte. Während des Krieges jedoch, in dem sie zahlreiche gefährliche Situationen durchlebte, wurde ihr zwei Mal eine geistliche Offenbarung zuteil, die es ihr ermöglichte, durchzuhalten. Sie befahl ihre Seele in Gottes Obhut, und Gott, so ihr Eindruck, anwortete mit Wundern.

Erzogen im Geist ihrer Religion, was in geselligen Familientreffen und allsonntäglichen Kirchgängen seinen Ausdruck fand, ist Stefania bis zum heutigen Tage eine fromme Katholikin. Als Fünftgeborene von sechs Schwestern und drei Brüdern, wovon einer bereits im Kindesalter starb, erinnert sich Stefania, daß sie als Kind sehr verhätschelt wurde. Ihr Großvater, ein Günstling der polnischen Bürokratie, hatte – »ich glaube, wegen irgendwelcher Heldentaten« – ein großzügiges Anwesen, komplett mit Viehbestand und Gewächshaus, erhalten. Die wohlhabende Bauernfamilie besaß ein halbes Dutzend Pferde, eine kleine Viehherde sowie zahlreiche Hühner und beschäftigte auf ihrem Gut mehrere Leute aus dem Dorf. Stefania spielte auf den Feldern mit ihren Geschwistern und war eine begeisterte Reiterin.

Aber das idyllische Landleben war gar nicht ihr Fall. »Ich haßte die Hühner«, sagt sie, »und vor allem den Hahn. Er fing immer genau um Mitternacht an zu krähen. Und die Hühner fingen schon früh morgens mit ihrem Gegacker an. Das machte mich ganz nervös.«

Es gab auch jüdische Kinder im Dorf, aber ihre Eltern waren sehr auf Distanz bedacht und erlaubten ihnen nicht, mit Nichtjuden zu spielen. »Spiel' nicht mit der *Schikse,* faß' den *Schaygetz* nicht an«, ahmt Stefania sie nach. Die Jungen und Mädchen spielten gleichwohl miteinander.

Im Jahre 1938, ein Jahr vor Kriegsbeginn, starb Stefanias Vater. Daraufhin besuchte sie mit ihrer Mutter ihre älteren Schwestern, die nach Przemysl umgezogen waren, einer nahegelegenen Stadt im Südosten von Polen, die eine jüdische Bevölkerung von 20000 Menschen zählte und durch die 1939 die deutsch-sowjetische Grenze verlief. Die nun fast dreizehnjährige Stefania, die das Leben in dem winzigen Bauerndorf äußerst langweilig fand, war reif für weitere Horizonte, und vom Stadtleben war sie sogleich begeistert. Gepflasterte Straßen, aus Backsteinen gemauerte und verputzte Wohnhäuser, Bekleidungsgeschäfte, Chocolatiers und – das Beste von allem – keine Hühner! Verglichen mit ihrem ländlichen Zuhause war die Stadt »ruhig und friedlich«.

Stefania bat ihre Mutter, bleiben zu dürfen. Als ihr die Bitte abgeschlagen wurde, weigerte sie sich abzureisen. Eine ihrer älteren Schwestern legte bei ihrer Mutter schließlich ein gutes Wort für sie ein. Und schon eine Woche später hatte Stefania im örtlichen Lebensmittelladen eine Stelle als Aushilfskraft gefunden.

Die Ladenbesitzerin, eine ältere Jüdin namens Lea Adler Diamant, hatte vier Söhne, eine unter Hospitalismus leidende Tochter und einen kränkelnden Ehemann. Sie war von Natur aus eine ruhige, gefaßte Frau; im Laufe ihres aufreibenden, aber ereignisarmen Lebens war sie jedoch mürrisch geworden. Nichts bereitete ihr so viel Freude, als Stefania zu beobachten, wie sie durch den Laden sprang, mit den jungen Männern flirtete, die in den Laden kamen, und vor sich hinsang, wenn keine Kunden im Laden waren. Schon bald erschien Stefania der sorgenbeladenen Frau Diamant wie eine Tochter.

Auch für das Geschäft war sie eine große Hilfe. Regelmäßig kamen Jungen in den Laden, um bei Stefania Pralinen zu kaufen. Sie nahmen immer zwei, eine davon war für Stefania. »Wie viele Pralinen ich essen konnte?« fragt sie mich lachend. »Ich legte die, die sie mir geschenkt hatten, wieder zurück ins Regal, und Frau Diamant war stolz auf mich, weil ich ihre Pralinen gleich zweimal verkaufte.«

Nachdem Stefania ungefähr ein Jahr lang für die Diamants gearbeitet hatte, zog sie zu ihnen in die Wohnung. Sie wurde für die Familie eine Art weiblicher »Freitag«. Sie ging einkaufen, kümmerte sich um die Küche und schlief auf ein paar Decken in einer Ecke der Zweizimmer-Wohnung, die sich über dem Laden befand.

Der Krieg hatte mittlerweile begonnen, aber Stefanias Tagesablauf war anfangs davon nicht tangiert – nur für eine Weile, als die Läden schließen mußten. Als sie wieder öffnen durften, standen draußen deutsche Soldaten mit Gewehren. Dann gingen die Deutschen, und es kamen russische Soldaten. Dann zogen die Russen wieder ab, und die Deutschen kehrten zurück. Das war 1941. Stefania lernte in beiden Sprachen zwei Worte: »da« und »do svidanya«, »ja« und »auf Wiedersehen«.

Als die Deutschen die Stadt zum zweiten Mal besetzten, fielen Stefania einige Veränderungen auf. Vor ihren Augen entstand direkt hinter dem Laden der Diamants ein Ghetto; ein ganzer Straßenzug wurde mit Stacheldraht eingezäunt. Die Deutschen gaben bekannt: Juden hatten den Stern zu tragen, Juden durften keine Geschäfte besitzen. Und die Polen begannen, den Blicken ihrer jüdischen Nachbarn auszuweichen.

Die damals 16jährige Stefania war bestürzt. Was sollten diese Maßnahmen? Stimmte mit den Juden etwas nicht? Etwas, das sie in ihrer Unerfahrenheit nie bemerkt hatte? Oder waren die Deutschen einfach ungerecht?

Die meisten Sechzehnjährigen sind alt genug, um zu erkennen, daß sie den Wünschen ihrer Eltern nicht zu gehorchen brauchen, aber sie wissen über sich selbst und die Welt noch zu wenig, um sich über ihre eigenen Bedürfnisse im klaren zu sein. Stefania war zwar bereits eine unabhängige Person, die eigenständig handeln konnte, aber die Entscheidung, dem Gesetz zuwiderzuhandeln und den jüdischen Freunden zu helfen, mußte erst heranreifen. Sie traf sie nicht so spontan und selbstverständlich wie manche älteren RetterInnen. Sie mußte sich erst einmal darüber klar werden, wer gut und wer schlecht war. Als sie dies jedoch für sich entschieden hatte, widmete sie sich ihrer Aufgabe voll und ganz.

Stefania war traurig, angsterfüllt und verwirrt, als sie der Familie Diamant half, ihre Sachen zu packen und ins Ghetto umzuziehen. Auf Bitten der Diamants besorgte sie sich eine Genehmigung, um weiterhin in der Wohnung über dem Laden wohnen zu dürfen und sich während der Abwesenheit der Familie darum kümmern zu können. Stefania wurde zur stolzen Bewohnerin einer ganzen Etage in dem nunmehr leerstehenden Gebäude. Ein paar Tage später mietete sich eine junge Frau im zweiten Stock ein, und beide hatten das ganze Haus für sich. Es war aufregend, aber unheimlich. In dem Haus hatten zuvor mehrere Familien gewohnt, und nachts schienen sie immer noch im Schlaf zu atmen.

Stefania wurde bald klar, daß die Diamants im Ghetto Hunger leiden mußten. Sie begann, Lebensmittel für sie zu besorgen und schmuggelte sie durch ein Loch unter dem Stacheldrahtzaun ins Ghetto. Manchmal stand ein freundlicher polnischer Polizist in der Nähe, aber sie konnte ihn überzeugen, daß sie im Ghetto eine Spielgefährtin aus der Kindheit hatte, und bald kam sie regelmäßig zum Ghetto.

Dann begann sie nachts auf einmal Schreie aus dem Ghetto zu hören. Sie fragte einen deutschen Soldaten, der am Eingang zum Ghetto stand, was da los gewesen sei. Seine Antwort war, es habe sich nur um eine »Aktion« gehandelt. Ein paar Tage später erzählte ihr eine blasse und erschütterte Frau Diamant, daß Hunderte von Menschen aus dem Ghetto weggebracht worden seien.

Einige Nächte später wachte Stefania erneut durch Schreie aus einem nahegelegenen Wohnhaus im Ghetto auf. Es war wieder eine »Aktion«, aber diesmal erkannte sie unter den schrillen angsterfüllten Schreien die Stimme von Frau Diamant: »Ich kann meine Kinder doch nicht alleine lassen«, hörte Stefania sie rufen. »Was wird mit meinen Kindern?«

Am nächsten Morgen schlüpfte sie unter dem Zaun hindurch und erfuhr, daß man Herrn und Frau Diamant nach Auschwitz deportiert hatte.

Die Diamants hatten eine Tochter und vier Söhne. Einer davon, namens Isaac, wurde bald darauf in das Arbeitslager von Lẁow eingeliefert, in dem Juden, Russen, Zigeuner und Ukrainer gefangen waren. Dreimal besuchte Stefania Isaac in Lẁow und brachte ihm auf einem Karren Lebensmittel und Kleidung. Beim dritten Mal arbeitete sie mit

ihm einen Fluchtplan aus: Er sollte die Straßenkleider und die Schuhe anziehen, die sie ihm mitgebracht hatte, und die alte Brille aufsetzen. Sobald er sie in der Nähe des Lagers erblickte, sollte er losrennen, und dann würden beide um ihr Leben laufen.

Wie viele andere RetterInnen nahm Stefania nicht gleich am Anfang große Risiken auf sich, sondern sie wuchs langsam in die Gefahr hinein. Daß sie es schaffte, Lebensmittel in das Ghetto zu schmuggeln, hatte ihr Mut gemacht, und langsam gewöhnte sie sich an die psychische Belastung, die gesetzeswidrige Handlungen mit sich bringen – schließlich ging es um ihre Freunde. Gleichwohl war die geplante Flucht aus dem Lager von Lwow weit gefährlicher als ihre bisherigen Aktivitäten. Aber es schien damals keine Alternative zu geben. Die Flucht, mochte sie auch noch so schlecht geplant sein, war Isaacs einzige Chance, dem sicheren Tod zu entkommen.

Am festgesetzten Tag wurde Stefania mit ihrem Karren durch ein vorbeiziehendes Bataillon der Deutschen zwei Stunden lang aufgehalten. Als sie schließlich im Lager von Lwow ankam, sagte man ihr, Isaac sei tot. Er hatte zu der verabredeten Stunde eine andere Frau erblickt, die Stefania ähnlich sah. Er rannte auf sie zu, aber sie weigerte sich, ihm zu helfen. Die Polizei schnappte ihn, und er wurde erschossen.

Stefania ging zurück in die Stadt und erzählte Isaacs Brüdern, was geschehen war. Als sie im Ghetto ankam, mußte sie bestürzt feststellen, daß nur noch wenige Familien da waren. Nahezu die gesamte jüdische Bevölkerung war deportiert oder ermordet worden, und zwei von Isaacs Brüdern – Joseph und Henek – standen auf der Liste für den nächsten Zug. Außer sich vor Schmerz und überwältigt von ihrer Hilflosigkeit, beschlossen die beiden Brüder, Selbstmord zu begehen. Sie verabredeten, aus dem schnellfahrenden Zug zu springen, bevor er Auschwitz erreichte.

Joseph hatte sich einen Laib Brot von Stefania unter das Hemd gesteckt. Als er vom Zug sprang, sah er, wie ein Telegraphenmast mit einer hervorstehenden Eisenspitze auf ihn zuraste. Der Dorn traf seine Brust, und Joseph verlor das Bewußtsein.

Als er wieder zu sich kam, hatte der Brotlaib ein großes Loch in der Mitte, aber er selbst hatte sich nur das Schlüsselbein gebrochen. Sein Bruder war nirgends zu sehen. Andere Juden, die es ebenfalls überlebt hatten, aus dem Zug zu springen, halfen Joseph zum Haus einer ehemaligen Freundin, die einverstanden war, ihn für eine Nacht aufzunehmen.

Den nächsten Tag verbrachte Joseph damit, Unterschlupf bei einem seiner polnischen Freunde zu finden. Sie schickten ihn alle aus Angst um das eigene Leben weg. Schließlich näherte er sich dem Gebäude, das einmal sein Zuhause gewesen war, und klopfte bei Stefania an.

»Wer ist da?«, fragte Stefania, überrascht über den späten Besuch.

»Äh, Joseph«, kam die Antwort.

»Welcher Joseph?«

»Na, du erinnerst dich doch an Joseph. Du hast für meine Mutter gearbeitet.«

Stefania öffnete die Tür. »Ich sah Joseph«, erinnert sie sich, »aber es war nicht Joseph. Er sah eher aus wie drei Katastrophen auf einmal. Er war schmutzig und verwundet, und sein ganzes Gesicht und seine Hände waren blutverschmiert.«

Joseph bat, über Nacht bleiben zu dürfen, und Stefania war sofort einverstanden. Sie reinigte und verband seine Wunden, wobei ihr ihre sechsjährige Schwester Helena, die zu ihr in die neue geräumige Wohnung gezogen war, half. Helena mußte lachen, als Stefania Joseph eines ihrer Nachthemden anzog. »Jetzt sehe ich zwei Stefanias«, platzte es aus ihr heraus.

In dieser Nacht wurde Joseph krank. Stefania pflegte ihn und versteckte ihn jedesmal unter dem Bett, wenn die junge Frau aus dem zweiten Stock vorbeischaute. Nach und nach gewöhnte sie sich an die Gefahr, die es bedeutete, einen Juden zu beherbergen.

Die erste brenzlige Situation ergab sich, als Joseph von einem seiner gefährlichen Besuche im Ghetto eine junge Jüdin mitbrachte. Danuta, die seinem jüngsten Bruder versprochen war, wurde von der anderen Hausbewohnerin in Stefanias Zimmer entdeckt. Mit einer Selbstsicherheit, die sie selbst überraschte, erzählte Stefania, Danuta sei zu ihr gekommen, weil sie Rat wegen einer Abtreibung bräuchte.

»Kein Problem«, wandte sich die junge Frau an Danuta. »Du brauchst nur ein heißes Bad zu nehmen und dann zwanzigmal die Treppe hoch und runter zu laufen. Das reicht, um die Sache in Ordnung zu bringen.«

Die Versorgung der wenigen Jüdinnen und Juden, die noch im Ghetto lebten, entwickelte sich für Danuta und Joseph zur Vollzeitbeschäftigung. Stefania hatte in einer Fabrik Arbeit angenommen, sie tat aber weiterhin, was sie konnte. Sie begann, ihre Kleider gegen Lebensmittel zu tauschen, die sie dann unter dem Stacheldraht hindurch ins Ghetto schmuggelte. Mitunter ging sie zwanzig Kilometer bis in ein bestimmtes Dorf, weil sie wußte, daß sie dort für verschiedene Kleidungsstücke Milch und Butter bekommen würde. Aber die Lage im Ghetto verschlimmerte sich zusehends, und die Menschen, die dort lebten, wußten, daß es nicht mehr lange dauern konnte, bis das ganze Ghetto liquidiert würde.

Eines Nachts setzten sich Danuta, Stefania und Joseph zusammen und überlegten, was zu tun sei. Josephs jüngster Bruder Henek, den sie seit dem Sprung aus dem Zug nicht mehr gesehen hatten, war wieder ins Ghetto zurückgekehrt. Er hatte auf der Straße nicht überleben können und auch sonst keine Bleibe gefunden. Dann waren da noch andere Freunde, die von dem wohlwollenden polnischen Mädchen und ihrer kleinen Schwester, bei denen Joseph und Danuta untergekommen waren, gehört hatten. Aber es war einfach nicht möglich, alle diese Menschen vor der anderen Hausbewohnerin versteckt zu halten. Stefania sollte einen neuen Unterschlupf ausfindig machen und sich dazu in den nunmehr verlassenen Judenvierteln umsehen.

Am folgenden Tag machte sich Stefania auf den Weg. Was sie sah, mutete wie eine Geisterstadt an. Die leerstehenden Gebäude, die zum Teil keine Fenster und Türen mehr hatten, machten ihr Angst. Sie wußte, daß sie zumindest ein Fenster auf die Straße hinaus brauchte, und eine Tür, hinter der man sich im Falle einer Razzia verstecken konnte. Aber sie fand nichts, was diesen Anforderungen entsprach.

> Ich ging hinaus, und als ich auf der Straße war, fragte ich mich: »Wo gehe ich jetzt hin?« Ich wußte nicht, wo ich hingehen sollte. Alles stand leer, und ich hatte Angst. Es war unheimlich. Und dann – Sie werden bestimmt lachen, wenn ich das sage –, dann hörte ich eine Stimme. Ich hörte eine Stimme. Während ich so dastand und nachdachte und mich fragte: »Guter Gott, wo soll ich nur nach einer Wohnung suchen? Wo nur?« Ich schaute mich um, und ich fürchtete mich, denn da war niemand. Und dann hörte ich die Stimme. Irgendeine Stimme, die zu mir sprach: »Hab' keine Angst. Geh' ein Stück weiter. Geh' um die Ecke, da sind zwei Frauen – Frauen, die die Straße kehren. Sie stützen sich auf ihre Besen. Frag' sie nach einer Wohnung. Sie werden dir eine nennen.«
>
> Ich hörte also die Stimme und fragte dann: »Wie sollen gewöhnliche Frauen, die die Straße kehren, von einer Wohnung wissen?« Und die Stimme sprach zu mir: »Geh' hin und frag' sie. Sie wissen von einer. Sie werden es dir sagen.« Aber ich sagte mir immer noch: »Nun, was sollen die schon wissen.« Und die Stimme sprach wieder: »Geh',

bitte geh'.« Und ich fühlte, wie mich etwas anschob, und die Stimme sprach: »Geh' und frag' nach einer Hausmeisterin dort.« Und ich sagte: »Na gut, na gut, was kann ich dabei schon verlieren?«

Und so schlug ich diesen Weg ein, genau wie die Stimme es mir gesagt hatte. Als ich um die Ecke kam, sah ich die beiden Frauen. Da waren sie und unterhielten sich und stützten sich dabei auf ihre Besen. Na gut. Ich ging auf sie zu und fragte: »Meine Damen, ich suche eine Wohnung. Wüßten Sie vielleicht eine? Hier ist ja nichts – vielleicht kennen Sie sich hier aus?«

Sie sagten: »Ja, richtig, wir kennen eine Wohnung. Da ist ein kleines Häuschen, eines für eine Familie, mit einer Hausmeisterin. Frag' einfach nach der Hausmeisterin, sie wird dir die Wohnung zeigen.«

Das Häuschen war genau das, was Stefania gesuchte hatte. Es hatte zwei Zimmer mit Vorder- und Hintereingang, einen riesigen Boden, der nur von der Rückseite zugänglich war und ein Klo außerhalb.

Was Stefanias übernatürliches Erlebnis betrifft, kann ich nur sagen, daß sie ohne diese Erfahrung keinen einzigen Menschen hätte retten können. Vielleicht war es in Wirklichkeit so, daß Stefania an den beiden Frauen schon vorbeigekommen war, ohne sie bewußt wahrgenommen zu haben, und daß das Bild dieser beiden Frauen in einem Moment ängstlicher Unsicherheit wieder zu Bewußtsein kam. Oder aber – dies in der Perspektive derer, die sich für Untersuchungen zur außersinnlichen Wahrnehmung interessieren – Stefania ist präkognitiv veranlagt und schreibt ihre Fähigkeiten göttlichem Eingreifen zu. Aber wie außenstehende Skeptiker die Situation auch immer beurteilen mögen – und Stefania hat, wie der Leser aus ihrem Bericht ersehen kann, durchaus ein feines Gefühl für solche Reaktionen –, sie selbst erlebte diesen Augenblick jedenfalls als eine unmittelbare und unmißverständliche Antwort Gottes auf ihre Gebete. Mit einem Wort: Ein Wunder war geschehen.

Die kleine Helena wälzte sich vor Freude auf dem Boden, als sie sah, wie groß ihr neues Zuhause war, während Joseph und Danuta auf dem Boden tanzten. Sobald wie möglich schmuggelten sie Henek, einen Nachbarn und zwei Kinder aus dem Ghetto, und auf einmal hielten die siebzehnjährige Stefania und die siebenjährige Helena eine Jüdin und fünf Juden versteckt, wobei zwei weitere hinzukommen sollten.

Es handelte sich um zwei wohlhabende jüdische Geschäftsleute, die Väter der beiden Kinder, die Joseph und Danuta herausgeholt hatten. Der Fluchtplan sah folgendermaßen aus: Der polnische Postbote, der jeden Tag ins Ghetto ging, sollte bestochen werden, um sich bereit zu erklären, die beiden in seinem Postkarren in Stefanias Viertel zu bringen. Für den Fall, daß sie irgend jemandem begegnen würden, nachdem der Postbote sie abgesetzt hatte, sollten sie sich als Stefanias Vorarbeiter ausgeben und behaupten, sie wollten nachsehen, warum Stefania an diesem Tag nicht zur Arbeit erschienen sei.

Zum verabredeten Zeitpunkt saßen Joseph und Stefania am Fenster und warteten. Zehn Minuten später sahen sie nicht etwa den Postboten, sondern zwei polnische Polizisten und zwei deutsche Soldaten, die auf der Straße vor ihrem Haus patrouillierten. Sie sahen einander an; das Blut gerann in ihren Adern. Was würde passieren, wenn der Postbote jetzt käme?

Nachdem sie nahezu drei Stunden gewartet hatten, konnte Stefania die Spannung nicht länger ertragen. Obwohl Joseph und die anderen im Haus sie inständig baten, es nicht zu tun, schlenderte sie auf einen der polnischen Beamten zu.

»Was ist denn los?« fragte sie beiläufig. »Ist jemand umgebracht worden?«

»Nein«, sagte der Polizist geheimnisvoll, »aber vielleicht *wird* noch jemand umgebracht«.

»Dann sind Sie also hier, um uns zu beschützen. Vielleicht kommen Hitler und Stalin genau hierher, um die Sache zwischen sich auszufechten, und Sie sind da, um mich und meine kleine Schwester zu beschützen?«

Der Polizist lachte. »Na, wenn sie kommen und aufeinander losgehen, helfen wir euch vielleicht, die beiden umzubringen und den Krieg zu beenden.«

In diesem Augenblick schaltete sich einer der deutschen Soldaten ein. Er sprach schroff einige Worte, so daß der polnische Beamte in Habachtstellung ging. Stefanias Hoffnung sank.

»Na dann, auf Wiedersehen«, sagte sie fröhlich und setzte sich in Bewegung.

»Nein, bleib ruhig hier«, erwiderte der Polizist.

»Nur wenn Sie mir sagen, was Sie hier tun«, versetzte sie lächelnd.

Der andere Pole, der nähergekommen war, während der Deutsche mit dem ersten Polizisten sprach, meinte: »Warum nicht?«

Der erste zuckte die Schultern: »Warum nicht? Gestern erhielten die Deutschen einen Hinweis, daß heute zwei reiche Juden das Ghetto verlassen und in diese Straße kommen würden. Sie haben uns befohlen, die

Juden einzufangen, aber sie trauen uns nicht. Wir glauben nicht, daß hier irgendwelche Juden vorbeikommen. Deshalb passen sie auf uns auf, damit wir auf die Juden aufpassen. Das ist alles.«

Stefania rutschte das Herz in die Hosen, als sie hörte, daß diese Männer auf zwei reiche Juden aus dem Ghetto warteten. »Ich sagte zu mir: ›Oh Gott, was wird heute geschehen? Werde ich heute vielleicht umgebracht?‹«

Trotz ihrer Angst setzte sie ein Lächeln auf: »Ich kann mir nicht vorstellen, daß diese Juden ihr Leben aufs Spiel setzen, um aus dem Ghetto zu kommen«, sagte sie. »Sie wissen, daß sie getötet werden, wenn sie das versuchen. Ich glaube nicht, daß sie das tun würden.«

»Da gebe ich dir recht«, sagte der erste Pole, »aber Befehl ist Befehl; wir müssen hier herumstehen.«

Stefania verließ die beiden und ging geradewegs in eine nahegelegene Kirche. Sie kniete nieder und betete inständig: »Bitte, lieber Gott, schaff' diese Deutschen und diese Polizisten hier weg, bevor der Postbote kommt. Bitte hilf mir, damit die beiden Väter nicht gefangen und getötet werden, und damit ihre Kinder nicht als Waisen aufwachsen müssen.«

Als sie zurückkam, waren die Polizisten gegangen und die beiden Juden gerade angekommen. Der Postbote, so stellte sich heraus, hatte sich auf dem Weg zu Stefanias Haus verirrt und war mit den beiden Juden durch die ganze Stadt gefahren, bevor er die richtige Straße fand. Die Kinder weinten und umarmten ihre Väter. Wieder war sich Stefania sicher, daß ihre Gebete erhört worden waren.

Die Operation war jedoch nicht ganz glatt verlaufen. Nachdem der Postbote die Juden abgesetzt hatte, wurden sie von einem anderen Polen gesehen. Er sagte, er wisse, wer sie seien und wo sie wohnten, und er würde alles der Gestapo dort auf der Straße erzählen, wenn sie ihm nicht 10000 Zlotys gäben. Entsetzt hielten die Flüchtenden ihm alles Geld hin, was sie hatten, und machten sich in quälender Spannung darauf gefaßt, daß er sie trotzdem anzeigen würde.

Er blickte sie ruhig an: »Ich bin ein Dieb, kein Mörder«, sagte er. »Ich habe, was ich wollte. Ich sage euch Bescheid, wenn die Deutschen außer Sicht sind, keine Sorge. Vielleicht treffen wir uns wieder, wenn der Krieg vorbei ist.«

Aber die Erpressung ging weiter. Eines Tages erhielt Stefania einen Brief, der ihr von zwei Straßenjungen überbracht wurde. Die beiden baten sie, den Brief zu lesen, zu unterschreiben und ihnen zurückzugeben, damit sie ihr Geld bekämen. Der Brief stammte von einer Jüdin aus dem Ghetto. Sie listete die Namen aller Personen auf, die Stefania versteckt hielt, und drohte, alles der Gestapo zu erzählen, wenn Stefania nicht auch sie und ihre Kinder aufnähme.

Stefania begann zu zittern. Was, wenn der Brief in Wirklichkeit von einem Gestapo-Agenten stammte, der nur auf ihre Unterschrift wartete, um ihr Haus zu durchsuchen und alle zu ermorden?

Sie besprach sich mit Joseph. Er meinte, die Gestapo brauche keinen Vorwand, um ein Haus zu durchsuchen. Außerdem wüßte er sowieso, wer den Brief geschrieben habe. Die Person, an die er dachte, war eine Frau, die den Ruf hatte, hochnäsig zu sein und oft zu bedenklichen Mitteln zu greifen. Stefania unterschrieb den Brief. In der kommenden Nacht ging sie mit Joseph ins Ghetto und stellte Hanna Z., die sich tatsächlich als die Absenderin zu erkennen gab, zur Rede.

Als diese merkte, wie wütend Stefania war, begann sie zu schluchzen: »Ich wußte mir keinen anderen Ausweg, um meine Familie zu retten«, sagte sie mit weinerlicher Stimme, »bitte vergib' mir«.

»Sie sind eine Erpresserin«, zischte Stefania. »Das war wirklich nicht nötig. Jetzt wissen diese dummen Jungen, wo ich wohne und daß ich Leute verstecke. Sie sind eine Mörderin. Ich versuche, Menschen zu helfen, und Sie haben nichts Besseres zu tun, als ihre Namen aufzuschreiben.«

Hanna Z. ließ sich zu Boden fallen und küßte Stefanias Knie. »Ich weiß mich nicht zu benehmen, das stimmt«, sagte sie. »Ich hielt es für den besten Weg. Ich wollte doch nur am Leben bleiben. Ich wollte meine Kinder retten. Ich wollte von dir bei lebendigem Leibe hören, daß ich etwas Schlechtes getan habe, nichts weiter.« Sie umklammerte Stefanias Beine und küßte ihre Hände. »Bitte, ich flehe dich an. Ich wußte keinen anderen Weg.«

Mit einem tiefen Seufzer sagte Stefania, es sei alles in Ordnung. »Drei Menschen mehr machen für mich keinen Unterschied«, sagte sie zu der älteren Frau. »Sie können mich nur einmal dafür umbringen, daß ich euch verstecke, nicht zehnmal.«

Sie wies Hanna Z. an, auf eine Nachricht zu warten, wann und wohin sie fliehen solle. Am nächsten Morgen schickte sie Helena zum Spielen in die Nähe des Ghettos und gab ihr eine Mitteilung für Hanna Z. mit.

Die siebenjährige Helena hatte ein ziemliches Geschick darin entwickelt, unbemerkt Zettel durch den Stacheldrahtzaun zu schmuggeln, aber diesmal hatte sie kein Glück. Eine Bande von Jugendlichen beobachtete, wie sie einen Zettel entgegennahm, und beschloß, Jagd auf sie zu machen.

Helena bekam Angst und rannte weg. Sie konnte zwar weder lesen noch schreiben, aber Stefania hatte ihr klargemacht, daß sie die kleinen Papierzettel, die ihr von den Ghettobewohnern zugesteckt wurden, niemals irgend jemandem zeigen dürfte. Während sie davonrannte, zerriß sie den Zettel in kleine Stücke und aß ihn auf. Als die Jungen sie eingeholt hatten und weder in ihren Händen noch in ihren Taschen etwas fanden, schlugen und traten sie sie so heftig, daß sie kaum den Weg nach Hause schaffte.

Die kleine Helena verstummte. Erst fünf Jahre nach dem Krieg begann sie wieder zu sprechen. Und noch heute, da sie in ihren Fünfzigern ist, stottert sie. Die Notwendigkeit der Geheimhaltung wurde ihr so tief eingeprägt, und das Trauma, entdeckt worden zu sein, war ein solcher Schock, daß sie die Gewohnheit des Stillschweigens nie mehr ganz ablegen konnte. Hanna Z. und ihre Kinder wurden zu Stefanias Haus gebracht, und drei weitere BewohnerInnen kamen, als das Ghetto liquidiert wurde. Stefania hatte nun insgesamt dreizehn Jüdinnen und Juden sowie ein kleines polnisches Mädchen zu ernähren und zu versorgen – eine Verantwortung, die für die Schultern einer Siebzehnjährigen eigentlich zu schwer ist.

Joseph und einige andere zimmerten auf dem Boden eine doppelte Wand, und allein das Holz dafür aufzutreiben, kostete Stefania einige Anstrengung. Der Mann, der ihr den Hammer verkaufte, den sie dafür brauchten, fragte, wofür er sei. »Ich gebe ihn dir kostenlos, wenn du damit Särge für Deutsche machst«, sagte er grinsend.

»Nein«, versetzte sie leichten Sinns, »ich muß nur den Fußboden in meinem Schlafzimmer festnageln«.

Den Ladenbesitzern, bei denen sie Lebensmittel für alle besorgte, erzählte sie, daß sie die zusätzlichen Brote und Kartoffeln auf dem Schwarzmarkt weiterverkaufe.

Die Monate verstrichen, Stefania arbeitete weiterhin in der Fabrik, und ein gutaussehender junger polnischer Kollege verliebte sich in sie. Unter anderen Umständen hätte sie seine Liebe erwidert. Aber ihr Retter-Selbst hinderte sie, diesem gutaussehenden Mann zu trauen. Ihre eigene Sicherheit und die ihrer Schützlinge hing an ihrer Zurückhaltung.

»Wenn ich die Dreizehn, mein lebensgefährliches Geschäft, nicht gehabt hätte«, erinnert sie sich, »hätte ich wirklich nicht gezögert, denn das war ein guter Junge und ein gutaussehender noch dazu. Aber ich hätte aus Angst, er könnte kommen und mein Geheimnis entdecken, die ganze Nacht kein Auge zugetan. Wie sollte ich ihn loswerden?«

Sie ging in ein Foto-Studio, in dem eine Freundin arbeitete, und bat sie um das Portrait eines gutaussehenden Nazi-Offiziers. Die Freundin blickte sie verwundert an, aber als sie hörte, daß Stefania sich einen polnischen Freund vom Halse schaffen wollte, mußte sie lachen und gab ihr das Foto.

Als Stefanias Verehrer am nächsten Tag vorbeischaute, bemerkte er sogleich das Bild des SS-Offiziers über ihrem Bett.

»Was ist das?« fragte er sichtlich erstaunt.

»Du meinst, *wer* ist das«, erwiderte sie schelmisch. »Das ist mein neuer Freund.«

Sein Unterkiefer klappte nach unten. »Du? Und er?«

Sie nickte.

»Das glaube ich nicht.«

»Glaub' es nicht«, sagte sie kurzangebunden, »aber es stimmt. Er gefällt mir, und ich werde mit ihm zusammenbleiben.«

Der Junge blickte erst das Bild an, dann mich. Er war wie gelähmt. Er blickte das Bild an, dann mich, und dabei alterte er. Er konnte sich nicht rühren. Einige Minuten stand er so da und schaute und wollte etwas sagen. Er konnte nicht.

Das zerbrach mir das Herz. Ich hätte weinen können, wirklich. Weil ich ihn liebte. Aber ich tat das alles, um ihn zurückzuweisen, weil ich vom Kopf her wußte, daß ich ihn nicht lieben dürfte. Aber ich wollte weinen. Einen Augenblick lang wollte ich ihm alles erzählen. Ich wollte ihm sagen: »Hör' zu, ich habe dreizehn Juden bei mir. Ich muß sie retten. Ich muß ihnen helfen.« Ich wollte ihm alles erzählen, aber wissen Sie, mein Kopf sagte mir: »Nein, erzähl' es ihm nicht.« Eine Sekunde lang wollte ich ihm alles erzählen, aber in der nächsten sagte ich zu mir: »Nein, erzähl' ihm nichts.« Aber im Innersten meines Herzens – mein Herz war gebrochen. Ich wollte weinen, aber ich hielt meine Tränen zurück; ich wollte ihn umarmen und ihm alles erzählen, aber ich konnte nicht. Ich konnte nicht. Ich sagte zu mir: »Gott, ich muß diesen Menschen helfen. Ich weiß nicht, wie er reagieren wird, wenn ich ihm die Sache erzähle.«

Dann machte er eine Bewegung, schaute mich an und sagte: »Du. Du und der SS-Mann. Du.« Ich sagte: »Ja, ich und der SS-Mann. Ich und ein SS-Mann. Schau' mal, wie gut er aussieht.«

Er wandte sich um, sah mich noch immer an und ging hinaus. Ich beobachtete ihn durch das Fenster, er ging die Straße hinunter wie ein alter Mann. Ich kann Ihnen gar nicht sagen, wie gerne ich geweint hätte. Ich wollte ihm nachlaufen und weinen, aber ich sagte zu mir: »Nein, nein!«

Vielleicht lag es zum Teil an dem schwierigen Selbstfindungsprozeß, der ihr durch die Konfrontation mit dem Faschismus aufgezwungen worden war, daß sie mit dem Innersten ihres Wesens in Berührung stand. Wenn die Angst am größten wurde, fiel sie in eine Art Trance, einen Zustand höchster Konzentration, der es ihr ermöglichte, ihre Todesangst zu überwinden.

Die Quelle dieser Kraft mag psychologischer, religiöser oder wahrhaft göttlicher Natur sein, je nachdem, welches Bezugssystem man hat. Man könnte sagen, Stefanias Seele bekannte sich zu ihrer Unsterblichkeit, oder sie war zu jung, um sich vorzustellen, sterblich zu sein. Wie dem auch sei: Da Stefania sich auf dieser Bewußtseinsebene bewegte, wußte sie genau, wann sie handeln mußte und wann es besser war, stillzuhalten. Das rettete ihr wahrscheinlich das Leben; ganz sicher rettete es das Leben der Menschen, die sie beherbergte.

In den letzten Kriegsmonaten, als die Rote Armee nach Westen vorrückte und den Deutschen schwere Verluste zufügte, wurde ein leerstehendes Gebäude gegenüber von Stefanias Häuschen in ein Feldlazarett umfunktioniert. In der bisher menschenverlassenen Straße wimmelte es nun von Nazi-Soldaten, Krankenwagen, Verwundeten, Ärzten und Krankenschwestern. Ein Großteil des Lazarettpersonals wohnte auf dem umliegenden Gelände, einem ehemaligen Schulhof. Stefania mußte erkennen, daß ihre Situation weit gefährlicher geworden war.

An einem Nachmittag klopften zwei Soldaten der Waffen-SS an ihre Tür. »Sie werden angewiesen, Haus und Grundstück binnen zwei Stunden zu räumen«, verlasen sie ein offiziell aussehendes Papier. »Diese Wohnung wird für das Dritte Reich requiriert. Zuwiderhandeln wird mit dem Tod bestraft.«

»Zwei Stunden! Wie soll ich für mich und meine Schwester innerhalb von zwei Stunden eine neue Bleibe finden?«, schrie sie, aber die beiden SS-Leute wiederholten nur die Anweisung und gingen.

Die nächsten anderthalb Stunden lief Stefania in der Stadt umher, konnte aber für sich und die vierzehn anderen keinen geeigneten Unterschlupf finden. Nach drei Jahren der Plünderei und Zerstörung waren die Gebäude in einem desolaten Zustand. Es gab Eingänge, aber keine Türen, Häuser ohne Dächer, Zimmer, angefüllt mit losem Mauerwerk und Schutt.

Nichts als Trümmer. Die zwei Stunden waren fast vorüber. Ich ging also nach Hause und fing an zu weinen. Wie konnte ich dreizehn Menschen dem sicheren Tod überlassen? Ich wußte, ich konnte wegrennen, aber diese Menschen würden sterben. Es gab kein bewohnbares Haus, kein einziges. Nur noch zwanzig Minuten. Zu Hause angekommen, sagte ich kein Wort. Alle meine dreizehn Schützlinge kamen herunter, auch die drei Kinder. Sie drängten sich um mich, ganz dicht, und sahen mich an. Meine Entscheidung: Werde ich gehen? Meine Entscheidung: Werde ich sie alleine lassen oder nicht?

Alle dreizehn sagten zu mir: »Lauf' weg! Du darfst nicht mit uns sterben. Wir müssen sterben, aber du nicht. Du kannst uns nicht mehr helfen. Rette dich und deine kleine Schwester und lauf' weg! Du hast noch zehn Minuten.« Joseph stieß mich an. Sie sagten: »Lauf' weg. Stirb' nicht mit uns. Du kannst uns nicht mehr helfen. Du hast getan, was du tun konntest, aber jetzt kannst du nichts mehr tun. Rette dich und Helena! Geh'! Lauf' weg!«

Und all' diese Menschen sahen mich an, und die Kinder drängten sich so dicht an mich, daß ich sie atmen hörte, auch meine Schwester. Ich – also wirklich, ich wußte nicht, was ich tun sollte. Ich sagte zu ihnen: »Kommt, wir wollen erst einmal beten. Wir wollen Gott bitten.« Wissen Sie, ich hatte ein Bild, das ich als kleines Mädchen gekauft hatte, es zeigte Jesus und die Gottesmutter; es hing immer an der Wand. Und ich sagte: »Kommt, wir wollen beten. Wir wollen Gott bitten.«

Zuerst kniete ich nieder, dann meine Schwester und schließlich alle anderen dreizehn hinter mir. Und ich betete und drehte mich nach ihnen um. Alle dreizehn waren tief, sehr tief ins Gebet versunken. Und ich rief Gott an, er möge uns nicht töten lassen. Hilf uns, irgendwie! Ich kann dieses Haus nicht verlassen. Ich kann nicht dreizehn Menschen dem sicheren Tod ausliefern. Ich werde leben, wenn ich gehe, aber dreizehn Leben werden ausgelöscht sein – auch das der Kinder und jungen Menschen! Ich bat Gott: »Hilf, irgendwie.«

Und wieder hörte ich eine Stimme, die Stimme einer Frau. Sie war so schön, so angenehm, so ruhig. Sie sagte zu mir: »Mach' dir keine Sorgen. Es wird alles in Ordnung kommen. Du wirst dein Haus nicht verlassen. Du wirst hier bleiben, und sie werden nur ein Zimmer nehmen. Es wird alles in Ordnung kommen. Ich bin bei dir.« Und sie sagte zu mir: »Sei beruhigt. Ich werde dir sagen, was du tun sollst.« Sie sagte: »Schick' deine Leute ins Versteck. Öffne die Tür, öffne die Fenster, putz' deine Wohnung und sing'.«

Ich war wie hypnotisiert. Ich hielt den Kopf nach vorn gebeugt und hörte zu. Ich hörte zu, und die Stimme sagte noch einmal: »Es wird alles in Ordnung kommen.« Dann verschwand sie. Ich lauschte noch einige Minuten aufmerksam, aber es kam nichts mehr.

Also stand ich auf und sagte zu meinen Leuten: »Geht auf den Boden«, genau wie die Frauenstimme es mir gesagt hatte. Ich sagte: »Ich werde aus meinem Haus nicht ausziehen. Ich werde hier bleiben. Also, geht auf den Boden und seid still, ganz still.«

Und, wissen Sie, ich war völlig verändert. Meine Leute schauten mich an, alle dreizehn, und sie dachten, daß mit mir 'was nicht stimmte. Aber ich sagte: »Also gut, geht jetzt, geht ins Versteck. Es wird alles in Ordnung kommen, wenn ihr euch dort ruhig verhaltet.«

Ich öffnete das Fenster und die Türen und fing an zu putzen. Ich sang. Ich weiß nicht, warum ich auf einmal so glücklich war. Und alle Nachbarn kamen und sagten: »Fräulein Podgórska, was ist los? Warum sind sie noch nicht ausgezogen? Die Gestapo, die SS wird kommen. Sie werden Sie umbringen. Es ist Krieg, die Soldaten sind so. Sie kennen keine Gnade für den Feind, und Sie sind ihr Feind. Gehen Sie. Wir wollen nicht, daß Sie umgebracht werden. Sie sind zu freundlich und zu jung, um zu sterben.«

Ich sagte: »Ich weiß nicht, wo ich hingehen soll.« Sie sagten: »Haben Sie nicht eine Freundin? Gehen Sie doch zu ihr.« Ich sagte: »Nein, ich werde mein Haus nicht verlassen.« Und auch sie dachten, daß mit mir 'was nicht stimmen konnte.

Der Mann der Hausmeisterin kam und sagte: »Fräulein Podgórska, ich werde Sie hinauswerfen. Gehen Sie! Ich will nicht, daß Sie umgebracht werden. Ich weiß nicht, wo ich Sie dann begraben soll.« Und er meinte es ernst [...] Ich sagte: »Nein, tut mir leid. Ich werde nicht ausziehen.« Und er sagte: »Mit Ihnen stimmt 'was nicht.« Aber er ging.

Ich sang und putzte weiter meine Wohnung, und genau zehn Minuten nachdem die Zwei-Stunden-Frist abgelaufen war, kam ein SS-Mann auf das Haus zu. Er war freundlich. Er lächelte mich schon von weitem an. Er kam ans Fenster und sagte – er sprach ein bißchen polnisch, sehr gebrochen, aber immerhin – und er sagte, es sei gut, daß ich nicht ausgezogen sei, weil sie nur ein Zimmer brauchten. Hier, den hinteren Raum wollten sie nehmen. Er sagte: »Sehr gut, du kannst bleiben.«

Und wieder hatte Stefanias innere Stimme dreizehn Menschen das Leben gerettet. Wenn wir dies schon als einfach unerklärliches Wunder ansehen müssen, wieviel mehr noch die Tatsache, daß die beiden Krankenschwestern aus dem gegenüberliegenden Lazarett mit ihren Freunden, zwei deutschen Soldaten, acht Monate lang direkt unter dem Boden schliefen und die Menschen, die sich dort versteckt hielten, nie entdeckten. Jeden Morgen beobachtete Stefania, wie die Deutschen ihre Gewehre nahmen, und fragte sich, ob der Tag wohl gekommen sei, da sie sie erschießen würden.

Natürlich konnten Joseph und die anderen nicht 24 Stunden am Tag still auf dem Boden verweilen, deshalb war am hinteren Treppenaufgang immer eine Wache postiert, um aufzupassen, ob jemand kommt. Einmal schöpfte eine der Krankenschwestern tatsächlich Verdacht, da oben ginge etwas vor sich. Sie beschloß, den Boden zu inspizieren. Stefania versuchte sie zurückzuhalten, wurde daran aber von einem der deutschen Soldaten gehindert.

Einige Augenblicke war Stefania in Panik – ob die Frau wohl auf den Gedanken käme, an die falsche Wand zu klopfen? Aber die Krankenschwester fand nichts außer Gerümpel und gab ihrem Freund, als sie die Treppe wieder herunterkam, zu verstehen, er solle Stefania loslassen. Glücklicherweise waren die Krankenschwestern und die Deutschen tagsüber nicht im Haus; so konnte Stefania ihren Schützlingen Essen bringen und ihre Notdurft beseitigen. Einige Wochen vor Kriegsende wurde das Lazarett geschlossen, und die Krankenschwestern wurden in eine andere Stadt weiter hinter der Front versetzt.

An die Befreiung kann sich Stefania gut erinnern. Zwei russische Soldaten kamen vorbei und fragten, ob sie ein bißchen Wodka gegen Schokolade tauschen könne, und sie bat sie herein.

Sie fragten, wie das gewesen sei, mit Nazis zusammenzuleben, und sie erzählte ihnen, daß sie es gehaßt habe. Dann begann sie, die beiden auszufragen. Wo sind die Deutschen jetzt? Wo ist die Front?

»Du hörst dich an wie eine Spionin mit deiner Fragerei«, spaßte einer der Russen.

»Ihr habt mir doch auch Fragen gestellt, jetzt bin ich an der Reihe«, versetzte Stefania. »Also, wo sind die Deutschen jetzt? Werden sie zurückkommen?«

»Oh nein, nein«, sagte der andere Soldat. »Wir haben sie schon fast bis nach Deutschland zurückgejagt. Die kommen nie wieder zurück.«

Die dreizehn Versteckten standen hinter der Schlafzimmertür und hörten aufmerksam zu. Als sie vernahmen, daß die Deutschen ein für allemal weg seien, konnten sie sich nicht mehr zurückhalten und platzten unter Freudentränen ins Zimmer. Die erschrockenen Russen griffen nach ihren Gewehren, aber Stefania beruhigte sie.

»Keine Sorge, das sind Freunde, jüdische Freunde«, sagte sie. »Ich habe sie zusammen mit meiner Schwester gerettet. Es sind ruhige Menschen, gute Menschen. Ihr könnt eure Gewehre stehenlassen.«

Die Geretteten fielen den Russen um den Hals, als Ausdruck ihrer Dankbarkeit für die wunderbare Neuigkeit, die sie mitgebracht hatten. Ungläubig starrten die Soldaten Stefania und Helena an.

»Zwei Mädchen«, sagten sie zueinander, »nicht einmal zwei – anderthalb!«

Dreizehn Menschen und ihre Kinder und Enkel sind am Leben, weil eine Jugendliche handelte, obwohl sie dafür mit dem Tod hätte bestraft werden können. Dreizehn Männer und Frauen leben heute, weil eine Jugendliche an Wunder glaubte.

Alexander Roslan, Polen
Angstüberwindung durch emotionale Erstarrung

Oft ging es nicht nur darum, Menschen zu verstecken und auf diese Weise zu retten, sondern auch darum, die körperliche und seelische Gesundheit der Verfolgten zu erhalten. Dies erforderte von den Menschen, die ihre Hilfe gewährten, eine außerordentliche Anstrengung. Aber sie wollten nicht nur das Leben ihrer Schützlinge erhalten, sondern auch, so weit es möglich war, eine gewisse Lebensqualität.

Ein Beispiel für dieses Engagement ist Alexander Roslan. Auffallend an seiner Geschichte ist nicht nur die Häufigkeit der dramatischen Zwischenfälle, sondern auch, mit welch bewundernswertem Geschick er sie zu meistern wußte. Alexander Roslan wurde 1909 in dem kleinen Dorf Retniki geboren, etwa zwölf Kilometer von Bialystok entfernt. Er war fünf Jahre alt, als sein Vater im Ersten Weltkrieg fiel.

Er war der zweite von fünf Brüdern, aber – wie er versichert – »immer der Anführer«, und so paßte er nach dem Tod des Vaters auf seine Geschwister auf, daß sie nicht über den Tisch gezogen würden, und er kümmerte sich um die Aufteilung des Familienbesitzes. Er besorgte mit seinen Brüdern den Bauernhof, der schon seinem Großvater gehört hatte. Sie molken die Kühe, pflanzten und ernteten verschiedene Gemüsesorten und pflegten den Obstgarten mit seinen Apfel- und Birnbäumen. Die gesamte Familie wohnte in einem Holzhaus mit drei Räumen – Schlafzimmer, Wohnzimmer und Küche –, wie die anderen etwa hundert Familien, die das Dorf mit seinen ungepflasterten Straßen bewohnten. Der Bauernhof der Roslans war auf der einen Seite durch einen Wald begrenzt, in dem Alexander mit seinen Brüdern und Mela, der Tochter des benachbarten Dorfschusters, die er später heiratete, Krieg spielte.

Vorbilder altruistischen Verhaltens kannte Alexander schon aus seiner Kindheit. Seine Mutter und seine Großmutter boten vorbeiziehenden Zigeunerfamilien häufig Unterschlupf und etwas zu essen an. Die Gläubigkeit seiner Großeltern hinterließ bei ihm allerdings kaum Spuren. Er hält weder seine Mutter noch sich selbst für besonders religiös.

Etwa fünf Jahre vor Kriegsbeginn begann Alex sich zu sorgen, die Russen könnten Retniki übernehmen und sie alle ihres Lebensunterhalts berauben. Deshalb teilte er den Bauernhof unter den fünf Geschwistern auf, verkaufte seinen Anteil und eröffnete mit dem Erlös ein Stoffgeschäft in Bialystok. Alex und Mela hatten schon damals zwei Kinder, Jurek und Maria, und Alex erinnert sich, daß er viel jüdische Kundschaft hatte.

Als die Russen 1939 in Polen einmarschierten, floh er mit seiner Familie nach Warschau und begann mit Schwarzmarktgeschäften. Die Familie wohnte in einer Zweizimmerwohnung in der Stadtmitte; der Abstand zwischen dem Sofa, auf dem die Kinder schliefen, und dem Ehebett betrug kaum zwei Meter.

Das Warschauer Ghetto lag nur zwei Häuserblocks von Alexanders Wohnung entfernt. Es war vor allem Neugier, die ihn antrieb, sich das Ghetto einmal näher anzuschauen, obwohl dies Zivilisten strengstens untersagt war. Einer seiner Brüder, der zum polnischen Untergrund gehörte, schmuggelte ihn hinein.

Es packte ihn das Entsetzen, als er sah, was dort vor sich ging. Es war frühmorgens, noch bevor man die Leichen der Kinder von der Straße aufgelesen, auf einen Karren gepackt und abtransportiert hatte. Die Eltern dieser unglücklichen Kleinen, so wurde ihm gesagt, waren längst gestorben oder deportiert worden. An den sterblichen Überresten von Kleinkindern und Jugendlichen klebten Fliegenschwärme. Noch heute erinnert sich Alexander Roslan lebhaft an die vielen Fliegen.

Er gab verzweifelten Kindern, die sich ihm bettelnd näherten, etwas Brot, war aber gleichzeitig überwältigt von der Nichtigkeit seiner Handlung. Mehrere Male kehrte er ins Ghetto zurück, um sich das Bild der sterbenden Kinder einzuprägen und sich in dem Gefühl zu bestärken, daß etwas getan werden mußte. Schließlich erzählte er einem alten Freund aus Retniki, der als Chauffeur für eine jüdische Familie, die mittlerweile im Ghetto lebte, tätig gewesen war, daß er ein jüdisches Kind aufnehmen wolle.

Alexander Roslan beschreibt die Liquidierung des Ghettos als die für ihn schwierigste Phase während des Krieges. »Du kannst nichts essen«, erzählt er. »Du kannst nicht schlafen. Wenn du so etwas siehst, kann dir nur übel werden.« Zum Zeitpunkt der Deportationen war er aber immer noch ein Zuschauer, kein Retter. Objektiv gesehen, erlebte er später viel größere Belastungen, als er den Verlust geliebter Menschen ertragen mußte und ständig in Angst um seine Familie und sich selbst lebte. Er konnte jedoch die Bedrohung und das Leid, das seinen Alltag als Retter kennzeichnete, in seiner Wahrnehmung abblocken, indem er sich auf seine empathischen Gefühle für die dem Tod geweihten Kinder im Ghetto konzentrierte. Gleichzeitig bewirkten die unterdrückte Angst und das unterdrückte Leid, daß sich ihm diese Bilder unauslöschlich einprägten.

Zwar mag seine Erinnerung an die Massendeportation aus Warschau durch die Gefühle späterer Jahre gefärbt sein, aber sicher machte das Ereignis schon damals einen ungeheuren Eindruck auf ihn. Er hatte selbst zwei Kinder und verköstigte darüber hinaus zwei katholische Kinder, von denen eines schwer behindert war. Wie er erzählt, wollte er gern ein jüdisches Mädchen aufnehmen, weil Mädchen eine geringere Gefahr bedeuteten als Jungen. Sie können durch einen Blick auf die Geschlechtsorgane nicht sofort als ein jüdisches Kind identifiziert werden. Aber das Kind, das Alexanders Freund für ihn gefunden hatte, war männlichen Geschlechts, ein dreizehnjähriger Junge.

Jakob Gutgelt hatte eine große, wohlgeformte Nase, einen sinnlichen Mund und große, braune Augen hinter dicken Brillengläsern, so daß er seine jüdische Herkunft nur schwer verbergen konnte. Alexander war verblüfft. Da er über Juden nicht viel wußte, hatte er geglaubt, daß »nur Erwachsene jüdisch aussehen«.

Einen kritischen Augenblick lang fürchtete Alexander das Risiko für seine eigenen Kinder. Er zögerte, faßte einen Entschluß und antwortete schlicht: »In Ordnung, ich nehme ihn auf.« Im selben Atemzug schärfte er Jakob ein, er solle nie aus dem Fenster schauen, weil jemand sein Gesicht sehen könnte.

Wir können davon ausgehen, daß Alexander Roslan in diesem Augenblick des Zögerns sämtliche Erfahrungen durch den Kopf schossen, die für die Prägung seines Moralbewußtseins ausschlaggebend waren: der wiederholte Besuch im Ghetto; das Beispiel seiner Mutter, die den vorbeiziehenden Zigeunerfamilien trotz der abschätzigen Blicke ihrer Nachbarn geholfen hatte; die Stimme seiner Großmutter, die immer wieder betonte, daß »wir alle Gottes Kinder sind«. Alexanders Wille zur Hilfe ist auf seine Persönlichkeit zurückzuführen; daß er auch helfen *konnte,* lag an seiner Fähigkeit, die Angst zum Schweigen zu bringen, indem er seine normale Reaktionsweise unterdrückte. Er fragte sich nicht länger, ob er nun helfen solle, sondern wandte sich augenblicklich der praktischen Frage zu, wie er die Sicherheit seiner Leute gewährleisten könne – daher die Warnung an Jakob, nie aus dem Fenster zu schauen. Was Jakob in diesen wenigen Sekunden der Unsicherheit das Leben rettete, war nicht nur Alexanders Fähigkeit, mit seiner Angst umzugehen, sondern auch seine moralische Stärke.

Sein Vertrauen in sich – darauf wies er in unserem Gespräch hin – lag interessanterweise in der Tatsache begründet, daß er »jemand war, den niemand bemerkt«. Dies half ihm, die Gefahr, in die er sich brachte, zu ignorieren. Es schien ihm ausgesprochenes Vergnügen zu bereiten, sich als unscheinbar darzustellen, eine Reaktion, die ich interessant fand. Dahinter verbirgt sich sicher eine traurige Zeit während seiner Jugend, als Alexander sich wohl für nicht besonders attraktiv hielt; denn eine gutaussehende Person bemerkt man ja. Alexander scheint also zur Tugend gemacht zu haben, was die meisten von uns als Nachteil empfinden würden.

Alexander zeigte seinen Kindern, wie sie sich in Zukunft zu verhalten hätten. Er beschrieb genau, was die Familie tat, indem sie den jüdischen Jungen aufnahm, und warum sie es tat, obwohl er sich durchaus klar war, welche Gefahr diese Offenheit barg. Er hoffte, daß die Kinder das Geheimnis nicht in aller Unschuld ausplaudern und dadurch Schwierigkeiten heraufbeschwören würden.

Aber Schwierigkeiten lauerten überall. Wegen einer unglücklichen Begegnung mit einem Nachbarn im Hausflur wurde die Wohnung der Roslans zweimal von der Gestapo durchsucht.

Die erste Hausdurchsuchung fiel auf einen Ostersonntag. Zehn Minuten vor dem Eintreffen der Gestapo wurde Alexander von seinem im Untergrund tätigen Bruder gewarnt. Alexander hatte in einen Geschirrschrank eine doppelte Wand eingebaut und sie mit Schüsseln verstellt. Dort mußte Jakob sich verstecken, als die Gestapo in Begleitung von Alexanders Schwager, der vergeblich versucht hatte, sie von ihrem Vorhaben abzubringen, kam. Alexanders eigene Kinder gingen in die Küche und lärmten herum, so daß Jakob seine Stellung wechseln konnte, ohne gehört zu werden.

Alexander bewirtete die Deutschen sieben Stunden lang und machte sie alle betrunken, damit sie den Grund ihres Kommens vergaßen. Die Strategie war nicht ungefährlich, denn Alexander war sich keineswegs sicher, ob sein Schwager, durch den Alkohol redselig geworden, nicht ein unbedachtes Wort fallenlassen würde, das die Nazis auf die Spur brächte.

Einige Wochen später kamen dieselben Gestapo-Leute noch einmal – diesmal in der deutlich erkennbaren Erwartung, wieder im großen Stil unterhalten zu werden. Und wieder versteckte Alexander seinen Schützling im Geschirrschrank und versorgte die Gestapo-Leute eifrig mit alkoholischen Getränken; und wieder vernachlässigten sie ihre Aufgabe, die Wohnung zu durchsuchen.

Nach diesem zweiten Besuch war Alexander außer Fassung. »Was sollte ich jetzt tun? Tausend Dinge schossen mir durch den Kopf. Ich mußte überleben. Ich hätte den Jungen nehmen und ins Ghetto bringen können. Nein. Es war zu spät. Ich wollte nicht aufgeben.«

Alexander kam zu dem Entschluß, daß er die Stadt verlassen mußte; es gab hier zu viele Menschen, und es war zu schwierig, vor seinem Nachbarn ein Geheimnis zu bewahren. Er fand ein Haus in einem Vorort von Warschau und versteckte Jakob beim Umzug in einer ausgehöhlten Couch. Da sie, wie er behauptete, im ganzen Haus die beste Sitzgelegenheit sei, bestand er darauf, während der ganzen Lastwagenfahrt auf seinem Sofa zu sitzen.

Das neue Zuhause, an einer Allee gelegen und mit einem hübschen Garten umgeben, gefiel allen. Aber es war immer noch ziemlich gefährlich, weil es ein Zweifamilienhaus war. Wie sollte er vor dem benachbarten Ehepaar ein Geheimnis bewahren können?

Darüber hinaus waren die Schwarzmarktlieferanten und -kunden, die Alexander am besten kannte, nun weit schwerer erreichbar. Er konnte nicht einfach den ganzen Tag verschwinden und seinen Geschäften nachgehen, oder er mußte damit rechnen, daß er seine Familie unter Umständen nie wiedersehen würde. Da der Großteil der Ware aus geheimen Quellen stammte, wurde sie erst nach der Ausgangssperre geliefert, und zu dieser Zeit konnte sich Alexander unmöglich weit von zu Hause entfernt aufhalten. So hatte er seine geschäftlichen Möglichkeiten durch den Umzug in einen Vorort drastisch eingeschränkt.

In unserem Gespräch gab Alexander nicht zu erkennen, ob er bei seinem Entschluß, Jakob zu behalten und mit seiner Familie aus der Stadtmitte wegzuziehen, bedacht hatte, daß er sich dadurch möglicherweise in äußerste Armut hineinmanövrieren würde. Wahrscheinlich vertraute er auf seine Fähigkeit, immer irgendwie an Geld zu kommen. Wer Belastungen aushalten will, indem er sich gegen seine Angst abschottet, muß auf seine eigenen Fähigkeiten vertrauen können und eine gehörige Portion Selbstwertgefühl besitzen. Selbstvertrauen in Geldangelegenheiten aber hatte Alexander durchaus.

Unter der Aufsicht seiner Frau mußte die ganze Familie, die nun protestantisch, katholisch und jüdisch war, Zuckerwerk herstellen. Da solche Luxusgegenstände während des Krieges äußerst knapp waren, konnte Alexander die Süßigkeiten auf dem Schwarzmarkt mit hohem Gewinn verkaufen. Und schon bald ging es den Roslans ebenso gut wie den anderen Familien in der Nachbarschaft.

Jakob fühlte sich in seiner neuen Familie zunehmend wohler. Er gab Alexanders Tochter Nachhilfestunden in Rechnen und Lesen und las Maria aus Werken des großen jüdischen Historikers Heinrich Graetz vor. Im Rahmen dessen, was im besetzten Polen als Normalität galt, normalisierte sich auch das Leben von Alexanders Familie wieder: Jurek schlief mit Jakob auf der Couch und Maria mit ihren Eltern im Bett.

Aber kaum waren einige Wochen vergangen, da trat ein Mitglied der Untergrundbewegung an Alex heran und ersuchte ihn, auch Jakobs Bruder Sholom aufzunehmen.

Das war für Alexanders Frau Mela zuviel. Als sie ihr Einverständnis gab, Jakob zu verstecken, wußte sie nicht, daß diese Entscheidung die unerträglich gespannte Situation zweier Durchsuchungen durch die Gestapo und eine völlige Neugestaltung ihres Familienlebens bedeuten würde. Nun hatte sie erkannt, daß die Rettung eines Menschenlebens seinen Preis hatte – einen hohen Preis, wenn auch nicht immer gleich die Todesstrafe.

»Du läßt es wirklich darauf ankommen«, sagte sie in dieser Nacht zu Alexander.

»Wo ist der Unterschied«, verteidigte er sich. »Das Risiko ist dasselbe, egal ob man einen oder zwei Juden versteckt.«

Alexander sah, daß das Durchhaltevermögen seiner Frau nachließ. Er überwand seine Angst, sie zu verlieren, und seine Sorge, er könnte sie verletzen, indem er weiterhin auf ihr Verständnis und ihre innere Stärke vertraute. Vielleicht half ihr auch, daß er an sie glaubte und davon ausging, daß sie zu ihrer anfänglichen Entscheidung stünde und ihn nicht im Stich lassen würde. Am nächsten Tag nahm er Sholom in seinen Haushalt auf.

Der neunjährige Junge hatte mehrere Monate auf einem Dachboden zugebracht. Wind und Wetter sowie den neugierigen Augen der Nachbarn ausgesetzt, hatte er sich bei Tageslicht nicht einmal aufsetzen können. Von morgens bis abends war er gezwungen gewesen, still dazuliegen.

Als er zu den Roslans kam, bot er einen erbärmlichen Anblick. Er war völlig ausgezehrt, ein nervliches Wrack, das beim kleinsten unerwarteten Geräusch zusammenschreckte. Und die Roslans hatten nichts außer heißer Suppe für ihn.

Zwei Monate später bekam Sholom Scharlach und steckte den Sohn der Roslans, Jurek, an. Zum Glück konnte man dem örtlichen Arzt trauen. Er untersuchte die beiden Patienten, aber sie waren zu krank, um zu Hause geheilt zu werden.

Mela war außer sich vor Angst. Sie hatte ja gewußt, daß es Unglück bringen würde, Sholom aufzunehmen. Jurek wurde ins Krankenhaus gebracht, und Sholom siechte zu Hause dahin.

Als Jurek jedoch im Krankenhaus lag, tat er etwas Außerordentliches. Er nahm nur die Hälfte der Arzneimittel ein und versteckte den Rest. Obwohl er hohes Fieber hatte, schrieb er auf, was die Ärzte und Krankenschwestern taten, um ihn zu heilen. Kam seine Mutter ihn dann besuchen, steckte er ihr die Notizen zu und sagte, sie solle Sholom damit helfen.

Über die Vermittlung moralischer Werte ist viel geschrieben worden. Es wird dabei immer wieder betont, daß Eltern diese Werte nicht nur predigen oder vorleben dürfen, sondern ihren Lehren auch den nötigen Nachdruck verleihen müssen. So sei es eine Sache, den Kindern beizubringen, einem anderen Menschen niemals einen Schaden zuzufügen, oder sich selbst im Zaume zu halten und dem Nachbarn nicht zu drohen, eine ganz andere aber, sein Kind tatsächlich zu bestrafen, wenn es sich mit anderen schlägt. Bei Jurek war es folgendermaßen: Als er sah, daß sein Vater bereit war, alles zu geben, um anderen zu helfen, war er außerstande, weniger zu tun als er. Die Entscheidung der Roslans, die Kinder an der Rettung der beiden Brüder teilhaben zu lassen und sie auch den damit einhergehenden Schwierigkeiten auszusetzen, führte Jurek vor Augen, wie bedeutend die Werte waren, nach denen die Eltern lebten.

Jureks Bemühungen nützten jedoch leider nichts. Trotz der Arzneimittel und der fachlich angeleiteten Pflege wurde Sholom zusehends magerer und schwächer. Eines Morgens kam Alexander herein und fragte, wie er sich fühle. »Gut«, erwiderte Sholom und fügte hinzu, er wolle ins Badezimmer gehen.

»Er sprach mit mir«, erinnert sich Alexander, »dann starb er.«

Es ist auffallend, wie emotionslos Alex davon berichtet. Er erinnert sich nicht, wie Jakob auf den Tod seines jüngeren Bruders reagierte oder wie sich sein eigener Sohn fühlte, nach all den Opfern, die er für Sholom gebracht hatte. Um mit dem Kummer fertigzuwerden, den er in sein Leben gebracht hatte, indem er sich bereit erklärte zu helfen, unterdrückte er ihn einfach völlig.

Es blieb nur wenig Zeit, Sholoms Tod zu betrauern, dieses schmerzhafte Ereignis nach den großen Anstrengungen, sein Leben zu retten. Denn nun war Alexander mit einem neuen schrecklichen Problem konfrontiert: Wo sollte er den Leichnam bestatten?

»Ich hatte schon Angst, nur ein Loch zu graben«, erinnert er sich. Er mußte den Zeitpunkt sorgfältig wählen, sonst würden sich die Hausnachbarn fragen, was da vor sich ging.

Mitten in der Nacht ging er mit dem verkrüppelten katholischen Pflegekind in den Keller, dessen Boden aus gestampfter Erde bestand, wickelte Sholoms Leichnam in ein Tuch und legte ihn in einen Wäschekorb, der als Sarg diente.

Beim Anblick des notdürftigen Grabes zögerten die beiden, denn sie waren sich unsicher, wie man einen Juden begräbt. »Ich glaube, Juden sterben im Sitzen«, sagte der Junge, »damit sie beim Jüngsten Gericht schnell aus dem Grab springen können.«

Alexander konnte das nur schwer glauben, aber er selbst war auch nicht besser unterrichtet. Sie setzten Sholom in dem Wäschekorb auf und beerdigten ihn im Kellerboden.

Kurz darauf wurde Jakob, der ältere jüdische Junge, ernsthaft krank. Mangels Arzneimittel wuchs sich eine leichte Ohrenentzündung zu einem rasenden Fieber aus. Die Entzündung drohte auf Jakobs Gehirn überzugreifen.

Schließlich nannte ihm sein in der polnischen Untergrundbewegung tätiger Bruder einen Arzt, der eine Privatklinik besaß – Krankenhäuser waren ja zu gefährlich, und Jakob war dem Tode nahe.

»Was, wenn der Arzt die Gestapo verständigt, wenn wir zu ihm gehen?«, fragte Alex. »Dann bringen wir ihn um!«, erwiderte sein Bruder. Das war für den Familienvater freilich nur ein schwacher Trost. Aber da sein Bruder dem Arzt vertraute, beschloß er, es darauf ankommen zu lassen.

> Ich ging dorthin. Vielleicht ist der Arzt da, dachte ich mir, vielleicht steht die Klinik noch, vielleicht auch nicht. Der Krieg hat viel zerstört. Vielleicht ist das Gebäude zerstört worden. Jedenfalls ging ich zu dieser Adresse. Das Gebäude war in Ordnung, die Klinik stand noch. Ich klopfte an die Tür. Ein Mann öffnete die Tür. Ich sagte: »Ich würde gerne mit Dr. Stepanovicz sprechen«, und er antwortete: »Ich bin Dr. Stepanovicz.« Ich beschrieb ihm Jacobs Symptome. Er sagte: »Bringen Sie ihn gleich ins Krankenhaus! Der Junge muß ins Krankenhaus!« Ich sagte: »Herr Doktor, ich weiß nicht. Vielleicht wäre es in der Klinik besser.« Er erwiderte: »Nein, ich habe die ganze nächste Woche kein Bett frei. Ich habe gerade keinen Platz.« Schließlich sagte ich: »Herr Doktor, der Junge ist Jude.«
>
> Ich beobachtete seine Augen, wie er reagieren würde. Ich hatte Angst. Er sagte: »Gehen Sie nach Hause. Ich schicke einen Arzt, um den Jungen zu untersuchen. Der Arzt ist ein sicherer Mann, keine Gefahr.«

Die Detailgenauigkeit, mit der Alexander Roslan jeden Schritt beschreibt – wie er zur Klinik geht, an die Tür klopft und den Arzt begrüßt –, zeigt, wie groß seine Angst war. Jeder Augenblick dieser Situation hat sich für immer in sein Gedächtnis eingegraben. Und dennoch macht er, während er die Geschichte erzählt, einen gelangweilten Eindruck; nur an einer hochgezogenen Augenbraue und teilnahmslosen Gesten läßt sich der Tumult seiner Gefühle erahnen. Noch vierzig Jahre später konnte er seine Angst nicht fühlen.

Als Alex nach Hause kam, war der Arzt, den Stepanovicz geschickt hatte, schon dabei, Jacob zu untersuchen. Er sagte den Roslans, er werde die Operation kostenlos durchführen, brauche aber 10000 Zlotys, um die Krankenschwestern zu bestechen, die ihm assistieren würden.

»Aber ich hatte überhaupt kein Geld«, erinnert sich Alex. »Ich hatte nicht die geringste Möglichkeit, Geld zu besorgen. Der Arzt ging. Ich wartete auf ein Wunder.«

Alex erschien das damals wahrscheinlich als die größte moralische Krise seines Lebens. Er hätte es sich leichtmachen und sich damit beruhigen können, daß er alles versucht hatte, zwei jüdische Jungen zu retten. Die Umstände waren es, die seine guten Absichten vereitelten. Er hätte zu dem Schluß gelangen können, daß es für seine eigenen Kinder eine zu große Gefahr bedeutete, wenn er nun Außenstehende in die Rettung Jacobs einbeziehen mußte.

Aber Alexander betrachtete Jacob als Familienangehörigen; der aufwühlende Anblick des Todes und der sterbenden Kinder im Warschauer Ghetto war ihm noch immer gegenwärtig. Außerdem war er ein eigensinniger Mensch und entschlossen, nicht aufzugeben. Er hatte grenzenloses Vertrauen in seine Fähigkeit, irgendwie doch noch Geld aufzutreiben. Sholoms Tod hatte Alexanders Willenskraft nicht gebrochen, sondern gestärkt. Er hatte schon so viel aufgegeben und den einen Jungen bereits verloren, er sollte verdammt sein, wenn er den anderen einfach so sterben ließe.

Alles was er brauchte, war Geld, und das mußte irgendwie zu besorgen sein. Während Mela ihn unter Tränen anflehte, Jacob einfach sterben zu lassen, da es zu gefährlich sei, schmiedete Alexander Pläne. Eines besaß er noch: sein Haus.

Am nächsten Tag verkaufte er es.

Auf dem Weg zu einem Immobilienmakler in Warschau begegnete er einem jungen Mann, der bereit war, ihm für Haus und Möbel 16000 Zlotys auf die Hand zu geben. »Ich war jung, ich war stark«, sagt Alexander. »Die ganze Zeit dachte ich, hätte ich nur eine Chance, an das Geld zu kommen! Und da war sie plötzlich.«

Als er nach Hause kam und seiner Frau mitteilte, daß sie wieder umziehen müßten, wurde Mela hysterisch. »Sholom ist gestorben, und Jacob wird auch sterben«, schrie sie. »Wir haben kein Zuhause mehr. In zwei oder drei Tagen ist Jacob tot!«

Aber der Handel war bereits abgeschlossen. Alex kaufte für 6000 Zlotys eine Einzimmerwohnung im Herzen von Warschau. Sie lag im fünften Stock, und die Einrichtung bestand lediglich aus einem Ofen in der einen Ecke und einer Toilette in der anderen. »Mir war das egal«, erinnert er sich. »Ich sagte mir, vielleicht bringt schon der morgige Tag Glück.«

Am nächsten Morgen umwickelte er Jacobs Kopf wie bei einem Brandopfer mit Bandagen und brachte ihn in die Klinik. Schon nach wenigen Tagen ging es dem Jungen wieder so gut, daß er nach Hause gehen konnte – wo er auf dem Fußboden der unmöblierten Einzimmerwohnung schlafen mußte, die er mit Alexander, Mela und deren beiden Kindern teilte.

Finanziell hatte sich die Lage der Familie so sehr verschlechtert, daß Alex das Gefühl hatte, er könne seiner Frau unmöglich die Wahrheit sagen. Er erzählte ihr, er habe vom Verkauf der Haushälfte noch ein paar Tausend Zlotys übrig. In Wahrheit bestand sein ganzes Vermögen in einem Sack Kartoffeln.

Zumindest wohnten die Roslans nun wieder in Warschau, wo Alexander immer noch Kontakte hatte. Er besuchte einen Freund, der mit deutschen Pelzen handelte und sie auf dem Schwarzmarkt verkaufte. Nachdem sie eine Weile über die alten Zeiten geredet hatten, fragte Alexander, ob er ihm einen Pelz auf Kommission überlassen könnte. Der Mann war einverstanden. Eine halbe Stunde später kam Alexander mit fünfzig Zlotys in der Tasche zurück und holte den nächsten Mantel. Innerhalb von drei Tagen waren sämtliche Mäntel verkauft, und Alexander schaute sich nach einem anderen Geschäft um.

Er hörte von einer Frau, die in ihrer Parterre-Wohnung Decken aus Wehrmachtsbeständen verkaufte. Er handelte sie um fast die Hälfte herunter und verkaufte den Warenposten an Pantoffelhersteller, die das Material zu billigen Hausschuhen verarbeiteten. Über die Frau mit den Dekken nahm Alexander Verbindung zu Saboteuren im Untergrund auf, die ganze Lastwagen mit deutschen Wehrmachtsbeständen stahlen. Schon bald verkaufte er Flanellwaren und andere Dinge und machte riesige Gewinne.

Alexander kaufte in der Stadtmitte eine Wohnung mit drei Schlafzimmern, was entscheidend dazu beitrug, seine von Ängsten geplagte Frau zu beruhigen. Einige Monate später erstand er, reich geworden durch seine neuen Schwarzmarktgeschäfte, eine zweite Wohnung, um dort seine Frau und seine Kinder sicher unterzubringen.

Just als es der Familie wieder ein bißchen besser ging, trat Jacobs Onkel ein drittes Mal an Alexander heran – und bat ihn, Jacobs jüngsten Bruder David zu verstecken. David war damals sieben Jahre alt. Da Alex und Mela nun materiell besser gesichert waren, fiel es ihnen nicht so schwer, ja zu sagen wie damals bei Sholom.

Alexander war als Geschäftsmann jedoch ein wenig zu erfolgreich. Niemand wollte die Aufmerksamkeit der Besatzungsmacht auf sich lenken, aber wer auf geheimnisvolle Weise zu Reichtum kam, konnte sicher sein, daß neidische Nachbarn die Gestapo benachrichtigten.

Eines Tages erhielt Alexander einen Telefonanruf von seinen Lieferanten. Sie hatten eine Lastwagenladung Schuhleder für ihn. »Das läßt sich zu schwer verkaufen«, meinte Alexander, »ich will das nicht«. Aber sie ließen nicht locker. Sie mußten das Zeug loswerden; die Ware zu verstecken, war für sie zu gefährlich.

Einige Stunden später erhielt Alexander einen anonymen Anruf von einem Mitglied des Untergrunds. »Geh' aus dem Haus«, sagte der Anrufer und legte auf.

Alexander wurde verhaftet, weil er Regierungseigentum auf dem Schwarzmarkt verkauft haben sollte. Er wurde nicht mißhandelt, aber die Kollegen, von denen er seine Waren immer gekauft hatte, wurden gefoltert, weil sie sich weigerten, ihn anzuschwärzen. Das Erlebnis war für Alexander so furchtbar, daß er es nahezu vollständig verdrängt hat. Er hatte Angst, daß er unter Folter vielleicht zugeben würde, daß er Juden aufgenommen hatte, womit er seine ganze Familie ins Verderben gestürzt hätte.

Einige der Wachen gehörten zwar zum Untergrund, aber sie schafften es nicht, seine Flucht zu organisieren. Sechs Wochen später fädelte Mela seine Freilassung ein, indem sie jemanden bestach, der die Gefängnisunterlagen über Alexander entwenden sollte. Das Schmiergeld bestand aus amerikanischen Dollars. Sobald Alexander offiziell nicht mehr existierte, mußten nur noch ein paar andere Leute bestochen werden, um ihn frei zu bekommen.

»Ich stand unter Schock«, sagt er, »ich fühlte mich wie blind. Die Korridore standen offen. Wir gingen ins Büro, und ich unterschrieb ein falsches Papier. Wir gingen zum Tor. Er öffnete das Tor. Ich sah meine Frau. Wir gingen.«

Alexander drängte seine Frau, für die beiden Männer, die noch im Gefängnis saßen und für ihn litten, Geld zu sammeln. Am Tag nach seiner Freilassung bat er sie, zu diesem Zweck bei allen Angehörigen des Untergrunds in der Nachbarschaft vorstellig zu werden.

Aber als Mela tags darauf außer Haus ging, war die Warschauer Innenstadt menschenleer: keine Straßenbahnen, keine Händler, nicht einmal ein Bettler auf dem Bürgersteig war zu sehen. Angsterfüllt kam sie nach Hause.

Überrascht, daß sie schon wieder zurück war, ging Alexander ans Fenster. Er glaubte, ein deutsches Motorrad die Straße herunterkommen zu sehen, aber dann erkannte er, daß vom rückwärtigen Teil des Gefährts nicht das Hakenkreuz, sondern die polnische Flagge wehte. Just in dem Augenblick, da das Motorrad vor Alexanders Wohnung vorbeifuhr, gab es eine ungeheure Explosion, die die Fenster zerbersten ließ.

Es war der Beginn des polnischen Aufstands. Alexander und seine Familie konnten den nahezu zwei Monate dauernden verbissenen Guerrilla-Krieg aus nächster Nähe beobachen. Sie lebten in verschiedenen Kellern und versuchten, sich dabei stets in Frontnähe aufzuhalten, da die Deutschen wohl kaum so kurz zielen würden, daß sie sich dabei selbst in Gefahr brächten.

Die Roslans, Jakob und David, teilten ihre wechselnden Kellerwohnungen mit Hunderten von anderen Polen, deren Häuser im ununterbrochenen Gewehrfeuer und Bombardement ebenfalls zerstört worden waren. Jeder konnte erahnen, daß Jacob ein Jude war, aber nun konnte man ihn bei niemandem mehr anzeigen. »Wir waren in dieser Zeit alle Juden«, scherzt Alex in einem Anfall von schwarzem Humor.

Zu diesem Zeitpunkt des Krieges begann Alexanders persönliche Tragödie: Sein Sohn Jurek, der seine Medizin mit Sholom geteilt hatte, um dessen Scharlach zu heilen, wurde von einer verirrten Kugel getroffen, als er für die Familie draußen Wasser holte.

In unserem Gespräch erzählte Alexander von diesem Ereignis in schlichten Worten – »Ich verlor meinen Sohn« –, und ich mußte ihn sanft drängen, ein wenig mehr ins Detail zu gehen. Jurek war damals fünfzehn Jahre alt. Alex fand nie heraus, ob die Kugel, die seinen Sohn tötete, von einem Nazi oder einem Polen stammte.

Nachdem der Aufstand niedergeschlagen war, räumten die Nazis ganz Warschau. Die Roslans irrten mit den jüdischen Jungen von Dorf zu Dorf.

Der Krieg war fast vorüber, aber die Familie schwebte in um so größerer Gefahr. Polen versank im Chaos. Sie wußten nicht, wo sie sich verstecken sollten. Der Verlust des Sohnes schmerzte sehr. Außerdem mußte eine Möglichkeit gefunden werden, die Familie zu ernähren – Alexander hatte nur noch ein bißchen Geld von seinen Schwarzmarktgeschäften übrig – und den Nazis auszuweichen.

Während all der Jahre des Versteckspiels und des möglichen Verrats hatte Alexander seine Zuversicht nicht verloren. Er hatte seine Furcht tief in sich begraben, um seine Familie nicht unnötig zu beunruhigen.

Aber nun wurde die Belastung zu groß. Er war verwundbar, wie er so mit seiner Familie und dem jüdisch aussehenden Jacob durch Dörfer und über Felder zog. Er hatte keine Gelegenheit, seinen Lebensunterhalt zu verdienen, und damit schwand auch seine Selbstsicherheit. Immer wieder versuchten die Roslans, sich in einem Dorf niederzulassen, und immer wieder mußten sie nach kurzer Zeit mitten in der Nacht zusammenpacken und fliehen, wenn Alexander oder Mela die Nachbarn tuscheln hörten, sie seien Juden.

Schließlich ließ Alexander seine Frau und seine Tochter mit David in irgendeinem Dorf zurück und zog mit Jacob alleine weiter, der russischen Front entgegen. Alexander beschreibt den Eindruck, den diese letzten Monate auf ihn machten, folgendermaßen:

> Ich hatte mich verändert. Ich weiß nicht, wie ich dieses Gefühl in Worte fassen soll. Ich fühlte mich geistig und körperlich einfach anders. Ich hatte dauernd Angst. Vorher hatte ich nie Angst gehabt. Vorher war das anders. Wenn ich mit Leuten sprach, kam ich mir immer schlau vor. Jetzt hatte ich das Gefühl, daß ich nicht mehr so klug war wie vorher. Ich war schüchtern geworden.

Wie Alexander berichtet, kann er seit dem Krieg nicht mehr weinen. Mela hat häufig Alpträume und bricht dann in lange Weinkrämpfe aus. Alexander behauptet, diese posttraumatischen Reaktionen seien das Ergebnis der unglaublichen Belastungen, die das Leben nach dem Aufstand mit sich brachte – als hätten ihn die sechs Wochen im Gefängnis, die drei Hausdurchsuchungen durch die Gestapo, der Tod von Jurek und Sholom sowie Jacobs beinahe tödlich verlaufene Krankheit nicht so sehr angegriffen, wären da nicht die Belastungen dieser letzten Monate des Herumirrens gewesen. Einmal mehr schreibt Alexander die Gefühle, die eine ganze Reihe von Vorfällen auslösten, einem einzigen Ereigniszusammenhang zu. Diese Projektion ist zweifellos Teil seiner unbewußten Strategie, mit der Vergangenheit fertig zu werden.

Freilich hatte Alexander allen Grund zur Angst, als er mit Jacob ziellos durch das Land irrte, sich ständig umdrehte und dabei doch wußte, wie hilflos er wäre, wenn etwas schiefginge. Daß die Fremden, die vorübergehend seine Nachbarn wurden, Jacob zu Gesicht bekamen, war nicht zu vermeiden – er konnte den Jungen ja nicht vierundzwanzig

Stunden am Tag verstecken. Aber sobald sie Jacob auch nur flüchtig erblickten, begannen sie zu tuscheln.

Einige Wochen vor Kriegsende beschloß Alexander schließlich, mit Jacob an dem Ort zu bleiben, wo er gerade war, komme, was da wolle. Er hielt die Belastung, weiter umherzuwandern, nicht mehr aus. Aber schon nach wenigen Wochen wurden sie wieder aus ihrer Unterkunft vertrieben; die Hausherrin warf ihm vor, Jude zu sein.

Alex stieß einen tiefen Seufzer der Erleichterung aus: »Gott sei Dank hatte niemand die Wahrheit geahnt.« Er forderte seine Hausherrin auf, ihn zu einem Arzt zu begleiten, der durch eine Genitaluntersuchung bestätigen sollte, daß er der richtigen »Rasse« angehörte – was dieser zum Leidwesen der Hausherrin dann auch tat. Daraufhin bat Alexander den Arzt um eine Bescheinigung, um für eventuelle weitere Beschuldigungen gewappnet zu sein.

Am Ende war das offizielle Dokument aber nicht mehr nötig. Denn schon bald nach diesem Vorfall rollten russische Panzer in das Dorf. Nun waren die Roslans in Sicherheit und Jacob und David erneut freie Menschen.

Alexanders Rettungsaktivitäten waren in zwei völlig unterschiedlichen Situationen bedroht gewesen: als er es nicht schaffte, Sholom zu retten, aber auch als er finanziell zu erfolgreich war. Jurek hätte auch sterben können, wenn die Roslans Jacob nicht beschützt hätten. Schließlich hätte Alexander in diesem Fall in der Stadtmitte von Warschau bleiben können und sicherlich auch noch zum Zeitpunkt des Aufstands dort gewohnt. Das ändert jedoch nichts daran, daß die Rettung der jüdischen Kinder Jahre schrecklicher Sorgen bedeutete, in denen es zu mehreren Zwischenfällen kam, auf die man nur mit Panik reagieren konnte.

Alexander reagierte auf diese Angst, indem er sie verleugnete und sich auf seine Unauffälligkeit und auf seinen Geschäftssinn verließ. Er spricht zwar von »Wundern«, erwähnt Gott aber kein einziges Mal und meint, er habe einfach Glück gehabt. Offensichtlich ließ er sich weder von der Nervosität seiner Frau noch von den Schwächen seines Schwagers beeindrucken. Er hielt sie für »gute« und »kluge« Menschen und glaubte an sie. Und er war sorgsam darauf bedacht, seine eigenen Ängste für sich zu behalten, denn er wußte genau, daß seine Familie unbedingtes Vertrauen in ihn haben mußte, da die Gefahr, in der sie lebten, sie ansonsten traumatisiert hätte.

Am Ende war es dann vor allem Alexander, der emotional geschädigt war, und sein einstiges Vertrauen und die Fähigkeit, das Leben zu genießen, für immer verloren hatte.

Alexander hat nach eigenem Bekunden jedesmal Herzbeschwerden, wenn er an die Vergangenheit zurückdenkt. Aber er würde es wieder tun:

> Als ich Jacob aufnahm, sagte die Tante [der drei Jungen] zu mir: »Bitte, sagen Sie mir, ob ich Ihnen vertrauen kann, weil wir Sie ja nicht kennen.« Ich sagte: »Vertrauen Sie mir.« Und sie vertrauten mir, so als wären wir eine Familie. Als Sholom starb und als Jacob krank war, dachte meine Frau, daß wir das nicht überleben würden. Ich sagte zu ihr: »Mela, und wenn ich alles verliere, ich werde mein Versprechen nicht brechen.«

Louisa Steenstra, Holland
Ein unterstützendes Netzwerk und der Haß auf das Nazi-Regime

Louisa Steenstra, die als Sekretärin in der Möbelfabrik eines niederländischen Juden beschäftigt war, hatte sich bereits zu einer »professionellen« Vollzeit-Retterin entwickelt, als die Nazis das erste Mal ihr Haus durchsuchten. Wie bereits erwähnt, handelten die Niederländer nach dem Einmarsch der Nazis schnell und organisiert, um jüdische Frauen, Männer und Kinder zu retten. Sowohl Louisas Eltern als auch ihr Bruder und ihre Schwester beherbergten Juden und Jüdinnen, während ihr Mann Albert in der Widerstandsgruppe *de Groot* aktiv war. Die Steenstras bildeten um die insgesamt fünf jüdischen Menschen in ihrer Obhut sowie um ihre eigene kleine Tochter Beatrice einen festen Schutzwall.

Louisa hat Groningen mit seinen kopfsteingepflasterten Straßen als freundliche Stadt, durchzogen von Kanälen und an einem hübschen See gelegen, in Erinnerung. Als Kind lief sie im Winter auf den Kanälen Schlittschuh, während die Nachbarn die Kirchenorgel auf die Straße trugen und die Nacht hindurch Musik machten.

Die jüdische Gemeinde von Groningen läßt sich bis auf das Jahr 1573 zurückverfolgen. Im Jahre 1931 umfaßte sie ungefähr 2500 Juden – rund 2,5 Prozent der Gesamtbevölkerung –, die in den traditionell jüdischen Wirtschaftszweigen der Bekleidungsindustrie und des Finanzwesens tätig waren. Nach eigenem Bekunden arbeitete Louisa ihr ganzes Leben für oder mit Juden und Jüdinnen.

Die Wut und der Haß, die Louisa während des Krieges anspornten, dann aber eine ausgebrannte und zerrüttete Frau zurückließen, gehen auf den 10. Mai 1940 zurück. Als sie an diesem Tag ihr Radio einschaltete, erfuhr sie, daß in Rotterdam 30000 Menschen durch deutsche Bomber umgekommen waren.

Die niederländische Regierung kapitulierte angesichts der Drohung der Deutschen, sämtliche Großstädte in Schutt und Asche zu legen, innerhalb der ersten vier Tage. »Dreißigtausend Menschen«, seufzt Louisa noch immer schockiert. »Wenn Sie so etwas hören, wie sollen Sie sich da schon fühlen? Ich haßte sie. Ich konnte die Deutschen nicht ausstehen. Ich konnte mich damit nicht abfinden.«

Kurz nachdem die Deutschen Holland besetzt hatten, erließen sie eine Reihe von Gesetzen, die es Juden untersagten, Geschäftseigentum zu besitzen und andere Menschen zu beschäftigen. Louisa war von dem neuen Regime dermaßen angewidert, daß sie sich weigerte, weiterhin im Hauptbüro der Bettwäschefabrik zu arbeiten, die bislang einem Juden gehört hatte und nun von Nazi-Sympathisanten betrieben wurde.

Im Gegensatz zu Stefania Podgórska und Alexander Roslan in Polen konnte Louisa auf mehr Unterstützung zählen. In den Niederlanden gab es viele, die durch ihre Handlungen andere ermutigten, sich gegen die Besatzer zu stellen. Die Fabrik, in der Louisa Steenstra arbeitete, beschäftigte ursprünglich mehr als einhundert MitarbeiterInnen, sechs davon in der Empfangshalle. Davon arbeiteten nur zwei unter der Nazi-Geschäftsleitung weiter, und noch heute hat Louisa dafür keinerlei Verständnis.

Zu ihrem Mann sagte sie: »Ich werde nicht für die Deutschen arbeiten. Eher bringe ich mich um.« Als die Deutschen bei ihr vorstellig wurden und ihr befahlen, an die Arbeit zurückzugehen, erzählte sie ihnen, sie sei schwanger. Was nicht stimmte.

Louisa schöpfte nicht nur aus ihrem Zorn Kraft, sondern auch aus ihrem offenen, herzlichen Wesen. Von Anbeginn widersetzte sie sich mutig den Nazis und ließ sich dabei kaum von vorsichtigen Überlegungen leiten.

Im Jahre 1941 wurde sie dann tatsächlich schwanger und gebar ein Mädchen. Sie erinnert sich noch, wie sie mit ihrem Mann Albert und ihrer Schwiegermutter im Krankenhaus zusammensaß und mit ihnen gemeinsam überlegte, wie das Kind heißen sollte.

»Beatrice Irene«, sagte sie mit Entschiedenheit, was Alberts Mutter einen resignierten Seufzer entrang. Beatrice Irene war der Name der im

Exil lebenden Enkelin der niederländischen Königin. Die Nazis sollten von Anfang an wissen, auf welcher Seite Louisa stand.

Noch bevor sie begann, Juden und Jüdinnen Zuflucht zu gewähren, wurde sie das erstemal verhaftet – nur weil sie der jüdischen Schwägerin eines Mannes geholfen hatte, den Albert auf der Arbeit kennengelernt hatte. »Sie war Mutter von zwei Kindern«, erklärt Louisa. »Sie durfte nicht mehr in den Park gehen. Sie durfte nicht mehr ins Restaurant gehen. Sie durfte nicht mehr im Waschsalon waschen, keine Bücher aus der Bücherei ausleihen. All diese Dinge erledigte ich nun für sie. Sie machte mir immer eine Liste.«

Eines Nachts führte die Polizei bei der jüdischen Freundin eine Razzia durch, während Louisa gerade bei ihr war. Die Polizisten befahlen ihr, die Kinder anzuziehen und nach Westerbork mitzukommen, einem Lager bei Groningen, das als Hauptdurchgangsstation nach Auschwitz diente. Der Mann der Jüdin war bereits in ein niederländisches Arbeitslager deportiert worden, und seither hatte sie nichts mehr von ihm gehört. Sie begann zu weinen und fiel vor den Polizisten in Ohnmacht. Louisa war erschüttert und nahm die Kinder mit nach oben, um sie anzuziehen.

Einer der Polizeibeamten, der Albert kannte, folgte ihr.

»Was machen Sie denn hier?«, flüsterte er. »Sind Sie mit dieser Frau befreundet?«

»Ich helfe ihr nur«, flüsterte Louisa zurück.

»Sagen Sie dem anderen nichts davon«, warnte er sie. »Der ist ein Nazi, ein Sympathisant. Er wird versuchen, Sie zu verhaften. Seien Sie vorsichtig.«

Louisa zitterte so sehr, daß sie den Kindern kaum die Kleider zuknöpfen konnte. Als sie mit ihnen nach unten kam, wartete der Polizist mit dem strengen Gesichtsausdruck bereits auf sie.

Er nahm sie ins Gestapo-Hauptquartier mit, nur weil sie sich im Haus einer Jüdin aufgehalten hatte.

Zu Hause erwartete man Louisa jeden Moment zurück. Beatrice wurde noch gestillt, und es war Zeit für ihre Mahlzeit. Louisa aber war zu dieser Zeit bei der Gestapo, wo sie stundenlang vor einem Büro warten mußte.

Schließlich rief ein deutscher Beamter sie herein und begann, sie zu verhören. Ob sie noch andere Juden kenne? Was sie in dem Haus der Jüdin gemacht habe? Warum sie Juden helfe?

»Das sind langjährige Freunde«, log Louisa.

Ob sie noch andere kenne? Ob sie in einem Netzwerk mitarbeite?

»Nein, nein, nein. Ich habe im Unternehmen eines Juden gearbeitet und war mit diesen Leuten bekannt. Ich brachte ihnen ein paar Bücher. Bitte, lassen Sie mich gehen. Ich muß zu meinem Baby«, erklärte sie.

Louisa wurde zwei Tage und zwei Nächte in Einzelhaft festgehalten. Welch eine Belastung! Albert hatte Kontakte zum Untergrund, und Louisa selbst hatte sich damals bereits einem Netzwerk zur Unterstützung von Jüdinnen und Juden angeschlossen. Sie hatte keine Ahnung, wie viel die Nazis wußten und was sie unter Folter aussagen würde. Man teilte ihr auch nicht mit, wie lange die Haft dauern würde.

Über den Polizeibeamten, der sie im Haus der Jüdin nett behandelt hatte, konnte sie ihrem Mann eine Nachricht zukommen lassen, und Albert schaffte es, ihre Freilassung zu erwirken. Aber ihre Reaktion auf dieses Erlebnis fiel anders aus, als die Nazis gehofft haben mochten.

»Wenn sie einen so verächtlich behandeln«, sagt sie, »wird einem klar, daß man mehr tun muß, um sie zu bekämpfen«.

Louisa begann nun ernsthaft, gegen die Nazis zu arbeiten. Sie nahm Kontakt zu dem wohlwollenden Polizisten auf, der schließlich ein enger Freund der Familie wurde. Er ließ sie jedesmal wissen, wann eine Razzia geplant war, und sie rannte dann zu all ihren jüdischen Bekannten, um sie zu warnen.

Aber selbst das konnte Louisas Bedürfnis, etwas gegen die Nazis zu unternehmen, noch nicht befriedigen. »Ich war wie toll«, erinnert sie sich. Einige Tage verbrachte sie in einem Zustand nervöser Erregung, nach Rache sinnend, besorgt um ihre jüdischen Freunde und in Angst vor den möglichen Folgen ihrer vorübergehenden Verhaftung. Rastlos ging sie im Haus auf und ab und war in Gedanken so beschäftigt, daß sie nicht einmal mehr auf die Idee kam, einen Besen zu nehmen und die Küche auszufegen. Schließlich faßte sie den Entschluß, den Kindern ihrer jüdischen Freundin Kleider nach Westerbork zu bringen.

Um ihren Plan auszuführen, mußte sie zunächst im Gestapo-Hauptquartier von Groningen vorsprechen, was letztlich bedeutete, in die Höhle des Löwen zu gehen. Sie wollte um die Genehmigung bitten, einen Koffer aus dem Haus einer Jüdin nach Westerbork zu bringen – und das, nachdem sie eine Woche zuvor für ihre bloße Anwesenheit in diesem Haus verhaftet worden war.

»Gehen Sie da nicht hinein«, sagten die Leute im Warteraum vor dem Büro des zuständigen Gestapo-Beamten. »Der Kerl da drin ist ein Ungeheuer, ein Sadist.«

Louisa erzählte dem Beamten, sie fühle sich verpflichtet, da sie elf Jahre lang als Sekretärin in einem jüdischen Unternehmen tätig gewesen sei. Aber im allgemeinen sei sie der jüdischen Bevölkerung nicht freundlich gesinnt. Diese scholastische Unterscheidung stellte den Deutschen offensichtlich zufrieden. Louisa erhielt die Genehmigung, nach Westerbork zu gehen.

»Ich fühlte mich nicht besonders sicher«, erinnert sie sich. Mit zwei Koffern beladen, ging sie zum Pfarrer der Kirche, die sie besuchte, und bat ihn, sie zu begleiten.

»Wenn ich alleine gehe, komme ich vielleicht nie mehr zurück«, sagte sie zu ihm. »Ich denke, es ist besser, wenn Sie mitkommen, weil Sie eine bekannte Persönlichkeit sind.«

Der Pfarrer, der ebenfalls zum Untergrund gehörte, erklärte sich einverstanden.

Die Busfahrt nach Westerbork, das in der flachen, weithin offenen, landwirtschaftlich geprägten Umgebung nördlich von Groningen liegt, dauerte zwei Stunden. Das Lager bestand lediglich aus einer rund zwei Quadratkilometer großen eingezäunten Fläche am Rande der Stadt, auf der anderen Seite einer Straße gelegen, die durch hübsche alte Häuser gesäumt war.

Von außen gesehen, war es im Lager ruhig. Vor einem Dutzend Baracken standen schwarzuniformierte Soldaten mit aufgepflanztem Bajonett Wache. Außer Vogelgesang und einem schwachen Geräusch, das an menschliche Schreie erinnerte und aus den Baracken drang, war nichts zu hören.

Als die beiden aber auf eines der Gebäude zugingen und die Tür sich öffnete, wurden die Schreie unüberhörbar. Im Inneren befanden sich etwa zweihundert Menschen, die außer ein paar Bänken keinerlei Sitz- oder Schlafgelegenheiten hatten. Das Chaos war unbeschreiblich. Mütter bahnten sich auf der Suche nach ihren Kindern mit aller Macht einen Weg durch die Menge, Babys lagen in der Ecke und schrien, und Kleinkinder standen ängstlich mitten im Raum und suchten nach einem vertrauten Gesicht.

»Was machen Sie denn hier?«, kreischte eine Frau Louisa an. »Wissen Sie denn nicht, daß Sie hier nie mehr herauskommen?«

»Mal sehen«, erwiderte Louisa ruhig. »Wir sind Christen, keine Juden. Ich suche Anna Marie Marcus aus Groningen.«

Die Frau deutete auf eine dunkle Ecke, wo sich mehrere Leute aus

Groningen zusammengefunden hatten. Frau Marcus brach in Tränen aus, als sie die beiden Besucher und die Koffer voller Kleider erblickte. Sie bedankte sich überschwenglich, und nach einem zwanzigminütigen Aufenthalt in der Baracke konnten Louisa und der Pfarrer ohne einen Zwischenfall wieder gehen.

Louisa zeigte damals einen Mut, der schon fast an zeitweilige Geistesverwirrung grenzte, wenn die Grenze nicht gar schon überschritten war. Sie riskierte ihr Leben, nur um zwei Koffer mit Kinderkleidern in ein Durchgangslager zu bringen. Die Empfänger befanden sich bald darauf auf dem Weg nach Auschwitz. Auch Louisa hätte sich durchaus in einem der Todeszüge wiederfinden können.

Louisas Aktivitäten – angefangen von der Unterstützung der Frau Marcus bis hin zu der Art, wie sie Flüchtlinge aufnahm und behandelte – lassen erkennen, wie sehr ihr daran gelegen war, eine gewisse Normalität aufrechtzuerhalten und für anständige Lebensbedingungen zu sorgen, so sehr die äußeren Umstände auch dagegen sprechen mochten. Deutlich wird aber auch ihr kühner Widerstandsgeist, der selbst vor äußerst gefährlichen Handlungen nicht zurückschreckte. So riskant ihr Besuch in Westerbork gewesen sein mochte, er stärkte sicherlich ihre Fähigkeit, belastende Situationen zu ertragen. Wäre der Gang in die Höhle des Löwen weniger glatt verlaufen, hätte sie vielleicht nicht die innere Widerstandskraft und das nötige Selbstvertrauen entwickelt, ein weit größeres Risiko auf sich zu nehmen: Juden und Jüdinnen zu verstekken.

Betrachtet man als ein Gesamtes, welchen Namen Louisa ihrer Tochter gab, wie sie sich während des Verhörs verhielt und daß sie sich nach Westerbork wagte, so wird deutlich, daß sie ähnlich wie Stefania Podgórska schrittweise immer größere Risiken einging. Jede erfolgreich bestandene Herausforderung bestärkte sie in ihrem Gefühl, der Autorität widerstehen zu können. Es befähigte sie, angstbesetzte Situationen zu meistern und in Momenten zur Tat zu schreiten, in denen andere, die vielleicht die gleichen humanitären Werte verinnerlicht hatten, vor Angst wie gelähmt waren.

Zunächst bestand die Hilfe der Steenstras lediglich in der Fortführung ihrer Alltagsroutine: Sie vermieteten das Obergeschoß ihres Hauses an jüdische Mieter und erlaubten ihnen, auch nachdem es verboten war, weiterhin dort zu wohnen.

Ihr erster Mieter war Emmanuel Marcus, der Schwager von Anna

Marie Marcus. Er zog bei den Steenstras kurz nach Beginn der deutschen Besatzung ein.

Die Steenstras konnten aus nächster Nähe beobachten, wie sich die Verordnungen der Nazis auf das Leben ihres Mieters auswirkten. Zuerst mußte er den gelben Stern auf seinen Mantel nähen; dann durfte er, außer zu bestimmten Tageszeiten, das Haus nicht mehr verlassen; und schließlich erhielt er, wie alle jüdischen Männer, den Befehl, sich in einem Arbeitslager außerhalb der Stadt zu melden.

»Wenn Sie wollen, können Sie hier bei uns bleiben«, bot Louisa Emmanuel an. »Wir werden hier wahrscheinlich sowieso Leute verstekken.«

»Nein danke«, lächelte er. »Ich probiere es mit dem Arbeitslager.«

Die Steenstras versuchten, ihm sein Ansinnen auszureden. Auch wenn die Bedingungen in dem Arbeitslager nicht allzu schlecht sein mochten, so ihr Argument, die Deutschen würden ihn nie mehr gehen lassen, wenn er sich einmal gemeldet hätte.

»Wir sahen es kommen, daß sie alle umbringen würden«, erinnert sich Louisa. »Aber er wollte das nicht glauben.«

Die Steenstras sahen Emmanuel noch ein paarmal, nachdem er in das Arbeitslager gegangen war. Er war einem Straßenbautrupp zugeteilt; Geld gab es dafür nicht. Es war Sklavenarbeit, aber nicht wie in einem Gefängnis, denn ab und zu bekam er einen Tag frei. Louisa erkannte darin eine Strategie der Nazis. Die Juden sollten sich in Sicherheit wähnen, damit man sie später leichter abtransportieren konnte. Der Untergrund gab Gerüchte aus Polen weiter, wonach die Nazis dort Vernichtungslager errichtet hatten, in denen Tag für Tag Tausende von Leichen verbrannt wurden. Louisa setzte Emmanuel davon in Kenntnis, aber er wehrte stets mit einer liebenswürdigen Geste ab.

Als die Straße fertiggestellt war, wurde Emmanuel nach Westerbork gebracht. Louisa war sich sicher, daß sie ihn nie wiedersehen würde. Niedergeschlagen und erschöpft fuhr sie nach Den Haag, um eine Freundin zu besuchen. Dort erhielt sie von Albert einen Telefonanruf: Sie solle unbedingt nach Hause kommen, »weil ihr kleiner Hund Manny zurück ist«.

Verdutzt über die Nachricht, nahm Louisa den nächsten Zug nach Groningen. »Als ich zu Hause war, ging ich gleich nach oben«, erinnert sie sich. »Da saß er.« Albert sagte, daß er »von oben bis unten verdreckt war«, als er an die Tür klopfte.

Emmanuel hatte den Worten seiner niederländischen Freunde schließlich doch noch Glauben geschenkt und war in einer stürmischen Nacht auf einem leeren deutschen Lastwagen aus Westerbork geflohen. Ungefähr dreißig Kilometer vom Lager entfernt, war er heruntergesprungen und hatte den Rest des Weges nach Groningen zu Fuß zurückgelegt. Zwei Wochen lang hatte er die Flucht geplant, bevor er es versuchte.

Bald nach Emmanuels Rückkehr zog bei den Steenstras ein weiterer Bruder der Familie Marcus ein. Carl war mit einer Nichtjüdin aus Amsterdam verheiratet, die einige Tage blieb, bevor sie zurückfuhr. Er lebte mehr als ein Jahr bei den Steenstras und wurde dann unter Mitgliedern des Untergrunds weitergereicht.

Mittlerweile bekam die Familie die ökonomischen Folgen des Krieges zu spüren. Albert hatte vier Erwachsene und ein Baby zu ernähren.

Außerdem wurde es wegen der beiden im Obergeschoß lebenden Juden und Alberts Verbindungen zum Untergrund notwendig, ein geheimes Versteck im Haus einzurichten. Louisa bat einen befreundeten Bauunternehmer, den Wandschrank im Schlafzimmer zu präparieren, damit sich ihr Mann bei einer Razzia sicher verstecken könne. Sie konnte ihrem Freund zwar erzählen, daß Albert im Untergrund mitarbeitete, aber nicht, daß sie Juden versteckten.

»Das Versteck war wirklich sicher«, freut sich Louisa noch immer. Als Albert an diesem Tag von der Arbeit nach Hause kam, überraschte Louisa ihn mit der Neuigkeit, daß es im Obergeschoß jetzt ein Versteck gäbe. Er ging in das Gästezimmer und sah sich um.

»Wo ist es?« fragte er erstaunt.

»Such' doch«, lächelte sie ihn an.

Eine halbe Stunde später hatte er es immer noch nicht gefunden. Louisas Freund hatte den Schrank mit einer doppelten Wand versehen, die nur mit einem Messer geöffnet werden konnte. Sie war so geschickt angestrichen, daß sie von außen buchstäblich unsichtbar war. Im Notfall hatten in diesem Versteck fünf Menschen Platz.

Als dauernder Aufenthaltsort war es jedoch zu klein. Normalerweise konnten sich Emmanuel und Carl frei im Haus bewegen und im Gästezimmer schlafen. Nur wenn Besuch kam, gingen sie ins Versteck.

Louisa und Albert beherbergten ständig mindestens zwei illegale MitbewohnerInnen. Gingen die einen, schickte der Untergrund schon bald andere. Manche schafften es, außer Landes zu kommen, andere wurden zeitweise woanders untergebracht. Je länger der Krieg dauerte, desto mehr entwickelte sich Louisa zu einer professionellen Retterin. Sie widmete den Menschen, die vor den Nazis auf der Flucht waren, ihre ganze Zeit.

Drei Jahre lang lebte Louisa Tag für Tag mit der Bedrohung, eventuell unter Todesstrafe gestellt zu werden. Sie trank mit diesem Wissen am Morgen Kaffee und bereitete am Abend, wenn ihr Mann von der Arbeit kam, eine fleischlose Mahlzeit. Daß diese Bedrohung in menschlicher Gestalt daherkam, in der Gestalt von jüdischen Menschen und niederländischen WiderstandskämpferInnen, spielte dabei keine Rolle. Ebensowenig, daß Louisa ihr Versteck für vollkommen sicher hielt. Drei lange Jahre widmete sie ihre alltäglichen Tätigkeiten ihrem eigenen und ihrer Familie Verhängnis. Die Bilder des Todes, die sich in diesen drei Jahren in ihren Kopf einschlichen, werden sie nie mehr verlassen.

> Diese Zeit hat mich für immer nervös gemacht. Man muß ständig daran denken, jeden Tag. Es beschäftigt einen ... die kleinen Dinge, die menschlichen Dinge – niemand versteht das so richtig. Ich war mit einer Frau und deren Mann befreundet, die eine sechzehnjährige Tochter hatten. Einmal spazierte sie durch die Straßen und sah, wie zwei deutsche Soldaten einen Mann abführten. Sie rief ihm »hallo« zu, und deshalb dachten die Deutschen, daß auch sie im Widerstand sei. Sie wurde verhaftet. Sie hatte einfach nur »hallo« gerufen. Sie verhafteten sie und schickten sie in ein Konzentrationslager. Sie war kaum eine Stunde dort, und schon war sie tot. Sie hatte einer Wächterin widersprochen und wurde erschossen. Sechzehn Jahre alt. Ich weiß nicht.

Was Louisa während des ganzen Krieges aufrecht hielt, waren ihre Wut, ihr Haß und die geglückten Rettungsaktivitäten. Insgesamt stellte sich ihre Lage jedoch nicht so gefährlich dar, wie die manch anderer. Obwohl ihre Nachbarn wahrscheinlich wußten, daß sie Juden und Jüdinnen beherbergten, hielten sie still. Das Haus war in Ordnung und das Versteck sicher. Gefährlich war die Situation natürlich die ganze Zeit, aber nach zweieinhalb Jahren erschien die Gefahr nicht mehr so real wie am Anfang.

Dann besetzten die Nazis den niederländischen Küstenstreifen und beschlagnahmten entlang der Nordseeküste sämtliche Häuser. Anstatt alle Bewohner zu ermorden, wie sie es im Falle einer jüdischen Wohngegend sicherlich getan hätten, beschlossen sie, die örtliche Bevölkerung teilweise umzusiedeln. Eines Tages wurde auch Louisas Haus von den Deutschen inspiziert, und kurz darauf stand ein älteres niederländisches

Ehepaar auf der Türschwelle, das aus seinem Haus an der Küste vertrieben war und bei den Steenstras Aufnahme finden sollte.

Die beiden neuen BewohnerInnen waren den ganzen Tag beschäftigt und blieben meist unter sich. Emmanuel und Carl wurden aus dem Gästezimmer ausquartiert und mußten fortan auf dem Fußboden schlafen. Das Ehepaar war erstaunt, in ihrem neuen Heim Juden vorzufinden, aber sie wollten die Sache nicht von sich aus ansprechen.

Da sie auch Niederländer waren und die Nazis sie aus ihrem Haus vertrieben hatten, hielt Louisa sie für einigermaßen sichere Zeitgenossen. Aber es war dennoch nervenaufreibend, mit völlig fremden Menschen in einem Haus zu leben, in dem Unerlaubtes vor sich ging. Einige Monate schienen die Steenstras die Situation fest im Griff zu haben.

> Aber dann eines Tages hatte Emmanuel mit dem Ehepaar eine kleine Auseinandersetzung. Ich glaube, er machte eine dumme Bemerkung. Ich weiß nicht. Wir hatten an diesem Tag Suppe. Die ältere Frau kam herunter und hob den Deckel, um einen Blick in den Topf zu werfen. Emmanuel, der Jude, sah das und sagte zu ihr: »Es geziemt einer Dame nicht, in der Küche in den Topf zu schauen.« Ich sagte zu ihm: »Sei vorsichtig, was du sagst! Hier stehen Leben auf dem Spiel! Mach' hier keine Schwierigkeiten!«
>
> Ich hatte das schon vierzehn Tage früher im Gefühl. Ich sagte zu meinem Mann, wir müßten fort. Er sagte, ich sei verrückt.

Louisa bestand darauf, daß Carl und Emmanuel das Haus zu verlassen hatten. Ihr Bruder nahm Carl auf. Carl war sehr kooperativ, weil er wußte, wie gefährlich die kleinste Reiberei werden konnte. Aber Emmanuel urteilte nur nach Äußerlichkeiten und wollte einfach nicht glauben, daß ein nettes älteres Ehepaar sie nur wegen einer kleinen Bemerkung ausliefern würde. Er wollte nicht gehen.

Er merkte nicht, daß Frau Tarkes, die ältere Frau, sowieso drauf und dran war, sie zu verraten. Nur aus Höflichkeit Louisa und Albert gegenüber, die sie wegen ihrer Gastfreundschaft achtete, hatte sie davon bisher Abstand genommen. Aber sie selbst hatte nicht die Persönlichkeit einer Retterin.

Im Rückblick mag Emmanuels Verhalten unglaublich leichtsinnig erscheinen. Hätte er sich einfach still verhalten oder das Haus mit seinem Bruder verlassen, wäre den Steenstras eine Tragödie erspart geblieben. Aber er gehörte schon jahrelang zur Familie, schon vor dem Krieg. Er betrachtete sich als einen alten Freund. Die ältere Frau und ihr Mann waren die Eindringlinge, nicht er. Außerdem war ihm immer noch nicht recht klar – schließlich wollte er einst gar bereitwillig ins Arbeitslager der Nazis gehen –, daß er zu einer verfolgten Minderheit gehörte.

Frau Tarkes ging zur Polizei und berichtete, daß die Steenstras einen Juden versteckten. Sie betonte ausdrücklich, daß Louisa und Albert kein Unglück angetan werden sollte; sie wollte nur, daß die Polizei den Juden abhole.

Sie wußte nicht, daß der Beamte, dem sie ihre Klage vortrug, zu den drei Prozent der niederländischen Bevölkerung gehörte, die der Nazi-Partei beigetreten war. Als Frau Tarkes Jahre später von Louisa und der niederländischen Regierung verklagt wurde, wurde sie mit der Begründung freigesprochen, sie hätte nicht wissen können, daß die Deutschen etwas von dem Juden im Haus der Steenstras erfahren würden.

Zwei Wochen später wurde das Haus von der Gestapo durchsucht. Sie hatten einen deutschen Schäferhund dabei, der das wunderbare Versteck im Nu entdeckte.

Die Durchsuchung begann an einem klaren Sonntagnachmittag um vier Uhr. Albert war mit Beatrice gerade von einer Schlittenfahrt im Park zurückgekehrt. Es gab keine Kohlen mehr im Haus, die Steenstras hatten bereits nahezu alle Möbel verheizt, und so war Louisa geschäftig dabei, für ihren fröstelnden Mann und ihre Tochter Decken zu holen. Das ältere Ehepaar war ausgegangen; Emmanuel hielt sich im Obergeschoß auf.

Plötzlich hörten sie ein Knallen und Krachen und rannten zur Haustür, während Emmanuel ins Versteck schlüpfte. Vor der Tür standen drei SS-Leute. Einer von ihnen war Farber, in ganz Europa für seine Grausamkeit bekannt. Der SS-Mann hinter Farber hatte den großen, knurrenden deutschen Schäferhund an der Leine.

Albert packte das Entsetzen, aber er ließ sich nicht aus der Ruhe bringen. Farber sagte, er wisse, daß sie einen Juden versteckten, und daß Albert glimpflich davonkommen würde, wenn er alles zugäbe.

Albert schüttelte den Kopf. Farber gab ein Zeichen, und der SS-Mann hinter ihm ließ den Hund los. Der sprang Albert an und biß ihn tief in die Hand. Als Louisa sah, wie Alberts Blut zu Boden tropfte, schrie sie laut auf.

»Gib's zu!«, befahl Farber, aber Albert schüttelte mit schmerzverzerrtem Gesicht abermals den Kopf. Dieses Mal biß der Hund ihm ein Ohr ab. Louisa bedeckte Beatrices Gesicht mit der Hand und flehte die Männer an, damit aufzuhören.

Die beiden untergeordneten SS-Leute zogen Albert, der wie rasend schrie, hinter sich her, während der Hund die Treppe hinaufsprang. Farber blieb bei Louisa und Beatrice, die beide vor Entsetzen wie von Sinnen waren. Louisa hörte den Hund bellen und wie kurz darauf einer der SS-Leute etwas auf Deutsch schrie. Farber rannte die Treppe hinauf. Albert rief den Namen seiner Tochter, dann knallten zwei Gewehrschüsse.

Louisa versuchte, nicht daran zu denken, was oben vor sich ging, schnappte ihre Tochter und spähte durch die Tür. Es waren keine Wachen da. Ohne einen Augenblick zu zögern, rannte sie über die Straße zu ihrer Schwiegermutter.

Dort angekommen, fand sie die Schwiegermutter in einem hysterischen Zustand. Die ganze Nachbarschaft hatte die Schüsse und die Schreie gehört. »Kümmere dich um Beatrice, ich muß gehen«, sagte Louisa in Eile. »Paß' gut auf sie auf!«

Die Schwiegermutter schien sie nicht zu hören und rief nach ihrem Sohn. »Ich muß zu ihm«, sagte sie entschlossen, schob Louisa beiseite und wollte zur Tür.

Louisa hielt sie fest: »Nein! Wenn du 'rüber gehst, erschießen sie dich auch! Kümmere dich um meine Tochter, ich komme wieder!«

Sie rannte zu einem anderen Nachbarn, von dem sie wußte, daß er auch zum Untergrund gehörte. Die Nachbarn versteckten sie im Keller.

Als Louisa diese Momente, die nun der Vergangenheit angehörten, im Laufe unseres Interviews erneut durchlebte, geriet sie sichtlich außer Fassung. An drei verschiedenen Stellen des Gesprächs schilderte sie die Ereignisse an jenem Sonntag in drei verschiedenen Versionen, die sich keineswegs widersprachen, sondern immer detaillierter und emotionsgeladener wurden.

»Der Hund – er biß meinem Mann ein Ohr ab«, sagte sie immer wieder, auch wenn sie gerade von etwas anderem sprach. Das war der schrecklichste Augenblick ihres Lebens. Als sie sah, wie das Blut spritzte und ihr Mann sich in Schmerzen wand, wußte sie, daß sie beide so gut wie tot waren, ohne sich dabei vorstellen zu können, auf welch schreckliche Weise sie sterben würden.

Und dennoch war sie geistesgegenwärtig genug, die wenigen Sekunden, die ihr blieben, zu nutzen und mit ihrer kleinen Tochter zu fliehen, die Schreie ihres Mannes, das Bellen des Hundes und die Gewehrschüsse im Obergeschoß hinter sich lassend. Am Ende waren es ihre inneren Ressourcen, die ihr und ihrer Tochter das Leben retteten. Ihr

Stolz machte sie überlebenshungrig, ihre Wut gab ihr Kraft, und ihr angeborener Sinn für das Dramatische ebenso wie ihre bisherigen Erfahrungen mit den Nazis, die sie ausgetrickst hatte, ermöglichten es ihr, genügend Distanz zum Geschehen zu wahren, um weiterhin handeln zu können.

Als Kontrast dazu bietet sich ein Blick auf die Reaktionsweise ihrer Schwiegermutter an, wie sie aus Louisas Erzählung deutlich wird. Als die alte Frau Steenstra ihren Sohn auf der anderen Straßenseite schreien hörte, wurde sie vor Schmerz und Hilflosigkeit wie wahnsinnig. Wäre sie hinübergerannt, wie sie es vorgehabt hatte, hätte sie die Wachen auf Louisas Flucht aufmerksam gemacht, und sie wären alle erschossen worden.

Dem Untergrund ging es nicht nur um Louisas persönliche Sicherheit; er mußte auch aus einem anderen Grund verhindern, daß sie in die Hände der Nazis fiel. Louisa wußte zuviel. Als sich die Lage entspannt hatte, traf sich Louisa mit einem Mann aus dem Untergrund, der eine Möglichkeit wußte, sie aus der Stadt zu schleusen.

»Ich hatte Pantoffeln und einen alten Mantel von meiner Schwiegermutter an«, erinnert sie sich. »Sonst nichts. Nichts. Nichts. Aber ich wußte, daß mein Mädchen bei meiner Schwiegermutter in Sicherheit ist. [...] Ich wußte, daß mein Mädchen wohlauf ist.«

In dieser Nacht führte ein Untergrundmitglied aus einem anderen Bezirk Louisa zu einem entlegenen Park, wo ein Milchwagen auf sie wartete. Sie mußte auf den Tank klettern und den Verschlußdeckel öffnen. Einen Augenblick lang überwältigte sie ein säuerlicher Gestank und ließ sie zurückschrecken, aber ihr Begleiter schob sie hinein.

Auf dem Tankboden saßen schon einige andere; Louisa wird nie erfahren, wer sie waren, denn man hatte sie angewiesen, nichts zu sagen. »Ich bin heute ein nervöser Mensch«, sagt Louisa, »aber das hat auch seine Gründe«.

An der Grenze der Provinz Friesland wurde der Milchwagen von Nazis angehalten. Louisas Herz schlug so heftig, daß sie in dem hellhörigen Tank beinahe sein Echo zu vernehmen glaubte. Sie mußte dringend husten, hielt es aber verzweifelt zurück.

»Fahren Sie weiter«, sagte der Deutsche. Zum zweiten Mal innerhalb von zwei Tagen fühlte sich Louisa dem Tod sehr nahe.

Als sie in Leeuwarden ankam, war sie in Sicherheit. Die letzten Kriegsmonate verbrachte sie mit fünf anderen auf einem Boden. Sie sagte nicht, ob sich darunter auch jüdische Frauen und Männer befanden, erwähnte aber, daß die Menschen, bei denen sie Unterschlupf fanden, ausgesprochen religiös waren. »Wir hatten nicht viel zu essen«, erzählt sie. Bei Kriegsende wog sie vierzig Kilogramm.

Aber schon nach drei Tagen in Leeuwarden begann sie, sich verzweifelt um Beatrice zu sorgen. »Ich sagte: ›Ich brauche mein kleines Mädchen. Ich muß mein Mädchen bei mir haben. Ich brauche mein Mädchen. Ich weiß nicht, wo sie ist und wie es ihr geht.‹ [...] Ich weinte Tag und Nacht.« Der Mann, der Louisa im Milchwagen nach Leeuwarden gebracht hatte, erklärte sich bereit, die sechzig Kilometer zu Louisas Schwiegermutter zurückzuradeln und das Kind zu holen.

Louisa und ihre Tochter wurden von dem Netzwerk bis zum Ende des Krieges mit Essen und allem Lebensnotwendigen versorgt. Aber ihr Bedürfnis, etwas gegen die Nazis zu unternehmen, überdauerte den Krieg. An dem Tag, als kanadische Panzer durch Leeuwarden rollten, begab sich Louisa sogleich zum befehlshabenden Offizier und erzählte ihm ihre Geschichte. Er stellte ihr einen Jeep zur Verfügung und beauftragte einen Soldaten, ihr bei der Suche nach ihrem Mann und der Rückforderung ihres Eigentums behilflich zu sein.

Das Haus war leergeräumt. Nur das Klavier stand gespenstisch im Wohnzimmer. Die Deutschen hatten alles mitgenommen. Eine riesige Pfütze getrockneten Blutes auf dem Fußboden im Obergeschoß war alles, was aus der Vergangenheit erhalten war.

Ein Nachbar hatte die Leichen beim amtlichen Leichenbeschauer identifiziert. Albert war durch einen Genickschuß getötet worden, erzählte er ihr, direkt unter dem Ohr, das der Hund abgebissen hatte. Emmanuel starb durch einen Schuß in den Hinterkopf, ein Auge hing heraus.

Nach dem Krieg wanderte Louisa nach Kanada aus, wo sie Verwandte hatte. Sie konnte es in ihrem Heimatland nicht mehr aushalten. Heute lebt sie von einer monatlichen Zuwendung der niederländischen Regierung, die ihr als Entschädigung für das Trauma zugesprochen wurde, das sie um des niederländischen Volkes willen erlitt, sowie von einer kleinen Unterstützung der Jewish Foundation for Christian Rescuers, die sie widerstrebend annahm.

Das verwundbarste und hilfloseste Opfer war jedoch Beatrice. Sie schaffte es, die Erinnerung an die Ereignisse jenes Tages zu verdrängen, aber als sie dreieinhalb Jahre alt war, hatte sie wiederholt Alpträume von einem Hund, der sie zu töten versuchte. Nach ihrer Ankunft in Leeuwarden aß sie sechs Monate fast überhaupt nichts. Noch heute weigert sie sich, über die Vergangenheit zu sprechen. Ihre Kinder wissen nicht, daß die Großmutter jüdischen Menschen geholfen hat.

»Sie würde nie tun, was ich getan habe«, sagt Louisa. »Sie sagt immer: ›Ich werde nie tun, was du getan hast, Mama. Ich hatte nie einen Vater. Ist es das wert?‹ Ich sage dann: ›Trixi, denk' mal nach. Jedes Leben ist etwas wert.‹ Aber sie sagt immer: ›Hat es 'was genutzt?‹«

»Was meinen Sie?«, fragt mich Louisa mit hilfloser, niedergeschlagener Stimme, »hat es 'was genutzt?«

7
Die Beziehungen zwischen Rettern und Geretteten

Zwischen den Menschen, die Hilfe gewährten, und denen, die sie annahmen, entstanden Beziehungen. Sie hatten einen Anfang, eine gewisse Dauer und ein Ende. Sie waren zweckbestimmt und durch gewisse Rollenzuweisungen und Verantwortlichkeiten gekennzeichnet. Eine solche Beziehung war inneren und äußeren Einflüssen ausgesetzt, die aufbauend oder zerstörerisch wirken konnten und die Beziehung der Mühe wert oder als unverhältnismäßig belastend erscheinen ließen.

Das Motiv einer Beziehung zwischen Rettenden und Geretteten war Altruismus, ihr Resultat ein sicherer Zufluchtsort in einer feindseligen Welt. Der zugrundeliegende »Vertrag« sah folgendermaßen aus: Die Person, die ihre Hilfe anbot, verpflichtete sich, einen jüdischen Menschen zu beherbergen – sich um seine alltäglichen Bedürfnisse zu kümmern, ihn vor Gefahren zu warnen und die Fassade eines »normalen Lebens« aufrechtzuerhalten, hinter der er oder sie in Sicherheit war. Die Person, die eine Zuflucht gefunden hatte, war ihrerseits zwar abhängig, aber es wurde von ihr Kooperationsbereitschaft erwartet – daß sie möglichst wenig Ärger mache, daß sie sich persönlich einbringe, im Alltag mithelfe und daß sie weitgehend unsichtbar bleibe.

Wie in jeder Beziehung kam es zu Zwischenfällen, die die Einhaltung des Vertrags einer mehr oder weniger harten Zerreißprobe aussetzten. Wenn überhaupt, so wußten zu Beginn nur wenige, wie lange die Beziehung dauern würde oder welche Anforderungen noch auf sie zukommen würden. Am Anfang stand nicht die Überlegung, was zu tun sei, wenn noch andere um Hilfe baten oder aber die Lebensmittel knapp würden oder Angst zu innerfamiliären Spannungen führte. In dem Maße, wie sich Erwartungen veränderten, mußten die Rollen und Verantwortlichkeiten jedes einzelnen neu bestimmt und neue Strategien entwickelt werden. RetterInnen lebten in dem Bewußtsein, daß sie sich selbst und ihre Lieben in große Gefahr gebracht hatten, sie wußten aber gleichzeitig auch, daß sie ihre Entscheidung jederzeit rückgängig machen konnten.

Jeden Tag aufs neue, wenn sie sich abmühten, ihre zwei Haushalte – ihre eigene Familie und die Familie im Versteck – zu ernähren, waren sie mit der fürchterlichen Gewißheit konfrontiert, daß sie die Möglichkeit, einfach nur die Möglichkeit hatten, ihre Meinung zu ändern.

Die Geschichte der schüchternen und nicht sonderlich einnehmenden Näherin Jean Kowalyk veranschaulicht, wie kompliziert eine Rettungsbeziehung sein konnte. Die junge Frau hatte sich zunächst nur bereit erklärt, Dr. Salomon Berger zu verstecken, kümmerte sich am Ende jedoch um sieben Männer und Frauen. Tag für Tag bekochte sie sie, wusch ihre Kleider und beseitigte ihren Abfall. Eine der Jüdinnen, eine verheiratete Frau, deren Mann im selben Versteck untergebracht war, hatte ganz offen eine Affäre mit einem anderen Mann, der ebenfalls im Versteck lebte. Von Zeit zu Zeit zogen sich die beiden hinter die doppelte Wand auf dem Boden zurück, um miteinander zu schlafen. Der Mann der Frau und ihr Liebhaber hatten deswegen ständig Auseinandersetzungen. Bei einer dieser Gelegenheiten artete das Wortgefecht in lautes Geschrei aus und Blut tropfte zu Boden. Jean war außer sich vor Wut und wie gelähmt. Sie befürchtete, daß der Krakeel der beiden Männer den Verdacht der Nachbarn erregt haben könnte und sie alle erschossen würden. Jean hatte genug. Sie war drauf und dran, die beiden hinauszuwerfen. Aber die Männer flehten sie an, versprachen, sich zu bessern und baten sie, die Sache noch einmal zu überdenken. Am Ende gab Jean nach.

Was entschädigte Jean Kowalyk und andere, die ähnliches geleistet haben, für diese außerordentlichen Anstrengungen? Ich fand heraus, daß sich zahlreiche RetterInnen mit den jüdischen Opfern identifizierten, weil sie kurz zuvor einen ihnen nahestehenden Menschen verloren oder in ihrer Kindheit eine Krankheit mit dauerhaften Folgen durchlitten hatten. Die Erniedrigung ihrer Schützlinge erinnerte Jean Kowalyk an ihre eigene Hilflosigkeit, als sie mit sechs Jahren nach einem Sturz, der sie zum Krüppel machte, reglos dalag.

Die Beweggründe, die zum Aufbau einer Beziehung zwischen Menschen in Gefahr und denen, die sie schützen wollten, führten, waren damals nur selten eindeutig. Außer den erklärten hatten die meisten RetterInnen auch versteckte Motive. So mochte sich ein Retter oder eine Retterin nicht nur deshalb zur Aufnahme eines Kindes bereitfinden, weil er oder sie dessen Leben retten, sondern auch weil er bzw. sie ein Kind adoptieren wollte. Andere versteckten Verfolgte ursprünglich vielleicht nur gegen Geld, behielten sie dann aber für längere Zeit im Haus aus Gründen, die mit finanziellen Überlegungen nichts mehr zu tun hatten. Manche RetterInnen, die zunächst einfach den Wunsch hatten, ein jüdisches Kind zu beschützen und sich anfangs bereit erklärten, es im jüdischen Glauben zu erziehen, versuchten das Kind später zum Christentum zu bekehren. Die einzelnen Situationen änderten sich in dieser Hinsicht laufend. Die Beziehungen zwischen den Menschen im Versteck und denen, die ihnen Unterschlupf gewährten, wandelten sich in dem Maße, wie sich die Umstände veränderten und die Zeit verging.

An der Rettung von Israel und Frania Rubinek wird beispielhaft deutlich, wie verworren die Beweggründe eines Retters oder einer Retterin sein konnten und wie kompliziert die daraus sich ergebenden Beziehungen (Rubinek 1988). Im Jahre 1941 eröffneten die Rubineks mit dem bißchen Geld, das Frania zusammenkratzen konnte, einen Gemischtwarenladen in Pinczow in Polen. Anfangs konnten sie sich nur ein kleines Warenlager leisten. Wenn KundInnen aus dem bäuerlichen Umland in den Laden kamen, verwickelte Frania sie in ein Gespräch, während Israel das verfügbare Bargeld schnappte und die gewünschte Ware schnell bei einem nahegelegenen Großhändler besorgte. Nach einigen Monaten lief das Geschäft sehr gut. Die Bauersleute gingen gern bei dem freundlichen Ehepaar einkaufen und schauten auch sonst einmal auf ein Schwätzchen herein. Eines Tages kam Zofia Banya, eine Bauersfrau aus dem drei Kilometer entfernten Dorf Wlochy, in den Laden. Sie brauchte einige Dinge des täglichen Bedarfs, hatte aber ein paar Pfennige zu wenig dabei. Sie solle sich keine Gedanken machen, meinte Israel Rubinek zu ihr, sie könne auch nächste Woche zahlen. Zofia war baß erstaunt, daß Israel ihr vertraute. Dasselbe passierte noch einige Male. Sie vergaß ihm nie seine Großzügigkeit und sein Vertrauen.

Die Rubineks entgingen der Ermordung der Pinczower Juden, indem sie sich in einem Unterschlupf versteckten, den Israel gebaut hatte. Auf der Flucht erfuhren sie dann von einem anderen Entkommenen, daß Zofia Banya sie überall im Wald suchte. Zofia war entschlossen, die Kaufleute, die ihr vertraut hatten, zu retten.

Die Rubineks schlugen sich zu Zofias Bauernhof durch. Die gute Frau hieß sie willkommen, fragte aber sogleich, ob sie Geld dabeihätten. Zofia und ihr Mann Ludwig waren verarmt. Sie hatten noch etwas Geld, aber kaum genug für sich selbst und ihren siebenjährigen Sohn Maniek.

Ohne zusätzliches Geld aber konnte Zofia unmöglich zusätzliche Personen am Familientisch ernähren. Die Rubineks versuchten, entgegen ihrem tatsächlichen Befinden möglichst unbekümmert und selbstsicher zu erscheinen, und sie antworteten: »Ja, wir haben Geld dabei, und wir können auch noch mehr besorgen.« So begann ihr Aufenthalt bei den Banyas. Achtundzwanzig Monate lebten sie mit ihnen in dem einzigen Raum des Bauernhauses zusammen. Frania Rubinek schlief auf einem Sims über dem Ofen. Wenn sie sich ausstreckte, baumelten ihre Beine über den Gesichtern der Banyas, die unter ihr schliefen. Israel Rubinek schlief, wenn er nicht an der Tür Wache stand, mit Maniek auf dem Fußboden. Vor dem Ofen führte eine kleine Falltür in den Kartoffelkeller, in den sich die Rubineks im Notfall gerade so hineinzwängen konnten. Tatsächlich aber wirkte sich die beengte Behausung der Banyas zugunsten der Rubineks aus. Die Nachbarn fanden Ludwigs neuerlichen Wohlstand zwar verdächtig, sagten sich aber, daß er unmöglich Juden verstecken konnte, weil er dafür schlicht keinen Platz hatte.

Obwohl Ludwig das Geld der Rubineks willkommen war, um seine Familie zu ernähren, lebte er dauernd in der Angst, die Deutschen könnten entdecken, daß er jüdische Verfolgte beherbergte, und sie alle umbringen. Er war ein roher, ungebildeter Mensch, der vor Israel damit prahlte, er habe einmal einen Mann, den er nicht mochte, in den brennenden Ofen geworfen. Je größer seine Angst wurde, desto öfter schlug er seine Frau und desto nachdrücklicher verlangte er, die Juden sollten endlich abziehen. Zofia lag deswegen in ununterbrochenem Streit mit ihm. Sie war entschlossen, das Vertrauen zu erwidern, das die Rubineks ihr geschenkt hatten. Sie wollte sie nicht im Stich lassen. So gingen die Schläge und Streitereien weiter. Einmal, als die Rubineks sich im Kartoffelkeller versteckten, hörten sie, wie Ludwig zu seiner Frau sagte, er habe von den Juden jetzt genug und werde ihnen mit der Axt den Kopf abschlagen, um die zwei Kilo Zucker zu bekommen, die die Nazis als Belohnung ausgesetzt hatten.

Aus Selbstschutz schlief Israel Rubinek daraufhin stets mit einem Messer in der Nähe, und er faßte den Entschluß, Ludwigs Freundschaft zu gewinnen. Er begann, ihm die Zeitung vorzulesen und die politischen Ereignisse auseinanderzusetzen. Wenn sonntags dann andere Bauern zu Besuch waren, wiederholte Ludwig, was Israel ihm erzählt hatte. In kürzester Zeit war er im Dorf dafür bekannt, daß er von politischen Vorgängen etwas verstehe.

Gegen Ende des Krieges ging den Rubineks das Geld aus. Anstatt sie nun umgehend hinauszuwerfen, behandelte Ludwig sie zuvorkommender denn je und teilte mit ihnen, was er hatte, wie wenig es auch sein mochte. Er wollte ihnen zeigen, daß er kein so roher Mensch war, wie sie dachten. Und gerade so, wie die Rubineks den Sohn der Banyas, Maniek, liebgewonnen und ihm Lesen und Schreiben beigebracht hatten, schloß auch Ludwig seine Schützlinge ins Herz. Ein Funke der warmherzigen Zuneigung, die Zofia Banya für die Rubineks empfand, sprang nun auch auf ihren Mann über, der die beiden anfangs überhaupt nicht hatte aufnehmen wollen.

Ich habe Hunderte solcher Geschichten gehört und gelesen, und ich bin immer noch erstaunt, wie standfest die RetterInnen sich für Menschen engagierten, die den allermeisten ihrer Zeitgenossen gleichgültig waren.

Sämtliche sozialpsychologischen Untersuchungen der Nachkriegszeit, die darzulegen versuchen, aufgrund welcher persönlichen Haltung und welcher Umstände ein Mensch dazu kommt, einem anderen zu helfen, zeigen, wie unwahrscheinlich es war, daß Menschen zu RetterInnen wurden. Einige Untersuchungen belegen, daß die Menschen mit größerer Wahrscheinlichkeit helfen, wenn sie die Hilfsbedürftigkeit eines Mitmenschen als legitim wahrnehmen und nicht – wie häufig bei einem Drogenabhängigen – als Ergebnis seines eigenen Verschuldens. Andere Untersuchungen zeigen, daß sie eher denjenigen helfen, die sich ähnlich kleiden oder ähnlich aussehen, die eigenen politischen Anschauungen teilen oder gleicher ethnischer Herkunft sind. Wieder andere Untersuchungen führen aus, daß potentielle HelferInnen zunächst die Kosten der Hilfsaktion abwägen und sich zurückziehen, wenn sie ihnen zu hoch erscheinen.* In den Ländern, die die Nazis besetzt hatten,

* Die meisten Untersuchungen zur Hilfsbedürftigkeit beruhen auf Feldexperimenten. Die Hilfsbereitschaft potentieller HelferInnen hängt von der Ursache der Hilfsbedürftigkeit ab. So ist die Bereitschaft, einem Kranken zu helfen, im allgemeinen größer als bei einem Betrunkenen. Vgl. dazu Piliavin/Piliavin/Rodin (1969). Wie die Piliavins darlegen, überlegten es sich ZuschauerInnen, wenn die Kosten zu hoch waren, eher zweimal, bevor sie zur Tat schritten (Piliavin/Piliavin 1972). Daniels und Berkowitz (1963) zufolge erhöht die Attraktivität eines potentiellen Hilfsempfängers die Wahrscheinlichkeit, daß ihm geholfen wird.

waren die Kosten sehr hoch und die Unterschiede zwischen der jüdischen und der übrigen Bevölkerung so scharf ausgeprägt, daß nur wenige halfen.

Das Band, das sich zwischen Retter bzw. Retterin und Schützling knüpfte, beruhte auf dem beiderseitigen Wissen, daß jeder unvorsichtige Schritt des bzw. der einen oder anderen für beide den Tod bedeuten konnte. Davon abgesehen, wurden manche Hilfesuchende bereitwilliger aufgenommen als andere. Am leichtesten konnten Jüdinnen Hilfe und einen Zufluchtsort finden, die dem propagierten Erscheinungsbild der Arierin entsprachen und darüber hinaus falsche Ausweispapiere besaßen. Am schwierigsten kamen »jüdisch aussehende« Männer mit dunklen Augen, gelocktem Haar und Bart, einer langen Nase, großen Ohren und ausgeprägtem Akzent unter. Alte und Kranke hatten so gut wie keine Chance, da sie medizinische Hilfe brauchten, die kaum zu beschaffen war.

Mädchen waren eher erwünscht als Jungen, da letztere an ihrem beschnittenen Penis leicht als Juden zu erkennen waren. Kleinkinder, die noch nicht sprechen konnten, waren einfacher zu verstecken als Kinder im Alter von vier bis zehn Jahren, die aufgrund ihrer Unberechenbarkeit nur ungern aufgenommen wurden. Wie leicht konnten sie sich unabsichtlich verplappern und die Gestapo auf den Plan rufen!

RetterInnen und Schützlinge lagen wie Kameraden in derselben Fuchshöhle, geduckt vor demselben feindlichen Feuer. Viele lebten wie die Banyas und Rubineks in äußerst beengten Verhältnissen. Sie teilten ihr Essen, ihr Bett, ihre Ängste und die Gefahr. Die Beziehung verlangte wechselseitige Nachsicht und gegenseitiges Vertrauen. RetterInnen und Schützlinge mußten sich aufeinander verlassen können, wollten sie nicht entdeckt werden. Für Verfolgte, die wie die Vreedenburgs oder die Rubineks durch ihr Äußeres leicht den Verdacht erregen konnten, Jüdinnen bzw. Juden zu sein, bedeutete das, daß sie sich beim kleinsten Gefahrenzeichen in enge Verstecke zwängen mußten. Andere wiederum, die es wagen konnten, sich als Christen auszugeben, mußten ihre wahren Gefühle und Ängste verbergen. Die Überlebende Elizabeth Grayson erinnert sich, wie schwierig das war. Auf der Flucht vor der Deportation – es war im Jahre 1942 – eilte sie zu einer ihr nur flüchtig bekannten Frau in Berlin namens Liselotte Muhe und fragte, ob sie drei Nächte bleiben könne. Der kurze Besuch dehnte sich zu einem dreijährigen Aufenthalt aus. Während der ganzen Zeit verhielten sich Elizabeth und Liselotte so, als sei alles normal.

> Ich hörte auf, ich selbst zu sein, und spielte eine Rolle. Wir mußten so tun, als sei es ganz normal, daß ich in diesem Mietshaus wohnte. Ich mußte glücklich und zufrieden aussehen und durfte nicht zeigen, wie sehr ich fürchtete, jeden Augenblick entdeckt zu werden. Ich mußte die ganze Zeit lügen und aufpassen, daß mir kein falsches Wort entfährt, das uns beide verraten hätte.

Da auch die RetterInnen aufgrund ihrer illegalen Handlungen aus Mitleid mit ihren Schützlingen zu Verfolgten wurden, verwandelte sich ihre Empathie in Identifikation. Nach und nach fühlten sie sich psychisch eins mit den Jüdinnen und Juden. Sie empfanden sich selbst als Opfer. Der polnische Retter Alexander Roslan erinnert sich noch genau, wann dieses Gefühl in ihm auftauchte.

> Nach dem polnischen Aufstand, als mein Sohn getötet wurde und ich mit meiner Frau, meiner Tochter und den beiden jüdischen Kindern fliehen mußte [...], merkte ich, wie die Leute mich anschauten. Ich fühlte mich, als wäre ich selbst ein Jude. Ich war ein Jude, ich konnte grundlos umgebracht werden. Was immer Jacob geschieht, es würde auch mir geschehen. Ich hatte die ganze Zeit Angst.

Die ständig präsente Gefahr, entdeckt zu werden, die permanente Präsenz des Todes verlieh der Beziehung zwischen RetterInnen und Geretteten eine fieberhafte Intensität. Diese Intensität in Verbindung mit der Tatsache, daß Krieg war, daß man unter der Besatzung lebte – die Luftangriffe, Bombenteppiche und die tagtägliche Lebensgefahr –, all dies ließ jede Handlung surreal erscheinen. Nichts war unter solchen Bedingungen unvorstellbar. Beziehungen, die zunächst völlig unwahrscheinlich schienen, wurden auf einmal Realität. Manche RetterInnen verliebten sich in ihre Schützlinge. Kindermädchen wurden den Kindern, die sie retteten, zur Mutter. Kinderlose Ehepaare fanden sich als Eltern wieder. Diener wurden zu Herren. Patienten hörten Analytikern zu.

Die Rettung von Kindern hatte in dieser Zeit natürlich etwas Märchenhaftes an sich. Die polnische Damenschneiderin Maria Niemiec hatte sich immer ein Mädchen gewünscht. Aber sie bekam einen Jungen nach dem anderen. Nun war sie zu alt und zu arm, um ein weiteres Kind in die Welt zu setzen. 1941 ergab es sich jedoch, daß ihr Traum, eine Tochter zu haben, wahr wurde. Dr. Samuel Licht, ein alter, lieber Freund der Familie, bat sie in einem Brief aus dem Lvover Ghetto, seine sechsjährige Tochter Teresa und deren vierjährigen Cousin aufzunehmen. Maria war einverstanden.

Marias Söhne hatten Teresa – oder Terry, wie sie sie nannten – sehr gern und waren von ihrer Mutter angewiesen, sie wie eine Schwester zu behandeln. Der kleine Cousin aber schrie die ganze Zeit, und Maria sah sich genötigt, einen Platz in einer anderen Familie in der Stadt für ihn zu finden. Ein Jahr später spielte der kleine Cousin mit anderen Kindern auf der Straße und verriet dabei aus Versehen seinen wirklichen Namen. Die Kinder erzählten das ihren Eltern, und die setzten die polnische Polizei davon in Kenntnis. Die ganze Familie wurde verhaftet und umgebracht.

Als Maria Niemiec davon erfuhr, geriet sie in Panik. Sie fürchtete, daß auch ihre Nachbarn über sie tuschelten. Ohne ihren eigenen Kindern zu erzählen, daß sie weggehen würde und wohin, schnappte sie Teresa und floh mit ihr nach Warschau, wo Teresas Eltern sich in der Wohnung einer russischen Adligen versteckten.

Marias Zuneigung zu Terry war außergewöhnlich stark. Terry war die Tochter, die sie sich so sehr gewünscht, aber nie bekommen hatte. Um sie, aber auch ihre Familie zu retten, mußte Maria ihre eigenen Kinder verlassen. Verhielt es sich so? Oder veränderte die Zuneigung zu dem kleinen Mädchen Marias Denken?

Der Großteil der Familien, die Zuflucht boten, gab auch Geborgenheit und Liebe; die Menschen suchten dieselbe warmherzige Familienatmosphäre zu schaffen, in der auch sie aufgewachsen waren. Die Ehepartner kamen oft aus denselben sozioökonomischen Verhältnissen und waren beide in einem Zuhause aufgewachsen, in dem zumindest ein Elternteil oder eine Pflegeperson altruistische Verhaltensweisen vorlebte. Die meisten RetterInnen hatten aus Liebe geheiratet. Hatten sie Kinder, so waren sie ihnen ein Vorbild, wie ihre Eltern es für sie gewesen waren, und sie bezogen die Kinder in ihre altruistischen Aktivitäten ein.

Diese Retterfamilien betrachteten die Ehe als eine gleichberechtigte Partnerschaft und waren daher in der Lage, ihre Ängste und ihre Verantwortung zu teilen. Manche Ehepaare teilten sich die Aufgaben, die die Sorge für ihre Schützlinge mit sich brachte. So übernahmen Aart und Johtje Vos jeweils für bestimmte Alltagsbereiche die Verantwortung, um die Sicherheit für alle zu gewährleisten.

Wie Aart Vos mir erklärte, war dies harte Arbeit:

> Meine Frau hielt die Leute bei Laune. Sie versuchte, sie aufzuheitern. Sie versuchte, ihnen Hoffnung zu geben. Sie sagte immer: »Wie ich höre, sind die Deutschen dabei zu verlieren.« Sie sagte das, um das Schiff

flott zu halten. Du kannst fünfzehn oder zwanzig Menschen nicht einfach nur herumsitzen lassen, mit nichts zu tun, außer an den Tod zu denken. Du kannst nicht einfach nur herumsitzen. Ich ließ sie in den Wald gehen, um Holz für den Ofen zu schlagen. Ich ließ sie im Garten arbeiten. Ich ließ sie irgendwas tun, nur damit sie nicht den ganzen Tag auf einem Stuhl saßen. Ich hielt sie in Bewegung.

Die gegenseitige emotionale Unterstützung der Ehepartner war von entscheidender Bedeutung, um das Engagement für ihre Schützlinge aufrechtzuerhalten. Sie halfen sich gegenseitig in diesen Zeiten der Angst und sprachen einander Mut zu.

Diejenigen Familienangehörigen aber, die die Aktivitäten des Retters oder der Retterin möglicherweise nicht gutgeheißen hätten, wurden entweder nicht einbezogen oder im unklaren gelassen. Elena Ivamauskiere etwa fragte ihren Ehemann erst gar nicht, als eine zwanzigjährige Frau namens Ninute an sie herantrat und ihr anvertraute, daß auch der junge Mann, der mit ihr aus dem Ghetto geflohen war, einen Unterschlupf brauchte. Elenas Mann erklärte sich zwar sofort bereit, die junge Frau zu verstecken, aber Elena wußte auch, daß er zu ängstlich war, einen Juden aufzunehmen, der nicht wie ein Christ aussah. So versteckte sie Ninutes Freund ohne Wissen ihres Mannes, aber mit der Hilfe ihrer beiden Töchter, heimlich in der Scheune.

Ähnlich verhielt es sich in diesen Retterfamilien mit den Kindern. In meinen Gesprächen mit RetterInnen und Geretteten stellte sich immer wieder heraus, daß die Kinder der RetterInnen ihre neu adoptierten jüdischen »Geschwister« brüderlich-schwesterlich ins Herz schlossen und sich mit ihnen empathisch identifizierten. Die Gewißheit, daß sie geschätzt und geliebt wurden, gab den Kindern von RetterInnen das nötige Selbstvertrauen, den neuen Familienmitgliedern mit Liebe und ohne Ressentiments zu begegnen. Als eines von vielen Beispielen sei hier Cornelia Knottnerus erwähnt. Als ihre Eltern einen Jungen und ein Mädchen im Heranwachsendenalter aufnahmen, hieß Cornelia sie willkommen. Sie nahm die beiden unter ihre Fittiche und gewann sie lieb. Vor allem die vierzehnjährige Sarah hatte es ihr angetan. Während der zweieinhalb Jahre, die Cornelia und das jüdische Mädchen zusammenlebten, waren sie einander »sehr nah, wie Schwestern«. Gestärkt wurde dieses gegenseitige Gefühl, als sich Cornelia eines Tages Sarahs Mantel borgte.

Wir hatten während des Krieges nicht viel anzuziehen, und ich mußte in die Kälte hinaus. Sarah sagte: »Bitte, nimm meinen Mantel«; sie konn-

> te das Versteck ja nicht verlassen. Wir hatten den Judenstern zwar abgetrennt, aber es blieb ein gelber Fleck, und ich weiß noch, was für eine Angst ich hatte. Als ich in den Zug stieg, wurde mir endlich klar, was es bedeutete, als Jüdin gekennzeichnet zu sein, und ich fühlte mich ganz elend und hatte schreckliche Angst.

Diese Erfahrung stärkte Cornelias empathisches Engagement. Sie erinnert sich, wie sie versuchte, Sarah zu trösten, wenn sie in Gedanken an ihre Eltern wieder einmal weinte. In diesen schmerzvollen Augenblikken verwandelten die beiden Mädchen ihre Traurigkeit in Wut auf die Nazis.

Schon frühzeitig lernten Cornelia und ihre jüngere Schwester »Geheimnisse bewahren. Unter keinen Umständen durften wir den Deutschen irgend etwas verraten.« Als die Deutschen einmal das Viertel durchkämmten, platzten sie mit ihren Gewehren auch bei Cornelias Familie herein und durchsuchten das Haus so gründlich, daß von der Einrichtung buchstäblich nichts mehr übrigblieb. Sarah und der jüdische Junge waren in einem geheimen Wandschrank versteckt, und obwohl einer der Soldaten sein Gewehr auf Cornelia richtete, verriet sie die beiden nicht. Rückblickend erinnert sich Cornelia:

> Wenn man jung ist, nimmt man Herausforderungen gerne an. Ich hielt mich für eine kleine Heldin, die es mit den großen Nazis aufnimmt. Das beste Gegenmittel gegen Angst ist Handeln. Wir wurden ja nicht auf einen Schlag auf einmal alle tapfere Menschen. Da kamen viele kleine Dinge zusammen. Wir brachten für den Untergrund irgendwelche Papiere an einen bestimmten Ort, wir nahmen diese Kinder auf, wir besorgten falsche Pässe – immer tiefer rutschten wir da hinein, aber wir wurden nicht alle auf einen Schlag tapfer. Die Zeiten zwangen uns, entweder klein beizugeben und eine Kollaborateurin zu werden, oder aber zurückzuschlagen; und wir wären eher gestorben, als mit den Nazis zusammenzuarbeiten.

Auch nach dem Krieg hielt Cornelia den Kontakt zu Sarah, ihrer jüdischen »Schwester«, aufrecht. Bis zum heutigen Tage fühlt sie sich den jüdischen Menschen sehr verbunden und spricht in Synagogen oft über ihre Erfahrung als Mitglied einer Retterfamilie.

Woran Schlomo und Eva Geritsen sich erinnern, ist die enge Beziehung, die sie zu den Mitgliedern der Familie, bei der sie Zuflucht fanden, ausbildeten. Als ihr Vater 1942 in Westerburg inhaftiert wurde, ging ihre Mutter, eine jüdische Sozialistin, in den Untergrund und heimlich über die Grenze nach Belgien, wo sie sich versteckt hielt, bis der Untergrund ihr riet, die Kinder bei jemand anderem unterzubringen. Eva und Schlomo wurden zurück über die Grenze geschmuggelt und dann voneinander getrennt. In großer Angst wartete der viereinhalbjährige Schlomo, bis Johannes DeVries ihn abholte. Er spürte sofort, wie liebevoll und warmherzig Johannes ihn aufnahm, aber als er wohlbehalten im Haus der DeVriesens ankam, »weinte ich und schrie, und dann wurde ich ins Bett gebracht«. Nacht für Nacht weinte Schlomo bittere Tränen, bis er Johannes und seiner Frau schließlich den Grund seiner Traurigkeit mitteilen konnte. »Ich erzählte ihnen, daß ich zu Eva wollte, und nach einer Weile verstanden sie, daß das meine Schwester war.« Woraufhin Johannes DeVries sagte: »Wenn ich *ein* Kind aufnehmen kann, kann ich auch zwei aufnehmen. Hab' keine Angst.« Johannes verständigte das Netzwerk, damit man ihm die kleine Eva, die damals erst drei Jahre alt war, bringe. Es dauerte nicht lange, und Eva war da. »Ich war erst drei, aber ich erinnere mich an ihren großen, lieben Hund.« Greta, die Tochter der DeVriesens, erinnert sich: »Ich war zwölf, als die beiden wieder zusammenkamen. Sie waren so glücklich, wieder zusammen zu sein, daß es mir das Herz brach.« Greta mochte die beiden Kinder sehr.

> Sie waren für mich wie Bruder und Schwester. Der kleine Junge hatte Asthma, und wenn er weinte, wurde ich so traurig, daß ich selbst zu weinen anfing. Am Anfang wußte ich nicht, ob sie mich mögen würden; sie waren ja noch so klein. Aber sie taten mir leid, und so half ich meiner Mutter, die beiden zu umsorgen; ich habe ihnen eine Menge Geschichten vorgelesen. Die Nachbarskinder fragten uns aus, aber wir wußten genug, um den Mund zu halten. Wir brachten Eva und Schlomo bei, sich als Waisenkinder auszugeben, die aus Rotterdam hinausgebombt worden waren, und sie spielten ihre Rolle gut.

Ihre Mutter hatte ihnen eingeschärft, sie sollten niemandem ihren jüdischen Namen verraten. Und sie nahmen ihre Mutter beim Wort, denn nicht einmal den DeVriesens erzählten sie, wie sie wirklich hießen. Obwohl sie zu ihnen »völliges« Vertrauen hatten und Janke DeVries als »warmherzige, wirkliche Mutter« annahmen, enthüllten sie ihr Geheimnis erst nach der Befreiung!

Eva wurde »verzärtelt und verwöhnt. Ich wurde geliebt und umsorgt. [...] Ich war glücklich und spielte mit dem großen Hund auf der Straße. Und als der Krieg vorbei war, wollte ich die Familie DeVries überhaupt nicht mehr verlassen.« Schlomo auch nicht. Dennoch wurden die beiden Kinder zu ihrer Mutter zurückgebracht, die 1948 schwer an Krebs erkrankte. Als die nunmehr siebzehnjährige Greta davon erfuhr, zog sie nach Amsterdam, damit »ihr Bruder und ihre Schwester« nicht in ein Kinderheim kämen. Als die Mutter im gleichen Jahr starb, versuchte Johannes die beiden zu adoptieren, aber die Mutter hatte testamentarisch verfügt, daß ihre Kinder in Palästina aufwachsen sollten. Johannes war außer sich vor Wut. Er konnte nicht verstehen, daß er »in Kriegszeiten als Vater gut genug war, jetzt aber nicht mehr«. Obwohl die DeVriesens Einspruch erhoben, wurden Eva und Schlomo mit einem Kindertransport nach Palästina gebracht, wo sie in einem Kibbuz lebten. Jahre später nahmen sie zu den DeVriesens wieder Kontakt auf. Als Johannes Israel besuchte, um einen Baum an der *Allee der Gerechten* zu pflanzen, sah er, wie zufrieden die Kinder in ihrer neuen Umgebung waren, und konnte nun verstehen, warum ihre Mutter gewünscht hatte, daß sie in Israel aufwachsen sollten. Beide sind heute glücklich verheiratet. Die Familie DeVries steht mit Ausnahme ihres Sohns noch immer in engem Kontakt zu Schlomo und Eva, die sie stolz als »unsere jüdischen Kinder« bezeichnen.

Bisweilen waren die Kinder von Retterfamilien auf ihre neuen Geschwister neidisch, weil sie das Gefühl hatten, daß ihre Eltern diese völlig Fremden bevorzugt behandelten und mehr bewunderten als ihre eigenen Kinder. Der vierzehnjährige Rex DeVries etwa war auf seine Pflegegeschwister Schlomo und Eva sehr eifersüchtig. Wie Johannes meint, war Rex von seiner Mutter immer sehr verwöhnt worden. Er warnte seinen Sohn: »Wenn du zu diesen Kindern auch nur ein böses Wort sagst, bringe ich dich um.« Als ich Schlomo und Eva interviewte, stellte sich heraus, daß ihnen Rex' Ressentiments überhaupt nicht bewußt waren. In Evas Erinnerung ist er sogar ein »großer Bruder, der stets sehr besorgt um uns war«. Rex hat seit zwölf Jahren weder mit Schlomo und Eva noch mit seiner eigenen Familie Kontakt. Als ich die Familie befragte, kannte Johannes nicht einmal seine Adresse.

Für Kinder war die Geheimhaltung besonders belastend. Jede Beziehung außerhalb des engen Familienkreises wurde problematisch. Daß sie keine anderen Kinder mit nach Hause bringen durften, schmerzte. Während ich von den meisten Retterkindern nicht die leiseste Klage darüber hörte, daß sie ihr Essen, ihr Bett und ihre Kleider mit ihren neuen Geschwistern teilen mußten, wurde dieses Verbot oft erwähnt. Es war schwierig genug, im Krieg aufzuwachsen, aber die ganze Zeit ein Geheimnis mit sich herumzutragen, das man nicht einmal mit seinem besten Freund oder seiner besten Freundin teilen durfte, erschwerte das Leben über die Maßen. Es isolierte die Kinder von ihren Freunden und Freundinnen und führte dazu, daß sie anderen Kindern in der Schule oder der Nachbarschaft aus dem Weg gingen.

Es war spät im Frühjahr 1944, als ein Schulmädchen aus Hillegom in Holland versuchte, sich mit der elfjährigen Esther Warmerdam anzufreunden. Esthers Schweigsamkeit und Distanziertheit hatten die Neugier des Mädchens geweckt. Es wollte Esther zu Hause besuchen und versuchte alles, um ihr eine Einladung zu entlocken. Aber Esther überhörte standhaft alle Anspielungen. Im vorderen Teil ihres Elternhauses befand sich der Eisenwarenladen ihres Vaters, im hinteren Teil lag die Wohnung, in der sie mit ihren Eltern und ihren elf Geschwistern lebte. Darüber hinaus beherbergte die Familie stets ein oder mehrere Flüchtlinge, deren Gesamtzahl sich über die Jahre auf zweihundert belief.

»Zeig' mir doch 'mal, wie es bei euch aussieht«, bat Esthers Schulfreundin.

»Ich darf nicht.«

»Warum denn nicht?«

Esther brachte den Standardvorwand der Familie vor: »Wir haben eine große Familie, und meine Mutter will nicht noch mehr um sich herum haben.«

Das konnte das Mädchen freilich nicht abhalten, weiterhin zu drängeln. Tag für Tag begleitete sie Esther nach Hause und wollte eingeladen werden, aber Esther schickte sie unter dem einen oder anderen Vorwand jedesmal weg. Im Spätherbst spitzte sich die Lage schließlich zu. »Bei euch geht irgendwas Geheimnisvolles vor«, sagte sie zu Esther. Esther blieb wie angewurzelt stehen. Da sie nicht antwortete, wurde das Mädchen wütend, packte Esther beim Haar, zog sie zu Boden und tunkte sie mit dem Kopf in den Schnee. Esther konnte sich befreien und rannte fort. Tagelang lebte sie in der Angst, ihre Familie könnte angezeigt werden. Aber nichts dergleichen geschah. Das Mädchen sprach nie wieder mit Esther.

Da die Kinder der RetterInnen niemand anders zum Spielen hatten, wurden ihre neuen Geschwister notgedrungen zu ihren liebsten Spielgefährten. Enge zwischenmenschliche Beziehungen bildeten sich heraus, die ein Leben lang halten sollten. Nelly Trocmé, die zur Zeit des deutschen Einmarschs in Frankreich 13 Jahre alt war, die Tochter des

Pastors von Le Chambon, André Trocmé, und seiner Frau Magda, gewann die beiden Mädchen, die in ihrem Elternhaus Unterschlupf gefunden hatten, sehr lieb:

> Wenn man so zusammengeworfen wird, bilden sich sehr starke Bande heraus. Erinnern Sie sich: Wir teilten dasselbe Zimmer, gingen zusammen zur Schule und gehörten zur selben Pfadfindergruppe. Da ich keine Schwester hatte, wurden diese Mädchen meine Schwestern. Wir durchlitten gemeinsam unsere Pubertät und kamen uns sehr nahe.

Zwischen den Kindern der RetterInnen und den in ihren Familien versteckten jüdischen Kindern entwickelten sich feste geschwisterliche Bande, die auch nach der Befreiung hielten. Die liebevolle Familienatmosphäre, um die sich die RetterInnen bemühten, begünstigte die Entstehung normaler Beziehungen zwischen den Kindern.

Nach und nach merkten die Kinder von RetterInnen, daß sie an einem bedeutungsvollen und humanen Unternehmen mitwirkten, an der Rettung von Menschenleben. Ihre aktive Beteiligung an der sicheren Unterbringung ihrer »jüdischen Geschwister« war eine Erfahrung, die ihr ganzes »Leben prägte« und sich positiv auf ihre eigene Wertschätzung auswirkte. Da sie bereits lange vor dem Holocaust zu Toleranz erzogen worden waren und nicht unter Liebesentzug zu leiden hatten, als die Familie sich vergrößerte, konnten sie ihren »jüdischen Geschwistern« mit Liebe und Akzeptanz begegnen. Wenn sie bei deren Rettung eine aktive Rolle spielten, kam es kaum zu Eifersüchteleien oder Neidgefühlen. Manche Kinder von RetterInnen identifizierten sich mit ihren neuen Geschwistern; andere entwickelten ihnen gegenüber mütterliche oder väterliche Gefühle. Ein immer wiederkehrendes Motiv in ihren Erzählungen ist, daß die jüdischen Kinder – ungeachtet des Unterschieds in Alter und sozialer Herkunft – ihnen sehr ähnlich waren, was es leicht machte, brüderliche oder schwesterliche Bande zu ihnen zu knüpfen. Wenn diese Ähnlichkeit nicht so empfunden wurde, nahm die Beziehung eher den Charakter einer behütenden Eltern-Kind-Beziehung an.

Das enge Verhältnis zwischen Retter bzw. Retterin und Schützling wurde auch durch ihre gemeinsame Isolation gefestigt. Liselotte Muhe ging sogar soweit, ihre eigene Mutter in ein kleines Dorf in Stadtnähe umzuquartieren, um nicht Gefahr zu laufen, daß sie aus Versehen Elizabeth Graysons wahre Identität enthüllen würde. Ähnlich verhielt es sich auch bei Franciczka Subkowa, einem polnischen Kindermädchen, das zwei jüdische Kinder und deren Mutter versteckte: Sie inszenierte extra einen Streit mit ihrer Schwester, zu der sie kein Vertrauen hatte und die sie für fähig hielt, ihre drei Schützlinge für eine Belohnung zu verraten.

Es waren aber nicht nur einzelne oder Familien, die sich um jüdische Flüchtlinge kümmerten und sich ihnen verbunden fühlten. Mitunter hielten auch ganze Städte zusammen, um jüdische Menschen zu verstecken, wie etwa im Fall von Assisi und Secchiano in Italien, Nieuwlande in Holland und Le Chambon in den französischen Cevennen. Sie begründeten gemeinsam, was der französische Überlebende und Filmemacher Pierre Sauvage als eine »Verschwörung des Guten« bezeichnete. An einer solchen Verschwörung beteiligte sich die gesamte Bevölkerung einer Stadt. So taten sich sämtliche 600 Einwohner des mittelitalienischen Dorfes Secchiano zusammen, um der Familie Fullenbaum zu helfen. Unter der Leitung von zwei Familien beherbergten die Dorfleute Wolf und Esther Fullenbaum sowie ihre vierjährige Tochter Carlotta mehr als ein Jahr lang. Ihre Anwesenheit war allgemein bekannt, und alle waren stolz darauf. Die Dorfleute versteckten die jüdischen Flüchtlinge aus Deutschland im zweiten Stock der Dorfschule und versorgten sie auch dann noch mit Lebensmitteln, als sie kein Geld mehr hatten. Wenn die Nazis das Dorf besetzten – wie es von Zeit zu Zeit vorkam –, nahmen die Dorfleute die Fullenbaums zur Feldarbeit mit, wo sie sich unter die anderen Arbeiter und Arbeiterinnen mischten. Um den starken deutschen Akzent der Fullenbaums zu verbergen, erzählten sie dem deutschen Befehlshaber, die Fullenbaums seien taubstumm. Und obwohl der Dorfpriester wegen der Aufnahme von Flüchtlingen verhaftet und deportiert wurde, brach keiner das Schweigen, verriet keiner die Anwesenheit der Fullenbaums. Die Familie wurde nach Großbritannien geschleust und überlebte den Krieg.

Das Dorf Le Chambon im Zentrum von Südfrankreich, das durch Pierre Sauvages Dokumentarstreifen *Weapons of the Spirit* und Philip Hallies Buch *Daß nicht unschuldig Blut vergossen werde* bekannt wurde, war nur eines von mehreren Dörfern, die gemeinsam versuchten, Juden und Jüdinnen zu retten. Weniger bekannt sind hingegen die angrenzenden Cevennen, eine ländliche Gegend, in der sich die Dorfbevölkerung ebenfalls zusammenschloß, um jüdischen Männern, Frauen und Kindern sowie andere Flüchtlinge zu verstecken. Wie der französische Pastor Marc Donadille hervorhebt, hielten sogar die Dorfleute, die das Vichy-Regime unterstützten, den Mund. Es war einfach üblich und gehörte zur landesspezifischen Geistesverfassung, den Nachbarn freie Hand zu lassen.

Ähnliche Erfahrungen machten auch der niederländische Retter Wilto Schortinghuis und seine Frau, deren Haus dem holländischen Widerstand als Unterschlupf diente. Wilto erinnert sich noch, wie die Deutschen im Herbst 1944 versuchten, ganz Arnhem zu evakuieren. Die Schortinghuis mußten daraufhin eine vierköpfige niederländische Familie aufnehmen. Nun versteckten sie bereits fünf Juden und Jüdinnen, aber glücklicherweise hielt die Familie, die bei ihnen einquartiert wurde, dicht. Wie Wilto meint, hing der Erfolg einer Rettungsoperation entscheidend von solcher passiver Unterstützung ab.

> Was uns bei der Rettung von Menschenleben half, war das ganze soziale Umfeld in unserem Land. Man bringt so etwas nicht alleine zuwege. Der Untergrund beschaffte falsche Ausweispapiere und Lebensmittelmarken. Drei Jahre lang bildeten unsere Nachbarn einen Schutzschild um uns, indem sie so taten, als würden sie nichts bemerken. Wir waren nur die Spitze des Eisbergs.

Die Flüchtlinge ihrerseits waren sich bewußt, daß sie nur durch die Hilfsbereitschaft ihrer RetterInnen noch am Leben waren und taten ihr möglichstes, nicht zur Last zu fallen. Sich nützlich machen wurde für David Frital zur Überlebensstrategie. David war Bankangestellter und lebte in Lotczk in der westlichen Ukraine. Als die Deutschen die Stadt besetzten, mußte er ins Ghetto ziehen. Von Zeit zu Zeit schlich er hinaus, um nach einem Versteck Ausschau zu halten. Als er von einem seiner Streifzüge zurückkam, sah er die deutschen Todesschwadronen im Ghetto bei der Arbeit. Verzweifelt und in Panik lief er zu einer Arbeitskollegin namens Irena Bron und bat sie, für eine Nacht bleiben zu dürfen. Obwohl er keineswegs ein enger Freund der Familie war, gab Irenas Vater Zigmund sein Einverständnis.

Am folgenden Morgen wurde David klar, daß er nicht wußte, wohin er nun gehen solle. In der Hoffnung, sich im Haushalt nützlich zu erweisen, ging er in die Küche, machte Feuer und schälte Kartoffeln für das Frühstück. Erfreut und erstaunt ging Zigmund Bron zur Arbeit, während David sich um Zigmunds kränkelnde Frau und den Haushalt kümmerte. Wortlos blieb David eine weitere Nacht und dann noch eine.

Instinktiv und weil er die Lage klug einschätzte, verhielt sich David auf eine Weise, die SozialpsychologInnen als den »Fuß-in-der-Tür-Effekt« bezeichnen. Untersuchungen zeigen, daß ein Mensch, der auf die

Bitte eines anderen, ihm einen kleinen Gefallen zu tun, positiv reagiert, danach mit höherer Wahrscheinlichkeit der Bitte um einen größeren Gefallen nachkommt, als wenn er gleich um den größeren Gefallen gebeten worden wäre. David bat zunächst nur für eine Nacht um Unterschlupf und fragte erst später, ob er den Winter über bleiben dürfe. Er versprach, im Frühjahr zu gehen und sich den ukrainischen Partisanen im Wald anzuschließen. Zigmund Bron war einverstanden. Er brachte es nicht übers Herz, David in den harten Winter hinauszuschicken. Doch die angespannte Atmosphäre, die seine Anwesenheit hervorrief, war fast mit Händen greifbar.

David Frital war entschlossen alles zu tun, um die Lage zu entspannen. Er erkannte, daß er sich nicht als Opfer verhalten durfte, wenn er die Angst der Brons in Schach halten wollte. Im Gegenteil, er mußte stark, nützlich und einfallsreich erscheinen. So schlich er von Zeit zu Zeit in die Stadt, um Bekannte aufzusuchen, und kam jedesmal mit aktuellen Informationen, den neuesten Klatschgeschichten und Neuigkeiten von anderen christlichen Familien, die Juden versteckten, zurück. Das verschaffte den Brons Ablenkung und gab ihnen Mut durchzuhalten. Aber erst als sie ihr Geheimnis ihrem Beichtvater anvertraut hatten, der ihnen seinen Segen gab, fanden ihre schlaflosen Nächte ein Ende. Am 12. Mai 1942 verließ David Frital die Familie Bron aus eigener Initiative. Nun, da es langsam wieder wärmer wurde und man Fenster und Fensterläden offenließ, war es schwieriger, jemanden zu verstecken. Die Deutschen nahmen immer mehr Juden und Jüdinnen gefangen. David beschloß, daß die Zeit reif war, weiterzuziehen.

Auch unter schwierigsten Bedingungen versuchten die Hilfesuchenden sich so nützlich wie möglich für ihre RetterInnen zu machen.

Auf einem Bauernhof außerhalb von Radin in Litauen versteckten sich in einem flachen Erdloch vier Flüchtlinge, die dem Massaker in dem nahegelegenen Ghetto entkommen waren. Fegel Yurkansky, eine junge Frau Anfang zwanzig, Esther Fischer, die Ehefrau eines Rabbiners, sowie ihr Sohn und ihre Tochter schälten Kartoffeln. Sie waren entschlossen, Jan Adamowicz irgendwie für die Risiken zu entschädigen, die er auf sich nahm, indem er sie auf seinem Bauernhof versteckte.

Jan war der Trunkenbold des Dorfes. Die Partisanen mieden ihn, da sie befürchteten, er könnte in seiner Trunkenheit lebenswichtige Informationen preisgeben. Aber der Dorfbewohner, der den vier Flüchtlingen zufällig im Wald begegnet war, hatte sie gleichwohl in Jans Obhut gegeben, denn er wußte, daß in dem nörgelnden und häufig betrunkenen Mann ein guter Kerl steckte, stets bereit, Notleidenden zu helfen. Der Dorfbewohner vertraute darauf, daß sich Jan um die vier Flüchtlinge kümmern würde.

Und das tat er auch. Zwar war er zu ängstlich, sie in seinem Haus unterzubringen, aber dafür hob er im Wald ein Erdloch aus, in dem sich die Juden verstecken konnten, und schickte jede Nacht eines seiner fünf Kinder mit Essen zu ihnen. Um Jan seine Freundlichkeit zu vergelten, schälten Fegel Yurkansky und Esther Fischer Kartoffeln. Fegel hatte für eine von Jans Töchtern bereits ein Kleid genäht – was vorübergehend für Unruhe sorgte, da die Nachbarn nicht glauben wollten, daß das Kleid von Jans Frau stammte. Daraufhin nähte Fegel ein weiteres Kleid und überließ die abschließenden Änderungen der Mutter, um die Dorfskeptiker zu überzeugen. Danach beschränkte sie sich auf Küchendienste.

Aber auch das stellte sich als gefährlich heraus. Eines Tages führte ein Polizist bei den Adamowiczens eine routinemäßige Überprüfung durch und erblickte dabei die zusätzlichen Kartoffelschalen. Ohne Umschweife beschuldigte er die Familie, Juden zu verstecken. Offenbar setzen Polen beim Kartoffelschälen immer wieder ab, so daß die Schalen in kleinen Stücken zurückbleiben. Dagegen bildeten die Schalen, die den Verdacht des Polizisten erregten, eine lange Spirale, und nur Juden schälten Kartoffeln auf diese Weise. Jan konnte sich durch eine überzeugende Lüge herausreden, aber der kleine Gefallen, den die beiden Jüdinnen ihm erwiesen hatte, hätte sie alle beinahe das Leben gekostet.

Nicht alle Menschen im Versteck waren sich bewußt, wie ernst und unsicher ihre Lage war, und manche zeigten sich auch nicht sonderlich dankbar. Esther Warmerdam erinnert sich, daß sie eines Tages, als sie nach Hause kam – sie war damals elf –, ein kleines Mädchen namens Susi antraf, die, wie ihr Vater sagte, eine Weile bleiben würde, weil sich »ihre Eltern zur Zeit nicht richtig um sie kümmern können«. Zwei Wochen nach Susis Ankunft stellte sich eine Frau vor. »Ich bin Susis Mutter«, erklärte die dunkelhaarige, gut gekleidete Frau, die sichtlich aus vornehmem Hause stammte und, wie an ihrem Auftreten erkennbar, gewohnt war, Befehle zu erteilen. Unaufgefordert begann sie sogleich, das Haus der Warmerdams von oben bis unten zu inspizieren. Sie öffnete die Vorratsschränke, untersuchte Susis Kleider und überprüfte, ob auf der Wäsche, die im Hof trocknete, noch Flecken zu sehen waren. Schließlich gab sie bekannt, was sie alles zu bemängeln hatte. Die Kleider seien abgetragen, es gebe nicht genügend Spielzeug, und das Essen werde nicht angemessen zubereitet.

Die Warmerdams versuchten, sie zu beruhigen.

»Susi geht es gut hier«, sagte Herr Warmerdam mit einem Lächeln.

»Wir tun unser Bestes«, versetzte Frau Warmerdam kurz angebunden.

Vier Wochen lang fuhr die Mutter mit ihren Besuchen fort. Alle paar Tage kam sie angerauscht, gab Anweisungen und verschwand wieder. Ihre Besuche brachten die Familie aus dem Gleichgewicht. Esthers Mutter verübelte ihr die ständigen Vorwürfe, die sich sowohl auf ihre Person als auch auf ihre Haushaltsführung bezogen. Schließlich hatte sie genug. »Wenn wir für Ihre Tochter nicht gut genug sind, suchen Sie doch jemand anders, der sich um sie kümmert«, sagte sie zu Susis Mutter.

»Das werde ich auch tun«, schrie die zurück.

Ende März wurde Susi abgeholt. Die Warmerdams sahen weder sie noch ihre Mutter je wieder.

Die Beziehungen zwischen RetterInnen und Geretteten konnten auf verschiedene Weise enden. Im Idealfall wurde der Schützling bis zur Befreiung beherbergt – bis die Gefahr vorüber war. In anderen Fällen fand die Beziehung aufgrund bestimmter Umstände oder weil einer bzw. eine der beiden es so wollte, ein vorzeitiges Ende. So kam es vor, daß die Gefahr, von den Nachbarn denunziert zu werden, nach jahrelangem Versteckspiel doch zu groß wurde; oder daß ein neues Kind geboren wurde; oder daß ein Elternteil bzw. das eigene Kind nicht mehr mitmachen wollte und daher eine Gefahr darstellte; oder daß die Lebensmittel knapp wurden, die Nachbarn Verdacht schöpften oder die Behörden auf den Plan traten. Manche Schützlinge wurden von denen, die ihnen Zuflucht gewährt hatten, aufgefordert, wegzugehen, andere von einem Netzwerk. Die Entscheidung konnte auf gegenseitigem Einverständnis beruhen oder aber nur von einem oder einer der Beteiligten ausgehen. In jedem Fall aber war die Beziehung für das weitere Leben prägend.

II
Die Motivation

»Wir brauchen eine Sprache, mit der wir uns selbst und anderen erklären können, warum wir tun, was wir tun. Gerade in einer individualistischen Gesellschaft, in der es als anormal gilt, sich um jemanden zu kümmern, ist es um so wichtiger, in der Lage zu sein, sich selbst Rechenschaft zu geben. Eine angemessene Sprache der Motivation ist daher eines der entscheidenden Momente, in denen sich Individuum und Gesellschaft überschneiden: Die Fähigkeit, das Warum zu erklären, ist für unsere Identität als Kultur ebenso wichtig wie für unser Selbstgefühl als Individuen.«

Robert Wuthnow, Soziologe

Wenn ich auf meinen Reisen durch die Vereinigten Staaten und im Ausland vor ZuhörerInnen unterschiedlichster Herkunft Vorträge über RetterInnen halte, taucht immer wieder die grundsätzliche Frage auf: Warum haben sie das getan? Warum setzten sie ihr Leben und das ihrer Lieben aufs Spiel? Meine Antwort auf diese Frage ist vielschichtig, und deshalb begegnen ihr viele ZuhörerInnen mit Widerstand. Die Menschen wollen einfache Erklärungen. Durchschnittliche ZuhörerInnen – Menschen, die sich selbst für gutherzig halten – können sich normalerweise nicht vorstellen, daß sie das tun könnten, was diese RetterInnen getan haben. Und obwohl ihnen im Laufe meines Vortrags langsam deutlich wird, wie unterschiedlich die einzelnen Situationen, Menschen und Lösungen waren, gibt es am Ende immer ein paar, die der Auffassung sind, daß man im Grunde nicht wirklich erklären könne, warum diese Handvoll Menschen tat, was sie getan hat.

Mir ist diese romantische Vorstellung eines unergründlichen Mysteriums zwar sympathisch, aber ich kann mich damit nicht zufriedengeben. Natürlich ist menschliches Verhalten vielschichtig, inkonsistent und veränderlich. Die Vernunft hat dabei nicht immer die Oberhand. Viele Reaktionsweisen von RetterInnen hingen von einer bestimmten Kombination jeweiliger Umstände, persönlicher Eigenheiten, Gefühle und Erfahrungshintergründe ab, die sich in diesem Augenblick kristallisierten.

RetterInnen sehen sich außerstande, sämtliche Gründe zu nennen, die sie zu altruistischen Handlungen veranlaßten. Wenn ich sie fragte: »Warum haben Sie das getan?« erregte ich oft Unbehagen, ja Verdruß. Oft trugen sie sich mit irrationalen Schuldgefühlen, daß sie mehr hätten tun sollen. Viele waren verlegen, weil sie meinten, ihre ehrlich gemeinten Erklärungen – »Es war einfach das Richtige« oder »Ich hätte mit mir selbst nicht mehr weiterleben können, wenn ich diese Menschen dem Tod ausgeliefert hätte« – wären nicht sehr ergiebig für die Fragestellerin. Dessenungeachtet nahmen so manche WissenschaftlerInnen die Retter und Retterinnen beim Wort, warfen sie sämtlich in einen Topf und stellten die Behauptung auf, diese Menschen seien einfach der Überzeugung und handelten entsprechend dieser, daß alle Menschen zu ein und derselben Menschheit gehören. Die PolitologInnen fingen an, sie als »John Donnes Menschen« zu bezeichnen.*

Kein Mensch ist eine Insel, keiner bildet für sich eine Einheit;
jeder ist ein Teil des Kontinents, ein Teil der See;
jedes Menschen Tod ist mir ein Verlust, weil ich zur Menschheit gehöre;
und daher versuche nicht, in Erfahrung zu bringen, für wen die Stunde schlägt
sie schlägt dir ...

(Johne Donne, *Devotions*, XVII)

Die PsychoanalytikerInnen sind der Überzeugung, daß sich die Handlungen von RetterInnen aus unbewußten ichbezogenen Motiven herleiten. Folgt man dieser Anschauung, so erblickten manche Zivilisten in der Rettung von Juden und Jüdinnen eine Möglichkeit, ihrer Wut auf das Nazi-Regime Ausdruck zu verleihen. Der Rettungsakt verschaffte ihnen die narzistische Genugtuung, ihre Unterdrücker auszutricksen, und das Vergnügen, eine oder mehrere völlig abhängige Personen im Haus zu haben. Die meisten PsychoanalytikerInnen argumentieren, daß den Taten der Retter und Retterinnen nicht Altruismus, sondern ein Bedürfnis nach Selbstbelohnung zugrunde lag. Anna Freud zum Beispiel hatte den Eindruck, daß es so etwas wie altruistische Motive nicht gibt. Ihrer Meinung nach werden Menschen, die anderen helfen, durch ein Gefühl persönlicher Genugtuung belohnt.

Unbewußte Motive spielten bei der Verwandlung eines Menschen, der zunächst nur zuschaute und schließlich handelte, sicherlich eine Rolle. Doch stellten solche immateriellen Dinge wie persönliche Genugtuung oder ein aufgebessertes Selbstbild im Vergleich zu den immensen Risiken, die diese Menschen auf sich nahmen, in der Tat eine geringe Belohnung dar.

Neuere empirische Forschungen und Analysen zeigen, daß es jenseits des Unbewußten deutliche gesellschaftliche und psychologische Strukturmuster gibt. Verfolgt man zurück, wie die betreffenden Menschen dazu

---

* Der Begriff »John Donne's people« wurde von Kristen Monroe geprägt, der als Politologe an der *University of California* in Irvine lehrt. Es ist ein bildhafter Ausdruck für die Vorstellung der RetterInnen, alle Menschen gehörten unterschiedslos der Menschheit an.

kamen, sich um die Rettung eines oder einer anderen zu bemühen, lassen sich fünf Gruppen unterscheiden: *Menschen mit moralischen Beweggründen,* die durch ihr Gewissen genötigt wurden, Juden und Jüdinnen zu retten; *Judeophile,* die ein besonderes Verhältnis zu einzelnen jüdischen Menschen hatten oder sich dem jüdischen Volk als Ganzes verbunden fühlten; *Mitglieder eines Netzwerkes,* die von einer antinazistischen Weltanschauung getragen wurden und sich mit anderen zusammentaten, um politischen Widerstand zu leisten; *Menschen, die sich aus beruflichen Gründen engagierten,* wie Ärzte und Sozialarbeiter, und damit ihre berufliche Tätigkeit natürlich und logisch fortschrieben; und *Kinder und Jugendliche,* die auf Geheiß ihrer Eltern halfen, jüdische Mitmenschen zu retten.

Natürlich lassen sich nicht alle meine GesprächspartnerInnen eindeutig der einen oder anderen Gruppe zurechnen. Die Motivlage jedes und jeder einzelnen war oft vielschichtig und vereinigte Momente, die für mehr als nur eine Gruppe charakteristisch waren. Soll man ein Kindermädchen, das ihren geliebten Schützling rettet, als »Judeophile« oder als »Frau, die sich aus beruflichen Gründen engagierte«, bezeichnen? Soll man jemanden wie die friesländische Retterin Theresa Weerstra, die anfangs nur ein kleines Mädchen aufnahm, sich schließlich jedoch dem Untergrund anschloß, als »Retterin mit moralischen Beweggründen« oder als »Mitglied eines Netzwerks« einordnen. Soll man jemanden, der zunächst seine jüdische Frau, dann aber auch andere Juden rettete, überhaupt berücksichtigen?* Wenn ja, welcher Gruppe soll man ihn zuordnen? Den »Menschen mit moralischen Beweggründen«? Den »Judeophilen«?

Die wirklichen Rettungsbeziehungen, die manchmal nur wenige Stunden, manchmal aber auch Jahre andauerten und sich im Laufe der Zeit veränderten, liegen oft quer zu meiner fein säuberlichen Einteilung. Aber trotz all der Ausnahmen, Grenzfälle und verwickelten Beweggründe, die den einzelnen oder die einzelne veranlaßten, helfend einzugreifen, gewährt diese Einteilung nach Motiven wertvolle Einblicke in die Natur altruistischen Verhaltens. Sie zerreißt den Schleier des Geheimnisses, der die Taten der RetterInnen umgibt. Legt man diese Einteilung zugrunde, erscheinen die Aktivitäten der RetterInnen schon eher verständlich, obwohl sie immer noch etwas Faszinierendes und Verwunderliches an sich haben.

---

* Nach den Yad Vashem-Richtlinien ja, vorausgesetzt, er rettete auch Menschen, die nicht zu seiner Familie gehörten.

Die Kategorien, die ich aufgestellt habe, stehen nicht nur für die anfängliche Motivation der RetterInnen, sondern weitgehend auch dafür, was diese Menschen in ihrem Wesen auszeichnet. Die RetterInnen nahmen sich selbst als hilfsbereite, kompetente Menschen wahr, die die Verantwortung übernahmen, jüdische Mitmenschen zu retten. Aber sie hatten auch ihre eigenen, je spezifischen Gründe. Sie retteten Leben, weil ihre Moral, ihre Weltanschauung oder ihr Beruf es ihnen gebot, weil sie das jüdische Volk bewunderten, oder weil sie Kinder waren, die ihren Eltern bei der Rettung eines Menschenlebens halfen. Das Retter-Selbst war im stillen stolz auf die Fähigkeit, moralisch integer zu sein oder den eigenen weltanschaulichen Überzeugungen treu zu bleiben, den Gepflogenheiten des eigenen Berufs gemäß zu handeln oder schlicht menschliche Beziehungen aufrechtzuerhalten.

Aus der Gruppeneinteilung ergaben sich aber noch weitere Einblikke. Ich entdeckte, daß die Gruppenzugehörigkeit eines Retters oder einer Retterin nicht nur im Moment der aktuellen Hilfe bedeutsam war, sondern auch im Nachkriegsalltag. Das Leben von Menschen mit moralischen Beweggründen war weiterhin von einer starken Bindung an die Religion oder an einen anderen Moralkodex geprägt. Angehörige von Helferberufen fanden in ihrer Arbeit eine Möglichkeit, auch weiterhin helfend tätig zu sein. Manche weltanschaulich motivierten RetterInnen waren auch nach dem Krieg weiterhin politisch aktiv. Judeophile hielten ihre Beziehung zu ihren ehemaligen Schützlingen oder zur jüdischen Gemeinde aufrecht. Und Kinder von RetterInnen setzten ihr helfendes Engagement als Erwachsene im Berufsleben fort. Was immer Menschen, die geholfen hatten, in der Nachkriegszeit taten, ihr Leben war Ausdruck ihrer ursprünglichen Rettungsmotive.

Die Zuordnung der hilfsbereiten Frauen und Männer zu einer der fünf Gruppen war daher mehr als bloße Begriffshuberei. Im Gegenteil, eine Untersuchung der Umstände und Motive, die diese Menschen zum Handeln veranlaßten, offenbart ihren herausragenden Wesenszug. Es ist dieser charakteristische Zug – moralisches Empfinden, weltanschauliche Motivation, Affinität zum jüdischen Volk, der professionelle Wunsch zu helfen oder der, seine Pflicht als Kind zu erfüllen –, der nach dem Krieg als zentraler Bestandteil der Persönlichkeit dieser Menschen fortlebte. Und es ist dieser Teil des Retter-Selbst, aus dem zahlreiche RetterInnen immense Befriedigung und Orientierung für ihr weiteres Leben zogen.

8
Moralisch motivierte Retter und Retterinnen

Moralisch motivierte RetterInnen waren Menschen, die auf die Frage, warum sie ihr Leben aufs Spiel setzten, um jüdische Menschen zu retten, oft antworteten: »Was sollte man sonst tun, wenn ein Menschenleben in Gefahr war?«* Ihr Verständnis von Recht und Unrecht war und ist so sehr ein Teil von ihnen, daß ich sie genausogut hätte fragen können, warum sie atmen.

Moralität galt diesen Frauen und Männern eher als etwas Relatives denn als etwas Absolutes. Gerechtigkeit war eine Sache gegenseitiger Rechte und Pflichten innerhalb einer sozialen Gruppe. Moralisch motivierte RetterInnen wußten genau, wer sie waren und was sie wollten. Ihre Wertvorstellungen waren ihnen unabhängig von der Zustimmung anderer eigen. Für sie war es am wichtigsten, sich so zu verhalten, daß ihre Integrität keinen Schaden nehmen konnte. Die Frauen und Männer, die zunächst beobachteten und schließlich ihre Hilfe aktiv anboten, wußten, daß Menschen sterben würden, wenn sie nicht eingriffen.

Moralisch motivierte RetterInnen ergriffen keineswegs jede Gelegenheit, um Unrecht zu bekämpfen. Im Gegenteil, nur selten ging die Initiative von ihnen selbst aus. Im Unterschied zu andersmotivierten Helfenden – wie etwa WiderstandskämpferInnen, die der Haß auf das Nazi-Regime antrieb – handelten moralisch Motivierte erst, wenn sie darum gebeten wurden oder wenn sie mit Leid und Tod in Berührung

* 32 Prozent aller im Rahmen des Retter-Projekts Befragten wurden der Gruppe der moralisch motivierten RetterInnen zugeordnet. Innerhalb dieser Gruppe waren 14 Prozent weltanschaulich-moralisch motiviert, 12 Prozent religiös und 6 Prozent emotional. Im allgemeinen waren emotional-moralisch und religiös-moralisch motivierte RetterInnen mehr an der Rettung von Kindern beteiligt als RetterInnen mit weltanschaulich-moralischer Motivation.

kamen und ihr Gewissen erwachte. Der Anblick von Brutalität rührte sie innerlich an und rief ihnen ihre Wertvorstellungen ins Bewußtsein; Werte, die ihnen bereits in früher Kindheit eingeprägt wurden, anschließend aber vielleicht brachlagen. Die meisten, die aus moralischer Motivation heraus halfen, konnten einfach nicht nein sagen, wenn sie um Hilfe gebeten wurden. Man fühlt sich an Magda Trocmés Ausruf erinnert: »Natürlich, kommen Sie herein, nur herein!« Magda Trocmé kannte diese Menschen, die sie um Hilfe baten, nicht; sie verhielt sich einfach, wie sie es für richtig befand. In Holland, Polen und Frankreich hatte die ländliche Bevölkerung vor der Nazi-Besatzung vielleicht noch nie einen jüdischen Menschen zu Gesicht bekommen.

Die Moral dieser Gruppe von Menschen läßt sich wiederum unterscheiden: Es gab eine weltanschauliche, eine religiöse und eine emotionale Moral. War die moralische Gesinnung eines Retters *weltanschaulich* begründet, so beruhte sie auf ethischen Überzeugungen und Gerechtigkeitsvorstellungen. Daß Handeln und Moral übereinstimmen sollten, war für diese RetterInnen zeit ihres Lebens maßgebend. Sie standen für ihre Überzeugungen ein und halfen, wenn sie darum gebeten wurden. Auch waren sie mit größerer Wahrscheinlichkeit politisch engagiert als andere moralisch motivierte Menschen. Mitunter waren sie Mitglied einer sozialistischen oder kommunistischen, in einigen Fällen auch einer nationalistischen Partei.

Religiös-moralisch motivierte RetterInnen beschrieben ihre Vorstellungen von Recht und Unrecht nicht in ethischen, sondern in religiösen Begriffen. Ihre moralische Gesinnung beruhte auf religiösen Geboten der Art: »Handele anderen gegenüber so, wie du erwartest, auch von ihnen behandelt zu werden!«, aber auch auf Erwartungen, die sie an die eigene Lebensführung stellten. Unerschütterlich hielten sie fest an diesen religiösen Werten, zu denen auch die Toleranz gegenüber Menschen mit anderem ethnischen oder religiösen Hintergrund gehörte. Waren sie während des Krieges oder danach mit unheilvollen Situationen oder komplexen moralischen Problemen konfrontiert, verließen sie sich auf ihren Glauben, um einen Ausweg zu finden.

Der Krieg versetzte die religiös-moralisch motivierten Frauen und Männer in eine double-bind-Situation. Ihre rettenden Handlungen brachten sie nicht nur zu ihrer Regierung, sondern oft auch zu ihrer Kirchenführung in Gegensatz. Dabei bereitete ihnen ein gestörtes Verhältnis zur Regierung weit weniger Sorgen als der Bruch mit der Kirche. Schließlich war die Regierung gleichbedeutend mit der Last des Gesetzes. Ein Bruch mit der Kirche war dagegen etwas völlig anderes. Sie fühlten sich ihrer Religionsgemeinschaft, die für sie oft die Bedeutung einer erweiterten Familie hatte, entfremdet.

Manche fundamentalistisch orientierten protestantischen Sekten und die Calvinisten lehrten, daß die Juden Gottes »auserwähltes Volk« seien. Diese Auffassung sollte zwar nicht mit religiös motivierter Toleranz verwechselt werden, aber es ist interessant, daß viele RetterInnen in den Niederlanden der Gegenrevolutionären Kirchen-Partei angehörten, die Juden und Jüdinnen wohlgesinnt war. Die Mitglieder dieser Partei fühlten sich dem jüdischen Volk, vermittelt über Geschichten des Alten und Neuen Testaments, geistig verbunden. Sie nahmen die Juden nicht als fremde Wesen, sondern als Brüder und Schwestern wahr.

Religiöse Gefühle waren aber nicht auf Anhänger der traditionellen Religionsgemeinschaften beschränkt. Auch die Pazifisten, die sich den Grundsätzen und Praktiken der gewaltfreien Aktion verschrieben hatten, handelten aus innerer Überzeugung. Beispielhaft sei hier der niederländische Retter Wilto Schortinghuis genannt, der lange vor der deutschen Invasion als Kriegsdienstverweigerer aus Gewissensgründen anerkannt worden war. Er und seine Frau bezogen sich auf Mahatma Gandhi und Albert Schweitzer. Auf die Frage, warum sie während des Krieges auf ihrem Bauernhof zwanzig Juden versteckt hatten, antwortete Wilto schlicht: »Für uns ist das Leben etwas Heiliges.«

Emotional-moralisch motivierte RetterInnen fühlten sich zur Hilfe verpflichtet, weil sie für die Opfer der Nazi-Verfolgung Mitleid empfanden. Die emotional-moralischen RetterInnen waren der am wenigsten vertretene Typus der moralisch Motivierten. Sie handelten in Situationen, die ihre Hilfe erforderten, nicht nur aufgrund bestimmter Vorstellungen von Recht und Unrecht, sondern aus Mitgefühl und Mitleid heraus. Ihre moralische Gesinnung beruhte auf Fürsorge und Verantwortungsbewußtsein – eine Gesinnung, die die Harvard-Psychologin Carol Gilligan (1991) in ihrem bahnbrechenden Buch *Die andere Stimme* auszeichnet. Nach ihrer Auffassung kommt diese moralische Gesinnung, die auf Mitleid und Sorge um andere beruht, bei Frauen häufiger vor als bei Männern (siehe auch Kap. 13).

Durch nichts läßt sich das Verhalten der moralisch motivierten Frauen und Männer besser veranschaulichen als durch die Geschichte von Irene Gut Opdyke. Sobald ihr die ausweglose Lage der jüdischen Menschen zu Bewußtsein gekommen war, war sie entschlossen zu handeln – koste es, was es wolle. Viele Jahre waren die Beziehungen, die sie im Laufe ihrer Rettungsaktivitäten aufbaute, von entscheidender Bedeutung für ihr Leben und Dasein.

Die 19jährige Krankenschwesterschülerin wurde sich der ausweglosen Lage der Juden und Jüdinnen bewußt, als sie die Vorhänge in dem Hotel in Radom zurückzog, wo sie als Kellnerin für den Nazi-Major Ruegemer arbeitete, und das Elend der Männer, Frauen und Kinder im jüdischen Ghetto sah. Sie konnte diesen Anblick nicht mehr vergessen. Irene und ihre Schwester versorgten die Menschen im Ghetto mit Lebensmitteln, aber als die Nazis das Ghetto hinter dem Hotel schlossen, konnten sie nichts tun, als das Geschehen von der anderen Straßenseite aus hilflos und erschrocken zu beobachten.

Eines Tages hörten Irene und ihre Schwester Schüsse. Als Major Ruegemer sah, wie sehr dieser Vorfall die beiden jungen Frauen erschüttert hatte, gab er ihnen für den Tag frei. Auf dem Weg nach Hause hörten sie wieder Schüsse. So folgten sie einer Gruppe von Gestapo-Leuten bis an den Stadtrand. Dort sahen sie eine Reihe flacher Gräber. Die Gestapo stellte die Menschen entlang dieser Gräber auf und eröffnete mit Maschinengewehren das Feuer. »Die Erde erzitterte vom Atem derer, die lebendig begraben wurden«, erinnert sich Irene. An diesem Tag, in diesem Augenblick, schloß sie mit Gott ein feierliches Bündnis. Sie bat ihn um die Gelegenheit, etwas tun zu können. »Ich bat Gott, mir Verantwortung zu übertragen und mir die Gelegenheit zu geben, helfend einzugreifen, und sollte es mich mein eigenes Leben kosten.«

Irenes erste rettende Tat, als sie am Ghettozaun Lebensmittel deponierte, erfolgte aus Empathie und der Überzeugung, daß es sich bei den Gefangenen um menschliche Wesen handelte und nicht um irgend etwas »anderes«. Sie sah, daß diese Menschen litten, und ihr Sinn für Menschlichkeit nötigte sie zum Handeln. Der Fall von Irene Gut veranschaulicht, wie schwierig die Zuordnung zu einer der fünf Motivationstypen sein kann. Ich reihte sie unter die weltanschaulich-moralisch Motivierten ein, weil sie ungeachtet der Tatsache, daß sie eine tief religiös empfindende Person war, anfänglich nicht aus religiöser, sondern aus weltanschaulicher Überzeugung handelte. Obwohl sie als Reaktion auf die Mordaktion der Gestapo zu Gott betete, war ihr ursprünglicher Antrieb von ethischen Gerechtigkeitsvorstellungen bestimmt.

Irene bekam ihre Chance, mehr zu tun, als der Major nach Tarnopol nahe der russischen Grenze versetzt wurde, wo er eine Munitionsfabrik leiten sollte. Irene und ihre Schwester begleiteten ihn dorthin. Innerhalb kürzester Zeit fand Irene heraus, daß in der Fabrik 300 Juden und Jüdinnen arbeiteten. Aus den Tischgesprächen des Majors mit Angehörigen der örtlichen Gestapo erfuhr die emsig lauschende Irene, daß gesunde jüdische Frauen und Männer aus dem Ghetto geholt wurden, um in der Fabrik zu arbeiten. Als sie mit der Aufgabe betraut wurde, die Wäscherei zu beaufsichtigen, kam sie mit einem Dutzend jüdischer Ghettobewohner in engen Kontakt.

Anfangs trauten sie ihr nicht. Sie nahm sich vor, das Vertrauen dieser Menschen zu gewinnen. Einmal wollte eine Jüdin ihre Eltern im Ghetto besuchen. Irene erwirkte bei Major Ruegemer einen Passierschein, indem sie ihm erzählte, daß die Frau für zwei deutsche Angestellte Kleider nähe und die Kleider ins Ghetto bringen müsse, um Knopflöcher anfertigen zu lassen. Als die Frau am folgenden Tag noch nicht zurück war, bat Irene den Major um Erlaubnis, sie suchen zu gehen.

> Es war an einem Tag nach einer Razzia im Ghetto, und was ich sah, war unglaublich. [...] Es war vor allem unglaublich, überall Blut zu sehen. Dann merkst du, wie die Leute dich anschauen und daß du ihnen nicht ins Gesicht schauen kannst. Ich ging zum Haus ihrer Eltern – niemand zu Hause. Aber als ich ihren Namen rief, stellte sich heraus, daß sie sich unter der Treppe versteckt hatte. Sie hörte meine Stimme und kam aus ihrem Versteck hervor. Ich sagte zu ihr, daß die Razzia vorbei sei und daß sie mit mir kommen solle. Aber sie wollte nicht. Ihre Eltern waren weggebracht worden, und nun war ihr alles egal. Ich packte ihren Korb mit allerlei Sachen voll, und dann gingen wir mit dem Passierschein hinaus. Am Ghettoausgang spielte ich ein deutsches *Fräulein* und [erzählte der Wache], daß die Jüdin meine Sachen zu tragen habe.

Seit diesem Vorfall verfolgte Irene aufmerksam die Gespräche der Gestapo bei Tisch, um die Leute in der Wäscherei vor bevorstehenden Razzien warnen zu können. Diese gaben die Neuigkeit dann an ihre Leidensgenossen hinter den Ghettomauern weiter.

Eines Tages teilte der Chef der Gestapo dem Major mit, daß das ganze Ghetto im Juni liquidiert werden solle. Irene war ratlos. Sie kannte niemanden, der genügend Platz hatte, um ihre zwölf Freunde aus der Wäscherei zu verstecken. Aber einige Tage vor der Liquidierung des Ghettos wurde dem Major eine neue Wohnung zugewiesen. Als Irene die Villa sah, in die er umziehen sollte, hatte sie das Gefühl, daß Gott ihr

Rettung sandte. In dieser Nacht, als die Deutschen nach einem Trinkgelage fest schliefen, stahl sie dem Major die Schlüssel zur Villa und schloß hinter sich ab. Sie schleuste ihre Freunde nach und nach aus der Wäscherei über die Kohlenrutsche in den Keller der Villa.

Am nächsten Morgen fragte der Major sie, ob sie etwas dagegen hätte, einige Maler zu beaufsichtigen, die die Villa renovieren sollten, und Irene packte die Gelegenheit beim Schopf. Als sie in den Keller kam, schauten ihre Freunde und Freundinnen sie »wie verzweifelte kleine Kinder« an. Ohne eine Sekunde zu verlieren, führte sie sie vom Keller auf den Boden, weil der Keller als erstes gestrichen werden sollte.

Es war Ende Juni, und auf dem fensterlosen Boden herrschte eine unerträgliche Hitze. Irene schloß ihre Schützlinge ein und versprach, mit Essen und einem Nachttopf wiederzukommen. In ihrer Erinnerung war das der schrecklichste Tag ihres Lebens. »Ich erinnere mich, wie ich mit der einen Hand das Mittagessen servierte und mit der anderen versuchte, die Arbeiter von dem Versteck fernzuhalten«, erzählte sie mir. »Dann entdeckten wir, daß der Architekt, ein Jude, die Ereignisse vorausgeahnt und ein Versteck eingebaut hatte.« Das Versteck lag unter dem Rasen im Garten. Um es zu erreichen, mußte man durch eine kleine Öffnung unterhalb der Kohlenrutsche kriechen. Irene packte Essen, Wasser und einen Nachttopf zusammen und führte die Gruppe in ihr neues Versteck.

Eines Nachts gab sich einer der Gestapo-Leute mit seiner Geliebten ein romantisches Stelldichein auf dem Balkon. Irene befürchtete, ihre Freunde, deren Versteck unter dem Balkon lag, könnten entdeckt werden, vor allem weil eine der Frauen sich erkältet hatte und dauernd husten mußte, obwohl sie versuchte, das Geräusch mit einem Kissen zu ersticken. Es gab keine Möglichkeit, sie direkt zu warnen, und so beschloß Irene, das Paar mit einem leichten Imbiß und Drinks abzulenken. Der Offizier bellte sie wütend an, was ihr einfiele, ihn zu unterbrechen, aber sein Geschrei warnte die Versteckten unterhalb des Balkons, daß jemand in der Nähe ist. Glücklicherweise führte der Gestapo-Mann seine Besucherin daraufhin an einen einsameren Ort, so daß die Menschen im Versteck wieder sicher waren.

Irene versorgte nicht nur die zwölf unter dem Balkon, sondern brachte auch regelmäßig Lebensmittel in den Wald, wo sich mehr als zweihundert Juden und Jüdinnen versteckten, die aus dem Ghetto geflohen waren. Sie wußte zwar schon immer, daß man sich in Gefahr brachte, wenn man Juden half, aber an einem Tag im September wurde ihr das Ausmaß der Strafe brutal vor Augen geführt. Sie ging in die Stadt einkaufen, und als sie auf den Marktplatz kam, sah sie, daß die Gestapo neben einem jüdischen Ehepaar mit Kind auch eine polnische Familie erhängt hatte. Durch solche öffentlichen Hinrichtungen ließen die Nazis die Leute wissen, was ihnen drohte, wenn sie sich mit Juden anfreundeten.

Nachdem Irene mit eigenen Augen gesehen hatte, welches Los die von den Nazis so genannten »Judenlieblinge« erwartete, legte sie mehr Wert auf Vorsichtsmaßnahmen. Ab sofort verschloß sie die Küchentüren immer von innen, so daß alle, die herein wollten, erst einmal klingeln mußten. Aber an einem Tag vergaß sie, eine der Türen abzuschließen, und auf einmal stand der Major im Zimmer und fand außer seiner ergebenen polnischen Angestellten vier Juden vor, die für die anderen das Essen zubereiteten.

Irene blieb keine andere Wahl. Sie warf sich dem älteren Major zu Füßen und flehte um Gnade. »Das sind Freunde von mir. Ich mußte ihnen einfach helfen. Ich konnte sie doch nicht sterben lassen. Niemand hat das Recht, einen anderen zu töten. Wenn Sie mir nicht vergeben können, muß ich mein Leben geben. Was anderes bleibt mir nicht übrig.«

Der Major meinte, darüber würden sie später reden, und entließ Irene. Als sie zu ihren Schützlingen zurückkam, waren sie drauf und dran, Selbstmord zu begehen. Sie flehte sie an, abzuwarten. Später am Abend befahl der körperlich abstoßende Major Irene auf sein Zimmer. Er zog sie auf seinen Schoß und trug sie ins Bett. Er bestand darauf, daß sie mit ihm schlafe. Hätte sie sich gewehrt, sie hätte die Männer und Frauen im Versteck in Todesgefahr gebracht. Schließlich versprach der Major, daß die Leute bleiben dürften. Irene erzählte den Menschen, deren Leben sie rettete, nie, was sie getan hatte, um ihre Sicherheit zu gewährleisten.*

---

* Im Jahre 1981 wurde Major Ruegemer posthum durch Yad Vashem geehrt. Die Ehrung eines Nazi-Offiziers war recht ungewöhnlich, aber die Juden, die er rettete, hatten sich für ihn eingesetzt. Sie hatten nie erfahren, daß er sich nur deshalb kooperativ verhielt, weil Irene Gut Opdyke sich bereit erklärte, mit ihm zu schlafen. Die Juden kannten ihn nur als den »Opa«, als einen Nazi, der sie nicht an die Gestapo auslieferte. In ihrer Zeugenaussage berichteten sie, daß er wegen seiner Beziehung zu Irene seine Stelle verlor und von einem Feldwebel bezichtigt wurde, Beziehungen zu Juden zu unterhalten. Im Jahre 1992 ging bei Yad Vashem ein Schreiben ein, das gegen die Ehrung Einspruch erhob. Der Yad Vashem-Ausschuß für die Gerechten unter den Völkern ist derzeit bemüht, die Sachlage zu überprüfen.

Der Major gewöhnte sich an die jüdischen HausbewohnerInnen. Mit der Zeit fand er Gefallen an ihren Koch- und Backkünsten und nannte sie bei ihren Vornamen, während sie ihn mit »Opa« anredeten. So lebten sie alle zusammen, bis die Russen im Februar 1944 in Polen einmarschierten. Aus Berlin kam Order, die Villa zu räumen.

Obwohl der Major ziemlich nervös wurde, weigerte sich Irene, die Freunde in der Villa zurückzulassen. »Im Krieg weiß man nie, wie lange es dauert, bevor Rettung kommt«, erklärte sie. Irene setzte sich sogar für das Leben eines ungeborenen Babys ein. Eine der Frauen war schwanger geworden und hatte die Absicht abzutreiben. Irene wollte nichts davon wissen. »Ich habe so viele Babys gesehen, die umgebracht worden sind«, sagte sie zu der werdenden Mutter. »Bitte, tu das nicht. Du wirst sehen – Ihr werdet frei sein, bis die Zeit der Niederkunft da ist, Du wirst frei sein.« Die Ereignisse sollten ihr recht geben. Die Russen befreiten die Stadt, und alle Juden und Jüdinnen, auch das Neugeborene, waren in Sicherheit.

Irene Gut Opdykes altruistisches Verhalten während der Nazi-Zeit war wie das aller anderen RetterInnen keineswegs widersinnig. Im Gegenteil, ihre Taten ergaben sich aus ihrem Charakter, waren ein Ausdruck ihrer grundsätzlichen Wertvorstellungen und ihres Selbstverständnisses. Als Krankenschwesterschülerin nahm sich Irene als einen um andere besorgten, empathischen, hilfsbereiten Menschen wahr. Im Laufe des Krieges wandelte sich dieses Bild in das einer weltanschaulich-moralischen Retterin. Denn Irene nahm die Greueltaten der Nazis nicht als unbeteiligte Beobachterin wahr, sondern in einer allumfassenden, sie selbst verändernden Weise, durch die ihr tiefes Verantwortungsgefühl wachgerufen wurde. Ihre bisherigen Ziele nahmen im Lichte dieser neuen Identität allesamt eine neue Bedeutung an. Ihr gewandeltes Selbst, eine Fortentwicklung dessen, was sie immer schon war, fand in ihrem starken Sinn für Menschlichkeit und Gerechtigkeit Ausdruck. Daß sie sich für andere verantwortlich fühlte, wurde zum zentralen Grund ihres Daseins. Am Ende war es diese Geistesverfassung, die Irene Gut Opdyke veranlaßte, ihr Leben für zwölf Fremde aus einer Wäscherei und zweihundert jüdische Menschen, die sich im nahegelegenen Wald versteckten, aufs Spiel zu setzen.

Zu dieser weltanschaulich motivierten moralischen Gesinnung gesellte sich der Glaube, daß es unter Gottes Himmel nur eine zusammengehörige Menschheit gibt. Das Zusammenspiel dieser Faktoren gipfelte in der mutigen Herausforderung der Nazi-Machthaber und veranlaßte Irene Gut Opdyke, ihr Leben der Rettung anderer Menschen zu widmen.

Zum besseren Verständnis des Verhaltens von religiös-moralisch motivierten RetterInnen muß berücksichtigt werden, welcher Kirche sie angehörten, in welchem Land sie lebten und zu welchem Zeitpunkt sie mit ihren Rettungsaktivitäten begannen.

Anfangs hießen viele Repräsentanten der Kirche die strenge Moral des diktatorischen Regimes willkommen. Nach der als dekadent empfundenen Weimarer Republik wurde die neue Regierung als positive Veränderung wahrgenommen. Sogar abweichende Kirchenführer wie Martin Niemöller und Dietrich Bonhoeffer, die später wegen ihrer antinazistischen Predigten und Bonhoeffer wegen seiner Teilnahme an der Rettung jüdischer Menschen ins Konzentrationslager kamen, taten anfangs nichts gegen die Rassengesetze. Das Vatikan-Konkordat von 1933, in dem sich die römisch-katholische Kirche als Gegenleistung für Hitlers Versprechen, sie in Ruhe zu lassen, bereit erklärte, sich nicht in die innenpolitischen Angelegenheiten Deutschlands einzumischen, ebnete den Weg für ein frühzeitiges Arrangement zwischen dem Heiligen Stuhl und den Nazis.

Nach dem Konkordat verstrich eine lange Zeit, bis die katholischen Kirchenführer den Rassismus der Nazis anprangerten und Anstalten machten, den jüdischen Verfolgten zu helfen. Der St. Raphael Verein, eine katholische Vereinigung unter Vorsitz von Bischof Wilhelm Berning aus Osnabrück, die sich um auswanderungswillige Deutsche kümmerte, gab im November 1933 bekannt, daß nichtarische Katholiken bis auf weiteres als Angehörige von »Gastvölkern« betrachtet würden. Unterstützung gewährten die Katholiken erst 1935, als die Nürnberger Gesetze verabschiedet wurden, die jeden zum Juden bzw. zur Jüdin erklärten, der oder die mindestens ein jüdisches Großelternteil hatte. Aber in den Genuß dieser Hilfe kamen nur die 140000 nichtarischen Gemeindemitglieder – Christen jüdischer Herkunft –, nicht aber die Menschen jüdischen Glaubens. (Allein im Jahre 1938 half der Verein 1850 nichtarischen Katholiken bei der Auswanderung.) Als die Nazis drei Jahre später ein Gesetz erließen, das die Juden und Jüdinnen verpflichtete, in der Öffentlichkeit den gelben Stern zu tragen, setzten sich die deutschen Bischöfe abermals für die nichtarischen Männer und Frauen katholischen

Glaubens ein, um ihnen die Demütigung zu ersparen, den Judenstern während der Messe tragen zu müssen. In Berlin sprachen die Bischöfe Heinrich Wienken und Wilhelm Berning persönlich bei der Gestapo vor, um für ihre Gemeindemitglieder eine Ausnahmeregelung zu erwirken, aber das Gesuch wurde abgelehnt (siehe auch Lewy 1965).

Wie auch während des Krieges erwiesen sich die Anstrengungen weniger hochgestellter Kirchenleute – etwa von Gemeindepfarrern und Nonnen – am wirksamsten, um die Opfer der Nazis zu retten. Am 3. August 1941 sprach sich der katholische Bischof von Münster, Clemens August Graf von Galen vehement gegen das Euthanasie-Programm der Nazis aus. Seine freimütige Rede bewirkte, daß die Nazis das Programm vorübergehend einstellten, sich aber die Möglichkeit offenhielten, es zu einem späteren Zeitpunkt wieder aufzunehmen.

Einige protestantische Religionsgemeinschaften brauchten ebenfalls lange, bis sie den Rassismus der Nazis anprangerten. Aus Protest gegen einen Erlaß, der es Nichtariern untersagte, ein Kirchenamt zu bekleiden oder den Gottesdienst abzuhalten, gründeten einige Berliner Protestanten 1936 die »Hilfsstelle für Christen jüdischer Herkunft«. Die Aufgabe der Hilfsstelle bestand hauptsächlich darin, nichtarischen Christen und jüdischen Verfolgten bei der Auswanderung zu helfen. Darüber hinaus kümmerte sie sich um Arbeitsmöglichkeiten, gewährte materielle Hilfe und Rechtsbeistand und unterstützte Konvertiten in Glaubensfragen. Als die Kinder von Konvertiten und aus Mischehen im August 1939 vom öffentlichen Schulunterricht ausgeschlossen wurden, gründete die Hilfsstelle für diese Kinder in Berlin Konfessionsschulen.

Wer in den Anfangsjahren des Nazi-Regimes als Retter oder Retterin aktiv werden wollte, mußte sich gegen die eigenen Kirchenführer stellen. Die pazifistischen Quäker der *Society of Friends* bildeten hier eine bemerkenswerte Ausnahme. Die Quäker zeichneten sich durch ihre Bereitschaft aus, allen Verfolgten, die in Nazi-Deutschland eine Zuflucht brauchten, zu helfen. Anfangs griffen sie auswanderungswilligen Juden und Jüdinnen finanziell unter die Arme, während sie später, als eine reguläre Auswanderung nicht mehr möglich war, Verstecke, Lebensmittel, Kleidung und sichere Fluchtwege organisierten. Im Jahre 1949 erhielten das *American Friends Service Committee* und das *British Friends Service Committee* für ihre Anstrengungen während des Zweiten Weltkriegs einen Nobelpreis.

Auch die Zeugen Jehovas kamen den jüdischen Menschen in Not

zu Hilfe, obwohl sie selbst bei den Nazis auf der Liste der Verfolgten standen. Zwischen 1933 und 1945 wurden 5911 der insgesamt 6034 in Nazi-Deutschland lebenden Mitglieder der Zeugen Jehovas verhaftet und in Konzentrationslager geschickt.

Die Passivität der meisten deutschen katholischen Bischöfe angesichts der Massenvernichtung der jüdischen Bevölkerung steht in scharfem Kontrast zur Haltung der katholischen Bischöfe in Frankreich, Belgien, den Niederlanden und Italien. In Holland wandte sich die Kirche bereits 1934 gegen die Mitgliedschaft von Katholiken in der niederländischen Nazi-Bewegung. Später untersagten katholische Kirchenführer den katholischen Polizeibeamten, sich an der Jagd auf jüdische Männer, Frauen und Kinder zu beteiligen, und sollte es sie ihre Stelle kosten. In Belgien unterstützte das katholische Episkopat die Rettungsanstrengungen der Geistlichen. In Frankreich prangerten die höchsten Würdenträger der Kirche von der Kanzel herab wiederholt die Deportationen an und verurteilten die barbarische Behandlung der jüdischen Opfer. Der protestantische Kirchenführer Marc Boegner war der erste, der öffentlich gegen die antijüdischen Gesetze des Vichy-Regimes protestierte. Zahlreiche Pfarrer und andere Geistliche nutzten ihre Klöster, Pfarrhäuser und Privatwohnungen, um die rassistisch Verfolgten zu verstecken. In der heiligen Tradition des Kirchenasyls, wonach Flüchtlinge vor dem Gesetz in Kirchen und an anderen heiligen Orten nicht verhaftet werden dürfen, gewährten die Geistlichen allen Schutz, die vor den Nazis auf der Flucht waren.

Nirgends wurde diese Tradition des Kirchenasyls auf bemerkenswertere Weise verwirklicht als in Assisi in Italien. Dort, wo der Ursprung des Franziskanerordens liegt, bot der Bischof von Assisi, Giuseppe Placido Nicolini, Hunderten jüdischer Zufluchtsuchender Schutz. Zusammen mit Don Aldo Brunacci, einem Lehrer des kanonischen Rechts an der Kathedrale San Rufino, beschaffte er falsche Papiere und sorgte dafür, daß koscheres Essen ausgegeben wurde. Don Brunacci versteckte zahlreiche Menschen in Klöstern, unter anderem in einem Nonnenkloster außerhalb von Assisi, und er gründete eine Schule, in der jüdische Kinder in ihrer Religion und ihrem kulturellen Erbe unterwiesen wurden. Nie versuchten diese Katholiken, die Kinder zum Katholizismus zu bekehren. Don Brunacci wurde 1944 verhaftet, auf Fürsprache des Vatikans aber verschont, da er sich bereit erklärte, Assisi zu verlassen. Insgesamt baten in Assisi ungefähr 200 Juden und Jüdinnen um Kirchenasyl. Sie wurden ausnahmslos gerettet.

Die internationalen katholischen Frauenorden hatten sich auf keine einheitliche Vorgehensweise gegen die Rassenverfolgung festgelegt. Die Aufnahme von jüdischen und anderen Flüchtlingen war daher eine Frage der persönlichen Entscheidung, für die bisweilen die Haltung der Oberin maßgeblich war. In Polen versteckten mindestens 189 Nonnenklöster mehr als 1500 jüdische Kinder, hauptsächlich in Warschau und Umgebung. Diese im Vergleich zu Frankreich oder Belgien geringe Zahl ist unter anderem damit zu erklären, daß in Polen auch die Nonnen verfolgt und verhaftet wurden und sich in den von Deutschen besetzten Gebieten seit dem Oktober 1939 selbst verstecken mußten. In den von der Sowjetunion bis Juni 1941 besetzten Gebieten wurden die Nonnen zur Zwangsarbeit nach Sibirien gebracht und durften ihre Ordenstracht nicht mehr tragen.

Letztendlich lag die moralische Entscheidung bei jeder und jedem einzelnen. Das Verantwortungsbewußtsein der religiös-moralischen RetterInnen wurzelte dabei in der Religion.

Theresa Weerstra sollte auf Bitten einer Freundin ein vierjähriges jüdisches Mädchen aufnehmen. Wie die Freundin erzählte, war der Vater erschossen worden, woraufhin die verzweifelte Mutter das Kind in einer Toilette versteckt hatte. »Weine nicht und warte hier«, sagte sie zu ihrer kleinen Tochter, bevor sie mit ihrem anderen Kind floh. »Es werden Christen kommen und dir helfen.« Nun stand das kleine Mädchen vor Theresa.

Was den jüdischen Menschen drohte, wußte sie von einem Freund, der aus einem Konzentrationslager geflohen war. Ohne sich mit ihrem Mann zu besprechen, der gerade auf der Arbeit war, und ohne lang zu überlegen, übernahm sie für das Kind die Verantwortung.

Als ich mit Theresa sprach, bezeichnete sie ihren ersten Rettungsakt als »impulsive« Tat. Aber im Laufe unserer Unterhaltung wurde mir klar, daß ihre Entscheidung keineswegs aus einer Laune heraus getroffen wurde. Ihre humanitäre Reaktion entsprang ihren inneren, religiösen Wertvorstellungen, die ihr von ihren tief religiösen Eltern bereits in der Kindheit eingeimpft worden waren. Es waren diese religiösen Werte, die Theresa veranlaßten, sich nach dem Vorbild ihrer altruistischen Eltern um das kleine jüdische Mädchen zu kümmern und es ebenso zu behandeln wie ihre eigenen drei Kinder: Was wäre, wenn mein Kind, meine Mutter oder ich selbst die Schutzbedürftigen wären? Wie hätte Christus gehandelt?

Theresa fühlte sich dem Kind und seiner Mutter empathisch verbunden. Sie fragte sich durchaus, ob sie fähig wäre, sich um das Kind zu kümmern, es vor Schaden zu bewahren und die Sicherheit ihrer eigenen Familie zu gewährleisten. Auch erinnerte sie sich an die Lehren der Kirche. Aber diese Gedanken spulten sich schnell in ihrem Kopf ab. So schnell, daß sie sich in der Tat nicht mehr erinnert, überhaupt eine Entscheidung getroffen zu haben, und vielmehr meint, sie habe aus einem momentanen Impuls heraus gehandelt.

Als Theresas Mann an diesem Abend nach Hause kam, reagierte er ganz anders als Theresa. Mit Angst. »Was machst du nur?«, fragte er bestürzt. Theresa gab ihm zu bedenken, daß das kleine Mädchen vergast würde, wenn sie es wegschickten. »Und die Sicherheit unserer eigenen Kinder?« Später, als die Kinder zu Bett gebracht waren und schliefen, beredeten Theresa und ihr Mann die Angelegenheit in aller Ruhe. »Erinnerst du dich an die Geschichte vom Barmherzigen Samariter?«, fragte sie ihn. »Martin, willst du wirklich wie die beiden ersten Reisenden handeln, die einfach wegschauten und ihres Weges gingen?« Sie kamen in dieser Nacht überein, das kleine jüdische Mädchen zu beschützen. So begann ihre Tätigkeit als RetterInnen. Insgesamt half das mutige Ehepaar während des Krieges 450 jüdischen Menschen, alliierten Piloten und niederländischen Jungen, die vor der deutschen Zwangsrekrutierung von Arbeitskräften flohen.

Wie andere religiös motivierte RetterInnen, waren Theresa und ihr Mann überzeugt, daß die Rettung von Menschenleben der Lehre Christi entspricht. Viele religiöse Retter glaubten, daß Gott sie eigens für die Aufgabe auserwählt habe, Leben zu retten. Der Glaube, Gottes Werk zu verrichten, ließ die Waage zur Seite eingreifenden Handelns ausschlagen. In einem emotional aufwühlenden inneren Zwiegespräch, das die RetterInnen mit sich führten, fochten Angst und Nächstenliebe, Eigeninteresse und menschlicher Anstand einen erbitterten Kampf aus, und nicht immer entschieden sich die RetterInnen für die Seite des Guten.

Daß religiös-moralisch motivierte RetterInnen wie in Assisi die Unterstützung einer ganzen Gemeinde fanden, war eher die Ausnahme als die Regel. Die meisten fanden allein in ihrem Glauben eine Stütze.

Gegen Ende des Krieges umstellten zwanzig Deutsche das Haus der Weerstras, in dem sich zehn Flüchtlinge versteckt hielten. Noch im Angesicht des Todes blieb Theresa standhaft. »Sie können mich erschießen, ich habe keine Angst«, sagte sie zu den Soldaten. »Sie können nur meinen Körper erschießen, meine Seele steigt zum Himmel auf.« Während die Nazis mit der Hausdurchsuchung fortfuhren und Theresas Mann ins Kreuzverhör nahmen, gelang es ihr, ein Bündel falscher Ausweispapiere zu verbrennen, die ihre Aktivitäten als Mitglieder eines Netzwerks verraten hätten.

Die klinische Psychologin Nancy McWilliams von der Rutgers Universität zeigt in ihren Untersuchungen über Menschen, die ihr Leben aus moralischen Gründen der Aufgabe widmen, anderen zu helfen, daß religiös motivierte altruistische Menschen ihr Handeln meist auf ähnliche Weise begründen. Nancy McWilliams forschte über Menschen, die eine extreme Form des Altruismus verkörpern – darunter eine Frau, die sich im Fernen Osten um die Kinder von Leprakranken kümmert – und kam dabei zu dem Ergebnis, daß sogar Menschen mit höchst unterschiedlichem religiösen Hintergrund ihre Gefühle in überraschend ähnlicher Weise beschreiben.

> Was mich in meinen Gesprächen mit diesen altruistischen Personen am meisten faszinierte, war der zentrale Stellenwert, den ihre Glaubensvorstellungen für ihre humanitäre Arbeit haben. [...] Angesichts der Tatsache, daß die Menschen, die ich in meine Untersuchung einbezog, vier verschiedenen Religionsgemeinschaften angehörten, fand ich es auffallend, daß sie ihre religiöse Orientierung praktisch mit denselben Worten beschrieben. Alle waren streng religiös und befolgten die vorgeschriebenen Glaubensübungen nicht auf eine entleerte oder rigide ritualisierte Weise. Alle beschrieben, daß sie das Gefühl hatten, daß Gott in der Welt und in ihren eigenen guten Werken anwesend sei. Alle fühlten, daß ihre humanitären Anstrengungen sie auf die eine oder andere Weise in ihrem Glauben bestärkten. Alle unterschieden tendenziell auf dieselbe Weise zwischen wahrhaft gottgefälligen Gläubigen und solchen, die die religiösen Vorschriften nur oberflächlich beachten. (McWilliams 1984:207; vgl. auch McWilliams 1976)

Wichtig ist hier die Unterscheidung zwischen »wahrhaft gottgefälligen« und »oberflächlichen Gläubigen«. Eine ähnliche Unterscheidung findet sich in einer früheren Studie des renommierten Psychologen Gordon Allport; er untersuchte, auf welche Weise die Religion die Entwicklung von Toleranz gegenüber anderen befördert oder behindert. Allport unterschied zwischen zwei Arten religiöser Motivation: der innerlichen und der äußerlichen. Äußerlich motivierte Personen schätzen die Religion als gesellschaftliche Institution. Sie genießen das Gemeinschaftsgefühl und die gesellschaftlichen Aspekte des Gottesdienstes. Innerlich motivierte religiöse Menschen ziehen aus der Verinnerlichung der religiösen Gebote Befriedigung. Sie nehmen die Worte und Lehren, denen sie jeden Sonntag lauschen, emotional in sich auf. Allport wies darauf hin, daß sich die beiden religiösen Typen nicht unbedingt unterschiedlich verhalten; wo sie das aber tun, könne festgestellt werden, daß innerlich orientierte religiöse Menschen weniger Vorurteile hätten als äußerlich motivierte.

Gordon Allports Unterscheidung erklärt, wie der 24jährige angehende Priester und entschlossene Antisemit Stanislaw Falkowski schließlich dazu kam, einem Juden das Leben zu retten (Allport/Ross 1967).

Pater Falkowski, der Sohn einer armen Bauernfamilie aus Piekuty Nowe in Polen, war ein frommer Katholik und glaubte mit ganzem Herzen an die Lehren der Kirche. Dazu gehörte auch die überlieferte Überzeugung, daß die Juden Christus getötet haben. Sein Vater starb, als er noch ein junger Bursche war, so daß er und seine Mutter sehr sparsam leben mußten, um genügend Geld für die Priesterausbildung zur Seite zu legen.

An einem Tag im November 1942 hörte Pater Falkowski jemanden ans Fenster klopfen, und als er hinaussah, stand da ein 15jähriger Junge zitternd vor Kälte. Obwohl der Junge wie jedes andere arme polnische Dorfkind aussah, wußte Pater Falkowski sofort, daß er ein Jude war. Er war verdreckt und verlaust und bis auf die Knochen abgemagert. Und obwohl Pater Falkowski fest daran glaubte, daß die Juden zu Recht für ihre Sünden bestraft werden, konnte er den Jungen nicht wegschicken. Er bat ihn herein und brauchte ihn nicht groß zu drängen, da erzählte er auch schon seine Geschichte.

Sein Name war Joseph Kutrzeba. Er hatte mit seiner Familie im Warschauer Ghetto gelebt, aber dann wurden alle ins Todeslager Treblinka deportiert. Auch er selbst sollte nach Treblinka, aber in der Nacht gelang es ihm, eine Lüftungsklappe zu öffnen und aus dem fahrenden Zug zu springen. Seither streifte er umher, von Dorf zu Dorf. Ein anderer Priester habe ihn an Pater Falkowski verwiesen.

Der Priester blickte den Jungen an. Wie andere Antisemiten dachte Pater Falkowski, daß Hitler von Gott gesandt war, um das jüdische Volk für die Tötung Christi zu bestrafen. Aber im Gegensatz zu denen, die auf die jüdischen Menschen Jagd machten, als seien sie Kaninchen, glaubte er zur gleichen Zeit, daß es seine Christenpflicht sei, »seinen Nächsten zu lieben«. Beides war für ihn keineswegs unvereinbar, sind Gottes

Wege doch unergründlich. Der Priester wollte es Gott überlassen, zu tun, was er für richtig hielt. In der Zwischenzeit mußte er dem Jungen aber helfen.

Der Priester nahm Joseph auf, schrubbte ihn sauber und pflegte ihn, bis er wieder bei geistiger und körperlicher Gesundheit war. Er brachte ihm einige katholische Rituale und Gebete bei, damit er sich nötigenfalls als Christ ausgeben konnte. Allmählich entwickelten die beiden eine Vater-Sohn-Beziehung.

Trotzdem hatte Pater Falkowski seine Meinung über die Angehörigen des jüdischen Volkes nie geändert. Er hielt es aber wie andere religiöse RetterInnen für seine Pflicht, sein Leben gemäß der christlichen Grundsätze der Nächstenliebe und der Barmherzigkeit zu führen. Diese von allen religiösen RetterInnen geteilte Überzeugung – daß sie einer höheren, furchteinflößenden Autorität Rechenschaft schuldig sind – war der herausragendste Zug ihres Retter-Selbst. Diese Überzeugung ließ sie den eigenen Antisemitismus und die eigene Angst überwinden und nötigte sie zum Handeln. Dieser Aspekt zeichnete die religiös-moralischen RetterInnen vor, während und nach dem Krieg aus und versetzte sie in die Lage, ihr Geheimnis zu bewahren, die geforderte Rolle zu spielen, zu lügen, zu stehlen, zu betrügen – alles zu tun, was nötig war, um Leben zu retten.

Hitlers militärischer und Rassenkrieg konfrontierte alle mit schwierigen moralischen Entscheidungen, nicht nur die religiösen RetterInnen. Alle, die Juden und Jüdinnen wie Menschen behandelten, brachten aufgrund des Sippenhaftprinzips der Nazis auch ihre Familie in Gefahr. Waren die RetterInnen nicht in erster Linie ihrer Familie verpflichtet? Was war das für eine Liebe und Nächstenliebe, die verlangte, das Leben der eigenen Lieben aufs Spiel zu setzen? Mit diesen und ähnlichen Fragen hatte sich das Retter-Selbst ständig auseinanderzusetzen. Was war wichtiger? Die Bedürfnisse der eigenen Familie oder das Leben völlig Fremder? Jeder und jede beantwortete diese Frage anders. Auch innerhalb einer Familie war man sich selten einig. Johtje Vos erinnert sich noch, wie sie auf Drängen ihrer Mutter einmal darlegen mußte, wie sie zu ihrer Entscheidung gelangt war. Kurz nachdem die Vosens sich dem niederländischen Widerstand angeschlossen und mit ihren Rettungsaktivitäten begonnen hatten, kam Johtjes Mutter zu Besuch. Was da im Haus vor sich ging, war offensichtlich, und es versetzte Johtjes Mutter in Angst und Schrecken. Sie hielt ihrer Tochter vor, daß sie als Mutter kein Recht habe, ihr eigenes und das Leben ihrer Kinder leichtsinnig in Gefahr zu bringen. Aber Johtje sah die Sache anders:

> Mein Mann und ich sprachen mit ihr und sagten: »Wir halten es für wichtiger, unseren Kindern zu zeigen, daß sie Eltern haben, die tun, was sie für richtig halten – selbst wenn es sie das eigene Leben kostet. Es ist besser für sie – auch wenn wir es nicht schaffen. Sie wissen dann zumindest, daß wir getan haben, was wir für richtig hielten. Das ist besser, als wenn wir immer nur an unsere Sicherheit denken.« Meine Mutter verstand das völlig und stimmte zu.

Die Vosens begannen ihre Rettungsaktivitäten, wie Johtje sagte, mit »einem Koffer, einem Kind und einem Klavier«. Ihre ursprünglichen Motive waren jedoch recht unterschiedlich. Was Johtje Vos bewegte, war ihre Freundschaft mit Juden und Jüdinnen. Ich habe sie daher in die Gruppe der Judeophilen eingeordnet. Aart Vos hingegen wurde aus einem starken Mitgefühl heraus als Retter aktiv, wobei er für jeden leidenden Menschen Mitleid empfindet. Ähnlich fühlte sich auch Alexander Roslan genötigt, helfend einzugreifen, weil ihn die toten und sterbenden Kinder des Warschauer Ghettos dauerten. Sie fühlten, also handelten sie. Aart Vos äußerte sich dazu folgendermaßen.

> Das ist wie eine Flutwelle. Wenn sie ein Dorf überschwemmt, bist du froh, noch am Leben zu sein und andere retten zu können. Du handelst. Du sitzt nicht herum und fragst dich: »Will ich das tun?« Es ist ein Teil deines Körpers; der Wille ist ein Teil deines Körpers. Du handelst. Das rührt dich an, und dann handelst du.

Viele der emotional-moralisch motivierten RetterInnen gewährten Kindern Zuflucht. Seltsamerweise waren diejenigen, die Kinder aus Nächstenliebe retteten, den unterschiedlichsten Verdächtigungen ausgesetzt. Es wurde gemutmaßt, daß sie die Kinder für Geld versteckten, um sich eine kostenlose Arbeitskraft zu halten, um Kinder zu adoptieren oder zum Christentum zu bekehren.

Tatsächlich gab es Menschen, die für ihre Schützlinge nicht aus Mitgefühl ihr Leben aufs Spiel setzten, sondern in erster Linie aus Eigeninteresse. Sie beschützten ein Kind, solange das Geld reichte, seine Arbeitskraft gebraucht wurde oder um ein fehlendes Familienmitglied zu ersetzen. HistorikerInnen und andere WissenschaftlerInnen tendierten, weil ihre Aufmerksamkeit von anderen Fragestellungen gefesselt war, zunächst dazu, die altruistisch motivierten RetterInnen von Kindern mit solchen, die nur ihre eigenen Interessen vor Augen hatten, in einen Topf zu werfen. Das war und ist eine gedankenlose Charakterisierung von Menschen, die es zumindest verdient haben, daß man ihre Handlungen wahrheitsgemäß darstellt.

Die Handlungen der emotional-moralischen RetterInnen unterscheiden sich in keiner Weise von den Handlungen derer, die durch soziale Gerechtigkeitsvorstellungen oder religiöses Pflichtbewußtsein motiviert waren. Ein moralischer Mensch zeichnet sich wesentlich dadurch aus, daß er angesichts widerstreitender Wahlmöglichkeiten nicht untätig bleibt. Sein Bewußtsein kann sich über das Böse in einer Gesellschaft erheben, weil es unabhängig ist und seinen Ursprung in der frühen Kindheit hat.

9
Judeophile

Wie viele andere deutsche Unternehmer folgte Oskar Schindler dem Expansionsdrang der Deutschen nach Polen, wo sich neue Möglichkeiten auftaten. Schindler wollte in den neu eroberten Gebieten für billiges Geld ein Unternehmen erwerben. Als er in einer Textilfabrik in Krakau haltmachte, um sich von dem neuen Direktor, den die Deutschen eingesetzt hatten, beraten zu lassen, lernte der junge Industrielle den polnisch-jüdischen Buchhalter der Fabrik Itzhak Stern kennen. Es war für beide eine schicksalsschwere Begegnung. Itzhak Stern war ein magerer, gebildeter Mann mit den Manieren und dem philosophischen Kopf eines talmudischen Gelehrten. Bereits bei ihrer ersten Begegnung – bei der Schindler sich bezüglich einer Emailwarenfabrik beraten ließ, die er eventuell kaufen wollte – ließen sich die beiden in ein philosophisches Gespräch über die jüdischen Wurzeln des Christentums ein. Schindler, der sich für einen tiefen Denker hielt, genoß es, sich mit Itzhak zu unterhalten und von ihm zu lernen. Stern wiederum, ein Mitglied der zionistischen Untergrundbewegung, kam zu dem Schluß, daß Schindler zur seltenen Art der »guten« Deutschen gehörte. Eine Freundschaft begann. Eine Beziehung, die sich zu gegebener Zeit in ein liebe- und respektvolles Vater-Sohn-Verhältnis wandeln sollte. Der väterliche Itzhak Stern wurde leitender Buchhalter in Schindlers Emailwarenfabrik in Krakau, wo er sich neben der Buchführung auch um Schindlers Moralbewußtsein kümmerte. Er drängte Schindler, seine Glaubensbrüder und -schwestern zu beschützen, indem er sie in seiner Fabrik anstellte. Um dem Mann einen Gefallen zu tun, dessen Geist und Geschäftssinn er so sehr bewunderte, kam Schindler der Bitte nach. Im ersten Geschäftsjahr stieg die Zahl der jüdischen ArbeiterInnen von sieben auf einhundertfünfzig. Später gewährte Schindler auf Sterns Drängen auch denjenigen Unterschlupf, die zum Arbeiten zu alt oder zu schwach waren.

Seine Beziehung zu dem jüdischen Buchhalter läßt Schindler von

Anfang an zur Gruppe derer gehören, die von manchen WissenschaftlerInnen als »Philosemiten« bezeichnet werden und die ich »Judeophile« nenne (siehe auch Edelstein 1982 u. Heller 1992). Mit diesem Begriff will ich Menschen bezeichnen, deren Rettungsaktivitäten sich aus einem besonderen Gefühl gegenüber oder Zuneigung zu einzelnen Juden und Jüdinnen oder zum jüdischen Volk als ganzem ergaben. Oskar Schindler etwa wurde als Retter aktiv, weil er den Vorstellungen und Wünschen seines gelehrten Buchhalters entsprechen wollte. Als er dann beobachtete, wie das scharlachrot gekleidete Mädchen zusehen mußte, wie deutsche Soldaten die GhettobewohnerInnen ermordeten (siehe Kap. 3), nahm dieser Wunsch eine bestimmtere Form an. Die Episode stärkte Schindlers Entschlossenheit und festigte seinen Entschluß, helfend einzugreifen. Aber anfangs war es seine Beziehung zu Itzhak Stern, die ihn in diese Richtung lenkte.

Insgesamt stellten die Judeophilen unter den RetterInnen, die ich befragte, die zweitgrößte Gruppe dar.* Die Zuneigung zu einzelnen jüdischen Menschen oder zum jüdischen Volk war der herausragende Aspekt ihres Retter-Selbst und wurde zu einem zentralen Bestandteil ihres Wesens. Was aus diesen Beziehungen wurde, war je nach Person und Situation unterschiedlich. Viele erfüllte diese Beziehung mit Glück und gab ihrem Leben einen Sinn. Manche heirateten ihre Schützlinge nach dem Krieg, andere traten zum Judentum über, wieder andere wanderten nach Israel aus, und manche taten das eine wie das andere. Bei manchen löste sich die Beziehung nach dem Krieg in ein Gemisch aus Schuldgefühlen, Wut, Isolation und Schmerz auf. Manche Beziehungen fanden ein abruptes Ende, teils aus freier Entscheidung, teils aufgrund der chaotischen Kriegs- und Nachkriegsverhältnisse.

Viele hatten vor dem Krieg am Arbeitsplatz Gelegenheit, jüdische Kollegen und Kolleginnen kennenzulernen und eine besondere Beziehung zu ihnen aufzubauen. Miep Gies lernte Otto Frank und seine Familie sicherlich bei der Arbeit als Buchhalterin und leitende Angestellte in seiner Lebensmittel- und Gewürzexportfirma kennen. Manche Bauern-

* Die Gruppe der Judeophilen umfaßt 28 Prozent der im Rahmen des Retter-Projekts befragten Personen, die unter Einsatz ihres Lebens jüdische Menschen retteten. Sie bildet damit nach den moralisch motivierten RetterInnen die zweitgrößte Gruppe. 82 Prozent der Judeophilen stammen aus unpolitischen Familien, 29 Prozent aus Mischehen.

familien standen mit Juden in geschäftlicher Beziehung oder kauften regelmäßig in jüdischen Geschäften ein. Diese Begegnungen retteten mehr als einem das Leben. Mitunter war der authentische Wunsch, Menschen zu retten, denen man sich auf besondere Weise verbunden fühlte, mit der Hoffnung vermischt, sich einen Teil der finanziellen Mittel seines Schützlings anzueignen. Daß man aus seinen Rettungsaktivitäten Geld herausschlagen könnte, war vielleicht kein besonders nobler Gedanke – ein menschlicher war es allemal.

Die Affinität konnte die unterschiedlichsten Ursachen haben. Manche Christen hatten in ihrer Kindheit jüdische Spielkameraden. Andere erinnerten sich, daß sie einmal *schabbos gojim* waren, Nichtjuden, die in jüdischen Haushalten, in denen das Arbeitsverbot am Sabbat strikt eingehalten wurde, das Licht anzündeten, Feuer machten und andere kleinere Dienste leisteten. Als Kinder hatten sie für ihre Hilfe oft Bonbons und andere Leckereien erhalten, und sie bewahrten ihre jüdischen Mitmenschen nun in liebevoller Erinnerung.

Eine überraschend hohe Zahl von Judeophilen hatte jüdisches Blut in den Adern oder vermutete es zumindest. Der schwedische Gesandte Raoul Wallenberg zählte zu seinen Vorfahren mütterlicherseits einen jüdischen Ur-Urgroßvater und einen weiteren jüdischen Verwandten. (Natürlich wähnten auch einige Nazis in ihren Adern den ein oder anderen Tropfen jüdischen Blutes. Sie wurden zu fanatischen Antisemiten, um über jeden Verdacht erhaben zu erscheinen.) Andere waren einmal in einen Juden oder eine Jüdin verliebt und durften die Beziehung wegen ihrer Eltern nicht weiterführen. In diesen Fällen hielt die Liebe oft nicht nur an, sondern übertrug sich auf das ganze jüdische Volk. Und wieder andere dachten, daß sie selbst vielleicht der uneheliche Sproß einer heimlichen Liaison mit einem Juden oder einer Jüdin sein könnten.

Die meisten Judeophilen beschützten anfangs Menschen, die sie kannten. Die Bloms zum Beispiel versteckten Janny Bloms ehemaligen Chef und Freund Samuel Vreedenburg und dessen Frau. Stefania Podgórska empfand Mitleid für einen der Söhne des Besitzers des Lebensmittelladens, in dem sie arbeitete. Im Laufe einer der zahlreichen gefahrvollen Momente, die sie als Retterin durchlebte, wurde ihr eine überwältigende religiöse Offenbarung zuteil, die es ihr ermöglichte, durchzuhalten. Sie befahl ihre Seele in Gottes Hände, und Gott antwortete ihr – so glaubt sie jedenfalls – mit einem Wunder. Ihr ursprüngliches Motiv war jedoch nicht religiöser, sondern judeophiler Art und beruhte auf ihrer emotionalen Zuneigung zu der Familie und vor allem zu einem der Söhne. Wie bei zwei Dritteln der Judeophilen, mit denen ich sprach, ließ es Stefania nicht bei der Rettung eines einzelnen Juden bewenden. Das Retter-Selbst, das mit dem ersten Rettungsakt entstanden war, verlangte nach weiteren Taten, und die meisten Judeophilen retteten am Ende weitere Flüchtlinge. Stefania rettete insgesamt dreizehn (siehe auch Kap. 6).

Wieder andere fühlten sich dem jüdischen Volk aus Gründen verbunden, die mit ihrer Auseinandersetzung und ihrem Verständnis des Alten Testaments zusammenhingen. Fundamentalistische Christen, die mit den biblischen Geschichten aufgewachsen waren, fühlten sich diesem alten Volk zugetan. Manche dieser Judeophilen waren zuvor nie einem jüdischen Menschen begegnet, zeigten sich aber mehr als bereit, ihnen zu helfen, sobald sich die Gelegenheit dazu ergab. Sie fühlten sich dem Juden Jesus oder aber den Menschen, die die Bibel als Gottes auserwähltes Volk bezeichnet, religiös verbunden. Als Beispiel sei hier der lettische Retter Amfian Gerasimov genannt. Amfian war das einzige überlebende Kind eines geschiedenen lettischen Ehepaars. Nach einer unglücklichen Zeit, die er bei seinem wiederverheirateten Vater verbrachte, schlug er sich auf Umwegen zu seiner Mutter nach Moskau durch. Die Trennung seiner Eltern und der Schock der russischen Revolution ließen ihn nach einem Halt und etwas Sinnvollem suchen. Mit der Zeit gewann er die Überzeugung, daß das jüdische Volk der Anker und Grund aller Religionen sei. Er schloß sich der Sekte der Sabbatfeierer an. Aber da er das Verlangen verspürte, sich noch inniger mit der jüdischen Geschichte und Gegenwart zu verbinden, beschloß er, nach Palästina auszuwandern. Der Krieg bereitete diesem Vorhaben ein Ende, und die Familie, zu der außer seiner Frau – die ebenfalls den Sabbatfeierern angehörte – und den sechs Kindern auch seine Mutter zählte, zog nach Riga. Dort arbeitete Amfian Gerasimov als Postbote und beteiligte sich schon bald daran, den BewohnerInnen des jüdischen Ghettos Nachrichten und Bedarfsgüter zu überbringen. Amfian kannte die Leute, denen er half, nicht besonders gut. Sie baten ihn, sich um ihre Habseligkeiten zu kümmern, und er tat es. Sie waren reich, und er war nur ein Angestellter des Öffentlichen Dienstes. Aber die Verfolgung nahm diesen Unterschieden aus früheren Zeiten ihre Bedeutung. Ob reich oder arm, Fremder oder Bekannter, Amfian identifizierte sich mit ihrem Leiden. Er wollte helfen.

Auch hier waren die Motive des Retters nicht lupenrein oder völlig selbstlos. Amfian fühlte sich dem jüdischen Volk auf besondere Weise verbunden, aber er genoß unleugbar auch die Bedeutung und das Ansehen, die ihm seine Tätigkeit verschaffte. Er, der einfache und arme Mann, wurde plötzlich für Leute wichtig, die gesellschaftlich und finanziell weitaus bessergestellt waren als er. Es war eine berauschende Erfahrung, die ihn in geringem Maße für die fürchterlichen Risiken entschädigte, die er auf sich nahm, um den Insassen des Ghettos ihre Besitztümer zu bringen, die sie dort gegen Lebensmittel und den einen oder anderen Gefallen tauschten. Auf diese Weise rettete Amfian indirekt zahlreiche Leben. Daß er sich dadurch gesellschaftlich bedeutender fühlte, mindert dieses Verdienst in keinster Weise. Der herausragende Aspekt seines Retter-Selbst war seine umfassende Identifikation mit allen jüdischen Menschen, nicht nur mit den reichen und gesellschaftlich bedeutenden. Nach dem Krieg ließ er sich und seinen Sohn beschneiden, und die Familie wanderte nach Israel aus.

10
Menschen, die sich von Berufs wegen engagierten

Nicht alle Retter und Retterinnen fühlten sich den jüdischen Menschen, denen sie halfen, emotional verbunden. Es gab auch Menschen, die aufgrund ihrer beruflichen Tätigkeit dazu kamen, zu helfen. Sie machen zwar nur 5 Prozent der im Rahmen des Retter-Projekts Befragten aus, stellen aber eine bunt gemischte, faszinierende Gruppe dar. Diese Diplomaten, Ärzte und Ärztinnen, Krankenschwestern, SozialarbeiterInnen und PsychologInnen fühlten sich den jüdischen Hilfesuchenden nicht unbedingt zugetan. Aber sie waren weltanschaulich gegen das Nazi-Regime eingestellt. Manche SozialarbeiterInnen fühlten sich zur Hilfe verpflichtet, wenn sie sahen, daß eine jüdische Familie ohne ihre Hilfeleistung auseinandergerissen würde und die einzelnen Familienmitglieder ihrem tödlichen Schicksal allein auf sich gestellt entgegengehen müßten. Manche versuchten, entsprechend ihres beruflichen Ethos einzugreifen, wenn sie sahen, wie die Schlächter des Dritten Reiches Menschen jagten. Und manche Diplomaten fühlten sich zum Handeln genötigt, wenn sie sahen, wie Menschen verschiedener Nationalitäten ihrer grundlegenden Bürgerrechte und im Grunde ihrer Menschenwürde beraubt wurden. Anders als moralisch motiverte RetterInnen, die die Frauen und Männer vornehmlich als menschliche Wesen wahrnahmen, erblickten diese beruflichen Helfer in ihnen schlicht, was sie tagein, tagaus zu Gesicht bekamen: problembeladene KlientInnen, hilfsbedürftige PatientInnen, Ausländer, die in einem fremden Land in Schwierigkeiten geraten waren.

In den Augen dieser Menschen, die sich von Berufs wegen engagierten, befand sich die rassistisch verfolgte Minderheit in einer ähnlichen Lage wie die Leute, die sich auch sonst in ihren Amtszimmern drängten, ihre Warteräume überfüllten, in ihren Vorzimmern auf und ab gingen. Selbstverständlich waren diese Fälle aufgrund der Nazi-Verfolgung ungleich dringender. Aber die beruflichen Helfer und Helferinnen hatten ein unüberbietbares Vertrauen in ihre Fähigkeit, auch hier helfen zu können. Schließlich waren sie dazu ausgebildet. Ihr Retter-Selbst, das sie im Laufe ihrer Rettungsaktivitäten entwickelten, unterschied sich daher kaum von ihrem üblichen professionellen Selbst. Sie besaßen Sachverstand, waren unabhängig und widmeten sich ihrer Aufgabe mit allem gebotenen Pflichtbewußtsein. Aber sie blieben auch ein wenig reserviert und bewahrten zu ihren Schützlingen emotional Abstand. Sie hielten die Beziehung später nicht aufrecht, und von den Überlebenden, die durch ihre Hilfe gerettet wurden, legten nur die allerwenigsten Zeugnis ab, um ihre Anerkennung durch Yad Vashem zu ermöglichen.

Die niederländische Psychologin Jopie D., die bei Jung und Adler studiert hatte, war geschieden und hatte zwei Töchter im Teenageralter. Obwohl sie gegenüber dem Gestapo-Hauptquartier wohnte und einen SS-Offizier zu ihren unmittelbaren Nachbarn zählte, war sie aufgrund ihrer berufsbedingten Distanziertheit in der Lage, ein jüdisches Mädchen als Hausgehilfin aufzunehmen. Dieses distanzierte Verhältnis währte die ganze Zeit und erlaubte es Jopie später, als sie gegen Ende des Krieges Angst bekam und Hunger litt, ihren Schützling aus dem Haus und zu einer anderen Adresse zu schicken.

Wie Jopie D. mir erzählte, hatte sie von Anfang an beschlossen, einen gewissen Abstand zu wahren. Ihre Rettungsaktivitäten begannen mit einem Telefonanruf. Irgend jemand wollte wissen, ob sie bereit sei, einen Hund aufzunehmen. Die Frage klang merkwürdig, und so sagte sie sich, daß da etwas anderes dahinterstecken mußte. Sie anwortete: »Ja, was ist das denn für ein Hund? Ein Männchen oder ein Weibchen?« Es sei ein Weibchen, meinte der Anrufer. Jopie D. erklärte sich einverstanden, denn sie hatte herausgehört, daß es sich um einen Menschen handelte. Sie erfuhr nie, wer der Anrufer war. Wahrscheinlich war einigen Nazi-Gegnern zu Gehör gekommen, daß sie sich geweigert hatte, einen Eid auf Hitler zu leisten, und daher als Doktorandin abgewiesen worden war.

Um nicht mit leeren Händen dazustehen, falls sie geschnappt werden sollte, annoncierte sie in einem Lokalblatt noch am selben Tag, daß sie eine Haushaltsgehilfin suche. Als dann das 18jährige jüdische Mädchen namens Hannie kam, zeigte sie ihr die Anzeige und studierte mit ihr ein Rollenspiel ein, das sie sich zu ihrem eigenen Schutz ausgedacht hatte. Hannie wiederum wollte ihr ihre Geschichte erzählen, aber Jopie wehrte ab: »Nein. Ich will nicht, daß man mir die Fingernägel ausreißt.«

Auf diese Weise, das wußte Jopie, versuchten die Deutschen, Geständnisse zu erzwingen.

Mag Jopies Beharren auf einem distanzierten Verhältnis auch herzlos erscheinen, ihr Retter-Selbst funktionierte nun einmal so am besten. Sie hielt ihre Gefühle im Zaum, so daß die Angst sie nicht lähmen konnte.

Wie die RetterInnen der anderen Motivationsgruppen fühlten sich auch die beruflichen HelferInnen aus professionellen Gründen nicht dem politisch diktierten, sondern einem höheren Gesetz verpflichtet. Ob sie nun als SozialarbeiterInnen, Krankenschwestern oder LehrerInnen tätig waren, sie verschrieben sich den höchsten Idealen ihres Berufs und handelten danach. So weigerte sich zum Beispiel die 36jährige Psychiatrieärztin Adelaïde Hautval, Gefangene zu anästhesieren, die die Nazis für ihre Sterilisationsexperimente vorgesehen hatten. Adelaïde teilte den Behörden mit, daß solche Experimente gegen ihre ärztlichen Grundsätze verstießen. Sie wurde nach Auschwitz deportiert, weil sie gegen die Mißhandlung der Jüdinnen und Juden durch die Deutschen protestierte. »Sehen Sie denn nicht, daß diese Leute anders sind als Sie?«, fragte sie einmal ein Nazi-Arzt. »Es gibt viele Leute, die anders sind als ich«, entgegnete sie ihm, »an erster Stelle Sie«.

Auch andere MedizinerInnen fühlten wie Adelaïde Hautval. Wenn die Deutschen eine Razzia durchführten, versteckten sie die jüdischen PatientInnen beinahe routinemäßig in Räumen, die mit dem Quarantänezeichen versehen waren. Andere nutzten ihren ärztlichen Sachverstand und dachten sich medizinische Gründe aus, warum der Penis dieses oder jenes Mannes beschnitten war. Der tschechoslowakische Urologe und Chirurg Josef Jaksy brachte bei seinen jüdischen Patienten einen kleinen Schnitt an und bestätigte in einem medizinischen Gutachten, daß sie erst kürzlich aus rein medizinischen Gründen beschnitten worden seien.

Andere nähten ein Stück Haut von einem anderen Körperteil als Vorhaut an, um die Beschneidung zu verbergen. Der polnische Chirurg Feliks Kanabus probierte diese Operation zunächst am eigenen Körper aus. Er fühlte sich »einzig und allein auf sein eigenes Können und seine Erfindungsgabe angewiesen, insbesondere weil diese Operationen im geheimen durchgeführt werden mußten«. Assistiert wurde er dabei von seiner Frau Irene und seinem Schwager, die zwar beide qualifiziert, aber keine Chirurgen waren.

Nachdem er mit diesen Eingriffen einige Monate Erfahrungen gesammelt hatte, lernte Dr. Kanabus zwei andere Ärzte kennen, die ähnliche Verfahren entwickelt hatten. Sie tauschten ihr Wissen aus und führten zusammen rund einhundertvierzig Operationen zur Rückgängigmachung der Beschneidung durch.

Auch Angehörige anderer Helferberufe hielten an ihren humanitären Idealen fest. Trotz der damit verbundenen Gefahr widmeten sich die beiden Sozialarbeiterinnen Irena Sendlerowa und Gertrud Luckner der Aufgabe, notleidenden Menschen zu helfen. Irena, die zur Zeit des deutschen Einmarsches in Polen im Sozialamt der Warschauer Stadtverwaltung arbeitete, organisierte ein Hilfswerk, das falsche Papiere herstellte, um Bedürftige mit Lebensmitteln, Medikamenten und Kleidung zu versorgen. Der Erfolg ihrer Anstrengungen verdankte sich dabei auch der Tatsache, daß es bereits ein von Christen und Juden gebildetes Hilfswerk gab, als das Warschauer Ghetto errichtet wurde.

Dieses Hilfswerk war gebildet worden, um Familien beizustehen, die der Krieg auseinandergerissen hatte. Es besaß auch eine Jugendabteilung, die Kindern und Jugendlichen half, mit der Kriegssituation zurechtzukommen und normalen Aktivitäten nachzugehen. Irena organisierte das Hilfswerk in ein Untergrundnetzwerk um, das 2500 Kinder aus dem Warschauer Ghetto schleuste und bei Familien im nichtjüdischen Teil der Stadt unterbrachte.

Auch Gertrud Luckner, die als Sozialarbeiterin bei der deutschen Caritas in Berlin beschäftigt war, hielt sich nicht an ihre Berufsfeldbeschreibung. Auf ihren geheimen Botengängen überbrachte sie Informationen und Geld für die Auswanderung und kümmerte sich um das Wohlergehen jüdischer Mitmenschen. Es war eine äußerst gefährliche Mission. Mit jedem Besuch bei einer versteckten jüdischen Familie lief sie Gefahr, verhaftet zu werden. Schließlich wurde sie von der Gestapo gefaßt. Als man ihr beim anschließenden Verhör die Frage stellte, wer hinter dieser Operation stecke, erwiderte sie: »Mein christliches Gewissen.« Die Antwort war nicht gerade nach dem Geschmack der Nazis, und so wurde Gertrud neun Wochen lang von der Gestapo verhört. Schließlich brachte man sie in das Konzentrationslager Ravensbrück, wo sie zwei Jahre inhaftiert war, aber überlebte. Nach dem Krieg war sie weiterhin als Sozialarbeiterin tätig und setzte sich zeit ihres Lebens für ein besseres Verhältnis zwischen Christen und Juden ein.

Nirgends war die Entschlossenheit, die höchsten Ideale ihres Berufs aufrechtzuerhalten, augenscheinlicher als im Fall der wenigen Diplomaten, die den Anweisungen des Auswärtigen Amtes ihres jeweiligen Landes zuwiderhandelten, um jüdische Männer, Frauen und Kinder zu retten. Genannt seien hier der japanische Konsul Sempo Sugihara in Kovno in Litauen, der Vertreter des Internationalen Komitees vom Roten Kreuz (IKRK) Friedrich Born in Budapest und der portugiesische Konsul Aristides de Sousa Mendes in Bordeaux. Sie alle handelten gegen die Weisungen und die offizielle Politik ihrer Regierung und hörten statt dessen auf ihr Gewissen. Friedrich Born wurde im Mai 1944 als Leiter der Delegation des Roten Kreuzes nach Budapest beordert. Anfangs hatte er Weisung, sich nicht in die inneren Angelegenheiten Ungarns einzumischen. Als aber durchsickerte, daß die jüdische Bevölkerung nicht in Arbeitslager, sondern in die Gaskammern von Auschwitz geschickt würde, wurde diese Weisung etwas abgeändert. Ab sofort sollte Born den Juden und Jüdinnen helfen, so gut es ging, aber natürlich nur über die üblichen diplomatischen Kanäle. Born zögerte nicht, weit über die Weisungen der Rotkreuz-Zentrale hinaus einzugreifen. Dem Beispiel des schwedischen Gesandten Raoul Wallenberg und des spanischen Legationsrats Angel Sanz-Briz folgend, erklärte Friedrich Born unzählige Krankenhäuser und andere Gebäude zum Hoheitsgebiet des Internationalen Komitees vom Roten Kreuz und versah die dort Einquartierten mit falschen Ausweispapieren. Darüber hinaus rettete er rund 3000 Juden und Jüdinnen vor der Deportation, indem er sie in der Abteilung für »Jüdische Angelegenheiten« anstellte, die er in seiner Behörde extra zu diesem Zweck eingerichtet hatte. Obwohl ein anderer Mitarbeiter der IKRK-Außenstelle in Budapest über sein Verhalten Klage führte, setzte sich Born weiterhin für die jüdischen Menschen ein. Der internationale Druck, der Adolf Eichmann veranlaßte, die Deportationen aus Ungarn zeitweise auszusetzen, ist zum Teil auch Friedrich Borns Berichten über die Greueltaten der Nazis zu verdanken. Als Eichmann seine Aktivitäten später wieder aufnahm, besuchte Born mutig das Deportationslager, um seinen entrüsteten Protest persönlich vorzubringen.

Der Italiener Giorgio Perlasca hatte sich in Budapest derselben Aufgabe verschrieben wie Friedrich Born. Der Fleischlieferant stellte sich dem diplomatischen Corps von Angel Sanz-Briz zur Verfügung, nachdem er gesehen hatte, wie der Nazi-Mob einen jüdischen Jungen ermordet hatte. Perlasca hatte unter anderem die Aufgabe, Unterkünfte für die Inhaber der spanischen Schutzbriefe zu finden, die Sanz-Briz ausstellte. Innerhalb von drei Monaten hatte er elf Mietshäuser ausfindig gemacht, in denen 5200 Juden untergebracht werden konnten. Von jedem Gebäude wehte die spanische Flagge, um die Deutschen wissen zu lassen, daß die BewohnerInnen unter dem Schutz der Regierung von Madrid standen. Es spielte keine Rolle, daß manche im Treppenhaus schlafen mußten, daß man aus Mangel an Trinkwasser Schmelzwasser verwendete und daß die Toilettenspülung nicht funktionierte. Perlasca griff sogar mitunter auf seine mageren Ersparnisse zurück, damit seine Schützlinge überhaupt etwas zu essen hatten. Sie waren zumindest vorübergehend in Sicherheit.

Ende November 1944 brach die Katastrophe herein. Angel Sanz-Briz, der letzte offizielle Vertreter Spaniens in Budapest, mußte das Land verlassen. Da er nicht wußte, was er nun tun sollte, beschloß Perlasca, zunächst einmal nachzusehen, wie es den Menschen ging, denen er einen Zufluchtsort besorgt hatte. Als er bei einem seiner Mietshäuser ankam, war die Polizei gerade dabei, die BewohnerInnen festzunehmen, um sie anschließend zu deportieren. Der Einsatzleiter gab Perlasca zu verstehen, die diplomatischen Beziehungen zu Spanien seien beendet, weil Sanz-Briz das Land verlassen habe, und daß die BewohnerInnen der spanischen Häuser somit nicht länger unter dem Schutz Spaniens stünden. Ohne zweimal nachzudenken, erfand Perlasca aus dem Stegreif eine gefährliche, aber großartige Lüge: »Die Gesandtschaft ist weiterhin in Funktion. Sanz-Briz ist zu einer diplomatischen Konferenz in die Schweiz gefahren. Die Flagge ist noch an Ort und Stelle. Ich bin der offizielle Vertreter Spaniens.«

Verwirrt erklärten sich die Ungarn einverstanden, daß die Juden und Jüdinnen in Perlascas Häusern bleiben dürften. Mit einem Schlag war Perlasca Spaniens neuer Chargé d'Affaires in Budapest, selbst ernannt und bestätigt und von der ungarischen Regierung anerkannt. Das war der großartigste Augenblick seines Lebens. Nichts, was er später unternahm, konnte sich in Bedeutung und Erfolg mit seinem Wagnis in Budapest messen.

Der japanische Konsul Sempo Sugihara in Kovno in Litauen ging ähnlich vor, jedoch mit einem bedeutenden Unterschied. Während sich Born und Sanz-Briz bezüglich der Weisungen ihrer jeweiligen Dienststelle einige Freiheiten nahmen, ignorierte Sugihara sie vollständig. Am Anfang seiner Rettungsaktivitäten stand ein japanisches Transitvisum für einen niederländischen Jeschiwa-Studenten, der sich beim niederländischen Konsul eine Einreiseerlaubnis für die südamerikanische Kolonie Curaçao beschafft hatte. Sugihara wußte, daß die beiden Dokumente zusammen eine Fluchtmöglichkeit aus dem besetzten Europa darstellten. Also stellte er zunächst das Transitvisum aus und fragte erst danach bei seiner heimatlichen Dienststelle telegraphisch um Erlaubnis nach. Die wurde ihm verweigert. In der Zwischenzeit hatte der niederländische Jeschiwa-Student anderen von seiner Ausreisemöglichkeit erzählt, und so sprachen auch sie bei Sugihara vor, um ein Transitvisum zu erhalten. Unerschrocken stellte Sugihara ein Visum nach dem anderen aus, was nahezu seine gesamte Dienstzeit in Anspruch nahm. Am Ende eines Tages waren seine Finger vom Schreiben so steif, daß seine Frau sie erst einmal massieren mußte. Drei Mal erhielt er von seiner Regierung Weisung, keine Visa mehr auszustellen, und drei Mal widersetzte er sich. Als die Russen das japanische Konsulat schlossen, setzte Sugihara sein Rettungsunternehmen unter Mithilfe seiner Frau von einem Hotelzimmer aus fort. Noch als sein Zug aus dem Bahnhof von Kovno auslief, schrieb er Visa. Nach seinen eigenen Schätzungen rettete er rund 4500 Menschen. Andere setzen die Zahl bei 10000 an. Obwohl er nach dem Krieg einen hohen Preis für seinen Ungehorsam zu zahlen hatte, bedauerte er nie, was er getan hatte.

Das Retter-Selbst von Diplomaten unterschied sich von dem gewöhnlicher Bürger und Bürgerinnen. Ihr Ungehorsam gegenüber den Weisungen ihrer Vorgesetzten war von ungleich größerer Bedeutung, da man davon ausging, daß ihre Handlungen die offizielle Haltung ihres jeweiligen Heimatlandes repräsentierten. Was Wallenberg, Born, Perlasca und Sugihara taten oder unterließen, wurde von Nazi-Deutschland und von dem Gastland, in dem sie akkreditiert waren, als offizielle Politik interpretiert. Die Diplomaten waren sich dessen deutlich bewußt. Ihr Dilemma wurde dadurch nur verstärkt. Eine persönliche, private Entscheidung, den Machthabern die Stirn zu bieten, nahm unmittelbar die Bedeutung einer öffentlichen, politischen Handlung an. Die Entscheidung, die Verfolgten des Nazi-Regimes mit diplomatischen Mitteln zu retten – durch die Ausgabe von Visa und amtliche Protestnoten – war kein privater, sondern ein von Natur aus öffentlicher Akt. Zum Glück schützte sie ihr diplomatischer Status vor den unmittelbaren Konsequenzen ihrer Handlungen.

Die Abrechnung kam erst später, als ihre jeweilige Regierung sie wegen Befehlsverweigerung bestrafte. Auch eine moralisch falsche Regierungspolitik müsse befolgt werden. Wie die Rettungsaktivitäten war auch die Bestrafung oft ein öffentlicher Akt. Sugihara wurde wegen seines

Ungehorsams unehrenhaft aus dem diplomatischen Dienst entlassen und fortan geschnitten. Man verweigerte ihm das offizielle Empfehlungsschreiben, das ehemalige Diplomaten normalerweise erhalten, um ihnen die Arbeitssuche im Privatsektor zu erleichtern. Seine ganze Familie hatte unter dieser Isolation zu leiden und fühlte sich an den Pranger gestellt. Schließlich fand Sugihara eine Stelle als Vertreter einer japanischen Handelsgesellschaft in Moskau.

Wohl in keinem anderen Fall war das Dilemma, in dem sich die Diplomaten befanden, so offensichtlich und die Strafe so hart wie im Fall des wohlhabenden, katholischen Konsuls von Portugal in Bordeaux, Aristides de Sousa Mendes. Unter Mithilfe seiner Frau und seiner beiden ältesten Söhne stellte der 55jährige Mendes im Frühsommer 1940 innerhalb von drei Tagen 30000 Einreisevisa für Flüchtlinge aus. Er tat das gegen die ausdrückliche Anordnung seiner Regierung, Juden unter keinen Umständen ein Visum auszustellen. Aber Mendes lernte zufällig den orthodoxen Oberrabbiner von Brüssel Chaim Kruger kennen, der sich mit seiner Frau und seinen fünf Kindern auf der Flucht durch Frankreich befand. Kruger erzählte Mendes, was der jüdischen Bevölkerung bevorstand, sobald die Deutschen die Macht übernähmen. Ohne die Erlaubnis seiner vorgesetzten Dienststelle abzuwarten, stellte er der Familie Kruger ein Visum aus und widmete sich fortan der Aufgabe, so viele jüdische Frauen, Männer und Kinder wie möglich zu retten. Seiner Familie gegenüber erklärte er: »Ich muß von diesen Menschen so viele wie nur irgend möglich retten. Wenn es nötig ist, daß ich mich Befehlen widersetze, so möchte ich lieber mit Gott gegen die Menschen, als mit den Menschen gegen Gott sein.«

Von acht Uhr morgens bis zwei oder drei Uhr nachts stellten Mendes und seine Söhne ein Visum nach dem anderen aus. Als die offiziellen Formulare ausgingen, nahmen sie normales Schreibpapier. Als das Schreibpapier ausging, nahmen sie irgendwelche Blätter mit dem Konsulatssiegel. Manche, die einen Antrag stellen wollten, waren tagelang zu Fuß unterwegs, um den Konsul aufzusuchen. Sie schliefen auf Stühlen, auf der Treppe oder auf dem Fußboden und vergaßen lieber das Essen, als ihren Platz in der Schlange zu verlieren. Ein französischer politischer Flüchtling kam mit vier Kartoffelsäcken voller Gold an und wollte Mendes die Hälfte überlassen, wenn er ihm ein Visum ausstelle. Mendes lehnte das Angebot ab, gab ihm aber gleichwohl das gewünschte Dokument.

Als Frankreich fiel, wurde Mendes nach Lissabon zurückbeordert. Lissabon schickte zwei Beamte, die ihn und seine Familie auf der Rückreise begleiten sollten. Als sie unterwegs durch die Stadt Bayonne kamen, sah Mendes, daß sich vor dem portugiesischen Konsulat zahlreiche Flüchtlinge versammelt hatten. Mendes ließ anhalten und stellte den Vizekonsul zur Rede, warum er den draußen Wartenden keine Visa ausstelle. Der Vizekonsul erwiderte, er befolge nur die Anordnungen Lissabons. »Ich bin noch immer im Amt«, schrie Mendes ihn wütend an, »ich bin immer noch ihr Vorgesetzter«. Entgegen der Entscheidung des Vizekonsuls versah Mendes die Wartenden mit einem Visum. Später dann, in der französischen Grenzstadt Hendaye, stellte er einer weiteren Flüchtlingsgruppe Visa aus und eskortierte sie über die Grenze nach Spanien.

Zurück in Lissabon, wurde er vom Außenminister wegen Befehlsverweigerung bestraft. Nach dreißig Dienstjahren entließ man ihn aus dem diplomatischen Corps und strich seinen Pensionsanspruch. Seine Kollegen mieden ihn fortan und seine Freunde schnitten ihn. So zog er sich auf sein Schloß in Cabanas de Virato zurück, eine Kleinstadt in den Bergen, 350 Kilometer nördlich von Lissabon. Die er gerettet hatte, machten seinen Aufenthaltsort ausfindig und applaudierten ihm, wenn er sich zeigte. Aber die öffentliche Ungnade, in die er gefallen war, beschämte ihn so sehr, daß er nicht länger als Jurist tätig sein konnte. Ohne Lebensunterhalt und von seinen Freunden gemieden, verwandte er seine Energie auf die Wiederherstellung seines Rufs. In einem Schreiben, das er sämtlichen portugiesischen Parlamentsabgeordneten zukommen ließ, argumentierte er, daß sich sein Vorgehen in Übereinstimmung mit der portugiesischen Verfassung befunden und die Großzügigkeit des portugiesischen Volkes widergespiegelt habe. Er erhielt keine einzige Antwort. Niemand wollte sich mit Portugals Diktator António de Oliveira Salazar überwerfen, der während des Krieges eine Politik der Neutralität und der Beschwichtigung verfolgte. Um den Lebensunterhalt seiner Familie zu sichern, verkaufte Mendes nacheinander alle seine Besitztümer und schließlich auch das Schloß. Als er 1954 mittellos starb, trug er seinen Kindern auf, seinen Namen reinzuwaschen.

Dies konnte schließlich auch erreicht werden. Die erste formelle Anerkennung seiner beherzten Taten erfolgte im Jahre 1966, als Yad Vashem eine Ehrenmedaille mit seinem Namen herausgab. Nachdem sich Mendes' Familie jahrelang mit Petitionen an verschiedene portugiesische Minister gewandt hatte, konnte sie schließlich erreichen, daß sein letzter Wille in Erfüllung ging. Im Mai 1987 verlieh ihm Präsident Mário Soares posthum den portugiesischen Freiheitsorden. Im März des folgenden Jahres beschloß die portugiesische Nationalversammlung, Mendes rückwirkend wieder in Amt und Würden einzusetzen und die ausstehenden Gehaltszahlungen unter seinen Familienangehörigen zu verteilen.* Bei der Abstimmung erhoben sich sämtliche Abgeordneten, um Mendes die Ehre zu erweisen. Schließlich hatten seine Taten doch noch Anerkennung gefunden.

---

* Im Juli 1994 hatte Portugals Ministerpräsident Cavaco Silva der Familie Mendes noch immer kein Geld überwiesen. Auch weigert er sich standhaft, die Ansicht aufzugeben, Aristides de Sousa Mendes habe Befehle verweigert.

11
Retter und Retterinnen in Netzwerken

Es ist unter Soziologen allgemein anerkannt, daß eine Ideologie nur durch die Bemühungen einer Gruppe besiegt werden kann. Individuelle Versuche, den vorherrschenden Überzeugungen entgegenzuwirken, sind aussichtslos. Die Männer und Frauen, die den Nazismus verabscheuten, teilten diese Ansicht. Sie suchten sich Gleichgesinnte, die die Welt auf ähnliche Weise wahrnahmen, ähnlich über den Nazismus dachten und ebenfalls etwas dagegen unternehmen wollten. Sie fanden sich in studentischen Vereinigungen und Clubs, in der Unterkellerung von Kirchen und in Klassenzimmern staatlicher Schulen zusammen. Sie trafen sich in Büroräumen von Wohlfahrtseinrichtungen und in Ärztezimmern von Krankenhäusern. Sie schlossen sich Religionsgemeinschaften an, die für ihre humanitären Bemühungen bekannt waren, wie die Antirevolutionäre Kirche in Holland oder die Bekennende Kirche in Deutschland. In Orten, die religiös Verfolgten traditionell Zuflucht boten – wie etwa Le Mazet, Fay, Tence, La Suchère, Montbuzat und Le Chambon in Frankreich oder Assisi in Italien –, engagierte sich die ganze Bevölkerung und gewährte den schutzsuchenden Fremden Unterschlupf. Sie schlossen sich zu Organisationen zusammen, die der Soziologe Georg Simmel als »Geheimgesellschaften« (Simmel 1922) bezeichnete. Unter den Mitgliedern solcher Geheimgesellschaften befanden sich jüdische wie nichtjüdische Männer und Frauen. Im Unterschied zu den moralisch motivierten RetterInnen und den Judeophilen, die helfend eingriffen, weil sie Menschenleben bedroht sahen, fühlten sich die RetterInnen, die sich in Netzwerken zusammenschlossen, zum Handeln motiviert, weil Hitlers grausame Politik sie mit Furcht und Abscheu erfüllte. Zahlreiche Nichtjuden waren über Hitlers rassistische und diktatorische Maßnahmen empört. Der Nazismus stand im Widerspruch zu ihren tiefsten Überzeugungen und humanitären Werten. Sie fühlten sich persönlich angegriffen. Noch heute kann die Netzwerk-Retterin Hetty Dutihl Voûte kaum ihre Wut zurückhalten, wenn sie sich den Einmarsch der Deutschen in Holland ins Gedächtnis ruft. In einem Brief vom 12. Dezember 1992 teilte sie mir dazu mit:

> Vom ersten Tag an platzte ich vor Wut auf die Nazis. Sie verbreiteten die Lüge, sie wären nicht in unser Land einmarschiert. Dabei besetzten sie unser Land, erschossen unsere Soldaten, demütigten uns, stahlen unsere Vorräte und verhafteten unsere besten Männer. Noch jetzt, während ich Ihnen das schreibe, fühle ich, wie die Wut in mir aufsteigt!

Wut auf die Nazis war das Bindemittel, das die Netzwerk-RetterInnen zusammenhielt. Wie Freud anmerkt, entsteht eine »psychologische Masse« immer dann, wenn einzelne Individuen ein gemeinsames Interesse oder in einer bestimmten Situation eine gleichartige Gefühlsrichtung haben. »Je stärker diese Gemeinsamkeiten sind, desto leichter bildet sich aus den einzelnen eine psychologische Masse und desto auffälliger äußern sich die Kundgebungen einer ›Massenseele‹.« (Freud 1969:90f.)

Meine Forschungen ergaben, daß die Mitglieder eines Netzwerks oder einer Untergrundorganisation bemerkenswert viel gemeinsam hatten. Die meisten stammten aus Familien, in denen der Vater ein eigenes Geschäft betrieb oder freiberuflich tätig war. Viele waren SchülerInnen oder StudentInnen, als sie gegen die Nazis aktiv wurden. Mehr als die Hälfte ging damals aufs Gymnasium oder an die Universität. Alle hatten zumindest zeitweise eine höhere Bildungseinrichtung besucht. Zwar bildeten sie hinter den moralisch motivierten RetterInnen und den Judeophilen nur die drittgrößte Motivationsgruppe, aber sie waren bei weitem die einheitlichste.*

---

* Zu den Netzwerk-RetterInnen gehörten 22 Prozent aller Befragten. Die meisten hatten das Gymnasium (36 Prozent) oder die Universität (27 Prozent) besucht.

Über 90 Prozent dieser RetterInnen waren an mehr als fünf Rettungsaktionen beteiligt, bei denen in der Regel jeweils mindestens 15 Menschen geholfen wurde. 41 Prozent retteten 100 bis 2500 Menschen, 23 Prozent retteten 15 bis 50 Menschen und 18 Prozent retteten 1 bis 7 Menschen. Mehr als 90 Prozent können als »BerufsretterInnen« bezeichnet werden, da sie ihren Rettungsaktivitäten als Vollzeitbeschäftigung nachgingen.

Allgemein ist interessant, daß »sich eine ungewöhnlich hohe Zahl von Studenten und freiberuflich Tätigen an Bewegungen beteiligt«; und auch wenn sie in begrenztem Maße anderweitige Verpflichtungen haben, lassen sie sich von diesem Engagement nicht abhalten (McAdam/Mccarthy/Zald 1988:709).

Diese jungen Menschen widersetzten sich Hitler schon frühzeitig. Sie vertrieben Schriften gegen die Nazis, organisierten Protestaktionen und griffen schließlich zur offenen Sabotage. Im Unterschied zu den anderen RetterInnen zeigten sie ihre Gegnerschaft meistens bereits in der Frühphase des Nazi-Regimes, indem sie von den Rassengesetzen, die den Nichtjuden jeden geschlechtlichen, gesellschaftlichen und geschäftlichen Verkehr mit jüdischen Menschen untersagten, einfach keine Notiz nahmen. Der Ungehorsam gegenüber diesen Gesetzen war ihre erste Widerstandshandlung. Ihr Hauptmotiv lag dabei allerdings nicht in der Rettung von Juden und Jüdinnen, sondern in ihrem Willen, etwas gegen Hitler zu unternehmen. Erst später, als sich die verzweifelte Lage der jüdischen Bevölkerung zuspitzte, gingen sie auf Drängen ihrer jüdischen Mitstreiter dazu über, die Rettung jüdischer Menschen in ihre allgemeinen Widerstandsaktivitäten einzubeziehen.

So war es auch im Fall der dänischen Untergrundbewegung, die zahlreiche Juden und Jüdinnen mit Schiffen in Sicherheit brachte – es handelt sich dabei um das bekannteste Rettungsmanöver, das ein Netzwerk während des Krieges durchführte. Der Wink eines couragierten, hochgestellten deutschen Beamten, die Deportation der gesamten jüdischen Bevölkerung aus Dänemark stünde unmittelbar bevor, genügte, und das Netzwerk trat in Aktion. Innerhalb von nur zwei Monaten bildeten die dänischen Bürger überall spontan kleinere Netzwerke und brachten nahezu die gesamte jüdische Bevölkerung Dänemarks in Sicherheit. Es war der krönende Abschluß der Bemühungen eines Netzwerks, an dem StudentInnen, Ärzte, Taxifahrer, Geistliche und Angehörige anderer Berufe mitwirkten.

In den zweieinhalb Jahren zwischen 1940 und dem 29. August 1943 führte der dänische Untergrund nur kleinere Sabotageakte durch. Die Hälfte der 20000 Mitglieder waren Kommunisten, die andere Hälfte gehörte anderen politischen Gruppierungen an und hatte sich in einem halben Dutzend unabhängig voneinander operierender Netzwerke zusammengeschlossen. Zwischen den einzelnen Netzwerken gab es hinsichtlich der Zielsetzung, der Philosophie und der politischen Ausrichtung leichte Unterschiede. Manche RetterInnen waren pazifistisch orientiert und machten sich die Sammlung von Informationen und die Veröffentlichung illegaler Schriften zur Aufgabe. Andere konzentrierten sich auf Aktionen gegen den deutschen Nachschub und sabotierten das Eisenbahnnetz. Die dänische Studentenvereinigung verfügte über eine

»Eingreiftruppe«, die über eine Telefonkette mobilisiert werden konnte. Wann immer die dänische Polizei Verdacht schöpfte, die Deutschen könnten wieder etwas im Schilde führen, verständigte ein sympathisierender Polizeibeamter die Einsatztruppe, und die warnte wiederum die jeweils Betroffenen. Nach einem stillschweigenden Übereinkommen ließ die Polizei dem Untergrund freie Hand, solange er keine dänischen Fabrikanlagen sabotierte und die Produktion nicht unterbrach. Am 28. September 1943 ließ der in Kopenhagen akkreditierte deutsche Attaché für die Schiffahrt Georg Duckwitz unter großer Gefahr für Leib und Leben durchsickern, daß die Deutschen planten, in der Nacht zum 1. Oktober mit der Deportation der dänischen Juden und Jüdinnen zu beginnen. Duckwitz verständigte einige dänische Beamte, und kurze Zeit später ließen zahlreiche Dänen alles liegen und stehen, um bedrohten Familienangehörigen, Nachbarn und Freunden zu Hilfe zu eilen. Von einem Taxifahrer wird berichtet, daß er das Telefonbuch zur Hand nahm und sämtliche Männer und Frauen mit jüdischem Namen anrief (Silver 1994:71ff.).

Über einen Zeitraum von zwei Monaten organisierten die Dänen eine informelle »Fischfang-Armada«, die jüdische Männer, Frauen und Kinder in Booten nach Schweden in Sicherheit brachte. Dabei arbeiteten eher lose zusammenhängende Netzwerke mit dem organisierten Widerstand zusammen.

All das ereignete sich unter dem wachsamen Auge der deutschen Besatzungsbehörden und ihrer Patrouillenboote. Möglichst warm angezogen, wurden die jüdischen Passagiere an Bord versteckt. Manche kauerten sich im Unterschiff zusammen und krochen unter eine Persenning. Die zweieinhalb- bis dreistündige Überfahrt nach Schweden war kalt und nervenaufreibend. Da die Boote oft von deutschen Patrouillen angehalten wurden, mußten sie wie einfache Fischerboote aussehen, und die Deckgeschichten der Fischer hatten niet- und nagelfest zu sein.

Die bemerkenswerte Koordination dieser Rettungsaktion, an der die unterschiedlichsten Menschen mitwirkten, unterstreicht, wie stark der Einfluß von Gruppennormen auf das individuelle Handeln sein kann. Ob Taxifahrer, Fischer oder Studentin, alle Beteiligten waren vom Geist des Unternehmens beseelt. Der englische Psychologe William McDougall (1920) äußerte die Ansicht, daß die Affekte der Menschen kaum unter anderen Bedingungen eine solche Intensität erreichen, wie bei einzelnen als Teil einer großen Menge von Menschen. Als Massenindividuen verlieren sich die einzelnen in den Affekten der Masse und werden von gemeinsamen Gefühlsregungen beherrscht. Im Falle der Dänen war diese Gefühlsregung humanitärer Art. Die Macht einer Gruppe, unter ihren Mitgliedern dieselben Überzeugungen durchzusetzen, beschreibt Alvin Zander (1979), ein Spezialist für Gruppendynamik, der an der *University of Michigan* lehrt. Festzuhalten wäre auch, daß Hitler und seine Nationalsozialistische Deutsche Arbeiterpartei ursprünglich durch eine ähnliche Gruppendynamik, die es den Menschen möglich machte, ihre Gefühle auszudrücken und sich der Autorität zu widersetzen, an die Macht katapultiert wurden.

Die Gründung von Netzwerken folgte Hitlers Eroberungszug durch Westeuropa. In Holland bildeten Männer und Frauen Netzwerke, um sich gegen die deutsche Besatzungsmacht zu wehren und bedrohten Widerstandskämpfern sowie Männern und Jungen, die sich dem deutschen Arbeitsdienst entziehen wollten, Schutz zu gewähren. Die Flüchtlinge brauchten Verstecke, gefälschte Ausweispapiere und Lebensmittelkarten. Zur Finanzierung der Untergrundaktivitäten wurde Geld gesammelt. Als dann die Deportation begann, war alles bereit, um die Juden verstecken oder ihre Flucht organisieren zu können. Diese lose miteinander verbundenen Netzwerke entstanden nicht aus dem Nichts. Wie der Soziologe Charles Kadushin vom *Graduate Center of the City University of New York* – der sich intensiv mit Netzwerken beschäftigt hat – erklärt, entwickeln sich solche sozial orientierten Zirkel aus bereits bestehenden formalen Strukturen. In Holland waren das einzelne protestantische und katholische Kirchengruppen, politische Gruppen sowie liberale und anarchistische Intellektuellenzirkel an den Universitäten. Sie bildeten den Ausgangspunkt der gegen die Nazis gerichteten Aktivitäten.

Aber nicht alle Widerstandsgruppen dehnten ihre Zielsetzung auf die Rettung jüdischer Mitbürger aus. Einige religiöse Gruppen waren engstirnig genug, nur Mitgliedern ihrer eigenen Gemeinschaft zu helfen. Und manche bewaffneten Widerstandsorganisationen – wie die, der sich mein Vater in Weißrußland anschloß – sahen ihre Aufgabe allein darin, die deutschen Besatzer in die Flucht zu schlagen, während die Juden sich um sich selbst kümmern sollten.

Die meisten westeuropäischen Netzwerke widmeten sich aber schließlich auch der Rettung von jüdischen Verfolgten. Manche moralisch motivierten RetterInnen, aber auch zahlreiche Judeophile und von Berufs wegen motivierte Helfer und Helferinnen begannen ihre Rettungsaktivitäten anfangs alleine, schlossen sich später aber einem Netzwerk an.

Die Zusammenarbeit mit einer Gruppe verschaffte ihnen die nötigen Hilfsmittel, die sie zur Fortführung ihrer Aktivitäten brauchten. Das Netzwerk kümmerte sich um zusätzliche Lebensmittelkarten, Geld, Gegeninformationen und sichere Verstecke. Das Wissen, einer Gruppe anzugehören, stärkte die Entschlossenheit und stützte das Retter-Selbst dieser widerständigen Menschen psychologisch auf unschätzbare Weise. Mit einer Gruppe im Rücken empfanden sie, was Freud als »grenzenloses Machtgefühl« beschreibt. Diese psychologische Unterstützung erlaubte manchen RetterInnen entsprechend der Ausnahmesituation zu handeln: zu lügen, zu stehlen und überhaupt alles zu tun, was nötig war, um Leben zu retten.

Bei religiös motivierten Netzwerk-RetterInnen, wie etwa den Mitgliedern des französischen CIMADE (Comité d'Inter-Mouvements auprès des Evacués), wurde dieses Machtgefühl durch die Überzeugung verstärkt, Gottes Werk zu verrichten. In bemerkenswertem Kontrast zum Vatikan arbeitete diese Gruppe mit anderen christlichen Vereinigungen und der katholischen Kirche Frankreichs zusammen. Dabei widmeten sie sich vor allem der Aufgabe, Kinder vor der Deportation in die Todeslager zu bewahren.

Als Gründer eines solchen religiösen Netzwerkes ist der Adventist vom Siebenten Tag John Weidner bekannt. Der gottesfürchtige Geschäftsmann und Ministersohn organisierte das Netzwerk »Niederlande-Paris«, das vom Weltkirchenrat finanziert wurde.

Im Jahre 1940 war Südfrankreich noch nicht von deutschen Truppen besetzt und zog daher zahlreiche jüdische und andere Flüchtlinge an. Sobald die Verfolgten aber im Süden angelangt waren, steckte die pronazistische Vichy-Regierung sie in die Internierungslager von Vernet-les Bains, Gurs, Venissieux und Rivesaltes. Um ihre Kooperationsbereitschaft zu unterstreichen, überstellte die Regierung des »Französischen Staates« den deutschen Behörden regelmäßig einige Juden und Jüdinnen für die Deportation in die Konzentrationslager.

John Weidners Gruppe ermöglichte zahlreichen Juden die Flucht aus den französischen Internierungslagern und führte sie über die Grenze in die Schweiz. Zur gleichen Zeit kümmerten sich andere religiöse Netzwerke in Frankreich um die Rettung von jüdischen Kindern. Dazu gehörte auch das informelle Netzwerk einiger Pastoren aus verschiedenen Dörfern im Departement Haute-Loire – in dem auch das Dorf Le Chambon und die Cevennen liegen. Der Pastor von St.-Privat-de-Vallonge in den Cevennen holte jüdische Kinder aus Aix-en-Provence und Marseille und brachte sie in den Dörfern und auf den Bauernhöfen der Region unter. Sein Bruder, ein Eisenbahnvorsteher, änderte den Fahrplan der Züge nach Le Chambon entsprechend den Bedürfnissen des Netzwerks.

In Zusammenarbeit mit jüdischen Gruppen retteten diese Netzwerke französischer Christen die erstaunliche Anzahl von 7000 in Frankreich lebenden jüdischen Kindern (Bauer 1978:73).

Daß die RetterInnen nicht allein handeln mußten, war zugleich der größte Vorteil und die größte Gefahr, die von einem Netzwerk ausging. An John Weidners Fluchtorganisation »Niederlande-Paris« zum Beispiel wirkten 300 Männer und Frauen mit; sie fälschten Papiere, beschafften Geld, organisierten für die Flüchtlinge vorübergehende Unterkünfte und geleiteten sie über die Grenze. Durch ein schwaches Glied aber gerieten alle in Gefahr. Suzi Kraay wurde in Paris mit ihrem Adreßbuch, in dem sie die Namen von Netzwerkmitgliedern notiert hatte, verhaftet. Auf dem Weg zur Polizeistation ließ sie das Verzeichnis heimlich auf den Bürgersteig fallen, aber ein älterer Franzose hob das Büchlein auf und gab es ihr in Verkennung der Lage zurück: »Mademoiselle hat etwas fallenlassen«, sagte er galant. Suzis Mißgeschick hatte katastrophale Folge. Die Hälfte der Netzwerkmitglieder, rund einhundertfünfzig Männer und Frauen, wurden aufgespürt und verhaftet, darunter auch Weidners Schwester Gabrielle. Zehn Tage vor der Befreiung durch die Russen kam sie in einem Konzentrationslager ums Leben (Ford 1966:245ff.).

Die Gefahr, die Intensität und die Dringlichkeit der Rettungsaktivitäten schweißten die Mitglieder eines Netzwerks zusammen. Mit der Zeit fühlten sie sich als Teil einer großen, einigen Familie und gewannen die Überzeugung, daß sie sich nur auf diese »Familienangehörigen« verlassen, nur ihnen trauen könnten. Die Soziologin Bonnie Erickson von der *University of Toronto* bemerkt hierzu:

> Die Mitwirkung an einer Geheimgesellschaft saugt die Mitglieder tendenziell auf; die Aufregung, die das gemeinsame Risiko mit sich bringt, kann dazu führen, daß sie sich der Geheimgesellschaft und den anderen Mitgliedern immer stärker verbunden fühlen. So kommt es unter Umständen, daß die Beteiligten das Netzwerk schrittweise dahingehend umstrukturieren, daß sie immer mehr miteinander und immer weniger mit Außenstehenden verkehren. (Erickson 1981:201)

Die Rettung von Juden entwickelte sich zu einer Aufgabe, die alle Aufmerksamkeit beanspruchte und sämtliche Kräfte verzehrte. Dadurch erhielt das Leben der in Netzwerken agierenden RetterInnen einen neuen Sinn und eine neue Bedeutung. Anstatt nur immer über ihre Werte und Überzeugungen zu reden, hatten diese RetterInnen die Gelegenheit, sie in die Tat umzusetzen. Viele fanden in dieser Erfahrung so viel Befriedigung, daß sie den Rest ihres Lebens versuchten, etwas Ähnliches zu erleben.

Zwar war kein Netzwerk wie das andere und keine Erfahrung glich einer zweiten, aber einige gemeinsame Züge lassen sich dennoch feststellen (Aubert 1965). Kadushin definiert ein Netzwerk als »eine Reihe gesellschaftlicher Objekte, auf die eine Reihe von Beziehungen oder ›Strömen‹ abgebildet sind, wobei diese Abbildung nicht unbedingt nach Art eines 1:1 Verhältnisses zu denken ist«. Die Beziehungen zwischen den einzelnen Mitgliedern stellen sich oft auf Umwegen her. Kein Mitglied verkehrt unmittelbar mit allen anderen. Vielmehr verlaufen die Interaktionsströme häufig über ein oder zwei Mittelspersonen, insbesondere wenn es keine formale Führungsstruktur gibt. Gleichwohl spielen einige Mitglieder eine zentralere Rolle als andere (Kadushin 1976).

Netzwerke, in deren Mittelpunkt ein Führer stand, dessen charismatische Persönlichkeit und kraftvolle Präsenz Männer und Frauen anzog, die ihrer Wut auf die Nazis Ausdruck verleihen wollten, waren außerordentlich verwundbar. Ein bekannter Netzwerk-Führer lief eher Gefahr, denunziert und umgebracht zu werden. Darüber hinaus war die Führerrolle immer an eine bestimmte Person gebunden, für die sich nur schwer Ersatz finden ließ. Führer wie John Weidner oder Joop Westerweel waren Männer mit festen Überzeugungen und unerschütterlichen Grundsätzen, Männer, die andere beflügeln und zur Mitarbeit animieren konnten. Sie verstanden es, die nötigen Mittel aufzutreiben, um ihre Pläne erfolgreich ausführen zu können.

John Weidner besaß in Paris ein gutgehendes Textilunternehmen. Als die Deutschen einmarschierten, gab er das Geschäft auf, zog nach Lyon und baute trotz der strengen kriegsbedingten Restriktionen aus dem Nichts ein neues Textilunternehmen auf. Joop Westerweel, ein niederländischer Schuldirektor, zog durch seine innovativen Erziehungsvorstellungen und festen humanitären Ideale eine zahlreiche Gefolgschaft von Lehrern und Schülern in seinen Bann.

Um Joop Westerweel und seine Frau Will, die im Unterricht ihrer Rotterdamer Schule die Montessori-Methode anwandten, bildete sich eine informelle Gruppe, deren Mitglieder sich durch den leidenschaftlichen Glauben der Westerweels an die Freiheit des Individuums angezogen fühlten. Die Westerweel-Gruppe, wie sie genannt wurde, bestand aus gegenwärtigen und ehemaligen Schülern sowie einigen Lehrern, unter denen sich sowohl Juden als auch Nichtjuden befanden.

Als die Deutschen in Holland einmarschierten, verteilten niederländische Widerstandskämpfer Flugblätter und klebten Plakate, in denen sie zum Widerstand gegen die Verordnungen der Nazis aufriefen. Auf dem Höhepunkt ihrer Aktivitäten organisierte die Westerweel-Gruppe Fluchtwege aus den Internierungslagern, besorgte Verstecke, betrieb eine Fälscherwerkstatt und eine Druckerei zur Herstellung falscher Ausweispapiere und Lebensmittelkarten und – dies war ihre spektakulärste Aktion – schleuste 300 bis 400 Kinder aus Holland quer durch das deutschbesetzte Europa nach Spanien und in die Schweiz und schließlich nach Palästina.

Im Mittelpunkt dieser Aktivitäten stand der Lehrer und Idealist Joop Westerweel, ein leicht aufbrausender Mensch, der nach seinen Überzeugungen handelte. Als er im Jahre 1941 mit seiner Familie aus dem Sommerurlaub zurückkehrte, fand er in seiner Wohnung eine jüdische Familie vor. Er bestand darauf, daß sie blieb. (Eine Freundin der Westerweels wollte die Wohnung nur vorübergehend, bis sie für die jüdische Familie eine Fluchtmöglichkeit organisiert hätte, als Unterschlupf nutzen. Aber die Sache hatte nicht geklappt, und so waren die Juden noch da, als die Westerweels zurückkehrten.) Joop, Will und ihre drei Kinder zogen in eine möblierte Wohnung in der Nähe um. Später sollten sie abermals das Quartier wechseln, um für jüdische Kinder Platz zu machen, die ein Versteck brauchten.

Die intensive Phase der Aktivitäten dieser Gruppe begann jedoch erst ein Jahr später. Bis zu diesem Zeitpunkt hatten die Nazis die Juden bereits auf ihre bekannte gründliche Weise verfolgt. Sie hatten die üblichen antijüdischen Verordnungen erlassen, den Besitz der Juden beschlagnahmt und sämtliche niederländische Juden gezwungen, in das Judenviertel von Amsterdam zu ziehen. Als dann am 14. Juli 1942 die erste Razzia begann, sahen sich die Netzwerke schlagartig – ganz ähnlich, wie auf einzeln agierende RetterInnen ein *transforming encounter* wirkte – zum Handeln genötigt. Die Juden vor dem Konzentrationslager zu retten, erhielt oberste Priorität.

Im August 1942 trat eine ehemalige Schülerin von Joop, namens Miriam Finkhauf, an die Westerweel-Gruppe heran und bat, ihr dabei behilflich zu sein, eine jüdische Jugendgruppe, die Palästina-Pioniere (hebräisch: *Hachshara*), zu verstecken. Die 400 Mitglieder der Gruppe hielten sich in Loosdrecht auf, wo sie als Vorbereitung auf ihre geplante Auswanderung nach Palästina landwirtschaftliche Fertigkeiten erlernten. Sie hatten den richtigen Zeitpunkt verpaßt, und nun drohte allen, falls ihnen niemand half, die Verhaftung und Deportation.

Joop Westerweel und seine Frau erklärten sich sofort bereit, der Gruppe zu helfen. Um sich ihrer Aufgabe völlig widmen zu können, schickten sie ihre Kinder zu Freunden. Bei der Suche von Verstecken für die Jugendlichen aus Loosdrecht arbeiteten Juden und Nichtjuden Hand in Hand. Die Westerweels bewegten Freunde, Verwandte und Kollegen, sich an den Rettungsbemühungen zu beteiligen, und die wiederum sprachen ihre eigenen Familienangehörigen und Freunde an, denen sie trauen konnten. So kam es, daß Netzwerke und Familien sich ineinander verwoben.

Joop versuchte unablässig, neue Helfer und Helferinnen zu rekrutieren. Beständig hatte er neue Leute zu überzeugen und alte in ihrer Überzeugung zu bestärken, daß die Sache gerecht und das Risiko wert sei. Bedarf an neuen Mitgliedern gab es ständig – sei es, um Leute zu ersetzen, die verhaftet worden waren; sei es, um neue Projekte mit dem nötigen Personal auszustatten.

Verstecke wurden nicht nur für jüdische Verfolgte gesucht, sondern auch für die führenden Personen der Rettungsnetzwerke (denen ebenfalls die Deportation drohte, wenn sie gefaßt wurden). Aber Verstecke waren nur eine vorübergehende Lösung, und gesucht wurde eine dauerhafte. Im Oktober plante eine Gruppe von dreizehn Jugendlichen, über die Grenze zu fliehen, führte das Vorhaben dann aber doch nicht aus. Niemand weiß genau, was damals geschah, aber feststand, daß jeder weitere Versuch zwecklos war, solange es keine sichere Route gab. So begannen Joop Westerweel und Shushu Simon – ein Führer der Palästina-Pioniere, zu dem Joop ein enges Verhältnis hatte – Fluchtwege über die schweizerische und spanische Grenze zu erkunden.

In der Zwischenzeit warteten die Palästina-Pioniere in ihrem Versteck. Will Westerweel und andere Netzwerkmitglieder druckten unterdessen falsche Ausweispapiere und Lebensmittelkarten. Einige andere kümmerten sich um die Jugendlichen im Versteck und sorgten dafür, daß es ihnen an nichts fehlte. Und wieder andere halfen Freunden bei der Flucht aus den Durchgangslagern von Westerbork und Vught.

Schließlich war ein sicherer Weg über die Grenze gefunden; er mußte nur noch ausprobiert werden. Joop führte die Kinder durch das deutschbesetzte Europa nach Spanien, von wo aus sie sich nach Palästina durchschlugen. Im Dezember aber wurde Will Westerweel verhaftet. Sie war mit ihrem Bestechungsversuch an die falsche Lagerwache geraten. Drei Monate später wurde auch ihr Mann festgenommen. Die Nazis suchten den Mann, auf dessen Namen Joops falscher Ausweis lautete, wegen der Ermordung eines Deutschen. Joop Westerweel wurde von den Nazis fünf Monate lang festgehalten und gefoltert. Er starb, ohne einen einzigen Namen oder irgendeine Aktivität der Gruppe verraten zu haben. Will Westerweel überlebte ihre Inhaftierung und den Krieg und wurde im Jahre 1964 von Yad Vashem ausgezeichnet.

Anführer wie Joop Westerweel waren eher die Ausnahme als die Regel. Ein Netzwerk durfte kein festes Zentrum haben; besser, wenn es je nach Bedarf wechselte. Denn es kam regelmäßig zu Verhaftungen und viele Führer wurden denunziert, festgenommen und umgebracht. Das bedeutete, daß ein Netzwerk nicht von einer einzigen Führungsperson abhängig sein durfte. Wurden Netzwerkmitglieder, die für die Durchführung der Rettungsbemühungen entscheidend waren, gefangengenommen, so verschob sich das Zentrum der Operation und eine neue Führungspersönlichkeit sprang in die Bresche.

Die meisten Netzwerke – wie etwa die südfranzösischen – verfügten nur über eine informelle, lose Organisationsstruktur. Sie entstanden spontan, weil Freundinnen, Arbeitskollegen und Nachbarn etwas unternehmen wollten. Diese demokratischen Organisationen funktionierten nicht nach festen, formalen Regeln.

Manche Netzwerke hatten nicht einmal einen Namen. Das Utrechter Kinderrettungswerk wurde erst nach dem Krieg so genannt, weil Historiker und andere Wissenschaftler irgendeine Bezeichnung brauchten. Aber für die Studenten der Gruppe, darunter Hetty Dutihl Voûte, handelte es sich einfach um einen »Freundeskreis«. Im Jahre 1940 studierte Hetty in Amsterdam Biologie. Sie war Mitglied einer Studentinnenvereinigung, der auch Jüdinnen angehörten, darunter viele, zu denen Hetty ein enges Verhältnis hatte. Aber als ihr bewußt wurde, daß der Krieg mit Deutschland unvermeidlich war, dachte sie nicht etwa an ihre jüdischen Freundinnen, sondern wollte einfach etwas gegen die Nazis unternehmen. Sie meldete sich freiwillig zur Hilfsorganisation des Roten Kreuzes, wo sie anfangs nur putzte, später aber auch bei der Versorgung der Verwundeten half.

Nach der Niederlage Hollands widmete sich Hetty wieder ihrem Studium. Ihr ältester und ihr jüngster Bruder gaben eine Untergrundzeitung heraus, und Hetty, die jüngste der sieben Geschwister, mußte beim Verteilen helfen. Die erste Ausgabe hieß *Bulite Nr. 3*. Die Deutschen sollten bei der Suche nach der nichtexistierenden ersten und zweiten Nummer verrückt werden, sollte ihnen das Blatt in die Hände fallen. Nach einigen Ausgaben stellte die Zeitung ihr Erscheinen jedoch ein, als Hettys ältester Bruder auf der Flucht nach England mit Informationsmaterial geschnappt wurde. Nach seiner anfänglichen Inhaftierung in Holland wurde er in ein Lager nach Deutschland gebracht.

Als ich Hetty fragte, wie die Familie auf die Verhaftung ihres Bruders reagierte, war ich nicht wenig erstaunt, daß ihre Eltern nur meinten: »Mach' weiter, mach' mit allem so weiter!« (Insgesamt wurden fünf der sieben Geschwister während des Krieges inhaftiert. Die anderen beiden hatten kleine Kinder und beteiligten sich daher nicht so intensiv an den Aktionen gegen die Nazis. Alle Familienangehörigen überlebten den Krieg.) Hetty erfuhr von den Deportationen, als eine Frau mit zehn jüdischen Kindern zu ihr nach Utrecht kam, wo sie den Sommer bei den Eltern verbrachte. Die Kinder, die seit der Deportation ihrer Eltern allein waren, brauchten ein Versteck, bevor die Deutschen auch sie fanden und deportierten. Die Frau hatte gehofft, daß ihre Utrechter Freundin, deren Sohn mit Hetty bekannt war, einen Ausweg wüßte, und der hatte sich in seiner Verzweiflung an Hetty und ihre StudienkollegInnen gewandt. Fieberhaft versuchte die Gruppe, die Kinder unterzubringen, die nun, da ihre Eltern zu ahnen begannen, was die Umsiedlung in den Osten in Wahrheit bedeutete, in großer Zahl in Utrecht eintrafen. Wie Joop Westerweel und andere Netzwerk-RetterInnen ließ auch Hetty alles andere liegen und stehen und widmete sich nur noch ihrer neuen »Vollzeitbeschäftigung«, Leben zu retten. Beinahe täglich trafen sich Hetty und ihre Freundin Gisela Wieberdink – die Amsterdamer Kontaktperson der Gruppe – mit dem aus zehn oder zwölf Studierenden bestehenden harten Kern, um zu besprechen, wer was als nächstes zu tun hatte. Pflegeeltern mußten gefunden, falsche Ausweispapiere und Lebensmittelkarten beschafft und Besuche bei den bereits Versteckten organisiert werden. Es war eine ungeheuer vielschichtige und gefährliche Arbeit. Hetty und Gisela besaßen dafür außer ihrem jugendlichen Drang, den jüdischen Kindern zu helfen, keinerlei Qualifikation oder Erfahrung. Hettys Erinnerungen an die Ereignisse dieser Zeit sind daher grundehrlich:

> Wir hatten nicht die geringste Ahnung. Wir mußten Pflegeeltern finden und sie mit Geld, Lebenmittelkarten und allem versorgen. Im Juli und August waren Ferien, so daß viele Studenten und Studentinnen mithalfen, Überbringerdienste leisteten und Lebensmittelkarten besorgten. Im September nahmen sie dann wieder ihr Studium auf. Von den Übriggebliebenen wußten wir, wem wir vertrauen und auf wen wir uns verlassen konnten. Dieser harte Kern blieb bis zum Ende zusammen.

Allein schon die Beschaffung einer Lebensmittelkarte für ein Kind war schwierig und zeitraubend. Die Lebensmittelkarten wurden monatlich von einer amtlichen Stelle herausgegeben und mußten beim Kauf der darauf verzeichneten Waren vorgelegt werden. Anfangs sahen sich die Utrechter StudentInnen in der Ausgabestelle nach vertrauenswürdigen Personen um, die bereit wären, die benötigten Karten auszustellen. (Später gingen sie dazu über, die Karten zu stehlen oder zu fälschen.) Hetty entdeckte einige verläßliche Quellen in Südholland. So reiste sie jeden Monat in den südlichen Landesteil, versteckte die Karten in ihren Kleidern und schmuggelte sie zurück nach Utrecht.

Um Geld für ihre Tätigkeiten aufzutreiben, druckten die StudentInnen eines ihrer Gedichte in 10000facher Auflage und verkauften das Blatt für fünf Gulden. Die Leute erstanden das Gedicht, weil sie wußten, daß der Erlös dazu diente, die versteckten Kinder zu ernähren. Auch der Erzbischof von Utrecht steuerte etwas bei und forderte alle Bischöfe auf, das Utrechter Rettungsunternehmen zu unterstützen.

Bis zum September 1942 hatte das Netzwerk so viele Kinder untergebracht, daß Hetty eine Kartei anlegen mußte. Das Verzeichnis, das sich auf ihrem Bücherregal wie ein gewöhnliches Buch ausnahm, enthielt die Namen und Decknamen sämtlicher Kinder, die Nummern ihrer Ausweise sowie ihren momentanen Aufenthaltsort. Bei Kriegsende enthielt das Buch mehr als 300 Namen.

Im ersten Monat war die Utrechter Gruppe damit beschäftigt, Kinder unterzubringen, die man ihnen zusandte. Später sprach sie – ähnlich wie die Netzwerke in anderen Ländern – selbst jüdische Eltern an, um sie von der Notwendigkeit und Dringlichkeit zu überzeugen, ihre Kinder wegzugeben. Das war keine leichte Aufgabe. Nur widerstrebend schenkten die Eltern einer Fremden Vertrauen, nur weil sie behauptete, die Kinder seien bei ihr sicherer. In Belgien lösten die RetterInnen dieses Problem, indem sie eng mit Juden zusammenarbeiteten, die ihnen halfen, die Eltern davon zu überzeugen, daß ihre Kinder bei Fremden nun besser aufgehoben seien. Irena Sendlerowas Kreis in Zegota in Polen, der Kinder aus dem Warschauer Ghetto rettete, war nur deshalb erfolgreich, weil Juden und Christen sich schon vor der Errichtung des Ghettos und dem Beginn der Deportationen kannten und zusammenarbeiteten (Vgl. Bauer 1978:50-62).

Wie andere Netzwerk-RetterInnen können sich auch die Mitglieder der Utrechter Gruppe vielfach nicht an ihre erste rettende Tat erinnern. (Sowohl Hetty als auch Gisela äußerten sich dazu nur sehr allgemein, obwohl Gisela meinte, ihr erster Fall sei ein mongoloides Kleinkind gewesen, das ein oder zwei Nächte im Haus ihrer Studentinnenvereinigung verbracht habe.) Es war ein ständiges Kommen und Gehen. Im Unterschied zu den Judeophilen und den moralisch motivierten RetterInnen, deren Rettungsbemühungen einen deutlichen Anfang, eine gewisse Dauer und ein bestimmtes Ende hatten, unterhielten die Netzwerk-RetterInnen überhaupt keine Beziehung zu ihren Schützlingen. Es war zu gefährlich, Namen auszutauschen. Routinemäßig wurden in Netzwerken Decknamen verwendet, um sich gegen Verrat und Verhaftung zu schützen. Darüber hinaus erfüllten die Decknamen, wenn auch unabsichtlich, noch einen anderen Zweck. Die Nennung beim Kodenamen ließ das Retter-Selbst realer und bedeutender erscheinen. Es war ein Teil der eigenen Identität.

Im Juni 1943 fanden Hettys und Giselas Rettungsaktivitäten ein jähes Ende. Auf dem Rückweg von einem Ehepaar, das sie als Nazi-Sympathisanten verdächtigten, wurden sie von der Gestapo verhaftet. Hetty feierte an diesem Tag ihren fünfundzwanzigsten Geburtstag.

Die beiden jungen Frauen wurden zunächst ins niederländische Durchgangslager Vught und anschließend ins deutsche Konzentrationslager Ravensbrück gebracht. Aber das Kinderrettungswerk Utrecht war weiterhin aktiv. Andere Studierende sprangen in die Bresche. Hettys Verzeichnis wurde in Sicherheit gebracht und fortan vom Erzbischof von Utrecht und einem weiteren Netzwerkmitglied geführt. Als das Netzwerk keine Kinder mehr unterzubringen hatte, kümmerte es sich um britische Piloten, die von den Deutschen abgeschossen worden waren.

Informelle Netzwerke wie das Utrechter Kinderrettungswerk bildeten keine fest umgrenzten Einheiten mit einem deutlich auszumachenden Führungszentrum. Auch wer eigentlich dazu gehörte und wer nicht, war höchst unklar. Hetty Dutihl Voûte kannte zwar die zehn oder zwölf Studierenden ihrer Gruppe, mußte nach dem Krieg aber erstaunt feststellen, daß an dem Rettungsunternehmen noch andere beteiligt waren. Ich entdeckte, daß sich unter den Kindern, die sie versteckte, auch Mitglieder der Palästina-Pioniere befanden, denen sich die Westerweel-Gruppe widmete.

Das Retter-Selbst der Netzwerk-RetterInnen konnte sich zwar damit trösten, daß es zu einer Gruppe gehörte, hatte aber auch eine größere Last und mehr Verantwortung zu tragen. Der Vorteil eines Netzwerks lag darin, daß den einzelnen RetterInnen mehr Hilfsmittel zur Verfügung standen. Wenn Lebensmittel, Kleidung, Lebensmittelkarten oder falsche Ausweispapiere gebraucht wurden, konnte man sich darauf verlassen, daß die anderen Netzwerkmitglieder bei der Beschaffung behilflich sein würden. Wurde ein Schützling krank, kümmerte sich das Netzwerk um einen verläßlichen Arzt. Wenn mit dem Schützling irgendwelche Probleme auftraten, standen die RetterInnen nicht ganz allein da. Wenn sich ein Versteck zum Beispiel als unsicher erwies, wurde der Schützling nicht einfach auf die Straße gesetzt und mußte selbst zusehen, wie er zurechtkam. Die RetterInnen hatten dann vielmehr die Möglichkeit, ihre Ansprechpartner im Netzwerk zu verständigen, daß ein neues Versteck benötigt würde.

Der Nachteil eines Netzwerks lag darin, daß der einzelne auch für das Wohlergehen seiner Mitstreiter verantwortlich war: Würde er das Geheimnis wahren können, wenn man ihn inhaftierte und folterte? Aus Angst, die Sicherheit der anderen zu gefährden, nahmen viele Netzwerk-RetterInnen die Unterstützung der Gruppe nicht in vollem Maße in Anspruch. Die meisten wollten möglichst wenig wissen, um im Fall ihrer Verhaftung nicht viel verraten zu können.

Alle RetterInnen hatten schwierige moralische Entscheidungen zu fällen, aber die Netzwerk-RetterInnen befanden sich insofern in einer besonders problematischen Situation, als sie in ein Geflecht von Aktivitäten verstrickt und bisweilen mit einander widersprechenden Verpflichtigungen konfrontiert waren. Nehmen wir etwa den Zwischenfall, bei dem Johtje Vos ihrem Sohn ein Bündel belastender Papiere ins Hemd steckte. An jenem Tag war ihr Freund und Mitstreiter Jan von den Deutschen geschnappt worden. Die Vosens gingen davon aus, daß die Gestapo Jan so lange foltern würde, bis er die Namen anderer Netzwerkmitglieder preisgäbe. Das war eine Tatsache und gehörte ebenso zu dem gefährlichen Unternehmen, wie die Geranie, die sie vor ein bestimmtes Fenster stellten, wenn alles in Ordnung war. »Wir waren uns darin einig, daß uns über die Schmerzgrenze des anderen kein Urteil zusteht«, meinte Johtje Vos beiläufig, als sie schilderte, worauf sie sich gefaßt machte.

Allerdings mußte Johtje erkennen, daß Regeln nicht immer eindeutige Handlungsanweisungen geben. Was der Gruppe zum Vorteil gereichte, mußte für den einzelnen nicht unbedingt das Beste sein und umgekehrt. Die Vosens wußten, daß Jan die Namen sämtlicher Netzwerkmitglieder und die richtigen Namen ihrer Schützlinge hatte. Ihre erste Sorge war daher, diese Listen möglichst vor den Nazis zu finden. Aart machte sich sogleich auf den Weg, um das Verzeichnis sowie die Stempel zur Herstellung falscher Papiere an sich zu nehmen, und vergrub die Utensilien im Garten.

Als die Vosens einige Stunden später um den Küchentisch saßen und die richtigen und falschen Ausweispapiere ihrer Schützlinge sortierten, die in ein sichereres Haus umziehen sollten, fuhr ein schwarzer Wagen der Gestapo vor. Aart Vos und die Flüchtlinge rannten zu dem Tunnel unter dem Kohlenkasten, während Johtje die Papiere zusammenraffte, ihrem Sohn ins Hemd steckte und ihm auftrug, damit zu verschwinden. Sie allein blieb und wartete, bis es klopfte.

Vor der Tür stand mit einem niederländischen Kollaborateur und einem Gestapo-Mann ihr Freund und Mitstreiter Jan. Er flehte sie an, die Fälscherstempel herauszugeben, um ihn vor dem sicheren Tod zu bewahren. Wenn die Gestapo sie bekäme, würde sie ihn verschonen, sagte er zu ihr. Jothje Vos sah sich mit einer unmöglichen Entscheidung konfrontiert. Sie konnte entweder ihre Familie, ihre Schützlinge und sich selbst oder aber ihren Freund retten. Es schien keine Möglichkeit zu geben, sie alle durchzubringen. Johtje befand sich in einer schrecklichen, moralisch qualvollen Situation. (Noch heute kann sie diesen Vorfall nicht berichten, ohne am ganzen Leib zu zittern.) Sie tat, was sie für das einzig Richtige hielt, und sagte, sie wüßte nicht, wovon Jan rede.

In diesem Augenblick rief Aart, der sich um Johtje Sorgen machte, an. Bevor er etwas Belastendes sagen konnte, schilderte sie ihm das Geschehen und fragte mit gespielter Verwunderung, ob er etwas von einem Stempel wisse. Aart dachte kurz nach und meinte dann, um Zeit zu gewinnen, ein Mann namens Dick, den die Nazis nie finden würden, habe den Stempel.

Dann tauchte Jans Frau Mieke auf. Sie hatte gehört, daß ihr Mann und die Gestapo zu den Vosens gefahren waren. Plötzlich hatte Johtje eine Idee, wie sie Jan vielleicht retten könnte. Sie wandte sich an Mieke, ob sie wüßte, wo Dick ist. Mieke bejahte, und so trug Johtje ihr auf, den Stempel bei Dick zu holen. An der Tür flüsterte sie ihr zu, sie solle in zwei Minuten am Waldrand auf sie warten.

Als Jans Frau das Haus verließ, ging Johtje zurück ins Zimmer und setzte sich. Nach einer Weile wandte sie sich an den Deutschen und erklärte ihm, sie wisse vielleicht, wo sich ihr Mann aufhält und daß er bei der Suche nach dem Stempel unter Umständen behilflich sein könne. Die Kinder hielten oben ihren Mittagsschlaf, so daß der Deutsche keine Angst zu haben brauche, daß sie nicht zurückkomme. Der Gestapo-Mann gab ihr zehn Minuten.

Johtje rannte aus dem Haus und traf Mieke am verabredeten Ort: »Ich habe die Sachen, aber wir müssen unser Leben riskieren, um sie herauszuholen. Bist du bereit?« Mieke war einverstanden, und zusammen schlichen sie zurück zu Johtjes Haus. Um nicht gesehen zu werden, legten sie sich flach auf den Bauch, krochen unter einem Fenster vorbei in den Garten und scharrten mit bloßen Händen nach dem Paket, das Aart zuvor vergraben hatte. Wenn man sie gesehen hätte, hätte man sie beide auf der Stelle erschossen.

Glücklicherweise blieben sie jedoch unbemerkt. Sie holten das Paket aus dem Erdloch und kamen überein, daß Mieke die Stempel an sich nehmen und in zwanzig Minuten ins Haus kommen sollte. Sie sollte sagen, daß sie mit dem Fahrrad gerade erst von Dick zurück sei und die Stempel bei sich habe. Unterdessen leckte sich Johtje die Erde von den Händen und rieb sie an ihrer Unterwäsche sauber, damit niemand Verdacht schöpfte.

Schwer atmend, als sei sie gerannt, betrat sie das Haus und erzählte dem wartenden Beamten, sie habe ihren Mann überall gesucht, aber nicht finden können. Zwanzig Minuten später kam Mieke mit dem Stempel, den sie angeblich von Dick geholt hatte, und warf ihn auf den Tisch. Aber es war nicht der richtige Stempel. Nach einem gespannten Augenblick erklärte sich Mieke bereit, Dick abermals aufzusuchen und den richtigen Stempel zu beschaffen. Sie verließ das Haus, kramte einen weiteren Stempel aus dem ausgegrabenen Paket und kam wieder zurück. Die Beamten waren zufrieden. Um Dick kümmerten sie sich merkwürdigerweise überhaupt nicht. Johtje wurde nicht verhaftet, und Jans Leben war gerettet. Bis auf weiteres war die Geheimgesellschaft in Sicherheit.

12
Kinder und Jugendliche, die Menschen retteten

Esther Warmerdam kann sich noch genau erinnern, wann ihr klar wurde, daß ihre Eltern in Rettungsaktivitäten verwickelt waren. Bis zu diesem Augenblick hatte sich an ihrem Leben in Hillegom trotz der deutschen Besatzung eigentlich nicht viel geändert. Nach wie vor ging das elfjährige holländische Mädchen zur Schule, spielte Wasserball und half ihrer Mutter, sich um ihre elf Geschwister zu kümmern. Dann und wann kamen Fremde und verbrachten einige Tage in dem geräumigen Haus der Warmerdams außerhalb von Amsterdam. Esthers Vater hatte seiner Tochter erklärt, die Fremden seien hungrige Leute aus der Stadt, die einige Zeit dableiben wollten, weil es hier mehr zu essen gebe. Einige Wochen zuvor hatte ihr der Vater Paul vorgestellt, einen Jungen etwa in ihrem Alter. Esther sagte sich, daß der Fremde wohl eine Weile bleiben würde, denn sonst hätte der Vater es wohl kaum der Mühe für wert befunden, ihn vorzustellen. Allerdings schenkte sie dem Neuankömmling kaum Beachtung, denn sie mochte ihn nicht sonderlich leiden. Mit seinem gewellten schwarzen Haar und seiner vornehmen Reserviertheit erweckte er den Eindruck eines fremdländischen Prinzen. Die Kinder der Warmerdams nannten ihn *Zandhaas,* denn der Sandhase bleibt lieber in den Dünen und meidet andere Tiere. Paul haßte diesen Spitznamen und zog sich noch mehr zurück.

Eines Tages spielte Esther mit ihren Geschwistern auf der Straße vor ihrem Elternhaus, als Paul plötzlich herausstürzte und schrie: »Ich bin kein Hase! Ich bin ein Jude! Ich bin ein Jude, ein Jude!«

Esther und ihre Brüder sahen sich erstaunt und ängstlich an. Sie hatten zwar keine Ahnung, was Pauls Geschrei bedeuten sollte, aber sie spürten, daß es Ärger geben könnte. Also schnappten sie den Jungen, der immer noch schrie, und zogen ihn zurück ins Haus. Nachdem Esthers Mutter ihn in ein anderes Zimmer geschickt hatte, fragten die Kinder ihren Vater, warum der Junge diesen Lärm veranstaltet habe. Widerstrebend gab Esthers Vater jeden weiteren Versuch auf, sie vor der Wahrheit zu schützen, und erzählte, daß Hitler die Juden ermorde. Wie er so sprach, begann Esther zu verstehen, warum die Erwachsenen um sie herum so viel Angst hatten, und spürte, daß die Tage, in denen sie unbeschwert ihren Spielen nachgehen konnte, vorüber waren. Ihr Vater bat sie nun alle mitzuhelfen. Er vertraute ihnen, daß sie, was Paul und die anderen Gäste anbelangte, den Mund halten würden. Sie sollten niemandem erzählen, was zu Hause vor sich ging (Warmerdam 1992:38-46).

Von diesem Tag an war Esther eine Retterin, wie ihre Eltern auch. Sie lud ihre Freundinnen und Schulfreundinnen nicht mehr nach Hause ein und begleitete ihren Vater, wenn er Lebensmittel organisieren ging und »Taucher« – wie die Niederländer Leute bezeichneten, die ein Versteck brauchten – abholte. Von 1942 bis 1945 halfen die Warmerdams, mehr als 200 Kinder vor der Deportation zu bewahren. Manche blieben nur einen Tag, andere eine Woche und einige während des ganzen Krieges. Esther kümmerte sich um sie, so gut sie konnte.

Die jugendlichen RetterInnen entwickelten ähnlich wie die erwachsenen ein Retter-Selbst, das sich einzig und allein darauf konzentrierte, die Schützlinge vor Gefahren zu bewahren und sie zu umsorgen. Aber es gab auch bedeutende Unterschiede. Kinder und Jugendliche entwikkelten nur deshalb ein Retter-Selbst, weil ihre Eltern als RetterInnen aktiv waren. Sie konnten sich nicht frei dazu entscheiden, sondern wurden wie Esther in die Sache eingespannt. Ihr anfänglicher Beweggrund lag in dem Wunsch, es den Eltern recht zu machen. Kinder, die aus eigenem Antrieb handelten, waren selten. Die meisten wirkten an der Rettung von Menschenleben mit, weil die Eltern es von ihnen verlangten.

Die Art ihrer Hilfe war von Fall zu Fall recht unterschiedlich. Die allermeisten Kinder und Jugendlichen waren nur passiv an den Rettungsbemühungen ihrer Eltern beteiligt. RetterInnen waren sie nur insofern, als sie mit den Menschen, die von ihren Eltern versteckt wurden, im selben Haus lebten und kleinere Dienste leisteten. Dessenungeachtet waren sie denselben Gefahren ausgesetzt. Wenn bei einer Razzia Juden gefunden wurden, drohte den Kindern ebenso das Konzentrationslager oder der Tod durch Erhängen oder Erschießen wie ihren Eltern. Manche Kinder waren noch zu klein, um den Ernst der Lage zu erfassen und wurden daher im unklaren gelassen. Statt dessen erzählte man ihnen, die Neuankömmlinge seien entfernte Verwandte, deren Häuser zerbombt worden oder deren Familien im Krieg umgekommen seien.

In anderen Fällen wurden die Kinder von ihren Eltern regelrecht rekrutiert und zu vertrauenswürdigen »Feldwebeln« ernannt. Dies geschah nur im Notfall, aber die Erwachsenen spannten unter Umständen jeden und jede ein, den oder die sie für ihre Zwecke gebrauchen konnten. Auf Geheiß ihrer Eltern wurden die Kinder als Kuriere, Spione und Führer tätig. Sie lernten, die Behörden im Fall einer Verhaftung überzeugend anzulügen oder das unschuldige Kind zu spielen. Ihr Beisein ließ noch die gefährlichsten Handlungen arg- und harmlos erscheinen. Oft waren es die Kinder, die man ins Ghetto schickte, um die Eingeschlossenen an den Wachen vorbeizuschleusen und in Sicherheit zu bringen. Nicht selten kam es vor, daß die Gegenwart von Kindern den Erwachsenen das Leben rettete. So steckte Johtje Vos ihrem Sohn belastendes Material ins Hemd und schickte ihn nach draußen zum Spielen. Und Jean Kowalyks Neffe rettete sowohl den Juden im Versteck als auch seiner eigenen Familie das Leben, indem er die Lüge improvisierte, er habe mit Freunden heimlich auf dem Boden geraucht und Karten gespielt.

Zwölf Prozent der RetterInnen, mit denen ich sprach, waren Kinder und Jugendliche im Alter zwischen fünf und einundzwanzig Jahren. Viele führen ihre damalige Fähigkeit, der Angst zu widerstehen, auf ihre jugendliche Unbedarftheit zurück. Junge Menschen schenken der Gefahr keine Beachtung, weil sie den Ernst der Lage oft nicht richtig wahrnehmen oder Gefahren überhaupt auf die leichte Schulter nehmen. Sie fühlen sich unsterblich und betrachten ihre Aktivitäten eher als Spaß oder Abenteuer. Die niederländische Retterin Cornelia Knottnerus, die zehn Jahre alt war, als ihre Eltern Sarah aufnahmen, hielt sich für »die kleine Heldin, die es mit den großen Nazis aufnimmt«. Viele Jugendliche, vor allem ältere, konnten nur schwer glauben, daß ihr Leben wirklich in Gefahr war. Obwohl die Familie Zahajkewycz in der Ukraine gegenüber einer Polizeistation wohnte, meinte Helena, weder sie noch ihr kleiner Bruder hätten damals Angst gehabt. Natürlich ließen sie alle nötige Vorsicht walten, um ihre jüdischen Schützlinge vor neugierigen Blicken zu verbergen, aber sie lebten nicht beständig in der Angst, entdeckt zu werden.

> Die meiste Zeit vergingen die Monate – so paradox das klingen mag – sorgenlos. Vielleicht machten wir uns, weil wir damals jung waren, tatsächlich kaum Sorgen und liebten in unserer Naivität das Risiko. Vielleicht waren wir uns auch unter dem starken Einfluß meines Vaters gewiß, daß Gott uns beschützt und vor Schaden bewahren wird.

Die Gefahr war allerdings durchaus real. Bei Esther Warmerdam wurden wiederholt Razzien durchgeführt. Esther half den jüdischen Kindern dann jedesmal, ins Versteck zu huschen. Jeder kannte den Weg (durch das Kinderzimmerfenster, an der Dachrinne entlang, vorbei am Kamin und weiter bis zu dem niedrigen, überglasten Mansardenzimmer an der Rückseite des Hauses), weil Esthers Vater mit den Kindern regelmäßig Wettrennen und Spiele veranstaltete, um sie auf den Notfall vorzubereiten. Bei einer Razzia durchsuchte einer der deutschen Soldaten das Haus, während ein anderer Esthers Vater mit hinaus nahm und ihm das Gewehr an die Schläfe setzte. Daraufhin lief Esthers Mutter ebenfalls nach draußen und forderte den Soldaten auf, ihren Mann in Ruhe zu lassen: Er sei taubstumm. Nach Esthers Erzählung spielte sich dann folgendes ab:

> Plötzlich hörten wir einen Schuß und dachten, alles ist vorbei. Einige Monate später betrat er lächelnd das Haus. Er sagte, er sei stolz auf uns, daß wir den Mund gehalten haben. [...] Wenn er gewußt hätte, wie ich mich fühlte. Ich war drauf und dran, hinauszurennen und ihnen alles zu erzählen. [...] Alles hat seine Grenzen. Ich konnte nicht einmal mehr weinen, sondern war nur noch wütend. Wütend auf meine Eltern und die ganze gemeine Welt. Schließlich hatten wir uns das alles nicht ausgesucht.

Viele jugendliche RetterInnen standen den Rettungsaktivitäten ihrer Eltern wie Esther ambivalent gegenüber. Auf der einen Seite waren sie stolz, an der Rettung von Menschenleben mitzuwirken. Das stärkte ihre Selbstachtung und vermittelte ihnen das Gefühl, nützlich und wichtig zu sein. In vielen Familien durften die Kinder und Jugendlichen am Familienrat teilnehmen und hatten bei Entscheidungen über Rettungsangelegenheiten ein Wörtchen mitzureden. Die Eltern hörten ihren Kindern aufmerksam zu, und die Kinder merkten, daß ihr Beitrag geschätzt wurde. All das bildete ein mächtiges Gegengewicht zu der Ohnmacht, die sie aufgrund ihres Alters und der Umstände empfanden.

Auf der anderen Seite bestimmten die Rettungsaktivitäten das ganze Familienleben. Alle anderen Sorgen schob man beiseite. (Joop und Will Westerweel gaben ihr Familienleben völlig auf und schickten ihre Kinder zu Freunden.) Welche Sorgen oder Probleme die Kinder auch haben mochten, im Vergleich zu den Schwierigkeiten, in denen sich die Jüdinnen und Juden befanden, erschienen sie unbedeutend. Die Schuld- und Schamgefühle und die Wut der Kinder lagen mit dem Gefühl, geliebt zu werden und auf sich selbst stolz sein zu können, in einem ständigen Wettstreit. Die ausweglose Lage der jüdischen Mitbürger erregte nicht nur ihr Mitgefühl, sondern auch ihr Ressentiment. Einerseits waren sie auf ihre Eltern wütend, weil sie sich an deren humanitären Aktivitäten beteiligen mußten, andererseits erfüllte sie der Altruismus ihrer Eltern aber auch mit Bewunderung. Vor allem aber fragten sie sich ständig, was Esther Warmerdam noch Jahrzehnte später umtreibt: »Warum haben mir meine Eltern das angetan?« Sie hatten sich entschieden, das Leben ihrer Kinder in Gefahr zu bringen. Warum? Allein schon die Frage ruft in Esther alte Gefühle wach: »Es tat innerlich so weh, sich so zu fürchten und allein zu fühlen.«

Immerhin ein Viertel der von mir befragten RetterInnen hatte das Leben der eigenen Kinder in Gefahr gebracht, um andere zu retten. Eltern, die ihre mitunter erst fünfjährigen Kinder als Kuriere oder Lockvögel einsetzten, fühlten sich schuldig, weil sie das Leben ihrer Kinder aufs Spiel setzten, um vergleichsweise fremde Menschen zu retten. Diese Schuldgefühle hielten sie häufig davon ab, ihre Kinder schon damals für ihre Bemühungen zu loben oder nach dem Krieg mit ihnen darüber zu sprechen.

Darüber hinaus war vielen Eltern gar nicht klar, was sie von ihren Kindern verlangten, wenn sie ihnen einschärften, ihre Aktivitäten geheimzuhalten. Sie bürdeten ihnen die Verantwortung für das Wohlergehen nicht nur der eigenen Familie, sondern auch der Schützlinge im Versteck auf. Kleine Kinder trugen an dieser Last am schwersten. Sie sahen sich mit zwei verschiedenen Autoritäten konfrontiert: den Nazis und den Erwachsenen zu Hause. Weder den einen noch den anderen wollten sie mißfallen. Die sechsjährige Retterin Annie P. hatte ebensoviel Angst, ihren Stiefvater im Stich zu lassen, wie sie die Nazis fürchtete. Sie nahm lieber einen gemeinen Tritt gegen die Wirbelsäule in Kauf, als den Deutschen zu verraten, wo sich die Juden versteckten, denn wie hätte sie ihrem Stiefvater noch ins Gesicht sehen können. Nach all den Jahren hat sie noch immer Alpträume auf Deutsch, in denen immer und immer wieder die Stimmen der Nazis ertönen, die sie damals ins Verhör nahmen.

Wie die Erwachsenen entwickelten auch die Kinder und Jugendlichen ein Retter-Selbst, das fortan ihr ganzes Dasein beherrschte. Sie waren wie David gegen Goliath und dauernd damit beschäftigt, ihre Deckgeschichte nicht zu vergessen und kein verdächtiges Wort fallenzulassen. Dieses ständige Auf-der-Hut-Sein beraubte viele junge RetterInnen ihrer Kindheit oder Jugend.

Jugendliche waren davon besonders betroffen. Heranwachsende brauchen eine Peer-group, in der sie Anerkennung finden. Nur wenn sie sich mit Gleichgesinnten ihres Alters identifizieren, können sie schließlich eine eigene Identität ausbilden. Hatte aber erst einmal das Retter-Selbst das Regiment übernommen, konnten die jugendlichen RetterInnen keiner Peer-group mehr richtig angehören. Eine Mauer erhob sich zwischen ihnen und ihren Freunden und Freundinnen. Oft hörten sie auf, ihre Freunde nach Hause einzuladen. In Deutschland waren sie weder bei der Hitler-Jugend, noch stimmten sie in antisemitische Tiraden ein.

Die Situation, in der sich die jugendlichen RetterInnen befanden, lief der natürlichen Entfaltung ihrer Intimsphäre zuwider. Mit dem Ende des Krieges verschwand zwar die Notwendigkeit der Geheimhaltung, aber der frühere Zwang zur absoluten Verschwiegenheit wirkte in vielen jugendlichen RetterInnen fort. Noch immer fürchteten sie, es könnte ihnen gefährlich werden, wenn sie zu viel über sich selbst enthüllten. Sie fühlten sich von Gleichaltrigen isoliert, und viele hatten Probleme, intime Beziehungen aufzubauen.

Aber trotz alledem hätten sich nur wenige der von mir befragten erwachsenen und jugendlichen RetterInnen rückblickend anders verhalten. Widerwillig und mit denselben Gefühlen innerer Zerrissenheit wie damals äußern die meisten Eltern, sie würden sich auch heute wieder auf dieselbe Weise entscheiden; und auch ihre Kinder, stolz auf ihre Taten, hätten es keineswegs lieber anders gehabt. Das Retter-Selbst, das zunächst nur entstanden war, um es den Eltern recht zu machen, hatte in dem Maße ein Eigenleben entwickelt, wie die Handlungen der Jugendlichen ihr persönliches Bewußtsein und Gewissen widerspiegelten. So war es auch bei Orest Zahajkewycz, der am Anfang Freunde mit nach Hause brachte, die sich der deutschen Rekrutierung von Zwangsarbeitern entziehen wollten. Bis ihr Fluchtplan fertig war, blieben sie bei den Zahajkewyczens. Später nahm die Familie, vermittelt über Orests Anfangskontakte, auch einen jüdischen Arzt auf, der den Nazis kurz vor der Liquidation des Ghettos entkommen war.

Bisweilen bewegte ihr Einfühlungsvermögen und Gewissen die Jugendlichen, größere Anstrengungen zu unternehmen als ihre Eltern. Antosia Adamowicz war eigentlich eine folgsame Tochter, aber die Gewißheit, daß die vier Menschen, die sich auf dem Bauernhof ihres Vaters in einem Erdloch zusammengekauert hatten, froren, ließ sie in ihrem warmen Bett nicht ruhig schlafen. Zwar hatten ihr die Eltern verboten, in den Schneesturm hinauszugehen, aber die Frauen und Männer, die für die Familie Kleider genäht und Kartoffeln geschält hatten, waren bereits seit zwei Tagen ohne Nahrung und Wasser. Wenn ihnen nicht bald jemand etwas bringen würde, mußten sie unweigerlich sterben. Gegen den Willen ihrer Eltern versah sich das sechzehnjährige Mädchen mit einem Kessel Wasser und einem Laib Brot und suchte die Hungernden in ihrem Erdloch auf. Der Sturm hatte sich gelegt, und so zog sie, um keine Spuren zu hinterlassen, ihre schweren Stiefel aus, ging barfuß und verwischte mit einem Zweig ihre Fußstapfen im Schnee. Als die Menschen im Erdloch jemanden nahen hörten, dachten sie, die Deutschen hätten ihr Versteck entdeckt, und sie begannen – in der Annahme, es würde ihr letztes sein – das *Sh'ma* zu rezitieren, das heiligste Gebet der Juden. Dann aber erkannten sie Antosias Stimme, und die Lebensmittel, die das Mädchen brachte, retteten ihnen das Leben.

Wie die Erwachsenen wurden sich auch die Jugendlichen nur langsam darüber bewußt, was um sie herum geschah. Aber die Vorstellungen, die sich die Kinder und Jugendlichen von dieser Welt machten, unterschieden sich weitgehend von denen ihrer Eltern. In ihren Augen erschienen die Vorgänge der Kriegszeit in einem völlig anderen Licht. Die polnische Retterin Pania Wywiad war neun Jahre alt, als sie den Gesprächen der Erwachsenen entnahm, es könnte Krieg mit Deutschland geben. Bald darauf tauchten in ganz Warschau Bekanntmachungen auf, in denen junge Leute aufgefordert wurden, sich bei der betreffenden Dienststelle für Aufgaben im Rahmen der Abwehr eines Luft- und Gasangriffs zu melden. Junge Männer, die in Zivil außer Haus gingen, kamen in militärischer Tarnkleidung zurück. Die ganze Stadt war auf den Beinen und in Sorge. Pania konnte diese Geschäftigkeit und Angst der Erwachsenen förmlich spüren. »Wir wußten, etwas Schreckliches kommt auf uns zu.« Pania, ihr älterer Bruder und ihre jüngere Schwester befürchteten, der Vater, von Beruf Bäcker, könnte zum Militärdienst eingezogen werden. Als man ihn dann in der Tat einberief, war die ganze Familie niedergeschlagen. Der Vater ging Warschau verteidigen, und die Familie hatte zu sehen, wie sie allein zurechtkommt.

Als die Deutschen Warschau bombardierten, suchte die Familie mit anderen Hausbewohnern im Keller des Mietshauses Schutz. Das Haus lag in der Nähe der Bahnlinie, weshalb sie viel Zeit im Keller zubringen mußten. Pania erinnert sich, daß ihre Wut über die Zerstörung und den Schrecken, den die Deutschen säten, ein stärkeres Gefühl war, als die Angst vor den Bomben. Ihre Geschwister dagegen hatten große Angst. Die Schwester wurde jedesmal hysterisch, wenn die Sirene aufheulte, und damit sie nicht jedesmal schrie, hielt Pania ihre Hand ganz fest in der ihren. Der Bruder sagte überhaupt nichts mehr. Aber als die Bombardierung Tag für Tag so weiter ging, fing er an zu stottern. (Er stottert noch heute.) Pania tröstete die beiden, so gut sie konnte, und rannte unter anhaltendem Gewehrfeuer durch die brennenden Straßen, um die Familie mit Wasser zu versorgen. Auf einem ihrer Streifzüge fiel ihr Blick auf einige tote Soldaten der polnischen Armee. Der Anblick katapultierte sie schockartig und frühzeitig ins Erwachsenenalter und machte sie zur Handelnden.

> Ich sah ihre glasigen Augen und war sprachlos. [...] und rannte nach Hause, um meiner Mutter davon zu erzählen. Nach diesem schrecklichen Anblick bäumte sich alles in mir auf. Ich fing an zu hassen. [...] Ich wollte mich auch wehren und stark sein.

Panias Erfahrungen im Keller des Mietshauses waren der Anfang ihres Retterinnendaseins. Sie hatte entdeckt, daß sie die Angst überwinden, daß sie handeln und anderen helfen konnte. (Die niederländische Retterin Cornelia Knottnerus sollte wenig später dieselbe Entdeckung machen: »Das beste Gegenmittel gegen Angst ist Handeln.«) Der Anblick der Soldaten hatte sie mit einem Schlag verändert und ließ sie trotz ihres zarten Alters zu einer entschlossenen Retterin werden.

Panias Vater kehrte unverletzt zurück. Die polnische Niederlage kam schnell, und im nu hatten die Deutschen das Land besetzt. Bereits zwei Tage nach der Rückkehr ihres Vaters beobachtete Pania, wie ihre Nachbarn von deutschen Soldaten gezwungen wurden, die Straße zu kehren und Gräben auszuheben. Pania verfolgte das alles mit Aufmerksamkeit und lauschte den Gesprächen der Erwachsenen über Hitlers eventuelle Pläne und was man nun tun solle. Panias Vater hatte seinen Entschluß bereits gefaßt. Er schloß sich der polnischen Oppositionsbewegung, der Heimatarmee, an. Ihre Schwester wurde aus Sicherheitsgründen in ein nahegelegenes Dorf gebracht.

Während Panias Vater im Untergrund arbeitete, nahm ihre Mutter Juden und andere Flüchtlinge auf. Ihre Wohnung beherbergte nun eine merkwürdige Mischung von Personen. Aber Pania, die beide Augen und Ohren offen hielt, schätzte sie alle.

> Es gab bei uns Frauen mit Kindern, Frauen ohne Mann, Arbeiter, Kinder, Arbeitslose ebenso wie Intellektuelle. Jeder war in dieser Wohnung *gleich*.

Bestärkt wurde Pania in ihrer demokratischen Akzeptanz anderer durch eine antifaschistische Lehrerin, für die sie tiefe Bewunderung empfand. Ihr Mann war verhaftet worden, und sie gab nun im Untergrund Unterricht in allgemeinbildenden Fächern. Auch Pania ging bei ihr zur Schule.

Angesichts dieser drei Vorbilder an moralischem Mut und dem Selbstvertrauen schaffenden Wissen um die eigene Fähigkeit, die Angst überwinden und zur Tat schreiten zu können, konnte Panias Retter-Selbst in Erscheinung treten. Schon bald setzte ihr Vater sie als Kurier für den Widerstand ein. Über das Warschauer Kanalnetz überbrachte sie den Aufständischen Briefe, Lebensmittel und Medikamente. »Meine Mutter und mein Vater machten uns klar, daß wir – daß jeder von uns bestimmte Aufgaben zu erfüllen hatte.« Zu Panias Aufgaben gehörte auch die Gegenspionage. Sie beobachtete die Bewegungen der deutschen Soldaten und bespitzelte ihre Razziapläne. Für eine Spionin benahm sie sich recht auffällig. Von kleiner Gestalt, hielt sie den Kopf stets etwas geneigt und schielte, nach deutschen Soldaten Ausschau haltend, dauernd zur Seite. Ihre Hauptaufgabe bestand jedoch darin, Juden und Jüdinnen aus dem Warschauer Ghetto zu schleusen und Verstecke für sie zu finden. Um ihre Angst in Schach zu halten, machte sie sich vor, sie wohnte in der Nähe des Ortes, an den sie die Menschen bringen sollte. So konnte sie zuversichtlich ihres Weges gehen, dann und wann vor einer Fensterscheibe stehen bleibend, um nachzusehen, ob ihr jemand folgte. Einmal brachte sie eine ganze jüdische Familie aus dem Ghetto in ein Versteck in der Stadt. Die Frau mußte ihr Haar blond färben, ansonsten aber sah Pania keine Probleme, sie und ihre Tochter zu begleiten. Der Vater der Familie war da schon problematischer. Er sah jüdisch aus, und Pania hatte Angst. Sie brauchte zwei Monate, um sich dazu durchzuringen, aber sie schaffte es, alle sicher herauszuholen.

Im August 1944 schlugen der jüdische und polnische Widerstand zurück; das Ereignis ist als polnischer Aufstand bekannt. Die Straßen verwandelten sich in ein Schlachtfeld, Panias Vater und Brüder zogen in den Kampf. Die Schlacht dauerte zwei Monate. Während dieser Zeit versuchten Pania und ihre Mutter, so gut es ging, Lebensmittel zu organisieren. Die Gas-, Strom- und Wasserversorgung war unterbrochen. Die Deutschen zogen ihre Truppen zusammen, um den Aufstand niederzuschlagen. Mit vorgehaltenem Gewehr requirierten sie die Wohnung der Wywiads und setzten Pania mit ihrer Mutter auf die Straße. Die Straßen waren mit Leichen übersät, darunter auch Panias Vater und einer ihrer

Brüder. Die Stadt bot ein Bild der Zerstörung. Die Deutschen erschossen jeden, der auch nur entfernt wie ein Widerstandskämpfer aussah. Ab und zu erwiderten die Aufständischen das Feuer. Ukrainer streiften durch die Straßen und vergewaltigten jede Frau, die ihnen zwischen die Finger geriet. Pania und ihre Mutter erwarteten jeden Augenblick, erschossen zu werden. Aber statt dessen nahm man sie fest und packte sie am nächsten Morgen in einen Viehwaggon – Bestimmungsort: Auschwitz.

Um die Mittagszeit kamen sie in Auschwitz an, mußten aber, bewacht von Soldaten mit Hunden an der Leine, bis abends auf der Verladerampe warten. Wo Pania auch hinblickte, überall sah sie Stacheldrahtzäune und nackte Menschen, gleich lebenden Skeletten. Pania war erst vierzehn Jahre alt. Wie sie so dastand, wurde ihr klar, daß das ihr Ende war. Sie konnte sich nicht vorstellen, daß hier irgend jemand lebend wieder herauskäme.

Pania wurde im Zellenblock 16 untergebracht, ihre Mutter einen Block weiter. In Panias Block hausten 600 Mädchen aller Altersstufen. Auf jedem Holzbrett schliefen acht Kinder. Um zu überleben, hielten sie zusammen. Wer zusammen schlief, gehörte auch zusammen; wer im selben Raum lebte, war sich nah. Die Kinder pflegten einander, wenn eines krank wurde, stützten einander beim Appell und paßten aufeinander auf.

Pania hatte nun schon einige Erfahrungen gesammelt und sich seit vier Jahren in der Kunst des Überlebens und als Helferin bewährt. Aber zu keiner Zeit war ihr Retter-Selbst auf eine so harte Probe gestellt worden wie unter den unmenschlichen Bedingungen von Auschwitz. Getrennt von den drei Erwachsenen, die sie am meisten liebte und bewunderte – ihrer Lehrerin, ihrer Mutter und ihrem nunmehr toten Vater –, sah sie sich nach anderen Vorbildern um, an denen sie sich orientieren konnte. Und sie wurde fündig.

Man hatte sie in ein anderes Lager gebracht, wo sie in den Krankenblock kam. Sie war krank und verzweifelt, und um sie herum erblickte sie nichts als tiefste Niedergeschlagenheit und Tod. Aber eines Tages betrat eine russische Mutter den Block. Die Frau, die wie alle Gefangenen bis aufs Skelett abgemagert war, ging zu ihrem Kind hinüber, packte, nachdem sie sich sorgfältig umgesehen hatte, ein Stück Brot aus, das in ihrer Kleidung verborgen war und reichte es ihrer Tochter. Es war ein bewegender Augenblick und eine Lektion in Barmherzigkeit, die Pania wieder hoffen ließ.

Die Russin hatte sie in ihren Wertvorstellungen bestärkt und ihren Glauben an die Menschheit wiederbelebt. Panias Retter-Selbst – der Teil ihrer Persönlichkeit, der die Angst überwand, Hindernisse beiseite räumte und anderen half – sah sich aufgewertet. Am 27. Januar 1945 wurden Pania und ihre Mutter von der Roten Armee befreit und machten sich auf den Weg zurück nach Warschau. Trotz der verlorenen Jahre brachte sie die Schule zu Ende und absolvierte eine Ausbildung als Sonderpädagogin. Während der vergangenen dreißig Jahre arbeitete sie im Institut für Pädiatrie an der Medizinischen Akademie von Polen mit kranken und behinderten Kindern.*

Jugendliche RetterInnen wie Pania Wywiad waren für die Rettungsaktivitäten der Erwachsenen von außerordentlicher Bedeutung, aber ihre Mitwirkung wurde bisher kaum zur Kenntnis genommen. Die in Yad Vashem archivierten Zeugenaussagen von Überlebenden erwähnen nur selten, daß an ihrer Rettung Kinder und Jugendliche beteiligt waren, obwohl auch sie in vielen Fällen ihr Leben einsetzten, um anderen zu helfen. Man hielt sie für zu jung, um die Situation richtig einzuschätzen oder sich auch nur an sie erinnern zu können. Die meisten WissenschaftlerInnen, die sich mit dieser Thematik beschäftigen, unterscheiden nicht zwischen den Rettungsanstrengungen der Kinder und Jugendlichen und denen ihrer Eltern. Sie werden als Teil eines Familienprojekts betrachtet. Sie lebten zu Hause und waren der elterlichen Autorität unterworfen. Und daher, so die geläufige Anschauung, führten sie nur pflichtbewußt den Willen ihrer Eltern aus. Was immer sie durchmachten, es unterschied sich materiell nicht von den Erfahrungen ihrer Eltern.

Natürlich ist nichts weiter von der Wahrheit entfernt. Kinder und Jugendliche nahmen die Wirklichkeit ganz anders war und hatten ganz andere Interessen als ihre Eltern. Bisweilen kam es auch zum Konflikt.

Manche Kinder und Jugendliche wurden durch unvorhersehbare Kriegsereignisse in die Rolle eines Retters oder einer Retterin gedrängt, ohne daß ihre Eltern das beabsichtigt hatten. Im Jahre 1941 erklärte sich der polnische Untergrundkämpfer Stanislaw Wlodek bereit, den zweijährigen Sohn einer jüdischen Bekannten zu verstecken. Stanislaw dachte

---

* In Auschwitz wurde Pania Wywiad ein Opfer des berüchtigten Nazi-Arztes Josef Mengele. Mengele träufelte ihr Farbstoff ins Auge, wodurch sich die Augenfarbe veränderte und die Nervenenden beschädigt wurden. Da die Russen sich dem Lager näherten, hatte Mengele keine Gelegenheit, ihr ein drittes Mal Farbstoff ins Auge zu träufeln, woran sie mit Sicherheit erblindet oder gestorben wäre.

sich, er und seine Frau würden mit der Verantwortung für ein weiteres Kind schon zurechtkommen. Außerdem hielt der Schuldirektor von Weglaszyn seine beiden Söhne – der eine war sieben, der andere neun – für alt genug, dabei mitzuhelfen. Aber die Deutschen machten sein Kalkül zunichte. Bei einer Routinedurchsuchung ein Jahr später fanden sie bei den Wlodeks einen Kurzwellenempfänger. Stanislaw konnte entwischen, aber seine Frau wurde verhaftet. (Sie starb 1943 in Auschwitz.) Im zarten Alter von acht und zehn Jahren mußten Krystn Wlodek und sein Bruder Janusz nun selbst Eltern spielen.

Eine Zeitlang brachte sich die Familie mit eingelagerten Lebensmitteln über die Runden. Als die Vorräte erschöpft waren, arbeiteten Janusz und Krystn für Lebensmittel bei benachbarten Bauern. Die Tage vergingen in der Furcht, Jurek könnte in seiner Unschuld seine eigentliche Identität verraten oder in aller Öffentlichkeit, wo ihn jeder an seinem beschnittenen Penis als Juden erkennen konnte, urinieren. Schließlich wurde Jurek von einer Frau aus dem Dorf, die die Wlodeks kannte, tatsächlich gesehen, und schon verbreitete sich das Gerücht, er sei ein Jude. Auch dem nunmehr im Wald hausenden Stanislaw, der seine Familie aus der Entfernung im Auge behielt, kam das Dorfgeschwätz zu Gehör. Ohne Zeit zu verlieren, verständigte er seine Schwester, die mit ihrem Mann, einem Schuhmacher, und ihren beiden Kindern in einem nahegelegenen Dorf lebte, und überzeugte sie von der Notwendigkeit, Jurek zu übernehmen. Der Junge überlebte und kam nach der Befreiung wieder zu seiner Mutter. Stanislaws Söhne überlebten ebenfalls.

Die jugendlichen RetterInnen wurden ebenso durch die Erfahrungen ihrer Eltern wie durch ihre eigenen geprägt. Sie gingen daraus als andere Menschen hervor, was ihren weiteren Lebensweg in vielen Fällen entscheidend beeinflußte. Zahlreiche jugendliche RetterInnen ergriffen nach dem Krieg einen Beruf im Gesundheits- oder Sozialwesen. Stefania Podgórskas Schwester Helena, die an der Rettung von dreizehn Juden beteiligt war, blieb in Polen und wurde Ärztin. Wie viele andere jugendliche RetterInnen litt sie an Sprachproblemen und wurde noch Jahre später in der Nacht durch Alpträume geweckt. Aber gerade aufgrund dieser schmerzlichen Erfahrungen machte sie die Rettung von Menschenleben zu ihrem Beruf. Es ist offensichtlich, daß das weitere Leben der jugendlichen RetterInnen ebenso wie das ihrer Eltern nachhaltig durch ihr während des Krieges entstandenes Retter-Selbst geprägt wurde.

13
Männer und Frauen

In ihrem 1986 veröffentlichten Literaturbericht zum Thema »helfendes Verhalten« kommen Alice Eagly und Maureen Crowley zu dem Schluß, daß Frauen und Männer auf unterschiedliche Weise helfen. Die von den beiden Autorinnen durchgesehene Literatur geht ausnahmslos von der Annahme aus, daß Frauen in ungefährlichen Situationen hilfsbereiter sind als Männer. Diese besäßen hingegen weit eher die nötigen Fähigkeiten, um in gefahrvollen und risikoreichen Situationen rettend einzugreifen. Darüber hinaus vertreten sie die Ansicht, daß Männer aufgrund ihrer Männlichkeit und den damit einhergehenden Vorstellungen von ritterlichem Benehmen eher bereit seien, auch Fremden zu helfen. Frauen wiederum würden durch ihre weibliche Geschlechtsrolle veranlaßt, sich um Hilfsbedürftige zu kümmern.

Im Laufe meiner Forschungen kam ich zu dem Ergebnis, daß das Verhalten der RetterInnen unendlich viel komplexer und differenzierter ist, als es diese stereotypen, geschlechterbezogenen Annahmen nahelegen, in denen die Männer als risikobereite Abenteurer, die Frauen hingegen als besorgtes Pflegepersonal auftreten. Ob ein Individuum – gleich, ob Mann oder Frau – helfend eingriff, hing von einer ganzen Reihe von Faktoren ab: der persönlichen Risikobereitschaft, der emotionalen Bindung an jüdische Menschen, besonderen Fähigkeiten, verfügbaren Hilfsmitteln, der jeweiligen Situation, der Fähigkeit, sich mit komplizierten moralischen Fragen auseinanderzusetzen, und schließlich dem nötigen Vertrauen darauf, für diese Tätigkeit geeignet zu sein. In der Tat führen meine Ergebnisse von hergebrachten Denkmustern weg. Wie die Sozialpsychologin Carol Tavris (1992: 289) sagte: »Wir können über den Einfluß der Geschlechterzugehörigkeit nachdenken, ohne nach falschen Entgegensetzungen zu greifen.«

Freud erkannte, daß »Charakterzüge, die die Kritik seit jeher dem Weibe vorgehalten hat, daß sie weniger Rechtsgefühl zeigt als der Mann

[...], sich öfter in seinen Entscheidungen von zärtlichen und feindseligen Gefühlen leiten läßt, [...] in der [...] Modifikation der Über-Ichbildung eine ausreichende Begründung [finden].« Dagegen hält Freud, daß »alle menschlichen Individuen infolge ihrer bisexuellen Anlage und der gekreuzten Vererbung männliche und weibliche Charaktere in sich vereinigen, so daß die reine Männlichkeit und Weiblichkeit theoretische Konstruktionen bleiben mit ungesichertem Inhalt« (Freud 1968:29f.). Dennoch versuchten andere, den Unterschied genauer zu bestimmen.

Piaget konfrontierte Jungen und Mädchen mit hypothetischen Entscheidungssituationen, um ihr jeweiliges moralisches Urteilsvermögen zu messen. Er stellte fest, daß Jungen, anders als Mädchen, zu Spielen mit durchdachten Regeln neigen und zog daraus den Schluß, daß Jungen eher an Gerechtigkeit interessiert seien als Mädchen. Freud, Piaget und andere waren der Überzeugung, daß Fairneß und das Festhalten an der unparteiischen, abstrakten Gerechtigkeit von Regeln das Wesen der moralischen Gesinnung eines Individuums ausmachen.

In den sechziger Jahren verfeinerte der Psychologe Lawrence Kohlberg von der *Harvard University* Piagets frühes Werk, indem er die Moralentwicklung des Menschen in sechs aufeinanderfolgende Phasen unterteilte, die sich durch den moralischen Reifegrad unterscheiden. Zur Beurteilung des moralischen Urteilsvermögens konfrontierte er seine Versuchspersonen mit hypothetischen Situationen. (Um ein Beispiel zu nennen: Eine Frau ist sehr krank und wird sterben, wenn sie nicht ein sehr teures Medikament bekommt, das ihr Ehemann sich nicht leisten kann. Sollte er also die Apotheke ausrauben?) Aus den Antworten leitete Kohlberg ab, daß diejenigen Individuen das sechste Stadium – die höchste Ebene moralischer Reflexion – erreicht haben, die die Fähigkeit besitzen, ihr Gewissen zu befragen und nach allgemeingültigen, ethischen Grundsätzen zu handeln. Ein Individuum auf dieser Ebene wird von abstrakten Gerechtigkeitsvorstellungen geleitet. Es fragt sich: »Was würde ich als fair ansehen, wenn ich an der Stelle des anderen wäre?« – und handelt auch entsprechend. (Später ließ Kohlberg seine strikte Rangordnung wieder fallen und erkannte an, daß man die Stadien vier, fünf und sechs auch als »alternative Möglichkeiten reifen Verhaltens« auffassen könne.) (Kohlberg 1969)

In den siebziger Jahren stellte die Psychologin Carol Gilligan die vorherrschenden Anschauungen zur psychologischen Entwicklung, die bisher nahezu ausschließlich auf Forschungen mit Männern und Jungen beruhten, vehement in Frage. Gilligan stimmt Freud zwar zu, daß Frauen und Männer unterschiedliche Auffassungen davon haben, was »ethisch normal« ist, betont jedoch, daß Frauen in Moralfragen nicht defizitär, sondern einfach anders reflektieren.

Nach Gilligan gibt es zwei Arten der Moralität, die auf jeweils unterschiedliche Beweggründe zurückgehen. Die eine beruht auf einer unparteiischen Gerechtigkeitsvorstellung, die andere auf Mitgefühl und Fürsorge. Gilligan ist der Überzeugung, daß Fürsorge – Kohlbergs drittes Stadium – für die zwischenmenschlichen Beziehungen ebenso wichtig ist wie Gerechtigkeit (Kohlbergs sechstes Stadium). Was für Frauen letztendlich zählt, so Gilligan, sei ihre Empfänglichkeit für menschliche Gefühle, d.h. sie urteilen, wenn sie eine »menschliche Stimme vernehmen«. Das Bedürfnis der Frauen, zwischenmenschliche Beziehungen zu knüpfen und aufrechtzuerhalten, spiele im Bereich moralischer Entscheidungen eine ebenso große Rolle wie Fairneß für das Verständnis von Rechten und Regeln. Wenn eine Frau vor einer moralischen Entscheidung steht, überlegt sie nicht so sehr, was in der gegebenen Situation fair ist, sondern macht zum Maßstab, »wer am wenigsten verletzt werden wird« (Tavris 1992)*. Nach Gilligans Dafürhalten ist Mitgefühl mit anderen nicht ein Zeichen von Schwäche oder ein Symptom neurotischer Abhängigkeit, sondern eine andere Dimension der moralischen Entwicklung.

Gilligan war die erste Theoretikerin, die Fürsorge und Gerechtigkeit auf dieselbe Stufe stellte. Für sie ist Moral kein abstrakter Begriff von Recht und Unrecht, dazu bestimmt, wie im Schulunterricht auseinandergelegt zu werden. Vielmehr werden Gerechtigkeit und Mitleid, Ver-

---

* Tavris analysiert klar und scharfsinnig, welchen Stellenwert Carol Gilligan in der psychologischen Entwicklungstheorie einnimmt.
Die feministischen Psychoanalytikerinnen Nancy Chodorow und Jean Baker Miller sehen den Grund für die *andere Stimme* oder Entscheidungsweise von Frauen in der spezifischen Psychodynamik, die die vorwiegende Erziehung durch die Mutter mit sich bringt. Während Mädchen bei der Ausbildung ihrer Identität weiterhin an ihre Mutter gebunden bleiben, trennen sich Jungen bereits in frühem Alter von ihr, um eine männliche Identität zu entwickeln. Das hat zur Folge, und Gilligan kann dem nur zustimmen, daß erwachsene Frauen sich zu binden suchen und Unabhängigkeit fürchten, während Männer in der Unabhängigkeit Sicherheit finden und in der Bindung eine Bedrohung erblicken.

antwortungsbewußtsein und Fürsorge im zwischenmenschlichen Miteinander eingeübt. Diese Moral der Fürsorge impliziert, daß man der Not eines anderen mit Empathie begegnet und aktiv Unterstützung und Hilfe anbietet.

Auf der Grundlage von Gilligans Unterscheidung zwischen »weiblicher« und »männlicher« Moral stünde zu erwarten, daß sich unter den emotional-moralischen RetterInnen – deren Moral auf ihrem Mitgefühl mit den Verfolgten beruht – und den Judeophilen – deren Moral auf ihrer emotionalen Bindung an jüdische Menschen fußt – überwiegend Frauen fänden, während die durch eine antinazistische Weltanschauung motivierten Netzwerk-RetterInnen größtenteils männlichen Geschlechts wären. Meine Forschungen können das nicht bestätigen. In allen Gruppen waren Männer und Frauen etwa gleich stark vertreten.

Auch Frauen unternahmen gefährliche Missionen. Auch Frauen waren an äußerst riskanten Aktivitäten beteiligt, wie etwa Juden und Jüdinnen an deutschen Grenzposten vorbei zu schleusen und sicher über die Grenze zu geleiten. Und auf der anderen Seite gab es auch Männer, die durch Nächstenliebe und Mitleid motiviert waren, und manche zeigen sich durch ihre Erfahrungen noch heute emotional erschüttert und weinen ohne Schamgefühl, wenn sie sich die damalige Zeit vor Augen führen.

Ich konnte bei meinen Forschungen beide Arten der moralischen Reflexion feststellen, die Gilligan beschreibt. Aber der Zusammenhang zwischen Geschlecht und Reflexionsweise ist nicht so ausgeprägt, wie Gilligans Analyse nahelegt. Die auf Fürsorge und Bindung beruhende Moral zeigte sich bei Männern wie bei Frauen. Beide Geschlechter waren für die ausweglose Lage der jüdischen Bevölkerung emotional empfänglich. Beide kamen den Opfern zu Hilfe, weil sie sich in ihrem Gerechtigkeitsgefühl verletzt sahen.

Obwohl sich auch Frauen, wenn sich die Gelegenheit bot, als gute Spioninnen, Schmugglerinnen und Saboteure erwiesen, wurden ihre Leistungen weitgehend übersehen. Nach dem Krieg, als die wagemutigen Taten der Männer gefeiert wurden, nahm man von der stillen Tapferkeit der Frauen keinerlei Notiz. Der traditionelle Held war ein daherschwadronierender Mann, und Helden oder Heldinnen, die diesem Bild nicht entsprachen, wurden schlicht nicht wahrgenommen. In Filmen und Fernsehdokumentationen wurden Männer portraitiert. Frauen kamen nur in Nebenrollen vor, sofern man ihnen bei der Rettung von Menschen oder im Krieg überhaupt eine Rolle zubilligte.

Der Zweite Weltkrieg stellte für die Frauen eine Gelegenheit dar, aus ihrem normalen Hausfrauentrott auszubrechen, ihrer Empörung angesichts der Nazis Ausdruck zu verleihen und für eine gerechte Sache einzutreten. »Wir halten den Krieg für eine männliche Tätigkeit und einen männlichen Wert«, schreibt die Sozialpsychologin Carol Tavris, »aber schon immer bot der Krieg auch Frauen, die an den Kampfhandlungen nicht beteiligt sind, die Möglichkeit, der Beschränkung auf die Hausarbeit zu entfliehen – die belebende Möglichkeit einer öffentlichen Identität – und die Gelegenheit, eine heldenhafte Rolle zu spielen, was ihnen in ihrem Privatleben gewöhnlich verweigert ist.« (Tavris 1992:68)

Daß es solche heldenhaften Frauen gab, steht in offensichtlichem Widerspruch zu anderen sozialpsychologischen Untersuchungen, die nahelegen, daß mutige Frauen nur selten vorkommen. So fanden WissenschaftlerInnen etwa heraus, daß Männer in experimentellen Situationen, die punktuell heldenhaftes Handeln erfordern – z.B. in einen Fluß zu springen, um einen Ertrinkenden zu retten – tendenziell eher bereit sind, entsprechend zu reagieren. Frauen neigten hingegen dazu, die Situation als zu gefährlich einzuschätzen, um irgend etwas zu unternehmen.

In der Zeit des Holocaust waren Frauen mit zahllosen Situationen – nicht mit einem punktuellen Experiment – konfrontiert, die heldenhaftes Eingreifen erforderten. Unter »heldenhaft« verstehe ich dabei, daß eine Person aus freiem Entschluß Handlungen unternimmt, die sie in größte Gefahr bringen. RetterInnen, die in ihrer Wohnung jüdische Verfolgte versteckten, waren ohne Frage heldenhafte Menschen, nicht so jedoch ihre Handlungen. Denn die Annehmlichkeiten und die Vertrautheit ihres Zuhauses und der unmittelbaren Umgebung blieben ihnen erhalten. Sie strebten im Gegensatz zu heroischen RetterInnen nicht ständig nach gefährlichen Missionen.

Die Arbeiten des Sozialpsychologen Day Deaux vom *Graduate Center of the City University of New York* helfen, die offensichtliche Kluft zu erklären, die zwischen meinen Forschungsergebnissen und den Arbeiten anderer WissenschaftlerInnen besteht. Deaux fand heraus, daß es nicht nur bei gewöhnlichen Alltagshandlungen, sondern auch bei moralisch motivierten Handlungen darauf ankommt, ob man über bestimmte Fähigkeiten verfügt. Eine gute Schwimmerin zum Beispiel würde mit ebenso großer Wahrscheinlichkeit wie ein guter Schwimmer in den Fluß springen, um einen Ertrinkenden zu retten. Der entscheidende Bestimmungsgrund ist hier, ob die Person gut schwimmen kann, nicht ihr Geschlecht oder ihre Moral. Wenn Frauen den Eindruck hatten, über die in einer bestimmten Situation erforderlichen Fähigkeiten zu verfügen, dann halfen sie (Deaux 1976).

Lange wurden die diversen Fähigkeiten stereotyp auf die beiden Geschlechter verteilt. Noch vor fünfzig Jahren waren die meisten Frauen ausschließlich als Hausfrauen und Mütter tätig. Wenn sie außer Haus arbeiteten, dann meistens als Fabrikarbeiterinnen oder Bäuerinnen oder in einem der traditionell den Frauen vorbehaltenen Berufe des Erziehungswesens, der Krankenpflege oder der Sozialarbeit. Nur sehr wenige Frauen waren als Druckerinnen, Mechanikerinnen oder Industrielle tätig. Im Widerstand während des Krieges verlor dieser Unterschied zwischen Männern und Frauen an Schärfe. Auch Frauen fälschten Ausweispapiere, führten Sabotageakte durch und betätigten sich als Geldwäscherinnen. Meistens beschränkten sich ihre Rettungsaktivitäten jedoch auf Handlungen, bei denen ihre Fähigkeiten als Hausfrau und Mutter zum Zuge kamen.

Zu Hause übernahmen die Frauen die Verantwortung für die Menschen, die sie versteckten. Das war eine schwierige Aufgabe. Der Wohnraum war oft beengt, die Nerven angespannt, und ständig herrschte Hunger. Die einfachsten Verrichtungen, vom Wäscheaufhängen im Freien bis zur Leerung der Nachttöpfe, bargen die Möglichkeit, daß jemand etwas Verdächtiges bemerken und den Behörden melden würde. Es blieb einem einzigen Angehörigen des Haushalts überlassen, die Dinge am Laufen und die Menschen bei Laune zu halten, und diese Aufgabe fiel gewöhnlich der Frau des Hauses zu.

Als die Nazis die Vosens verdächtigten, im Besitz von Stempeln zur Herstellung falscher Papiere zu sein, war es Johtje, die sich mit der Gestapo auseinandersetzen und einen Ausweg aus der tödlichen Situation ersinnen mußte. Sie nahm die Herausforderung an: Sie bluffte, erfand Ausflüchte und Vorwände und entdeckte schließlich eine Möglichkeit, ihre Schützlinge aus der Gefahr zu manövrieren. Der Wagemut von Johtje Vos untermauert die Richtigkeit neuerer Untersuchungen, die – folgt man der Soziologin Cynthia Fuchs Epstein – zeigen, daß »Verhaltensweisen, die wir mit dem Geschlecht in Verbindung bringen, eher damit zusammenhängen, was ein Individuum tut oder tun muß, als mit der biologischen Geschlechtszugehörigkeit« (1988:99).

Mitunter waren die Rollen, die Männer und Frauen bei ihren Rettungsaktivitäten übernahmen, tatsächlich durch Geschlechterstereotypen bestimmt. Wenn zum Beispiel Kinder transportiert, versteckt oder umsorgt werden mußten, fiel diese Aufgabe meistens Frauen zu. Vielfach leiteten sie auch die Netzwerke, die sich überwiegend der Rettung von Kindern widmeten. Irena Sendlerowa in Polen, Anje Roos Geerling und Hetty Dutihl Voûte in Holland und Andrée Guelen Herscovici in Belgien – sie alle waren in ihrem jeweiligen Land Motor der Bemühungen, Kinder zu retten. Und in Kinderrettungswerken, die wie das niederländische Netzwerk NV (*Naamloze Venootschap*) nicht von einer Frau geleitet wurden, bildeten Frauen gleichwohl die überwältigende Mehrheit der Mitgliedschaft.

Piet Meerburg, damals Student und Gründer eines Netzwerks, erläuterte der Historikerin Deborah Dwork von der *Yale University*, warum sein Netzwerk zu 90 Prozent aus Frauen bestand. »Ein zwanzigjähriger junger Mann, der mit einem Kind unterwegs war, erregte wesentlich mehr Verdacht als eine junge Frau. Es war ein Riesenunterschied. Wir holten die Kinder zusammen aus der Krippe, aber im Zug nach Friesland oder Limburg wurden sie nur von der Studentin begleitet.« (Dwork 1994:63)

Es gab noch eine andere Rolle, die Frauen und nur Frauen spielten: die Rolle der »alleinstehenden Mutter«. Jüdische Eltern oder eine Mittelsperson wandten sich an Kindermädchen, Freundinnen der Familie oder – vermittelt über ein Netzwerk – auch an fremde Frauen mit der Bitte, ihr Kind aufzunehmen. Die Frauen, die sich dazu bereit erklärten, brauchten eine Deckgeschichte, um die plötzliche Ankunft eines Babys oder eines Kindes erklären zu können. Wie diese Geschichte im einzelnen aussah und wie glaubwürdig sie wirkte, hing von der Persönlichkeit der Frau und den jeweiligen Umständen ab. Viele junge Frauen zogen in ein anderes Dorf und gaben vor, ihr Mann sei an der Front. Andere behaupteten, das Kind sei ein entfernter Verwandter, dessen Eltern bei einem Bombenangriff ums Leben gekommen seien. Wie immer die Geschichte aussah, die sich die Retterin zurechtlegte, die Rolle mußte überzeugend gespielt werden. Ehemänner, Hochzeiten, tragische Kriegsereignisse – ein ganzes Familienalbum voller Lügen war zu fabrizieren, damit die Geschichte echt wirkte. Männer hielten sich diese Frauen vom Leibe. Ihr Geheimnis veranlaßte sie, stets auf der Hut zu sein. Diese »Mütter« wollten ihre Familien und Freunde nicht in Gefahr bringen. Und den Menschen in ihrer unmittelbaren Umgebung wagten sie nicht zu trauen.

Die Geschichten, die alleinstehende Mütter erfanden, waren einfallsreich, riskant und häufig unglaubhaft. Ihre Verwandten und alten Freunde bezweifelten die Existenz eines Ehemanns, von dem sie noch nie gehört, den sie noch nie gesehen hatten. Bei den argwöhnischen Nachbarn galten sie als unverheiratet, und der Verdacht wurde zum Dorfgeschwätz. Auf einmal fanden sie sich als junge Frauen von zweifelhaftem Ruf wieder, die kein Mann mehr heiraten wollte. In einem katholischen Land wie Polen hatte solches Getuschel verheerende Folgen. Die jungen Frauen wurden zu gesellschaftlichen Außenseiterinnen abgestempelt. Um sich dem Dorfgeschwätz und den gefährlichen Verdächtigungen zu entziehen, zogen sie in andere Dörfer. Wenn das Geflüster und die Verdächtigungen auch dort wieder losgingen, zogen sie weiter.

Diese Frauen waren bereit, einen hohen persönlichen Preis zu zahlen. Ihre Beweggründe unterschieden sich nicht von denen anderer RetterInnen. Wie letztere trotzten sie der Gefahr und setzten ihr Leben aufs Spiel, um das Leid anderer Menschen zu lindern und entsprechend ihres Gerechtigkeitssinns zu handeln. Ihre Taten und ihre Vorgehensweise spiegelten ihre jeweilige Persönlichkeit, ihre Fähigkeiten und ihre Rolle in der Gesellschaft. Am Ende war Carol Gilligans »andere Stimme« dann doch nicht so anders. Es war die Stimme des gewöhnlichen Anstands und der Menschlichkeit, die aus Männern wie Frauen gleichermaßen sprach.

14
Die Bedeutung früher Kindheitserlebnisse

Im Laufe meiner Arbeit mit Holocaust-RetterInnen nahm ich auch an Feierlichkeiten teil, die ihnen zu Ehren ausgerichtet wurden. Ich bin bei solchen Gelegenheiten immer wieder überrascht, wie unterschiedlich diese Menschen sind. Sie scheinen keinerlei Gemeinsamkeiten zu haben. Sie kommen aus den unterschiedlichsten finanziellen und sozialen Verhältnissen. Sie sprechen verschiedene Sprachen. Manche können sich vor Freude und Nervosität, so im Mittelpunkt der Aufmerksamkeit zu stehen, kaum artikulieren. Andere sprechen fließend acht Sprachen und scheinen sich durch die Auszeichnung nicht im geringsten aus der Ruhe bringen zu lassen. Kurz, vom Zuhörerraum aus gesehen, scheinen die Männer und Frauen auf dem Podium ebenso willkürlich zusammengewürfelt zu sein wie die Fahrgäste in der U-Bahn.

Und doch ist es nicht der pure Zufall, der diese Männer und Frauen RetterInnen werden ließ, denn eines haben sie immer gemeinsam. Sie haben alle sehr ausgeprägte humanistische Wertvorstellungen. Sie setzten ihr Leben und das ihrer Familie nicht aus einer momentanen Laune heraus aufs Spiel, sondern in Reaktion auf eine Notsituation; eine Reaktion, die in manchen Fällen die Züge einer Reflexhandlung annahm. Motor des Handelns waren die inneren Werte, die die RetterInnen schon frühzeitig in ihrer Kindheit ausgebildet haben. Entsprechende Kindheitserfahrungen und -einflüsse ziehen sich wie ein Leitmotiv durch die Geschichten der meisten RetterInnen. Nach vielen Gesprächen mit RetterInnen wunderte es mich kaum mehr, wenn folgende prägenden Faktoren in ihrer Kindheit eine Rolle spielten: ein behütetes, liebevolles Elternhaus; ein altruistischer Elternteil oder ein liebes Kindermädchen, das als Vorbild für altruistisches Verhalten diente; Toleranz gegenüber Menschen, die anders sind; eine schwere Krankheit während der Kindheit oder der Verlust einer nahestehenden Person, wodurch die eigene Widerstandskraft auf die Probe gestellt und besondere Hilfe nötig wurde; eine verständnisvolle und fürsorgliche Erziehung zu Unabhängigkeit, Selbständigkeit und Disziplin, die nicht mit körperlichen Strafen und Liebesentzug operierte.

Selbstverständlich haben nicht alle RetterInnen solche Erfahrungen gemacht, aber die meisten. Auch sind die genannten Faktoren allein kein hinreichender Grund, um ZuschauerInnen in RetterInnen zu verwandeln. Ebenso wichtig war die Stimmigkeit der Umstände, des Zeitpunkts und der Gelegenheit zur Rettung.

Gleichwohl steht für mich nach meinen Gesprächen mit RetterInnen zweifelsfrei fest, daß ihre Fähigkeit, sich dem Rassismus zu widersetzen und mit den Verfolgten zu sympathisieren, auch durch ihre Kindheitserfahrungen und die Werte, die ihnen in dieser Zeit eingeschärft wurden, bedingt ist. Frieda Suss, deren Eltern den Kissingers bei der Flucht aus Bayern halfen, erzählte mir einen Vorfall aus ihrer Jugend, der ihr noch heute so lebhaft vor Augen steht, als wäre er gestern geschehen. Sie war mit ihrer Mutter zusammen, als die beiden auf einmal Schreie im Dorf vernahmen. Wenig später sahen sie, wie der Mob Hunderte von orthodoxen Juden durch die Straßen jagte. Die Kaufleute des Ortes feuerten die Menge an: »Dreckiges Judenpack, geht dahin zurück, wo ihr hergekommen seid!« Friedas Mutter, eine einfache Bäuerin, ließ sich durch den wütenden Mob nicht einschüchtern, sondern stand ihre Frau: »Hört mal her«, schrie sie in die Menge, »das gehört sich doch nicht, was ihr da tut. Vor allem ihr Kinder. Beurteilt nie jemanden nach seiner Rasse oder seiner Kleidung. Beurteilt die Menschen nur danach, wie sie sich euch gegenüber verhalten.«

Damit solche Belehrungen Wirkung zeigten, brauchte es aber ein bestimmtes Umfeld. Die meisten RetterInnen stammten aus einem fürsorglichen Elternhaus, das ihnen Selbstwertgefühl und Liebe vermittelt hatte. Als Kind wurden sie in ihren Interessen gefördert und wegen ihrer Begabung gelobt. Irene Gut Opdyke hat an ihr wohlhabendes, katholisches Elternhaus (das sie in ihrem Traum, einmal Krankenschwester zu werden, bestärkte) solch zärtliche Erinnerungen, daß sie unser erstes Gespräch mit einem Loblied auf ihre Eltern begann.

Tatsächlich führen viele RetterInnen ihre Stärke auf die Liebe ihrer Eltern zurück. Viele hatten das Gefühl, Vaters oder Mutters Liebling zu sein. So war es auch bei dem lettischen Retter und Judeophilen Amfian Gerasimov, der den Juden und Jüdinnen im Rigaer Ghetto in seiner Eigenschaft als Postbote Zubringerdienste leistete. Seine sieben älteren

Geschwister waren bereits im Kindesalter gestorben, weshalb seine Mutter verständlicherweise sehr an ihm hing. Amfian sagte zu ihr eines Tages in vollem Ernst: »Ich bin Jesus.« Woraufhin die Mutter ihn ruhig korrigierte: »Nein, du bist mein Sohn.« Bezeichnenderweise aber argumentierte sie nie gegen das Gefühl der eigenen Bedeutung und Wichtigkeit, das in diesem Ausspruch zum Vorschein kam.

Der Soziologe Eli Sagan vertritt die Auffassung, daß das Gewissen oder die moralische Gesinnung ihren Entstehungsgrund im ersten Lebensabschnitt eines Kindes haben, in dem es noch völlig auf seine primären Bezugspersonen angewiesen ist. Liebe, so Sagan, »ist nicht das Ergebnis, sondern die Grundlage von Gewissen« (Sagan 1988:164).

Nach Sagan vollzieht sich die Entwicklung des Gewissens in drei verschiedenen Stadien. Im ersten Stadium, das für die Ausbildung moralischer Fähigkeit mit am wichtigsten ist, kommt es auf die Liebe und Zuwendung an, die die Bezugspersonen dem Kind angedeihen lassen. Wenn die Bindung zwischen Kind und Bezugsperson stark, liebevoll und zärtlich ist, entwickeln die Kinder ein gesundes, starkes Gewissen. Im zweiten Stadium nach Sagan beginnen die Kinder, sich mit ihren nächsten Familienangehörigen zu identifizieren. Sie wollen die Zuneigung und Geborgenheit, die ihnen zuteil wurde, erwidern. In diesem zweiten Stadium entsteht die Fähigkeit zu Anteilnahme und Mitgefühl, für Freud die Grundlage moralischen Handelns.

In Sagans letztem Stadium der Moralentwicklung gelangt das Gewissen der Kinder zur Reife. Nun wollen sie auch Menschen außerhalb des engen Familienkreises Liebe und Geborgenheit vermitteln. Diese Fähigkeit, sogar unbekannten Menschen mit Zuneigung zu begegnen, ist für die Entstehung eines sozialen Gewissens von entscheidender Bedeutung.

Die meisten Untersuchungen über helfendes Verhalten zeigen eine starke Korrelation zwischen elterlicher Zuneigung und Altruismus, mögen die betreffenden WissenschaftlerInnen diesen Sachverhalt auch anders formulieren. In einer der ersten Untersuchungen über widerständiges Verhalten gegen das Nazi-Regime aus dem Jahre 1948 verglich der Psychoanalytiker David Levy einundzwanzig Naziregime-Gegner – die jedoch nicht unbedingt an der Rettung von Juden beteiligt waren – mit passiven Zuschauern, allesamt Deutsche, und fand dabei heraus, daß die Widerstandskämpfer aus einem weniger rigiden Elternhaus stammten und in ihrer Akzeptanz anderen Menschen gegenüber gefördert worden waren. Die Eltern der Nazi-Gegner werden als vergleichsweise liebevoller und freizügiger beschrieben; die liebevolle Mutter habe in diesen Familien einen großen Einfluß gehabt, die väterliche Disziplin sei ohne Strenge ausgeübt worden. Die New Yorker Psychologin Frances Grossman deckte in ihrer 1984 veröffentlichten Untersuchung über neun RetterInnen dasselbe Muster auf. Grossman stellte fest, daß Unabhängigkeit, Selbstvertrauen und eine warme, liebevolle Beziehung zu wenigstens einer Bezugsperson wesentliche Unterscheidungsmerkmale zwischen RetterInnen und ZuschauerInnen sind. RetterInnen erlebten ihre Mutter in der Kindheit als eine liebe- und vertrauensvolle Person, hatten einen offenherzigen und nichtautoritären Vater und waren oft das einzige oder das Lieblingskind ihrer Eltern (Levy 1948; Grossman 1984).

Meine Forschungen über und meine Arbeit mit RetterInnen stützen und erweitern die Ergebnisse von Sagan, Grossman und anderen. So fand ich heraus, daß sich viele RetterInnen in ihrer Kindheit nicht nur geliebt, sondern auch beschützt fühlten. Gitta Dubro Bauer, die zweitälteste von vier Töchtern, weiß noch, wie wild ihr Vater jedesmal wurde, wenn er das Gefühl hatte, daß man sie bedrohte. Sie erinnert sich an einen Vorfall, bei dem dieser Charakterzug hinter dem ansonsten sanften Gemüt ihres Vaters plötzlich zum Vorschein kam. Es war an einem Sonntagmorgen, als ein Cousin, der trotz seiner NSDAP-Mitgliedschaft als einigermaßen anständiger Mensch galt, ansonsten aber das schwarze Schaf der vehement antinazistischen Familie war, einen Besuch abstattete. Gitta hatte mit ihm eine hitzige politische Auseinandersetzung und bezeichnete den SS-Führer Heinrich Himmler in der Aufregung des Augenblicks als Schwein. Was daraufhin geschah, beschreibt Gitta folgendermaßen:

> Mein Cousin geriet in Rage und warf irgend etwas nach mir. Es war etwas Weiches – ein Stück Unterwäsche oder so. Irgend etwas traf mich – ein Knopf –, und ich ließ einen Schrei fahren. Mein Vater war im Badezimmer und rasierte sich gerade mit einem richtigen Rasiermesser. Er hatte die Diskussion und meine Bemerkung gehört, kam mit dem Messer in der Hand aus dem Bad und sagte zu meinem Cousin: »Wenn du es jemals wagen solltest, Hand an eine meiner Töchter zu legen, wirst du dieses Messer zu spüren bekommen!«

Die Entwicklungspsychologin Carolyn Zahn-Waxler und ihre MitarbeiterInnen am *National Institute of Mental Health* vertreten entgegen dem bisher Gesagten die Ansicht, daß »Liebe nicht genug ist«, um Altruismus auszubilden. Liebe müsse mit Vernunft und einer bestimmten Anleitung gepaart sein. Zahn-Waxler fand heraus, daß Altruismus am besten und wirkungsvollsten von Eltern vermittelt wird, die ihre Kinder streng überwachen. Kinder mit altruistischen Neigungen, so Zahn-Waxler, haben Eltern, die ihren Erklärungen, welche Folgen es hat, wenn man andere Kinder verletzt, durch warnende Worte Nachdruck verleihen – etwa: »Ich mag nicht mit dir zusammen sein, wenn du so handelst.« (Radke-Yarrow/Zahn-Waxler 1986). So wies Aart Vos' Vater, Floris Vos, seine acht Söhne und Töchter mit recht unzweideutigen Bemerkungen zurecht, wenn sie über die Stränge schlugen. Aart erinnert sich, wie er bei Tisch einmal abschätzig über andere Leute redete. Er kann sich zwar nicht genau erinnern, was er gesagt hat und wen es betraf, aber was danach geschah, sollte er nie vergessen. Nach dem Essen bestellte sein Vater ihn ins Arbeitszimmer, um mit ihm ein Wörtchen zu reden. Im Kern führte er aus, daß auf diesem Planeten alle möglichen Menschensorten lebten und daß es Gottes Wille sei, daß dem so ist. »Wenn du über andere Menschen lästerst, verstößt du gegen Gottes Willen und fügst ihnen Schmerz zu«, hört Aart ihn noch heute schimpfen. »Tu' mir einen Gefallen. Denk' darüber nach und hör' auf damit.«

Die Art, wie Floris Vos seinen Sohn zurechtwies, ist beispielhaft für die Vorgehensweise der meisten Eltern von RetterInnen. Sie argumentierten, anstatt zu drohen. Sie vermieden, was der Sozialpsychologe Martin Hoffman von der *New York University* als »machtbejahende« Disziplinierungstechnik bezeichnet. Hoffman untersuchte elterliche Erziehungs- und Disziplinierungstechniken im Hinblick auf ihre Auswirkungen auf altruistisches Verhalten und kam dabei zu dem Ergebnis, daß Kinder, deren Eltern induktiv argumentieren und die Regeln erklären, anstatt harte Strafen zu verhängen, eher die Neigung entwickeln, sich für andere Menschen zu interessieren und fürsorglich mit ihnen umzugehen. Schließlich zeigen Eltern, die dem vernünftigen Wort gegenüber der nackten Gewalt den Vorzug geben, wie der Mächtige dem Schwachen begegnen soll.

Die Eltern von RetterInnen setzten sich mit ihren Kindern darüber auseinander, was unter akzeptablem Verhalten zu verstehen ist, und legten dann klare Regeln fest. Aber nicht immer räumten sie dem vernünftigen Gespräch den Vorrang ein. Als Wendelgard von Neurath kleinmütig bezweifelte, ob es eine gute Idee gewesen sei, eine Halbjüdin als Gärtnerin einzustellen, unterließ es die Mutter, sie auf ihr Vorurteil anzusprechen. Statt dessen schickte sie Wendelgard hinunter zum Gärtnerhaus, um Hanne, die neue Gärtnerin, erst einmal kennenzulernen. »Ich ging nur widerwillig, aber zu meiner Überraschung war Hanne eine sehr nette Person«, erinnert sich Wendelgard. Hanne erzählte Wendelgard von ihrem Bruder, der in einem Arbeitslager war, und wie besorgt sie um ihre Eltern sei, die in Berlin lebten und mit wenig Geld auskommen mußten. »Wir saßen zusammen auf ihrem Bett und unterhielten uns eine ganze Weile.« Seither besuchte Wendelgard Hanne, so oft sie konnte. Daß Hanne eine Halbjüdin war, kümmerte sie überhaupt nicht mehr (Von Staden 1981:78f.).

Solch gütige, aber bestimmte Führung unterscheidet sich grundlegend vom gewöhnlichen, keinen Widerspruch duldenden Befehlston autoritärer Eltern. Die Schweizer Autorin Alice Miller hat autoritäre Familien untersucht, die ihren Kindern die Regeln ohne Rechtfertigung einfach vorsetzen, und wies darauf hin, daß Kinder aus solchen Haushalten Schwierigkeiten haben, eigenständig zu urteilen. Da die Verhaltensregeln nicht oder kaum erklärt werden, erscheinen sie aus dem Blickwinkel der Kinder als willkürlich und irrational. Deshalb geben die Kinder auf und tun, was man von ihnen verlangt (Miller 1980).*

Die Fähigkeit zu selbständigem Denken und Fühlen war natürlich eine entscheidende Voraussetzung für rettendes Verhalten. Wer einem Verfolgten helfen wollte, brauchte einen unabhängigen Kopf. Er oder sie mußte es gewohnt sein, sich mit Problemen auseinanderzusetzen und Entscheidungen zu fällen, ohne darauf zu schauen, was andere dachten oder was die Gesetze vorschrieben. Wer in einer autoritären Familie aufgewachsen war, konnte sich dem Anpassungsdruck mit größter Wahrscheinlichkeit nicht widersetzen.

Aber nicht alle RetterInnen wuchsen in einem nachsichtigen, demokratischen Elternhaus auf. Vor allem religiös erzogene RetterInnen

---

* Millers Forschungsergebnisse bestätigen, was sich bereits in den *Studien zu Autorität und Familie* findet. Die Verfasser dieser Untersuchung stellten deutliche Unterschiede zwischen dem Elternhaus stark vorurteilsbelasteter Menschen und demjenigen von vorurteilsfreien fest. Die vorurteilsfreien Untersuchungspersonen konnten sich von ihren Eltern weitgehend unabhängig machen und sind in der Lage, eigenständig Entscheidungen zu fällen. Als Kinder wurde von ihnen weniger Gehorsam erwartet. Ihre Eltern gewährten ihnen mehr Unterstützung und liebten sie bedingunglos; sie paßten sich den gegebenen Regeln nicht so sehr an und schufen damit einen Freiraum für Individualität (Horkheimer/Fromm/Marcuse 1987).

hatten mitunter strenge Patriarchen und Anhänger rigider Disziplin zum Vater. Johtjes Vater, von Beruf Offizier und später Bürgermeister der Stadt, pflanzte seiner Tochter die Gottesfurcht regelrecht ein. Er war der Ortsvorsitzende der »Antirevolutionären Partei der christlich-reformierten Kirche«. (Die christlich-reformierte Kirche, ein Ableger der Reformierten Kirche der Niederlande, war von Johtjes Großvater Dr. Abraham Kuyper, einem Premierminister der Niederlande, gegründet worden.) »Ich hatte vor Gott tatsächlich eine Todesangst«, erinnert sich Johtje. Ihr Vater flößte ihr zwar nicht solche Furcht ein, aber sein Wort war in allen häuslichen Angelegenheiten Gesetz. Erklärungen gab es nicht; die Kinder wußten nur, daß man seine Eltern ehren sollte und ihnen gehorchen mußte. Sonntags war es Johtje und ihren beiden Schwestern strikt verboten, Schlittschuh zu laufen oder irgend etwas anderes zu tun, was dem Arbeitsverbot am Sabbat zuwiderlief. Keines der Kinder wagte es, die väterliche Autorität herauszufordern. Johtje hatte unter diesen Einschränkungen sehr zu leiden und floh, als sie alt genug war, nach Paris, um Journalistik zu studieren.

Diese Art strenger Disziplin zerstörte das Selbst der RetterInnen jedoch nicht. Im Gegenteil, sie entwickelten in ihren Familien selbständiges Denken und Handeln. Die Eltern gaben die Richtung vor, boten Hilfestellung und schickten die Kinder dann hinaus in die Welt, um sich zu bewähren. Ein Jahr vor Abschluß des Gymnasiums versah Jan Karskis Großmutter ihren 15jährigen Enkel mit einem Fahrrad und Geld und forderte ihn auf, er solle sich auf den Weg machen, um »Land und Leute kennenzulernen«. Es war seine erste Reise ohne elterliche Begleitung. (Jahre später floh Jan, nunmehr polnischer Diplomat, unter Lebensgefahr aus dem deutschbesetzten Europa und informierte die Staatschefs der westlichen Welt über Hitlers *Endlösung.*) Im östlichen Landesteil von Polen traf er auf Menschen – Ukrainer und Weißrussen –, die in Armut lebten. Manche wohnten in Häusern ohne Fenster. Andere hausten mit ihrem Vieh unter einem Dach. Der Anblick dieser in Schmutz und Elend lebenden Menschen »war einer der größten Schocks meines Lebens«.

In meinen Gesprächen mit RetterInnen aus den unterschiedlichsten Elternhäusern tauchte ein Motiv immer und immer wieder auf: daß die Eltern Menschen, die anders waren, mit Akzeptanz begegneten. Dieser Wert prägte die Kindheit der RetterInnen und bildete den Keim, aus dem sich ihr Retter-Selbst entwickeln sollte. Von frühester Kindheit an brachten die Eltern ihnen bei, daß alle Menschen untrennbar zusammengehören. Keine Person oder Gruppe sei besser als eine andere. Diese Überzeugung, daß alle Menschen, wie sehr sie auch ausgegrenzt sein mögen, gleich viel wert seien, wurde den Kindern sowohl in religiösen als auch in nichtreligiösen Elternhäusern vermittelt.*

Die Akzeptanz und Toleranz Menschen gegenüber, die anders sind, hatten verschiedene Entstehungsgründe. Die Einwohner von Le Chambon waren Nachfahren der einst verfolgten Hugenotten; Toleranz anderen Religionen gegenüber bildete einen natürlichen Bestandteil ihrer Kultur. Anderswo mußte dieser Wert erst schmerzhaft erlernt werden. Mitunter wuchsen die RetterInnen in Familien auf, die im ganzen Ort als Außenseiter galten. Irene Gut Opdyke und Jean Kowalyk mußten, bedingt durch die Berufstätigkeit ihrer Väter – der eine war Architekt, der andere Zugführer –, als Kind häufig umziehen und wurden in den engen Dorfgemeinschaften oft wie Fremde behandelt. (Erst als Jean acht Jahre alt war, ließ sich die Familie dauerhaft nieder.) Andere RetterInnen wuchsen in Familien auf, die die Kuriosität des Orts waren. Die Familie Roos etwa war die einzige protestantische Familie in dem ansonsten nur von Katholiken bewohnten Häuserblock in einem armen Viertel von Alkmaar. Und Will Westerweels Haus in Amsterdam war das einzige der Straße, das nicht von Juden bewohnt war. Die meisten RetterInnen fühlten sich ihrem weiteren sozialen Umfeld durchaus zugehörig, aber mitunter war ihre Stellung doch so ungewöhnlich, daß sie sich vorstellen konnten, was es bedeutete, als Mensch oder mit seinen Vorstellungen aus dem Rahmen zu fallen.

In vielen Fällen lernten die RetterInnen Menschen anderen Glaubens akzeptieren, weil sie in einem gemischtreligiösen Elternhaus aufwuchsen. Das ermöglichte ihnen, insbesondere in Polen und in der Ukraine, sich vom vorherrschenden Antisemitismus der damaligen christ-

* Die erwähnte Untersuchung von David Levy (1948) ist nicht die einzige, die die Motivation der Holocaust-RetterInnen auf die Werte zurückführt, die ihnen in der Kindheit eingeimpft wurden. Ute Klingemann fand bei ihrer Arbeit über deutsche RetterInnen heraus, daß die Bezugspersonen, die ihnen als Vorbild dienten, oft ausdrücklich auf die Juden hinwiesen und betonten, daß sie Menschen wie alle anderen sind (Klingemann 1985). Nechama Tec gelangt in seiner Analyse über polnische RetterInnen zu dem Schluß, daß ihre Motivation mitunter auf »spezifische moralische Werte des Familienlebens« zurückgeht (Tec 1986).

lichen Lehre zu distanzieren. Die ukrainischen RetterInnen Jean Kowalyk sowie Helena und Orest Zahajkewycz stammten aus Familien, in denen Vater und Mutter unterschiedlichen christlichen Glaubensrichtungen angehörten. Jean Kowalyks Mutter war römisch-katholisch, ihr Vater ukrainisch-katholisch. Der Großvater von Helena und Orest Zahajkewycz war griechisch-orthodoxer Christ, ihre Großmutter gehörte der römisch-katholischen Kirche an. In solchen Familien wurde den Kindern beigebracht, religiöse Unterschiede zu respektieren. Auch im Elternhaus von Gitta Bauer wurde religiöse Toleranz geübt. Ihr Vater war evangelisch, ihre Mutter eine gottesfürchtige Katholikin. Gitta und ihre drei Schwestern traten in die Fußstapfen ihrer Mutter, aber Töchter wie Mutter achteten darauf, daß der Vater am Karfreitag und am Reformationstag seinen Zylinder blank polierte und in die Kirche ging. Bei festlichen Mahlzeiten bestand Gittas Mutter auf dem gemeinsamen Tischgebet und schlug am Ende das Kreuz. Der Vater betete mit, bekreuzigte sich aber nicht.

Die Fähigkeit, Menschen zu akzeptieren, die anders sind, war in den RetterInnen so fest verankert, daß die rassistische Propaganda der Nazis bei ihnen wenig Wirkung zeigte. Sie sahen das Gerede der Nazis von einer angeblichen jüdischen Weltverschwörung als die Lüge an, die es war. Zwar befanden sich unter den RetterInnen auch Antisemiten, zum Beispiel Pater Stanislaw Falkowski, aber das war eher die Ausnahme. Häufiger dagegen kam es vor, daß Männer und Frauen, die in einem antisemitischen Elternhaus aufwuchsen, sich später einer Widerstandsgruppe anschlossen oder sich durch Sabotageakte und die Verbreitung antinazistischer Schriften gegen die Nazis wehrten. Obwohl dieser Widerstand beachtenswert ist, setzten diese Menschen nicht ihr Leben aufs Spiel, um jüdische Männer, Frauen und Kinder zu retten.

Es waren jedoch nicht immer nur die zu Hause eingeübten Werte der Toleranz, die die RetterInnen davor bewahrten, zu Antisemiten zu werden. In vielen Fällen unterhielten sie und ihre Familien enge Beziehungen zu einzelnen Juden und Jüdinnen. Sie hatten jüdische Nachbarn, KollegInnen und LehrerInnen. Dem Temperament nach – wenn auch nicht in ihrer anfänglichen Motivation – waren sie Judeophile. Irene Gut Opdyke, Stefania Podgórska Burzminska und Will Westerweel wuchsen mit jüdischen Spielgefährten auf. Stefania hat noch immer im Ohr, wie die jüdischen Mütter in dem kleinen polnischen Dorf ihren Kindern zuriefen, sie sollten nicht mit Nichtjuden spielen: »Spiel' nicht mit der

Schikse, faß' den Schaygetz nicht an!« Glücklicherweise richteten sich die Kinder nicht danach und spielten trotzdem miteinander. Die polnische Schneiderin Maria Niemiec, die ihre vier Söhne und ihren Mann verließ, um ein kleines jüdisches Mädchen in ein sicheres Versteck zu begleiten, ebenso wie der niederländische Pazifist Wilto Schortinghuis wuchsen in Familien auf, die über Generationen freundschaftliche Beziehungen zu jüdischen Mitbürgern unterhielten. Marias Mutter war die Amme der Familie Licht, deren Tochter Terry von Maria später gerettet wurde. Mindestens über zwei Generationen besuchten sich die Lichts und die Niemiecens regelmäßig zu Weihnachten und an Chanukka. Wilto Schortinghuis' Großvater teilte mit einer jüdischen Familie eine zweigeschossige Wohnung, und der kleine Wilto war mit seinen Großeltern oft bei ihnen zu Besuch. »Für uns gab es keine grundsätzlichen Unterschiede, außer daß sie an Ostern trockenes Mazzot essen«, erinnert er sich. »Wir aßen das Mazzot mit Butter und Zucker und fühlten uns ziemlich privilegiert.«

Andere RetterInnen wuchsen in Familien auf, die keinerlei Kontakt zu Juden und Jüdinnen hatten, und mußten selbst herausfinden, wie man sich moralisch richtig verhält. Im Alter von 16 Jahren hatte Stefania Podgórska noch keinen Gedanken an die Juden verschwendet. Aber als die Deutschen Przemysl einnahmen und begannen, antijüdische Verordnungen zu erlassen, war sie gezwungen, darüber nachzudenken. Bekanntmachungen tauchten in den Straßen auf: Juden müssen den Davidstern auf ihrer Kleidung tragen; Juden dürfen keine Geschäfte besitzen. Die Polen begannen, dem Blick ihrer jüdischen Nachbarn auszuweichen. Die junge Stefania war perplex. Was steckte hinter alldem? Ihre jüdischen Arbeitgeber, die Familie Diamant, war doch recht nett. Stimmte mit den Juden etwas nicht, was sie in ihrer Unerfahrenheit noch nicht bemerkt hatte? Oder verhielten sich die Deutschen einfach ungerecht?

Es war der erste moralische Streit, den sie mit sich auszufechten hatte, und es dauerte eine ganze Weile, bis sie wußte, was richtig war. Ihre Überlegungen schärften sich an folgendem Vorfall.

> Ein jüdischer Junge von vielleicht zehn Jahren kam die Straße herunter. Ein anderer Junge, der kein Jude war, fing an, den jüdischen Jungen zu hänseln. Da fragte ihn ein Arbeiter um die dreißig: »Warum hänselst du ihn?« Worauf der Junge antwortete: »Na weil er ein Jude ist.« Da sagte der Mann: »Er ist also ein Jude, na und? Schau' ihn an. Er ist wie du. Verstehst du, er ist nicht anders. Nur die Deutschen

machen den Unterschied. […] Schau' ihn an. Er ist ein Jude. Gut. […] Aber schau' ihn an – dieselbe Haut wie deine, wie meine, wie von jedem. […] Sei freundlich. Jetzt ist Krieg, aber wenn der Krieg vorbei ist, sind wir alle wieder freundlich zueinander.« Und der Mann sagte zu den Jungen, sie sollten sich die Hand geben und Freunde sein.

Für mich war das etwas Neues. Sie werden sicher lachen, wenn ich Ihnen das sage; aber als ich zu Hause war, schaute ich meine Haut an. Verstehen Sie, ich schaute meine Haut an und sagte [zu mir]: »Klar sind wir alle gleich!«

Mit sechzehn Jahren war Stefania alt genug, um zu erkennen, daß sie der Autorität nicht gehorchen mußte. Aber sie war noch immer so jung, daß die Erkenntnis, daß Juden und Jüdinnen Menschen wie sie selbst sind, sie wie ein Schock traf. Anderen RetterInnen war der Gedanke nicht neu. In Anje Roos Geerlings Elternhaus wurde kein Zweifel daran gelassen, daß Menschen eben Menschen sind. Ihr Vater verbot allen im Haus, sich abschätzig über Juden zu äußern. In anderen Elternhäusern mußte das nicht eigens betont werden. Irene Gut Opdykes Vater zum Beispiel arbeitete mit Menschen vieler verschiedener Nationalitäten zusammen und hat sich um diese Unterschiede nach Aussage seiner Tochter nie gekümmert: »Er sagte nie ›Der ist Jude‹ oder ›Die ist Zigeunerin‹.«

Nur folgerichtig scheint es, wenn jemand, der davon ausgeht, daß alle Menschen zu ein und derselben Menschheit gehören, auch der Überzeugung ist, daß alle Menschen gleich behandelt werden sollten. Die Oliners bezeichnen dieses demokratische Prinzip in ihrer Studie zur altruistischen Persönlichkeit als »Einbeziehung« oder als »Neigung, alle Menschen als Gleiche zu betrachten und auf alle ohne Ansehung ihrer gesellschaftlichen Stellung oder ethnischen Zugehörigkeit dieselben Normen von Recht und Unrecht anzuwenden« (Oliner/Oliner 1988:144).

Aber nicht alle RetterInnen wuchsen in einem liebevollen Elternhaus auf, das zu selbständigem Denken und Fühlen anregte. Walentyna Zaks Vater war ein haßerfüllter Mann, der die Heranwachsende mit seiner herrischen Art wiederholt zu aufmüpfigem Verhalten provozierte.

Die Eltern der RetterInnen ließen es allerdings nicht bei bloßen Worten bewenden, sondern verliehen ihren Lehren durch Taten Nachdruck. Bei der überwältigenden Mehrheit der von mir befragten RetterInnen – bei 89 Prozent – fungierte zumindest ein Elternteil oder eine andere erwachsene Person als altruistisches Rollenvorbild. Zahlreiche RetterInnen, darunter Irene Gut Opdyke, Amfian Gerasimov und Jan Karski, verehrten ihre tief religiöse Mutter unter anderem deswegen, weil sie Notbedürftigen regelmäßig unter die Arme griff. Irene beschreibt ihre Mutter als »eine wundervolle Frau, die für jeden, der Hilfe benötigte, ein offenes Ohr hatte«. Die Tochter, auf die diese Beschreibung ebenso paßt, erinnert sich, daß ihre Mutter im Winter immer Roma und Sinti aufnahm, die ein warmes Fleckchen suchten und Hilfe brauchten. (Alexander Roslan hat an seine Mutter ähnliche Erinnerungen.) »Ihr Wahlspruch lautete: Sei allzeit bereit, anderen zu helfen«, erzählte mir Irene.

Die Eltern der RetterInnen waren altruistische Menschen, die ihren Kindern Tag für Tag durch Wort und Tat den Weg wiesen. Der Vater von Helena und Orest Zahajkewycz, von Beruf Lehrer, kaufte von einem Buch mitunter mehrere Exemplare und gab sie an seine ärmeren Schüler weiter. Jean Kowalyks Mutter ließ den Gefangenen des örtlichen Arbeitslagers heimlich Brot zukommen. Die Familie Roos nahm ein tschechisches Mädchen auf, das ein Versteck brauchte. Und lange bevor die Lagerinsassen das Anwesen der von Neuraths betraten, gewährte Wendelgards Mutter umherwandernden Heimatlosen Unterschlupf und gab ihnen zu essen.

Man hat versucht, in Laborexperimenten zu messen, in welchem Grade altruistische Rollenvorbilder nachgeahmt werden – mit gemischten Ergebnissen. Marian Radke-Yarrow und Carolyn Zahn-Waxler (1973) kamen zu dem Schluß, daß Kinder, die in einer experimentellen Situation einen als Rollenvorbild dienenden Erwachsenen beobachteten, eine kurze Zeit lang Ehrlichkeit, Großzügigkeit, Hilfsbereitschaft oder rettendes Verhalten nachahmten und das Gelernte mitunter auch in anderen Situationen anwenden konnten. Aber es stellte sich auch heraus, daß sich nicht alle Kinder so verhielten, daß die Nachahmung nicht automatisch geschieht und auch nicht immer von langer Dauer ist.

Dessenungeachtet meinten nahezu alle RetterInnen, mit denen ich sprach, daß ihre Hilfsbereitschaft auf den Einfluß einer anderen Person zurückgeht. Hiltgunt Zassenhaus – die deutsche Dolmetscherin für die politischen Gefangenen aus Norwegen und Dänemark – erzählte mir, sie habe ihr altruistisches Verhalten sowohl von ihrer Mutter als auch von ihrem Vater gelernt. Ihr Vater war Lehrer und wurde wegen seiner liberalen politischen Anschauungen aus dem Schuldienst entfernt. Ihre Mutter verbrachte einen Großteil ihrer freien Zeit damit, heimlich jüdischen Menschen bei der Flucht aus Deutschland zu helfen. Als Hiltgunt dann den Dolmetscherposten bekam, ließ sie den Gefangenen stets etwas selbstgebackenes Brot und andere Bedarfsgüter zukommen, die sie mit ihrer Mutter organisierte.

Wie es der Zufall wollte, war ein Bewohner des Mietshauses, in dem die Zassenhausens wohnten, auf dem Schwarzmarkt zugange. Vor jedem Gefängnisbesuch besorgten sich Hiltgunt und ihre Mutter bei ihm, was die Gefangenen so dringend benötigten. Stück für Stück tauschte die Mutter fast alles ein, was sie besaß.

> Als das Porzellan alle war, kam das Silberbesteck dran, das wir nur bei besonderen Anlässen benutzten. Es war ihr Hochzeitsgeschenk, das sie in einem Extrakasten im Wohnzimmerbuffet aufbewahrte, in dem vorher auch das Porzellangeschirr stand.
>
> Ich war bei ihr, als sie den Besteckkasten öffnete. Sie hatte zwölf Garnituren, und jedes Stück war in Seidenpapier eingewickelt. Ich schaute ihr zu, wie sie einen Löffel herausnahm und gedankenverloren in der Hand wog.
>
> »Willst du es nicht doch lieber behalten?«, fragte ich sie und wartete bange auf ihre Antwort.
>
> »Es behalten?«, wiederholte sie nach einem langen, schweigsamen Augenblick.
>
> In den Löffel waren ihre Initialien eingraviert. Sie sah ihn an und lächelte auf einmal, als habe sie an etwas denken müssen. Sie legte den Löffel wieder an seinen Platz, drehte sich zu mir um und nahm meine Hand. [...]
>
> »Du mußt lernen, daß du nur hast, was du gibst.«

Viele RetterInnen wurden als Kinder nicht nur dazu ermutigt, anderen zu helfen; es wurde von ihnen erwartet. Wenn ein Nachbar krank war oder ein Schulfreund Ärger hatte, gingen die Eltern wie selbstverständlich davon aus, daß ihre Kinder helfen würden. In zahlreichen religiösen Elternhäusern mußten die Kinder an den caritativen Aktivitäten ihrer Eltern teilnehmen. Die zehnjährige Cornelia Knottnerus, die dem jüdischen Mädchen, das ihre Eltern beschützten, eine liebe Freundin wurde, begleitete ihre Mutter bei der Gemeindearbeit. Dabei besuchten die Mitglieder der Antirevolutionären Kirchen-Partei junge Mütter, Kranke und Alte und boten ihre Hilfe an. Irene Gut Opdyke folgte dem Beispiel ihrer Mutter, die oft für ihre ärmeren Nachbarn kochte, und besuchte regelmäßig eine jüdische Familie im Ort, deren Tochter bettlägerig war.

Der Sozialpsychologe Ervin Staub und andere WissenschaftlerInnen sind der Ansicht, daß solche Hilfsbereitschaft die Verwandlung von ZuschauerInnen in RetterInnen erleichterte. Staub fand in seinen Untersuchungen heraus, daß Kinder, die dazu angehalten werden, anderen Kindern zu helfen, später hilfsbereiter sind (Staub i.V.).*

Einige Forscher haben festgestellt, daß ältere Geschwister, die es vielfach gewohnt sind, sich um ihre jüngeren Brüder und Schwestern zu kümmern, besonders hilfsbereit sind. Die Psychologin Nancy McWilliams fand heraus, daß einige der von ihr untersuchten außergewöhnlich altruistischen Menschen – darunter der Leiter eines Adoptionsbüros für behinderte Kinder und eine Frau, die sich um die Kinder von Leprakranken kümmert – als Kind auf ihre jüngeren Geschwister aufpassen mußten (McWilliams 1976). Willard Gaylin untersuchte den sozialen Hintergrund von jungen Männern, die den Kriegsdienst in Vietnam verweigert hatten und dafür ins Gefängnis gekommen waren, und stellte fest, daß sich unter seinen Untersuchungspersonen fast ausschließlich erstgeborene Söhne befanden, die es gewohnt waren, Verantwortung und Autorität zu übernehmen (Gaylin 1970).

Die Holocaust-RetterInnen waren zwar nicht unbedingt die ältesten Kinder der Familie, aber sie waren es wie McWilliams' Untersuchungspersonen gewohnt, für ihre jüngeren Geschwister die Verantwortung zu übernehmen. Die Hälfte meiner InterviewpartnerInnen waren erstgeborene Kinder, und die meisten hatten zwei oder drei Jahre jüngere Geschwister. Irene Gut Opdyke zum Beispiel war das älteste von fünf Kindern und mußte hin und wieder, wenn die Mutter keine Zeit hatte, auf ihre Geschwister aufpassen. Ihre jüngste Schwester erzog Irene praktisch alleine. Sie fand daran so viel Gefallen, daß sie sich für einen Helferberuf entschied und im örtlichen Krankenhaus ein freiwilliges Jahr absolvierte.

Andere SozialwissenschaftlerInnen vertreten die Auffassung, daß Hilfsbereitschaft nicht auf habituellem Helfen beruhe, sondern auf einem hochentwickelten Sinn für Empathie. Martin Hoffman nimmt an, daß

---

* In einer anderen Untersuchung kam Staub 1970 zu dem Ergebnis, daß Kinder, die in Abwesenheit des Lehrers nach dem Rechten sehen sollten, eher auf die Schreie eines Kindes in einem benachbarten Klassenzimmer reagierten als Kinder, denen diese Verantwortung nicht übertragen wurde (Staub 1970).

die Fähigkeit, sich in die emotionale Notlage eines anderen zu versetzen, angeboren sei. Ihm zufolge sind schon Neugeborene imstande, das Schreien eines Babys vom entsprechenden Geräusch eines Stimmcomputers zu unterscheiden. Hoffman äußert die Überzeugung, daß das reflexartige Schreien eines Neugeborenen in Reaktion auf das Schreien eines anderen Babys eine unentwickelte Form empathischen Verhaltens darstellt. Im Laufe des zweiten Lebensjahres beginnen die Kinder, zwischen sich selbst und anderen zu unterscheiden. Ihr emotionales Ansprechen auf die Not anderer, die bisher als eigene Not erlebt wurde, nimmt langsam die Form anteilnehmenden Mitfühlens mit dem Opfer an (Hoffman 1982).

Empathie mit den in einer ausweglosen Lage steckenden Juden und Jüdinnen war in der Tat ein entscheidender Bestandteil rettenden Verhaltens. Nelly Trocmé erinnert sich, wie sich die Dorfbewohner von Le Chambon gemeinsam bemühten, sich so zu verhalten, daß sich die Flüchtlinge wie zu Hause fühlten.

> In der Schule bestand stillschweigendes Einvernehmen, die [fremden] Kinder nicht zu fragen, woher sie kommen und wie sie hier gelandet sind. Trotz der Sprachbarrieren war uns klar, daß sie viel durchlitten hatten und daß wir ihr Leid nicht durch möglicherweise ungelegene Fragen verschlimmern sollten. Wir versuchten uns so zu verhalten, daß sie sich willkommen fühlten.

Meine Forschungen ergaben, daß sich vor allem RetterInnen, die in ihrer Kindheit eine nahestehende Person verloren hatten oder auf eine andere Weise zu Schaden gekommen waren, empathisch verhielten. Die meisten RetterInnen, die ich befragte, räumten nach anfänglichem Widerstand ein, daß sie mindestens ein solches traumatisches Erlebnis hinter sich hatten. Viele waren zur Zeit des Ersten Weltkrieges noch klein. Einige verloren in diesem Krieg ihren Vater, während andere nur eine Zeitlang von ihm getrennt waren.

Da die medizinische Versorgung damals weitaus schlechter war als heute, verloren viele Kinder einen Bruder oder eine Schwester durch Krankheit. Dieser persönliche Verlust förderte die Identifikation mit einer als Vorbild dienenden altruistischen Bezugsperson.

Jedoch mußte es sich bei dem erlittenen Schaden nicht unbedingt um den Tod einer nahestehenden Person handeln. Es konnte auch die Trennung von einem Elternteil, der Verlust der vertrauten Umgebung oder der zeitweise Verlust der Freiheit sein. Welcher Art der Schaden auch war, im Ergebnis machte er die künftigen RetterInnen für das Leid anderer empfänglicher. Miep Gies, die der Familie Frank half, wuchs nach dem Ersten Weltkrieg in Wien auf. Aufgrund der verheerenden Versorgungslage litt das kleine Mädchen an Unterernährung und war ständig krank. Im Alter von elf Jahren schickten es ihre Eltern im Rahmen eines internationalen Hilfsprogramms für Hunger leidende österreichische Kinder nach Amsterdam. Durch diese wohlgemeinte Entscheidung der Eltern verlor das kleine Mädchen auf einen Schlag sein Zuhause, seine Familie und alles, was ihm lieb und teuer war. Nie wird Miep vergessen, wie sie von ihrer siebenköpfigen niederländischen Adoptivfamilie umsorgt wurde.

> Ungeachtet der Verständigungsschwierigkeiten waren alle Kinder freundlich zu mir, und in meinem erschöpften Zustand spielte Freundlichkeit für mich eine überaus wichtige Rolle. Sie war ebenso Medizin wie das Brot, die Marmelade, die gute holländische Milch, die Butter und der Käse, die mollige Zimmertemperatur. (Gies 1991:16)

Eine Reihe von RetterInnen hatten in ihrer Kindheit einen schweren Unfall oder eine ernste Krankheit, wodurch sie über einen langen Zeitraum auf intensive Hilfe und Pflege angewiesen waren. Johtje Vos hatte Probleme mit dem Herzen und litt einen Gutteil ihrer Mädchenzeit an Teilnahmslosigkeit. Irene Gut Opdyke zog sich zu Beginn der Pubertät Tuberkulose zu und lag monatelang ununterbrochen unter einem Quarantänezelt.

Jean Kowalyk verletzte sich mit sechs Jahren bei einem Sturz die Wirbelsäule. Es war ungewiß, ob sie überleben würde. Drei Tage lang lag Jean bewußtlos da, und die Ärzte wußten nicht, wie sie ihr helfen sollten. In ihrer Verzweiflung trug Jeans Mutter ihre Tochter in die Dorfkirche und betete. Wie durch ein Wunder wurde Jean gesund.

Die Ärzte und die Kraft des Gebets hatten ihr das Leben gerettet, aber die folgenden sechs Monate mußte sie in einem Gipsbett liegen. Das war für Mutter und Tochter eine harte Zeit. Jean befürchtete, sie könnte lebenslang ein Krüppel bleiben, die Mutter aber wollte das immer weniger hören. Ungeduldig wies sie ihre Tochter zurecht und nahm ihr so letztendlich die Ängste. In Jeans Erinnerung war es der Vater, der sie vor der Gereiztheit ihrer Mutter in Schutz nahm. Und es war auch ihr Vater, der sie drängte, sich durch ihre körperliche Behinderung nicht davon abhalten zu lassen, eine selbständige Frau zu werden. Sie habe eine wunderbare Begabung für die Näherei, sagte er zu ihr. Warum sollte sie nicht Näherin werden? Damit könnte sie sich ihren Lebensunterhalt stets selbst verdienen. Sie nahm den Rat an.

Obwohl Jean eine harte Kindheit hatte und auch später noch oft auf die Probe gestellt wurde, ist sie nicht verbittert. Um es allgemein zu sagen: Die allermeisten RetterInnen, denen ich begegnete, waren lebensbejahende Menschen, die sich nicht unterkriegen ließen. Keineswegs brüteten sie dauernd über ihr frühes Unglück. Im Gegenteil, durch den Verlust oder den Schaden, den sie in ihrer Kindheit erlitten hatten, wurden sie innerlich gefestigt. Das Unglück hatte sie auf die Probe gestellt; sie hatten sie bestanden und waren daraus gestärkt und mit größerem Selbstvertrauen hervorgegangen.

Von allen Berichten, die ich gehört habe, veranschaulicht die Geschichte von Bert Bochove am eindringlichsten, welche Kindheitseinflüsse entscheidend sind für die Ausbildung eines Retters oder einer Retterin. Bert wurde 1910 als Kind protestantischer Eltern in Woubrugge in Holland geboren. Er war das jüngste von acht Kindern. Im Alter von zwei Jahren erkrankte er an Kinderlähmung. Alle Familienangehörigen, auch das aufopfernde Kindermädchen, sprachen ihm Mut zu und erleichterten es ihm, über seine Behinderung hinwegzukommen. Sie halfen ihm bei seinen Beinübungen und bezogen ihn in alle Familienaktivitäten ein. Berts Vater, der einen kleinen Laden führte und sich als Sonntagsmaler betätigte, erzählte seinem Sohn oft Geschichten von seinem eigenen Vater. In einer dieser Familiengeschichten wird berichtet, daß Berts Großvater, als ihm zu Gehör kam, daß ein holländischer Minister unter Einsatz seines Lebens Pestkranken geholfen habe, der Meinung war, solch gütiges Verhalten dürfe nicht unbemerkt bleiben, und daher eine Reihe von Artikeln verfaßte, in denen er die altruistischen Taten des Ministers rühmte.

Als Bert elf Jahre alt war, starb sein Vater an Krebs. Bert war lange Zeit untröstlich. Sein ältester Bruder half ihm aus seiner tiefen Niedergeschlagenheit, und die beiden wurden unzertrennlich. Berts eines Bein war zwar gelähmt, aber der Bruder ermunterte ihn gleichwohl, mit den anderen Kindern Fußball zu spielen und schwimmen zu gehen.

Einmal, als Bert mit seinen Brüdern in der Nähe ihres Hauses Fußball spielte – er war damals 13 Jahre alt –, sah er, wie ein Junge aus einem Ruderboot in den Kanal fiel. Der Junge war am Ertrinken. Ohne einen Augenblick zu zögern, sprang Bert in den Kanal und rettete ihn.

Das war seine erste Rettungshandlung. Seine zweite ereignete sich während der Nazi-Besatzung, als eine jüdische Freundin seiner Frau ihn bat, ihr Unterschlupf zu gewähren. Es dauerte nicht lange, da beherbergten die Bochoves siebenunddreißig Juden und Jüdinnen. Sie brachten alle durch, obwohl es manchmal Spitz auf Knopf stand, vor allem als eine ihrer Apothekengehilfinnen ihrem Nazi-Freund schrieb, sie habe den Verdacht, daß der Chef Juden verstecke. Bert erfuhr von den Mutmaßungen seiner Angestellten, als er den Antwortbrief des Freundes öffnete, weil sie gerade frei hatte. Wie der Freund schrieb, sollte sie sich über die Juden keine Gedanken machen, er würde sich schon darum kümmern, daß sie samt und sonders umgehend hinausgesäubert würden. Und tatsächlich kam die Gestapo am folgenden Tag und durchsuchte Haus und Grundstück. Aber da hatten die Bochoves ihre Schützlinge bereits in ein anderes Versteck gebracht.

Bert Bochoves Geschichte fällt selbstverständlich aus dem Rahmen. Sie berührt nicht nur eines, sondern alle bekannten Motive, die die Kindheit einer Reihe von RetterInnen prägten. Allerdings birgt die Verknüpfung all dieser losen Enden in einer einzigen Geschichte die Gefahr, daß ein wichtiger Faden verlorengeht: In den kritischen Augenblicken ihrer Kindheit erfuhren die RetterInnen Liebe und Fürsorge. Bert ließ sich nicht unterkriegen, weil sein Bruder ihn in einem schwierigen Lebensabschnitt gestützt hatte. Jean Kowalyk und Irene Gut Opdyke wurden wieder gesund, weil ihre Väter ihnen Liebe und Selbstvertrauen gaben. Nach dem Tod von Jan Karskis Vater sorgte Jans älterer Bruder dafür, daß Jan immer genügend Geld hatte und eine angemessene Ausbildung erhielt. Und so nahm alles seinen Lauf. RetterInnen waren Menschen, die als Kind eine Bezugsperson hatten – ein Elternteil, ein Großelternteil, ein Kindermädchen, einen Bruder oder eine Schwester –, die jedesmal rettend eingriff, wenn die Ereignisse sie zu überwältigen drohten. Diese Erfahrung vergaßen sie nie. Die Verfolgung der jüdischen Menschen durch Hitler gab ihnen Gelegenheit, ihrerseits Hilfe zu leisten.

III
Die Nachkriegszeit

Was Menschen Übles tun, das überlebt sie.
Das Gute wird mit ihnen oft verscharrt.

Shakespeare, »Julius Caesar«

15
Nach dem Krieg

Im Jahre 1945 zerschmetterten die sowjetischen und westlichen Streitkräfte auf ihrem Vormarsch quer durch das von den Nazis besetzte Europa die deutsche Wehrmacht. Nach Jahren des Wartens auf die Befreiung fand die Unterjochung durch die Faschisten schließlich ein Ende. Die Tage und Nächte der gedämpften Geräusche, beengten Räumlichkeiten und erstickenden Angst waren auf einmal vorbei. Die Vreedenburgs konnten ihre Schuhe wieder anziehen, das Schlafzimmer der Blooms im zweiten Stock verlassen und bei Tageslicht einen Spaziergang unternehmen. Israel Rubinek konnte die grob gearbeitete Holztür der ebenerdigen Hütte der Banyas aufstoßen und wie die Hühner, die er neidisch beobachtet hatte, im Hof herumstolzieren. Fegel Yurkansky, die mit ihrer kleinen Gruppe in einem Erdloch auf dem Bauernhof von Jan Adamowicz kauerte, konnte aufstehen, sich strecken und gehen.

Aber wie sowohl die Überlebenden als auch die RetterInnen erfahren sollten, war es nicht so einfach, die Vergangenheit hinter sich zu lassen. Die Vergangenheit ließ sie nicht los und übte auf ihre Zukunft einen prägenden Einfluß aus. Der Krieg hatte Überlebende und RetterInnen gleichermaßen verändert. Die Männer und Frauen, die Schutzsuchenden Unterschlupf gewährt hatten – sei es nur für wenige Tage, sei es über mehrere Jahre –, gingen aus dieser Erfahrung als andere Menschen hervor. Unter ihnen befanden sich Bauern, Hausfrauen, Krankenschwestern, Geschäftsleute, Näherinnen, Kindermädchen und LehrerInnen ebenso wie Diplomaten, Professoren, Ärzte und wohlhabende Unternehmer – oder solche, die es werden sollten. Doch gleich, was sie waren oder später wurden, ihr Retter-Selbst blieb ein wesentlicher Bestandteil ihrer Identität. Nichts anderes meinte Wendelgard von Staden, als sie in einem 1981 veröffentlichten Interview erklärte, daß »das Lager in meinem Innenleben für Jahrzehnte einen breiten Raum einnahm. Es beschäftigte mich dreißig Jahre lang« (Robertson 1981:B4). Und Annie P. – die im Alter von sechs Jahren eher die Tritte eines Nazis in Kauf nahm, die sie zum Krüppel machten, als zu verraten, wo sich die Verfolgten versteckt hielten – hat das Gefühl, daß sie durch ihre Erfahrungen mit ihren Schützlingen und anderen RetterInnen in ihrem Glauben an Gott bestärkt wurde. »Der Glaube, den die Menschen, denen ich während des Krieges begegnete, an den Tag legten, erstaunte mich. Ich fand darin Trost; er war das Licht, das mir den Weg wies, und wurde zu einem integralen Bestandteil meines Lebens.«

Das Retter-Selbst, das sich aus den inneren Werten und der grundlegenden moralischen Integrität der RetterInnen entwickelte, blieb auch nach dem Krieg bestehen. Daß sie Leben gerettet hatten, erfüllte die meisten mit stillem Stolz und innerer Zufriedenheit. Die belgische Retterin Andrée Guelen Herscovici, die sichere Verstecke für jüdische Kinder besorgte, meint rückblickend, ihr Charakter und ihr weiterer Lebensweg seien entscheidend durch ihre Rettungsaktivitäten geprägt worden. Ähnlich äußerte Bert Bochove, er habe durch seine Rettungsbemühungen auf unvergleichliche Weise persönliche Erfüllung gefunden: »Obwohl ich von niederländischen Kollaborateuren wiederholt verraten wurde, war der Krieg in gewisser Weise die beste Zeit meines Lebens. Es waren immer so viele Menschen um einen herum, und es verschaffte mir eine solche Befriedigung, anderen zu helfen und dafür zu sorgen, daß die Nazis die Verstecke nicht finden.«

Jahrelang war diese innere Befriedigung die einzige Bestätigung, die die RetterInnen erwarten oder wünschen konnten. In Osteuropa – in der Ukraine, in Polen und in Rußland –, wo die RetterInnen unter judenfeindlichen Nachbarn lebten, mußten die Schützlinge versprechen, niemandem zu verraten, wer sie gerettet hatte, und unbemerkt davonschleichen, nachdem die Gefahr vorüber war. In Zorotowyci in Polen half Jean Kowalyk den sieben Juden, die sie auf ihrem Boden versteckt hatte, auch bei der heimlichen Flucht. Einer jedoch, Dr. Berger, hielt um ihre Hand an. Angesichts der intensiven Beziehung, die sie während der vergangenen zwei Jahre zu ihm entwickelt hatte, konnte Jean nur schwer nein sagen. Denn obwohl sie ihren Verlobten, der von Beruf Schneider war, liebte, hatte sie zu ihm nie genügend Vertrauen gehabt, um das Geheimnis mit ihm zu teilen. Jean wußte, daß der Schneider sie ablehnen würde, wenn er erführe, daß sie Juden versteckt hatte, und da sie außerdem überzeugt war, daß niemand außer einem Juden sie heiraten würde, gab sie dem Arzt ihr Jawort.

Aber noch vor der Eheschließung erhielt Jean einen anonymen Drohbrief, sie würde, wenn sie nicht umgehend das Land verließe, dasselbe Schicksal ereilen wie die Juden, die sie *nicht* retten konnte. Der Brief machte Jean Angst. Der Absender war vielleicht eine Lagerwache oder irgendein Nachbar. Jeder war fähig, die Todesdrohung auszusprechen. Und so verließ Jean ihre Mutter, ihre anderen Verwandten und das Dorf und floh mit Dr. Berger in die Tschechoslowakei, wo die beiden heirateten, bevor sie über Kanada in die Vereinigten Staaten auswanderten.

In anderen Dörfern begegneten die Polen Juden und Jüdinnen sowie ihren RetterInnen mit derselben unverhüllten Feindseligkeit, die auch in dem anonymen Brief an Jean Kowalyk zum Ausdruck kommt. Nach der Befreiung durch die Russen warteten die Rubineks auf dem außerhalb von Pinczow gelegenen Bauernhof der Banyas erst einmal einige Tage ab, bis sie sicher waren, daß sie sich gefahrlos ins Dorf wagen konnten. Fast zweieinhalb Jahre hatten sie in ihrem Versteck verbracht. Aber die Polen, die sie aus der Zeit kannten, als sie noch ihren Laden führten, begrüßten sie mit kaltherzigem Erstaunen: »Oh, Sie sind noch am Leben?« Kurz nach Kriegsende wurde der Lvover Näher und Retter Leopold Socha in Gliwice von einem Lastwagen überfahren. Niemand weiß, ob es ein Unfall war, aber manche meinten, das sei Gottes gerechte Strafe dafür, daß er Juden gerettet habe.

Für die Verfolgten und ihre RetterInnen war das Nachkriegs-Polen ein feindseliges Pflaster. Den meisten Juden und Jüdinnen, aber auch einigen RetterInnen, war klar, daß sie keine andere Wahl hatten, als auszuwandern. Tatsächlich verließen die allermeisten RetterInnen Europa deshalb, weil sie sich wegen ihrer Rettungsaktionen während des Krieges immer noch bedroht fühlten. Diejenigen, die in ihrem Land blieben, waren weiterhin auf der Hut. Ihr Retter-Selbst – jenes Selbst also, das sie entwickeln mußten, um mit dem Alltag ihrer Rettungstätigkeit fertig zu werden – blieb in Alarmbereitschaft. Wachsamkeit, Verschwiegenheit, Schläue und Schauspielerei waren zum eigenen Schutz nach wie vor geboten. Polnische Partisanen und Banditen durchstreiften das Land auf der Suche nach Juden und »Judenlieblingen«, in der Absicht, sie umzubringen.

Die ausgewanderten Überlebenden waren sich der fortdauernden Verfolgung ihrer RetterInnen nicht bewußt. Dieser Umstand plagte und quälte Franczek Chrostek noch Jahrzehnte später. Als er die Rosensteins, die er damals gerettet hatte, nach 37 Jahren wiedersah, enthüllte er schließlich, welchen Abschluß seine Geschichte als Retter nach dem Krieg fand. Da die Rosensteins mit meinen Eltern befreundet sind, war ich zugegen, als Franczek Chrostek die vollständige Geschichte erzählte – wie er die Rosensteins rettete und was danach geschah.

Zwei Jahre lang versteckten Franczek Chrostek und seine Frau die Rosensteins in zwei Erdlöchern auf ihrem Bauernhof in Bialystok in Polen. Als die Rosensteins von der Befreiung hörten, verließen sie ihr Versteck und stahlen sich in eine andere Stadt, in der sie niemand kannte. Sie besorgten sich eine Kuh, und einer der Brüder, namens Pesach, kehrte zu den Chrosteks zurück, um den glücklichen Ausgang ihrer Rettungsbemühungen zu feiern und die Kuh als Dankeschön zu überreichen. Während Pesachs Besuch stürmte eine Bande Gesetzloser den Hof der Chrosteks, legten Franczek ein Gewehr an die Schläfe und schrien: »Rück' das Geld 'raus, das du von den Juden hast! Rück' das Gold 'raus, das du von den Juden hast!« Unablässig wiederholten sie ihr Verlangen und begannen, Franczek zu schlagen. Pesach Rosenstein, der sich hinter dem Ofen versteckt hatte, rannte aus dem Haus. Die Banditen sahen ihn, jagten ihn und schossen ihm in den Kopf.

Anschließend warnten sie Franczek, sie würden auch ihn umbringen, wenn er den Vorfall nicht für sich behalte. Franczek schleifte den Leichnam in den Wald, begrub ihn und erzählte Abraham, der auf der Suche nach seinem Bruder vorbeikam, eine Lüge. Abraham konnte sich zwar denken, daß sein Bruder irgendwie ums Leben gekommen war, aber er drängte Chrostek nicht, mit der Wahrheit herauszurücken. Die Banditen jedoch ließen Franczek keine Ruhe. Jede Nacht suchten sie den Bauern heim und wollten wissen, »wo die Juden sind«. Schließlich floh Franczek in ein anderes Dorf und ließ seine Familie nachkommen. Zu den Rosensteins verlor er jeden Kontakt.

Franczek konnte sich von der Angst, die der tödliche Schuß und die folgende Heimsuchung durch die Banditen in ihm geweckt hatten, ebensowenig befreien wie von seinen Schuldgefühlen wegen Pesachs Ermordung. Beinahe zwanzig Jahre lang fanden er und seine Familie keine innere Ruhe. Die Angst, wegen ihrer Rettungsaktivitäten an den Pranger gestellt und als »Judenlieblinge« denunziert zu werden, verfolgte sie tagein, tagaus. Während andere RetterInnen wieder ein normales Leben führen konnten, waren die Chrosteks aufgrund dieser traumatischen Nachkriegserlebnisse nicht in der Lage, Abstand zu ihren Rettungsbemühungen zu gewinnen.

Im Jahre 1964 wanderten die traumatisierten Chrosteks in die Vereinigten Staaten aus. Franczek war entschlossen, die Rosensteins ausfindig zu machen und sich von der Last seines drückenden Geheimnisses zu befreien. Dreieinhalb Jahre nach dem ersten Briefwechsel sahen sich die Chrosteks und die Rosensteins schließlich in New York wieder. Sie zelebrierten gemeinsam den Sabbat, und die Festlichkeiten währten einige Tage. Nun konnte Franczek Abraham endlich das Geheimnis erzählen, das er in all den Jahren für sich behalten hatte, die quälende Unruhe, die ihn mitten in der Nacht weckte und die er im Alkohol zu ertränken suchte. Franczek schilderte in allen Einzelheiten, wie Pesach ums Leben gekommen war, und bat Abraham um Vergebung für etwas, das er nicht verschuldet hatte. Die falsch adressierten Briefe, die verlorenen Telefonnummern und Adressen waren Ausdruck der Angst und der Ambivalenz, mit der Franczek und Abraham ihrer Begegnung und der Auseinandersetzung mit der Vergangenheit entgegensahen. Der damals 71jährige Franczek Chrostek hatte sein Geheimnis lange genug mit sich herumgetragen; er wollte es endlich loswerden, um einen anderen Gedanken fassen zu können. Das Geständnis stellte sein Ehrgefühl wieder her. Aber traurigerweise heilte es nicht die Jahre der Angst und der Schuldgefühle. Er trinkt weiterhin und fühlt sich nirgends zu Hause.

Die meisten RetterInnen sind sich bewußt, daß der Antisemitismus mit Hitlers Niederlage nicht aus der Welt verschwand. Agnieszka Budna-Widerschal zum Beispiel mußte erfahren, daß der Sieg über die Nazis den Judenhaß nur zum Schweigen gebracht, ihn aber nicht ausgerottet hat. Vor dem Krieg arbeitete die aus einer sehr katholischen Familie stammende junge Frau in einer Fabrik in Peremyshl. Dort lernte sie einen jüdischen Mechaniker kennen und verliebte sich in ihn. Die beiden heirateten, und als die Deutschen einmarschierten, besorgte sich Agnieszka eine größere Wohnung, in der sie ihren Mann, seine drei Brüder und zwei Freunde verstecken konnte. Sie kämpften sich durch und irgendwie schafften sie es alle zu überleben. Im September 1945 brachte Agnieszka eine Tochter zur Welt und nannte sie Bella. Vier Monate später starb ihr Mann an Diabetes, und Agnieszka zog mit ihrer Tochter in ein anderes Dorf, in dem sie noch Verwandte hatte. Sie heiratete einen anderen Juden namens Shimon, und eine Weile ging alles gut. Im Jahre 1954 wurde die neunjährige Bella nach dem Unterricht von einigen älteren Schülern zu einem Spaziergang eingeladen. Bella war entzückt und ging mit. Sie schlenderten die Eisenbahngleise entlang, und als ein Zug vorbeidonnerte, schubsten die Kinder Bella auf die Gleise. Sie war sofort tot.

Bei der Beerdigung zeigten weder die Kinder noch ihre Eltern auch nur einen Hauch von Reue darüber, daß sie ein halbjüdisches Mädchen umgebracht hatten. »Besser Ihre Tochter als meine«, sagte eine Mutter zu Agnieszka – die weitestgehende Sympathiebekundung, die Bellas Mutter zuteil wurde. Im Jahre 1958 wanderte sie mit ihrem Mann nach Israel aus.

Angst vor Vergeltung war nicht der einzige Grund, der zahlreiche RetterInnen bewegte, das Geheimnis zu wahren und weiterhin zu schauspielen, wie ihr Retter-Selbst es gelernt hatte. Denn viele hatten ihre Aktivitäten selbst vor ihren engsten Verwandten geheimgehalten und wagten auch jetzt nicht, ihre Taten zu enthüllen. Andere sahen sich durch die Umstände gezwungen, weiterhin die Rolle zu spielen, die ihr Retter-Selbst erfunden hatte.

Kindermädchen und alleinstehende Mütter, die sich um jüdische Kinder gekümmert hatten, versuchten verzweifelt, ihre Deckgeschichten aufrechtzuerhalten. Sie hatten ihren Nachbarn, FreundInnen und Verwandten von einer angeblichen Heirat erzählt oder entfernte Verwandte erfunden, und lebten nun in der Angst, die Lüge könnte entdeckt werden. Sie befürchteten, daß das Kind von seinen Eltern oder anderen Verwandten abgeholt werden könnte, wo doch das ganze Dorf glaubte, es sei ihr eigenes. Wie hätten die Retterinnen das erdachte Szenario erklären und mit der unweigerlich folgenden Demütigung und Entwürdigung fertigwerden sollen? Sie liebten ihre jüdischen Schützlinge, als wären es ihre eigenen Kinder. Im Vergleich zu der emotional schmerzvollen Perspektive, das liebgewonnene Kind zu verlieren, war die Schwierigkeit, sein plötzliches Verschwinden zu erklären, allerdings vergleichbar gering. Manche RetterInnen waren entschlossen, das jüdische Kind, das sie gerettet hatten, nicht mehr herzugeben. Um den jüdischen Überlebenden aus dem Weg zu gehen, die das Kind möglicherweise suchten, zogen manche RetterInnen in ein anderes Dorf oder eine andere Stadt, wo sie niemand finden würde. In manchen Fällen kam die Wahrheit Jahre später – auf dem Sterbebett – ans Tageslicht. (Vgl. auch Hellman 1980)

Die guten Absichten der RetterInnen gerieten nie ins Wanken, aber ihre Beweggründe veränderten sich mit der Zeit. Was als ein Akt der Nächstenliebe begann – die Aufnahme und Pflege eines Kleinkinds –, wandelte sich durch Liebe in den Entschluß, das geliebte Kind unter allen Umständen zu behalten. Die polnische Retterin Maria Byrczek zum Beispiel gewann ihre fünf Monate alte »Nichte« Marysia ebenso lieb wie ihre eigenen vier Kinder.

Marysias leibliche Mutter Erna Korngut hatte es durch dauerndes Umherwandern geschafft, dem Konzentrationslager zu entgehen. Erna sah nicht jüdisch aus; man konnte sie auch für eine polnische Bäuerin halten. All die Jahre schaute sie hin und wieder bei Maria vorbei, um ihre Tochter zu sehen. Erna wagte es nicht, Maria zu erzählen, daß sie Marysias Mutter ist, denn sie befürchtete, Maria würde sie beide hinauswerfen. Statt dessen gab sie sich als Marysias Tante aus. Und zu ihrer Überraschung erbot sich Maria, sie zu beherbergen, wann immer sie ihre Nichte sehen wollte – obwohl das für Maria eine zusätzliche Gefahr bedeutete.

Nach dem Krieg enthüllte Marysias Mutter ihre wahre Identität. Sie erzählte Maria, ihr Mann habe das Konzentrationslager überlebt, und nun wolle das wieder vereinigte Ehepaar ihr Kind zurückhaben. Maria schenkte der Frau keinen Glauben und weigerte sich, das Kind herauszugeben. Der Streit über das Sorgerecht für Marysia schleppte sich durch die Instanzen. Schließlich befand das Gericht, daß Maria das nunmehr sechsjährige Mädchen an eine Frau übergeben müsse, die für Marysia eine beinahe Fremde war: an seine Mutter.*

Nachdem die RetterInnen sich jahrelang um ihre kleinen Schützlinge gekümmert und sie liebgewonnen hatten, sahen sie nun der schmerzvollen Perspektive entgegen, sich wieder von ihnen trennen zu müssen. Im Vergleich zu diesem tiefgehenden emotionalen Verlust erschien die persönliche Befriedigung, das Leben eines Mitmenschen gerettet und eine gute Tat vollbracht zu haben, als vergleichbar gering. Maria Niemiec, die ihre eigenen Söhne verlassen hatte, um Terry – die Tochter, von der sie stets geträumt hatte – nach Warschau in Sicherheit zu bringen, übergab das Mädchen wieder ihren Eltern, der Familie Licht, und kehrte zu ihrer eigenen Familie zurück. Eine Weile versuchten die Lichts, sich in Polen ein neues Leben aufzubauen. Sie änderten ihren Namen, um ihre jüdische Identität zu verbergen. Aber die Belastung war zu groß, und nach einer Zeit wanderten sie in die Vereinigten Staaten aus. Sie blieben mit der Familie Niemiec in Verbindung und schickten ihnen Päckchen

---

* Zu ähnlichen Fällen in Holland vgl. Verhey 1991

und Arzneimittel, aber sie konnten Maria nie überreden, in die Vereinigten Staaten zu kommen.

Auf manche jüdischen Kinder erhoben jüdische Organisationen Anspruch, die den Auftrag hatten, die Fortdauer des Judentums zu gewährleisten und das jüdische Erbe zu bewahren. Nach der Ermordung von sechs Millionen Juden und Jüdinnen betrachteten sie jüdische Kinder als wertvolles und bedrohtes Gut, denn sie waren für die Regeneration des jüdischen Volkes und den Aufbau der jüdischen Nation in Palästina von entscheidender Bedeutung. Vertreter der *Alijat Hanoar* (Jugend-Alijah), *Vaad Hatzala* (Rettungskomitee) und ähnlicher Organisationen durchkämmten sämtliche Länder, die von den Nazis besetzt gewesen waren, auf der Suche nach jüdischen Waisenkindern, die nach Palästina umgesiedelt werden sollten (Vgl. auch Barsz 1985; N.N. 1986).

Es war für die RetterInnen hart genug, die geliebten Kleinen wieder ihren jüdischen Verwandten zu übergeben, sie aber einer unpersönlichen Organisation zu überlassen, bereitete ihnen besondere Schwierigkeiten. Aart und Johtje Vos wollten nach dem Krieg ein Mädchen adoptieren, das sie bei sich versteckt hatten und dessen Eltern im Krieg umgekommen waren. Die jüdische Gemeinde jedoch hielt an ihrer Politik fest, alle jüdischen Kinder bei ihren RetterInnen abzuholen, so daß das Mädchen, obwohl die Vosens es überaus liebgewonnen hatten, in ein Waisenhaus für jüdische Kinder kam. Aber den Kontakt zu ihrer »jüdischen Tochter«, die sich der Kriegsjahre bei den Vosens als der schönsten ihres Lebens erinnert, hielten sie über all die Jahre aufrecht.

Die erneute Umstellung auf friedliche Verhältnisse war nach den langen Jahren der militärischen Besatzung und der Angst nicht immer leicht. Der Krieg hatte den gewohnten Alltag so lange unterbrochen, daß die Rückkehr zur Normalität – das plötzliche Ende der Sperrstunden und der Verdunkelung, der Bomben und der Verhaftungen – eine größere Umstellung bedeutete. Viele Männer und Frauen, insbesondere die Gefangenen der Konzentrationslager, mußten sich auch körperlich erst einmal erholen. Die Netzwerk-Retterin Anje Roos, die wegen ihrer Beteiligung an der Amsterdam-Aktion, bei der zahlreiche Karteien der Nazis verbrannten, in ein Konzentrationslager gebracht wurde, war während ihrer Inhaftierung an Tuberkulose erkrankt und verbrachte nach der Befreiung zwei Jahre in einem Sanatorium. Obwohl sich ihr Gesundheitszustand besserte, hatte die Tuberkulose sie so sehr geschwächt, daß sie keine Kinder mehr gebären konnte. Der Leiter des Netzwerks Niederlande-Paris, John Weidner, trug als Folge der Folter durch die Nazis eine dauerhafte Sprachstörung davon. Andere RetterInnen, auch der Leiter einer dänischen Untergrundorganisation Svend Aage Holm-Sørensen, blieben aufgrund der brutalen Behandlung in den Konzentrationslagern ihr Leben lang nervös und ängstlich.

Um die körperlichen und seelischen Wunden, die ihnen zugefügt worden waren, zumindest ansatzweise zu heilen, setzten viele RetterInnen – darunter Hermann Gräbe, John Weidner und Anje Roos Geerling – ihre antinazistischen Aktivitäten auch nach dem Krieg fort. John Weidner half der niederländischen Regierung bei der strafrechtlichen Verfolgung von Kriegsverbrechern, während Anje Roos Geerling und Hermann Gräbe den Kommandierenden der alliierten Streitkräfte bei der Identifizierung von Nazis zur Hand gingen und als Zeugen auftraten. Andere RetterInnen sprangen ein, wo immer Not am Mann oder an der Frau war. Aart Vos und Marion van Binsbergen Pritchard kümmerten sich um die Flüchtlinge in den Auffanglagern für *displaced persons.* Gitta Dubro Bauer, endlich befreit von ihrem Doppelleben als Beamtin Nazi-Deutschlands und als Retterin, wurde Journalistin und berichtete für eine ostdeutsche Nachrichtenagentur über die Nürnberger Prozesse.

Aber trotz dieser neuen Aktivitäten und dieses neuerlichen Engagements mußten viele RetterInnen erkennen, daß das Leben im Nachkriegseuropa nicht ihren Vorstellungen entsprach. Die Niederlage des »Dritten Reiches« brachte nicht das demokratische Paradies und das allumfassende Miteinander, das John Weidner und andere sich in ihren Träumen ausgemalt hatten. Entsetzt und angewidert mußte John Weidner mitansehen, wie Nazis und Nazi-Sympathisanten erneut in Machtpositionen gelangten. Innerhalb von wenigen Monaten wurde die neue Weltfriedensordnung, zu deren Verwirklichung er entschlossen war, sein möglichstes beizutragen, ein Opfer nationalistischer Auseinandersetzungen und gruppenegoistischer Zankereien.

Die Welt war auseinandergebombt und wieder zusammengeflickt worden, aber ansonsten schien sich wenig verändert zu haben – mit Ausnahme der RetterInnen selbst. Will Westerweel und Louisa Steenstra waren nun verwitwet. Irmgard von Neuraths einziger Sohn, der in der Schlacht um Leningrad und Narva mitgekämpft hatte, kam mit einer Gehirnverletzung zurück. Der Sohn von Alexander und Mela Roslan war tot. Unzählige RetterInnen hatten ihre Familie, ihre Freunde und ihre Lieben verloren.

Die Erinnerung an Tod und Verderben schlich sich in das Nachkriegsleben ein und behinderte die RetterInnen in ihren Bemühungen, sich ein neues Leben aufzubauen. John Weidner wurde weiterhin von der Erinnerung an seine tote Schwester Gabrielle und andere ermordete MitstreiterInnen heimgesucht. Obwohl er sich mit seinem Textilunternehmen anfangs wieder in Paris niederließ, wurde es schließlich doch zu belastend, in dieser Stadt zu leben, wo er hin und wieder an der Kirche vorbeikam, in der Gabrielle verhaftet worden war. Im Jahre 1958 wanderte er in die Vereinigten Staaten aus und gründete in Pasadena die erfolgreichen *American Dietary Laboratories*.

Andere RetterInnen wurden von ihren Kriegserinnerungen so sehr gequält, daß sie an die Öffentlichkeit traten. Hermann Gräbe sagte bei den Nürnberger Kriegsverbrecherprozessen gegen die Mörder von Dubno und Rovno aus und spürte, wie sich daraufhin eine psychologische Mauer zwischen ihm und seinen Nachbarn und Kollegen erhob. Möglicherweise empfanden sie seine Gegenwart als unausgesprochenen Vorwurf hinsichtlich ihres eigenen Verhaltens während des Krieges. Wie viele andere RetterInnen fühlten sich die Gräbes ihrer Umgebung entfremdet. Sie waren geächtet und wurden belästigt. Zahlreiche Arbeitsmöglichkeiten waren Hermann Gräbe nunmehr verbaut, und da sein Sohn darüber hinaus von anderen Schulkindern bedroht wurde, siedelte er in die Vereinigten Staaten nach San Francisco über. Auch die Vosens emigrierten in die Vereinigten Staaten und ließen sich in Woodstock im US-Staat New York nieder. Da sie schon das Pflegerecht für ihre jüdische Tochter verloren hatten, gab es nichts mehr, was sie emotional an ihr Zuhause in Laren band.

Diejenigen RetterInnen aber, die in ihrer Heimat blieben, waren eine Zeitlang desorientiert und fanden sich nicht mehr zurecht. Im Krieg hatten sie Zielbewußtsein entwickelt und ihr Leben einem umfassenderen Zweck verschrieben. Hitlers Niederlage ließ die Opfer, die sie gebracht hatten, rückblickend zwar als gerechtfertigt erscheinen, beraubte sie aber auch dessen, was der wesentliche Grund ihres Daseins geworden war. Da sie niemanden mehr retten und sich für keine Sache mehr einsetzen konnten, hing ihr Retter-Selbst in der Luft. Die sie versteckt, umsorgt und unter Einsatz ihres Lebens gerettet hatten, waren fort. Zwar blieben einige jüdische Überlebende mit ihren RetterInnen in Verbindung, aber viele andere, die verzweifelt versuchten, ihre eigene Familie wieder aufzubauen und die schreckenerfüllte Vergangenheit zu vergessen, hielten die Beziehung zu ihren RetterInnen nicht aufrecht. Nach dem abrupten Ende einer vielfach intensiven und engen Beziehung fühlten sich viele RetterInnen hilflos und verloren.*

Außer diesem emotionalen Verlust hatten zahlreiche RetterInnen auch finanzielle Einbußen zu beklagen. In Osteuropa verloren die meisten Angehörigen der Oberschicht ihren Reichtum und ihre soziale Stellung. Während des Krieges waren ihre Besitztümer von den Nazis beschlagnahmt worden. Nach dem Krieg enteigneten die Kommunisten, was übriggeblieben war. Auch in Westeuropa hatten wohlhabende RetterInnen harte Zeiten hinter sich. John Stenekes' Bäckerei in Holland wurde von deutschen Soldaten auf dem Rückzug überrannt und zerstört. Wie viele andere, die nichts mehr zu verlieren hatten, wanderten die Stenekes aus und ließen sich in Kanada nieder. Andere gingen in die Vereinigten Staaten oder nach Israel.

Obwohl die RetterInnen vielfältige Verluste zu beklagen hatten, nahmen sich nur wenige Zeit zum Trauern. Sie brannten ihre emotionalen Wunden aus und verdrängten die schmerzhaften Erinnerungen aus ihrem Bewußtsein. Diejenigen, die zurückblickten, wurden von SozialarbeiterInnen und anderen gedrängt, sich nicht mit der Vergangenheit aufzuhalten und mit ihrem Kummer keine Zeit zu verschwenden, sondern sich den Erfordernissen der Gegenwart zu stellen und den Möglichkeiten der Zukunft zuzuwenden. Die überwiegende Mehrheit der RetterInnen mußte dazu freilich nicht erst gedrängt werden. Sie wollte Tod und Zerstörung schnellstmöglich hinter sich lassen und wieder ein normales Leben führen. Die meisten RetterInnen schlossen ihre Vergangenheit daher weg und begruben ihr Retter-Selbst und ihre Kriegserinnerungen, wie sie einst ihre Schützlinge versteckt hatten.

---

* Für die schmerzliche Entfremdung zwischen den RetterInnen und ihren jüdischen Schützlingen war unter anderem auch eine bürokratische Regelung verantwortlich. Um nach dem Krieg von ihrem jeweiligen Heimatland finanzielle Unterstützung zu erhalten, mußten die Überlebenden des Holocaust in Westeuropa nachweisen, daß sie »unter Kälte, Hunger und Unannehmlichkeiten« zu leiden hatten, und waren also gezwungen, ihre RetterInnen um eine entsprechende Bescheinigung zu bitten. Einfache Leute, die diese verwaltungstechnische Notwendigkeit nicht verstanden, fühlten sich durch diese Bitte verletzt.

Doch der Wille zum Vergessen genügte oft nicht. Von Zeit zu Zeit kehrt der unbezähmbare Schrecken dieser Jahre in Alpträumen und wiederholten Angstträumen zurück. Vergangene Ängste treten in unerwarteten Flashbacks erneut an die Oberfläche. Manche RetterInnen leiden an Schlaflosigkeit, erschrecken beim kleinsten Anlaß oder zeigen heftige Reaktionen auf Dinge, die sie an die damalige Zeit erinnern. Medizinische Fachleute, die Vietnam-Veteranen bei ihrer Umstellung auf den zivilen Alltag betreuten, erkennen in diesen Reaktionen Symptome einer posttraumatischen Störung, eine Krankheit, die generell bei traumatisierten Personen auftritt.

Es ist wichtig, daß wir die Auswirkungen des Krieges auf die RetterInnen in ihrer ganzen Tragweite überblicken. Ob sie bedroht, durchsucht, verhört, geschlagen und inhaftiert wurden oder nicht – in jedem Fall waren sie Opfer des Nazi-Terrors. Stefania Podgórska Burzminska in Przemysl, die als Jugendliche dreizehn jüdische Menschen auf dem Boden ihres Häuschens versteckte und umsorgte; Alexander Roslan in Warschau, der für drei jüdische Jungen alles aufs Spiel setzte, was er hatte; und Louisa Steenstra, die einigen Gefangenen in Westerbork Kleidung und Lebensmittel brachte und andere später bei sich aufnahm – sie alle zeigten unterschiedliche Erscheinungsformen einer posttraumatischen Störung. Stefania hatte jahrelang mit ihrer Angst und ihrer Wut zu kämpfen und litt an wiederkehrenden Alpträumen und extremer Nervosität. Alexander schloß seine Gefühle und Erinnerungen weg und verharrte in emotionaler Erstarrung. Louisa wird die Erinnerung an den Tod ihres Mannes und die schrecklichen Begleitumstände nicht mehr los. Sie leidet unter Ängsten, und jedes Gespräch über die Vergangenheit läßt vor ihren Augen das Bild des Hundes entstehen, der ihrem Mann ein Ohr abbiß. Diese RetterInnen müssen für ihr moralisch integeres Verhalten zur Zeit des Holocaust immer noch bezahlen.

Die meisten RetterInnen sind mit den Zusammenhängen der posttraumatischen Störung nicht vertraut. Nur wenige äußerten in den Gesprächen, die ich mit ihnen führte, die Ansicht, der Krieg habe sie traumatisiert. Daß ihr heutiger emotionaler Zustand mit jenen fünfzig Jahre zurückliegenden Ereignissen zusammenhängt, ist ihnen vielfach nicht bewußt. Auch würde es ihr Selbstbild als normale Menschen, die einfach »taten, was richtig war«, beeinträchtigen, wenn sie sich ihr Leid eingestehen würden. Irgendeine Art der Bevorzugung einzufordern – ob als Belohnung für ihre Güte oder aus Sorge um ihr vermeintliches Leiden –, paßt nicht zu ihrem Charakter.

Dabei können sie ihre Erfahrungen aus demselben Grund – ihrer Mitleidsfähigkeit und empathischen Vorstellungskraft – nicht vergessen, der sie damals helfend eingreifen ließ. Bei einem niederländischen Retter stellte sich die Reaktion erst zwanzig Jahre später ein. Im Alter von 69 Jahren begann er plötzlich in Tränen auszubrechen, wenn er aus der Zeitung oder aus dem Fernsehen von hungernden oder leidenden Kindern erfuhr. Darüber hinaus litt er an schrecklichen Krampfanfällen. Dies sowie die Überempfindlichkeit stellen eine späte Reaktion auf die Spannung dar, unter der er so viele Jahre gelebt hatte. Die niederländische Regierung erkannte ihn aufgrund seiner posttraumatischen Störungen als Invaliden an und bewilligte ihm eine Rente.

Aber auch RetterInnen, die sich auf die Normalität anscheinend gut umstellen konnten, mußten ihr zweckgerichtetes Vergessen teuer bezahlen. Indem sie die Vergangenheit verleugneten, begruben sie einen wichtigen Teil ihres Selbst: ihr Retter-Selbst, in dem die beste, ehrenwerteste Seite ihres Wesens zum Ausdruck gekommen war. Es war dieses Retter-Selbst, das Oskar Schindler befähigte, als Industrieller sein Glück zu machen und sich den Nazis gegenüber als aufrichtiger Mensch unaufrichtig zu verhalten, um Leben zu retten. Obwohl er sich auch in der Nachkriegszeit als risikobereiter Geschäftsmann betätigte, sollte er nie wieder solchen Erfolg haben wie unter den Nazis. Es war dieses Retter-Selbst, das dem italienischen Fleischverkäufer Giorgio Perlasca den Mut, den Einfallsreichtum und die Dreistigkeit verlieh, sich selbst zum diplomatischen Vertreter Spaniens zu erklären, wodurch er Hunderten von ungarischen Juden das Leben rettete. Da niemand sein Retter-Selbst anerkannte und niemand seinen unwahrscheinlichen Kriegsgeschichten Glauben schenkte – nicht einmal seine Frau und seine Schwester –, und da er selbst seine schmerzlichen Erinnerungen möglichst schnell vergessen wollte, verkümmerte sein Gemüt. So sehr zweifelte er nach dem Krieg an sich selbst, daß er Schwierigkeiten hatte, selbst einfache Arbeiten auszuführen.

Auch über diesen Verlust ihres Retter-Selbst zu trauern, versäumten zahlreiche RetterInnen. Ich sage ganz bewußt »trauern«. Bei meiner therapeutischen Arbeit mit Überlebenden stellte ich fest, daß der Prozeß des Trauerns für jeden und jede, der oder die sein bzw. ihr damaliges und heutiges Leben zu einer Einheit integrieren will, ein notwendiges

Durchgangsstadium darstellt. Jeder Verlust muß innerlich anerkannt und betrauert werden, bis er schließlich akzeptiert ist und man ihm eine persönliche Bedeutung beilegen kann. Das ist nicht leicht. Trauern kann ein langer, emotional aufreibender Prozeß sein. Es verlangt von den Betroffenen, Tod und Verlust nicht mehr zu verleugnen und sich mit den heftigen Gefühlen auseinanderzusetzen, die sich daran knüpfen. Trauernde durchleben eine Fülle von Gefühlszuständen: Wut, Hilflosigkeit, Schuldgefühle, Niedergeschlagenheit. Sie fühlen sich schuldig und sind zugleich dankbar, noch am Leben zu sein. Sie machen sich Vorwürfe, daß sie nicht mehr getan haben, und sie sind stolz auf das, was sie getan haben. Jeder anerkannte und gefühlte Verlust bereitet neuen Kummer: der Tod der Lieben, das plötzliche Verschwinden anderer Menschen, der Verlust von Idealen, Reichtum und Gesundheit – und schließlich das Verschwinden des Retter-Selbst.

Die überwältigende Mehrzahl der RetterInnen, denen ich im Laufe meiner Arbeit begegnete, hatten sich noch immer nicht vollständig eingestanden, wieviel Angst sie in der Zeit ihrer Rettungsaktivitäten hatten. Mit Blick auf den Prozeß des Trauerns wird dieser Sachverhalt als »Verleugnung« bezeichnet. Zahlreiche RetterInnen gaben die Hoffnung auf, ihre Erfahrungen jemals in ihrer ganzen Tragweite vermitteln zu können, und sprachen daher kaum mit irgend jemandem darüber, nicht einmal mit ihren Kindern. »Du willst vergessen und machst dir vor, es sei nie geschehen«, sagte mir Esther Warmerdam, die jugendliche Retterin, deren Eltern mehr als 200 Juden und Jüdinnen vor dem Tod bewahrten. »Du schiebst das in deinen Hinterkopf.«

Durch leise Andeutungen gelang es mir häufig, die RetterInnen, mit denen ich sprach, von einem Stadium der Trauer zum nächsten zu führen. Meine Fragen nötigten sie, sich mit den heftigen Gefühlen auseinanderzusetzen, die die Kriegszeit in ihnen wachrief und die dafür verantwortlich waren, daß sie ihre Erinnerungen verdrängten. Viele sahen dem Gespräch anfangs mit gemischten Gefühlen entgegen. Bei meinen Gesprächen mit Ehepaaren stellte ich fest, daß der emotional weniger anfällige Partner beschützend eingriff und alle Fragen beantwortete, bei denen der andere in Tränen ausgebrochen wäre. Alex Roslans Frau Mela zum Beispiel wich während unserer Unterhaltung keinen Augenblick von der Seite ihres Mannes. Sie mag es nicht, wenn ihr Mann über den Krieg spricht. Sie sagt, er rege sich dann immer so auf und bekomme hohen Blutdruck.

Aber in den meisten Fällen fanden es die RetterInnen heilsam, mit einer außenstehenden Person über ihr Handeln während des Krieges zu sprechen. Davor war ihnen gar nicht bewußt, auf welch vielfältige Weise ihre Kriegserlebnisse ihr Gefühlsleben beherrschen. Indem sie darüber sprachen, konnten sie ihre Gefühle wieder mit lang verdrängten, aber nicht vergessenen Ereignissen in Zusammenhang bringen. Sie gelangten zu einem neuen Verständnis ihrer Person und zu neuer Integrität.

Für viele war unser Gespräch das erste Mal, daß sie ihre Geschichte erzählten. Ganz sicher war es das erste Mal, daß jemand versuchte, ihre Rettungsaktivitäten auf Einflüsse aus ihrer Kindheit vor dem Krieg zurückzuführen. Langsam begannen sie, sich in einem anderen Licht zu sehen. Hiltgunt Zassenhaus – die deutsche Dolmetscherin, die politische Gefangene aus Norwegen und Dänemark rettete – entwickelte, wie sie mir sagte, durch meine Fragen zu ihrer frühen Kindheit, zu den Wertvorstellungen ihrer Eltern und zu ihrem derzeitigen Leben ein besseres Gefühl für ihre eigene Komplexität. Als Verfasserin eines Buches, in dem sie ihre Kriegserlebnisse schildert, war sie Gegenstand einer Reihe von Zeitschriftenartikeln. Aber durch meine Fragen erkannte sie, daß ihre Rettungsaktivitäten kein punktuelles, durch die fürchterlichen Kriegsumstände bedingtes Verhalten war, sondern mit ihrem vorherigen und jetzigen Wesen eine stimmige Einheit bilden.

Die seither verstrichene Zeit und das vorgerückte Alter der RetterInnen trugen ebenfalls dazu bei, ihr Schweigen zu brechen. Mit den Jahren wurde es für sie immer schwieriger, der Auseinandersetzung mit den eigenen Kriegserfahrungen aus dem Weg zu gehen. Das Alter zwingt sie, sich ihr bisheriges Leben zu vergegenwärtigen und der Vergangenheit einen Sinn abzugewinnen, anstatt in die Zukunft zu blicken und Pläne zu schmieden. In der Begrifflichkeit des Psychoanalytikers Erik Erikson durchlaufen sie die letzten beiden Entwicklungsstadien des Lebens: »Generativität vs. Selbst-Abkapselung« und »Ich-Integrität vs. Verzweiflung«.

Erikson zufolge verspüren Männer und Frauen in vorgerücktem Alter den natürlichen Wunsch, die Einsichten, die sie aus ihren Erfahrungen gewonnen haben, an andere weiterzugeben. Sie haben ein langes Leben hinter sich, viele Erfahrungen gesammelt und wollen nun, daß ihre Fehlschläge und Erfolge ihren Kindern und Enkeln ein Wegweiser seien. Das Ergebnis ist, was Erikson als »Generativität« bezeichnet, ein später Ausbruch von Produktivität und Kreativität.

Anhand von Eriksons Entwicklungstheorie läßt sich weitgehend erklären, warum die RetterInnen gerade jetzt über jene Ereignisse und ihre damaligen Aktivitäten sprechen. Die Zeit hat ihre Neigung zur Schweigsamkeit geschwächt, und das Alter drängt sie zur Tat. Die Energie, mit der sie ihre Gefühle vormals verdrängten, wird nun in eine konstruktive Richtung gelenkt. Zur Generativität der RetterInnen gehört, daß sie ihre Memoiren schreiben, erstmals öffentlich über ihre Aktivitäten während des Krieges sprechen und sorgfältige dokumentarische Arbeit leisten. Als ich von der jugendlichen Retterin Hetty Dutihl Voûte das letzte Mal hörte, stellte sie gerade eine Namensliste der im Konzentrationslager Vught umgekommenen Kinder zusammen, die an einer Mauer des dortigen Krematoriums angebracht werden soll. (Das Krematorium von Vught dient in den Niederlanden als Denkmal und Gedächtnisstätte an den Holocaust.)

Aber es geht um mehr als nur den selbstlosen Wunsch, die nachfolgenden Generationen anzuleiten. In Eriksons abschließendem Entwicklungsstadium geht es um »Ich-Integrität vs. Verzweiflung«. Nach Eriksons Entwicklungsmodell versucht der Mensch in diesem letzten Lebensstadium, mit sich ins reine zu kommen, sich selbst zu verstehen und zu akzeptieren (Erikson 1971). Zahlreiche RetterInnen haben die abschließende, heilende Phase des Trauerns erreicht. In diesem letzten Abschnitt versuchen sie, der Vergangenheit einen Sinn abzugewinnen. Sie verleugnen ihre Rettungsaktivitäten nicht mehr, sie haben sich mit dem, was sie verloren haben, auseinandergesetzt und abgefunden, und sie haben ihr Retter-Selbst in ihr Wesen integriert.

Wie die RetterInnen diese Arbeit im einzelnen leisteten, hing nicht nur von den Umständen ihres Lebens nach dem Krieg ab, sondern auch von ihrem Motivationstypus. Emotional-moralische RetterInnen vollzogen die Umstellung und Integration ihres Retter-Selbst in ihr Nachkriegsleben auf eine andere Weise als Judeophile oder Netzwerk-RetterInnen. Diejenigen, die wie die Netzwerk-RetterInnen oder die einer kirchlichen Gruppe angehörigen religiös-moralischen RetterInnen, mit anderen über ihre Erfahrungen sprechen konnten, kamen am besten zurecht. Die emotional-moralischen und die jugendlichen RetterInnen hingegen litten mit größerer Wahrscheinlichkeit an posttraumatischen Störungen. Das Gefühl der eigenen Verletzbarkeit in Verbindung mit der Angst, die geheimen Aktivitäten ihrer Familie auszuplaudern, verurteilten viele jugendliche RetterInnen zu einem Leben voller Mißtrauen und Alpträume.

Je nach Gruppenzugehörigkeit integrierten die RetterInnen ihr Retter-Selbst auf je spezifische Weise in ihr Nachkriegsleben. Moralisch motivierte RetterInnen wie Irene Gut Opdyke und Aart Vos setzten ihren Altruismus weiterhin auf sehr direkte und persönliche Weise um. Die Vosens adoptierten, nachdem sie sich in Woodstock niedergelassen hatten, ein Kind und gründeten ein Heim für Kinder. Später führten sie auf ihrer Farm internationale Ferienlager für Stadtkinder durch, wo gearbeitet und gespielt wurde. Durch diese Aktivitäten konnten sie den Verlust des kleinen jüdischen Mädchens, das sie so sehr liebten, aber nicht adoptieren konnten, leichter verschmerzen. Aus gesundheitlichen Gründen mußten die Vosens das Ferienlager schließen; sie sind aber immer noch anderweitig sozial engagiert.

Andere moralisch motivierte RetterInnen benötigten eine beträchtliche Zeitspanne, um sich vom Krieg zu erholen. Manchen blieb eine wirkliche Heilung für immer versagt. Wendelgard von Stadens Mutter Irmgard von Neurath war von dem Schrecken, den die Nazis ausgelöst hatten, völlig zerstört und verlor das Vertrauen in ihre Landsleute und in ihr Land. Anfang der 50er Jahre verkauften die Neuraths ihr Anwesen. Irmgards Mann starb 1960, sie selbst fünf Jahre später.

Irene Gut Opdyke entging diesem Schicksal, indem sie alles hinter sich ließ, was sie an Tod und Zerstörung erinnerte. Sie wanderte in die Vereinigten Staaten aus und baute sich ein neues Leben auf. Irene heiratete einen Offizier der US-Armee, den sie in einem Auffanglager für *displaced persons* in Europa flüchtig kennengelernt hatte und in New York wieder traf. Nach ihrer Heirat zogen sie nach Kalifornien, wo sich Irene als Innenarchitektin betätigte. »Ich hängte vor meine Erinnerungen ein Schild mit der Aufschrift ›Bitte nicht stören!‹«, erzählte sie mir. Doch ihr Retter-Selbst ließ sich nicht völlig verleugnen. Sie nahm eine blinde Frau, mit der sie sich anfreundete, bei sich zu Hause auf und kümmerte sich um ihre neue Mitbewohnerin bis zu deren Tod Jahre später.

Als Irene 1975 von einer Neo-Nazi-Gruppe, die die Lüge verbreitete, der Holocaust habe nie stattgefunden, einen Brief erhielt, erwachte sie aus ihrem selbstverordneten Schlummer. Die Verleugnung all dessen, was sie gesehen und durchgemacht hatte, erregte Irenes Zorn und veranlaßte sie, in Angriff zu nehmen, was ihr Lebenswerk werden sollte. Fortan widmete sie sich der Aufgabe, Vorträge über den Holocaust zu halten und ihre ZuhörerInnen zu ermutigen, allen Menschen mit Liebe und Verständnis zu begegnen. Irene meint dazu: »Das ist meine Mission!« Und fügt hinzu: »Insbesondere möchte ich die Jugend dazu erziehen. Mit jedem Jugendlichen, den ich erreiche und verändere, leiste ich einen Beitrag zur Veränderung der ganzen Menschheit.« Sie zeigte mir Hunderte von Briefen, in denen Schulkinder ihrem Erstaunen Ausdruck verleihen, daß eine 70jährige Großmutter sie so berühren konnte, und daß sie nach ihrem Vortrag den Mut fanden, mit ihren eigenen Problemen fertig zu werden.

Die religiös-moralischen RetterInnen hatten am wenigsten Schwierigkeiten, ihr Retter-Selbst in ihr Nachkriegsleben zu integrieren. Sie lebten weiterhin nach den christlichen Grundsätzen der Nächstenliebe und der Barmherzigkeit, nach denen sie auch schon während des Krieges gehandelt hatten. Ungeachtet der Anfeindungen seitens des kommunistischen Regimes in Polen predigte Pater Stanislaw Falkowski weiterhin seine antisemitisch eingefärbte christliche Lehre. (Dank Pater Falkowski konnte Joseph Kutrzeba – der jüdische Junge, um den er sich gekümmert hatte – nach Deutschland auswandern, wo viele polnische Arbeiter lebten und er daher eher die Möglichkeit hatte, anonym zu bleiben. Schließlich siedelte er in die Vereinigten Staaten über, wo er sich als Radioproduzent für die Vereinten Nationen einen Namen machte und sich darüber hinaus als Produzent und Regisseur von Filmen, Theaterstücken und Fernsehsendungen betätigte.) Im Jahre 1950 zog Pater Falkowski durch seine unverblümten Predigten die Aufmerksamkeit der polnischen Geheimpolizei auf sich und wurde noch im selben Jahr verhaftet, weil – so die Anklageschrift – er das Gerücht verbreitet habe, die Kirche werde von dem kommunistischen Regime verfolgt. (Pater Falkowski wurde angeklagt, er werfe »denen, die dem Fortschritt und dem Sozialismus entgegenmarschieren, Knüppel zwischen die Beine«, wie sich das Gericht ausdrückte.) Während all der Jahre – auch als Pater Falkowski eine zweijährige Gefängnisstrafe verbüßte – blieb Joseph mit ihm in engem Kontakt und unterstützte seine Mutter mit Briefen und Geschenken. Später bekam Pater Falkowski wegen seiner unverblümten Äußerungen auch mit den polnischen Kirchenoberen Ärger. Aber Joseph konnte die Angelegenheit durch ein Schreiben an den Primus von Polen, Kardinal Stefan Wyszyński, in dem er sich für seinen Retter einsetzte, wieder einrenken. Es war einer der seltenen Fälle, in denen der Gerettete die ihm zuteil gewordene Hilfe in einem gewissen Maße erwidern konnte. »Ich verdanke dir, daß ich mein geistliches

Leben weiterführen darf«, schrieb ein dankbarer Pater Falkowski an Joseph.*

Mit seinem Antisemitismus ist Pater Falkowski unter den religiös-moralisch motivierten RetterInnen eher ein Einzelfall; in seiner Art, die christlichen Grundsätze ernst zu nehmen, dagegen keineswegs. Die religiösen RetterInnen hielten eisern an den christlichen Glaubensvorstellungen fest und ließen sich nicht beirren, ihnen gemäß zu handeln. Der Pastor von Le Chambon André Trocmé und seine Frau Magda gründeten das »Haus der Versöhnung«, eine internationale Organisation mit Sitz in Versailles, die sich der Aufgabe widmet, das gegenseitige Verständnis zwischen Menschen unterschiedlicher Auffassungen zu fördern. Wenn Magda Trocmé auf ihre Aktivitäten während des Krieges zurückblickt, hat sie den Eindruck, daß um ihr altruistisches Verhalten zu viel Aufhebens gemacht wird. Sie hat das Gefühl, daß man ihr zu viel Aufmerksamkeit schenkt.

Anderen RetterInnen hingegen bedeutet es sehr viel, daß sie Juden und Jüdinnen gerettet haben. Die Judeophilen fühlen sich den Menschen jüdischen Glaubens weiterhin eng verbunden. Ein wesentlicher Bestandteil ihrer Identität beruht auf dieser besonderen Beziehung. Die Freundschaften zu jüdischen Menschen, die sich vor oder während des Krieges entwickelt hatten, spielten in ihrem Leben auch nach dem Krieg eine wichtige Rolle. Miep Gies und ihr Mann sollten in der ganzen Welt dafür bekannt werden, daß sie Anne Frank versteckt hatten, und Oskar Schindler sollte nur unter seinen ehemaligen FabrikarbeiterInnen emotionale und finanzielle Sicherheit finden.

Oskar Schindler war bei seinen ArbeiterInnen geblieben, bis der letzte SS-Mann abgezogen war. Anschließend hatte er sich auf den Weg nach Westen gemacht, einer düsteren Nachkriegsexistenz entgegen, die einzig durch die Freundschaft zu seinen früheren Schützlingen erträglich wurde. Ihres nobleren Zwecks entkleidet, schlugen Schindlers geschäftliche Unternehmungen sämtlich fehl. Die Biberrattenzucht, die er mit den 15000 Dollar aufzog, die er vom *Jewish Joint Distribution Committee*

---

* Die Geschichte der 50jährigen Freundschaft zwischen Pater Stanislaw Falkowski und Joseph Kutrzeba wird in dem Dokumentarfilm von Jeff Kamen, Jonathan L. Kessler und Joseph S. Kutrzeba *Messengers of hope: The hidden children of the Holocaust* geschildert.

als Auszeichnung bekam, ging bankrott. Sein Zementunternehmen brach schon bald zusammen.

Im Jahre 1961 besuchte Schindler auf Einladung einiger seiner früheren ArbeiterInnen zum erstenmal Israel. Als er das Flugzeug verließ, wurde er von zweihundert Menschen – seinen ehemaligen jüdischen ArbeiterInnen und deren Kindern und Enkeln – begrüßt und wie ein Held empfangen. Sowohl in Israel als auch zu Hause in Frankfurt erschienen Zeitungs- und Zeitschriftenartikel über sein mutiges Engagement während des Krieges. Diese Öffentlichkeit stürzte Schindler in eine schizophrene Situation. In Tel Aviv wurde er auf den Straßen als Held gefeiert; in Frankfurt, wo er lebte, wurde er verhöhnt und mit Steinen beworfen. Im Jahre 1963 versetzte er einem Fabrikarbeiter einen Faustschlag, weil er von ihm als »Judenküsser« betitelt wurde. Der Mann erhob Strafanzeige wegen Körperverletzung, und der örtliche Richter hielt Schindler eine Predigt und verurteilte ihn zur Zahlung von Schmerzensgeld.

Wegen dieser Demütigungen war Schindler mehr und mehr auf die Überlebenden des Holocaust angewiesen. Den Rest seines Lebens verbrachte er jedes Jahr einige Monate mit ihnen. Im Oktober 1974 holte ihn seine jahrelange Trinksucht ein; er starb an Leberzirrhose. Man begrub ihn auf dem katholischen Friedhof auf dem Berg Zion in Jerusalem. Mehr als 400 »Schindler-Juden« mit ihren Familien begleiteten ihn zu seiner letzten Ruhestätte.

Wie Schindler klammerten sich auch andere Judeophile an ihre ehemaligen Schützlinge, und manche heirateten sie. Die polnische Retterin Walentyna Zak und die Berlinerin Gitta Dubro Bauer fühlten sich den Juden so verbunden, daß sie später jüdische Männer heirateten.

Diese Ehen gingen nicht immer gut. Wie Jean Kowalyk erfahren sollte, sind Dankbarkeit seitens des Schützlings und eigenes Mißtrauen gegenüber Nichtjuden allein keine ausreichende Grundlage für eine Ehe. Nachdem sie Dr. Berger den Weg nach Kanada – wo sie sich zunächst eine Zeitlang als Näherin durchschlug – und später in die Vereinigten Staaten geebnet hatte, verließ er sie. Es war ein Alptraum. Allein und mittellos war sie nun in New York. Ratlos setzte sie sich auf eine Parkbank. Wie es der Zufall wollte, saß neben ihr eine polnische Jüdin, eine Überlebende des Holocaust, die ihr riet, bei der *Hebrew Imigrant Aid Society* vorzusprechen und ihre Geschichte zu erzählen. Die Gesellschaft aber lehnte das Hilfegesuch ab, weil sie – wie ein Mitarbeiter erklärte –

satzungsgemäß nur Juden und Jüdinnen helfen dürfe. Doch Jean Kowalyk ließ sich nicht unterkriegen. Sie fand ein Zimmer in der 148sten Straße und in der 72sten eine Stelle als Näherin. Um die paar Groschen für die U-Bahn zu sparen, ging sie den 76 Häuserblocks langen Weg jeden Tag zu Fuß hin und zurück. Das Ersparte schickte sie ihrer Familie im heutigen Rußland.

Der Treubruch ihres Mannes konnte ihre Judeophilie ebensowenig erschüttern wie ihre Barmherzigkeit. Nach Jahren harter Arbeit nahm sie mit den anderen von ihr geretteten, nunmehr in Israel lebenden Juden und Jüdinnen wieder Kontakt auf und flog 1985 nach Israel, um die Ehrung durch Yad Vashem entgegenzunehmen. Obwohl es ihr Schwierigkeiten bereitet, längere Zeit auf den Beinen zu bleiben, spricht sie vor Jugendlichen oft über ihre Kriegserlebnisse. Sie hofft, daß die Jugendlichen aus ihren Vorträgen lernen, daß es entscheidend sein kann, wenn eine Person nach ihren Überzeugungen handelt.

Nach dem Krieg wanderten mehr als 50 RetterInnen nach Israel aus, entweder mit den Kindern, die sie retteten, oder mit ihrem jüdischen Ehepartner, oder auch weil sie unter dem jüdischen Volk leben wollten. Einander unbekannt, führten sie als Christen oder Konvertiten ein mühseliges Leben. Da sie nicht als Juden geboren waren, hatten sie keinen vollen Anspruch auf die staatlichen Sozialleistungen und Rentenzahlungen. Viele lebten in Armut, einige wurden verfolgt. Amfian Gerasimov – der lettische Postbote, der den Eingekesselten des Ghettos von Riga half – trat aus diesem Grund zum Judentum über, obwohl er noch immer an Jesus Christus glaubte. Im Jahre 1976 ließ er sich mit seinem Sohn in Israel nieder, um unter dem Volk zu leben, mit dem er sich auch als Sabbatfeierer eng verbunden fühlte. Seine Nachbarn behandelten ihn wie einen Ausgestoßenen, und eines Tages wurde er nach dem Sabbat-Gottesdienst von Kindern mit Steinen beworfen. Schließlich fand er eine Synagoge, die seinen Glaubensvorstellungen Verständnis entgegenbrachte, und so konnte er sich kurz vor seinem Tod endlich zu Hause fühlen.

Im Jahre 1985 informierte das israelische Fernsehmagazin *Kolbotek* die Öffentlichkeit über die schlimme Lage der in Israel lebenden RetterInnen. Die Sendung löste einen allgemeinen Schock aus. Im Eilverfahren brachte die Regierung einen Antrag auf Einrichtung eines Sonderfonds für RetterInnen durch das Parlament und beschloß die Gründung eines Hilfswerks, das den RetterInnen die Möglichkeit bietet, einander kennenzulernen, Anerkennung zu finden, das Land zu bereisen und Vorträge zu halten. Vierzig Jahre nach ihren Taten werden die RetterInnen in ihrer Wahlheimat geehrt.

Die RetterInnen, die aus beruflichen Gründen gehandelt hatten, fanden den nahtlosesten Übergang ins bürgerliche Leben, wobei die Diplomaten einen Sonderfall bilden. Diejenigen, die während des Krieges als SozialarbeiterInnen, Krankenschwestern, Ärzte und Ärztinnen, LehrerInnen oder PsychologInnen tätig waren, übten ihren Beruf auch weiterhin wie gewohnt aus. Ihre berufliche Identität, zu der auch ihr Retter-Selbst gehörte, blieb nach wie vor intakt. Der Krieg hatte an ihren Berufsaussichten nichts geändert. Sie halfen den Menschen weiterhin auf ihre gewohnte Art und Weise. Jopie D. – die niederländische Psychoanalytikerin, die eine Jüdin als Haushaltsgehilfin eingestellt und sie gegen Ende des Krieges fortgeschickt hatte – verhielt sich ihren Patienten gegenüber genauso distanziert wie gegenüber ihrem Schützling. Der Zufall führte sie nach dem Krieg noch einmal zusammen, aber die Überlebende empfand und zeigte keinerlei Dankbarkeit. Das war eigentlich auch nicht nötig, denn Jopie D. hatte sich einer persönlichen Beziehung stets verweigert.

Während sich die von Berufs wegen motivierten HelferInnen im allgemeinen problemlos auf das Nachkriegsleben umstellen konnten, bildeten die Diplomaten in dieser Hinsicht eine tragische Ausnahme. Sempo Sugihara und Aristides de Sousa Mendes wurden, weil sie den Weisungen ihrer Regierung zuwiderhandelten, mit Schimpf und Schande aus dem diplomatischen Dienst entlassen und von ihren Landsleuten geächtet. Raoul Wallenberg wurde von den russischen Befreiern als Spion verhaftet und ins Gefängnis geworfen. Von ihm fehlt jede Spur.

Während das Fehlen einer persönlichen Beziehung zu ihren Schützlingen für die Menschen in helfenden Berufen kein Problem bildete, erschwerte dieser Umstand manchen Netzwerk-RetterInnen wie zum Beispiel dem Dänen Svend Aage Holm-Sørensen die Integration ihres Retter-Selbst in ihr Nachkriegsleben. Der Leiter des dänischen Widerstands lernte die Juden und Jüdinnen, an deren Rettung er mitgewirkt hatte, nie kennen. Während des Krieges war eine persönliche Bekanntschaft nicht nötig, ja nicht einmal wünschenswert. Wichtig und entscheidend war für Svend und andere Netzwerk-RetterInnen einzig und allein, daß sie mit ihren Überzeugungen und Gefühlen nicht allein waren. Sie wußten, daß es noch andere gab, die die Nazis ebenso haßten und bereit waren, ihr Leben und das ihrer Familien aufs Spiel zu setzen, um die Nazis zu besiegen.

Wer das Glück hatte, andere Mitglieder aus seiner Gruppe zu kennen, konnte sich mit ihnen nach dem Krieg über die gemeinsame Vergangenheit austauschen. Die Möglichkeit, mit Menschen zu reden, die ähnliche Erfahrungen gemacht hatten, war von entscheidender Bedeutung, um schmerzliche Erinnerungen bearbeiten und fortdauernde Angstzustände überwinden zu können. Sie hatten nicht mehr das Gefühl Neurotiker zu sein, weil sie sich für die Taten ihres Landes schämten oder sich schuldig fühlten, damals nicht mehr getan zu haben. Indem sie über alles sprachen, was sie zuvor geheimhalten mußten, lernten sie die damaligen Ereignisse zu akzeptieren. Ihr Retter-Selbst sah sich bestätigt und wurde in dieser Gemeinschaft Teil eines kollektiven Bewußtseins.

Andere Netzwerk-RetterInnen hatten nach dem Krieg nicht die Möglichkeit, sich mit anderen auszutauschen. Sie wußten über die anderen Guppenmitglieder nicht genügend Bescheid, um Verbindung mit ihnen aufnehmen zu können. Das Zusammengehörigkeitsgefühl angesichts einer gemeinsamen Gefahr löste sich auf, und die einstigen Freunde verloren einander aus den Augen. Svend Aage Holm-Sørensen kam aus den verschiedenen Konzentrationslagern, in denen er inhaftiert gewesen war, als nervliches Wrack zurück, als Opfer einer posttraumatischen Störung. Aber da das damals niemand diagnostizierte, mußte er allein damit fertig werden. So lebte er unter den Dänen, die ihn damals bei der Gestapo denunziert hatten.

Die meisten Netzwerk-RetterInnen waren weiterhin politisch aktiv. Dieselben politischen Überzeugungen, die sie in Opposition zu Hitler gebracht hatten, veranlaßten sie, auch andere Unterdrückerregimes zu bekämpfen. In der Tschechoslowakei und anderen osteuropäischen Ländern bildeten sich im Untergrund Oppositionsgruppen, die den Kampf gegen das neue Regime aufnahmen. In anderen Ländern engagierten sich die ehemaligen Netzwerk-RetterInnen zum Beispiel gegen die atomare Aufrüstung und den Hunger in der Welt. Anje Roos Geerling demonstrierte gegen den Vietnam-Krieg und Nuklearwaffen. Darüber hinaus unterhält sie mit einem Patenkind in Kenia und einem in Honduras einen Briefwechsel und unterstützt sie finanziell.

Von allen RetterInnen, mit denen ich sprach, hatten die Kinder und Jugendlichen offensichtlich die größten Probleme, ihr Retter-Selbst und ihre Kriegserlebnisse in ihr jetziges Leben zu integrieren. Die meisten waren damals *nicht* zu jung, um zu verstehen, wie gefährlich es war, Juden zu beherbergen, und hatten daher ständig Angst, entdeckt zu werden. Und dennoch sind ihre Opfer und ihr Beitrag zu den elterlichen Rettungsbemühungen nur selten erwähnt worden. Manche Eltern verhielten sich so, als hätten ihre Kinder an ihren Rettungsaktionen keinen Anteil gehabt, da sie sonst anerkannt hätten, wie unbekümmert sie die Sicherheit ihrer eigenen Kinder vernachlässigt hatten. Andere litten unter Schuldgefühlen, wenn ihre Kinder nachts aus Alpträumen aufwachten.

Die meisten Kinder behielten die ihnen während des Krieges anerzogene Gewohnheit, alles geheimzuhalten, bei. Das hinderte sie, das Thema ihren Eltern gegenüber anzusprechen und in der Adoleszenz intime Beziehungen einzugehen. Für einen Großteil der Kinder und Jugendlichen war das Thema zu gefühlsbeladen, als daß sie darüber sprechen konnten. Wie Esther Warmerdam waren viele jugendliche RetterInnen auf ihre altruistischen Eltern einerseits stolz, andererseits aber auch entsetzt, mit welcher Sorglosigkeit sie das Leben ihrer Kinder aufs Spiel gesetzt hatten – noch dazu für fremde Menschen.

Schließlich aber akzeptierten die meisten jugendlichen RetterInnen das damalige Verhalten ihrer Eltern und verstanden, warum sie die Sicherheit ihrer Kinder hintangestellt hatten. Es fiel ihnen leichter, die Handlungsweise ihrer Eltern zu verstehen, wenn ihr Beitrag vor einem Familienangehörigen, einem Überlebenden oder einer Organisation Anerkennung fand. Als ich Jerzy Niemiec befragte – der mit drei Brüdern allein zurückblieb, als seine Mutter mit Terry Hals über Kopf an einen sichereren Ort zog –, war ich erstaunt, daß ihn das Verhalten seiner Mutter in keiner Weise eifersüchtig oder wütend machte. Natürlich lag dieses Ereignis zum Zeitpunkt unseres Gesprächs mehr als vierzig Jahre zurück, und aus dem Jungen war mittlerweile ein Anglistik-Professor geworden. Wie schrecklich Jerzy diese Zeit auch empfunden haben mag, er hat seine Angst längst verwunden und freut sich über Terrys Rettung, an der auch er beteiligt war. Zum Zeitpunkt unseres Gesprächs war er gerade bei Terry zu Besuch. Es war sein erster Aufenthalt in den Vereinigten Staaten. Ein Jahr zuvor hatte er Terry mit ihrer Tochter nach Polen eingeladen.

Einer erstaunlich hohen Zahl von jugendlichen RetterInnen war es gelungen, ihre Vergangenheit erfolgreich in ihr jetziges Leben zu integrieren. Die Bestätigung, die sie aus ihren Rettungsaktivitäten zogen, veranlaßte viele von ihnen, einen Helferberuf oder ähnliches zu ergreifen. Nelly Trocmé wurde Lehrerin; Annie P. arbeitete als medizinisch-technische Assistentin; Pania Wywiad wurde Sonderpädagogin für chronisch kranke und behinderte Kinder. Und Helena Podgórska und andere ergriffen den Beruf des Arztes bzw. der Ärztin. Andere jugendliche RetterInnen brauchten dagegen Hilfe, um mit ihrer Vergangenheit fertig zu werden. Auch sie mußten lernen, daß emotionale Verletzungen leichter heilen, wenn man mit Menschen spricht, die ähnliche Erfahrungen hinter sich haben, seien es nun andere jugendliche RetterInnen oder Familienangehörige. Zahlreiche jugendliche RetterInnen waren sich nicht bewußt, daß ihre fortwährende Angst vor intimen Beziehungen sowie ihre Neigung zur Verschlossenheit eine Reaktion auf die Kriegsereignisse darstellten.

Die *Jewish Foundation for Christian Rescuers* und die Gespräche, die ich mit RetterInnen führte, halfen ihnen, sich mit ihrer Vergangenheit auseinanderzusetzen und ihrem Leben einen neuen Sinn zu geben. Sie schreiben, halten Vorträge und dienen der jüngeren Generation als dringend benötigte Vorbilder. Das zu sehen, war ungeheuer befriedigend. Aber welches Gefühl haben die RetterInnen selbst, wenn sie zurückblicken? Hat die innere Befriedigung, die sie aus der Wahrung ihrer persönlichen Integrität und ihrem Widerstand gegenüber einer böswilligen Autorität zogen, den Schmerz gelohnt? Kurzum, war es das alles wert gewesen?

Der dänische Retter Svend Aage Holm-Sørensen und andere haben sich dieselbe Frage gestellt. Im folgenden die Antwort, die Svend mir mitteilte:

> Vor einigen Jahren fuhr ich mit dem Zug zu einem Altherren-Golfturnier in Dänemark. Als der Zug in der Universitätsstadt Roskilde hielt, stiegen drei Mädchen im Alter von sechzehn oder siebzehn Jahren zu. Ungefähr fünf Minuten später fragte mich eines der Mädchen, ob ich Holm-Sørensen hieße! Ich war ziemlich verdutzt, bis mir klar wurde, daß sie meinen Namen auf dem kleinen Schild an meinem Golfsack gelesen hatte. Die nächste Frage brachte mich aber wirklich aus der Fassung.
>
> »Sind Sie der Sørensen, den die Deutschen ins Gefängnis und ins KZ gesteckt haben?«
>
> Ich begann innerlich zu wanken und mir wurde heiß und kalt zugleich. »Ja«, sagte ich, »was wißt ihr denn darüber? Und woher?«
>
> Daraufhin erzählten mir die drei Mädchen Dinge, die mir bekannt

waren, über die ich aber mit meiner Familie nie habe sprechen können. Sie sagten, daß sie in der Schule einen Aufsatz über mich schreiben müssen und ob ich ihnen bitte etwas über diese Zeit erzählen könnte. Bis ich aussteigen mußte, erzählte ich ihnen einiges, aber ich war froh, richtig froh, als ich am Zielort angekommen war.

Später, als ich mich wieder gefaßt hatte, sagte ich mir, wenn sich einige junge Menschen *so* für das Geschehen zwischen 1940 und 1945 interessieren, dann ist es Zeit für mich, meine Geschichte aufzuschreiben. Zeit, meinen Söhnen zu erzählen, wie Liebe, Überzeugung und Wille einem Menschen helfen können, Schmerz und schlechte Zeiten zu überstehen, wenn einem jede Minute wie eine Stunde, jeder Tag wie ein Monat, jeder Monat wie ein Jahr erscheint, wenn du schon froh bist, dir sagen zu können, daß du einen weiteren Tag überstanden hast.

Vor allem sollen meine Söhne – und überhaupt junge Menschen wie die drei Mädchen im Zug – wissen, daß ich das, was ich während der deutschen Besatzungszeit in Dänemark getan habe, trotz allem, was in den KZs mit mir geschehen ist, wieder tun würde.

Ich sage das nicht leicht dahin. Ich habe mich oft gefragt, ob meine Arbeit im Widerstand es wert war, daß ich meine Gesundheit, meine Ehe und zehn Jahre meines Lebens verlor. Denn zehn Jahre dauerte es, bis ich nervlich wieder auf dem Damm war, meine alte Energie wiederhatte und mich wieder ganz meiner Arbeit widmen konnte. War es diese endlosen Nächte wert, in denen ich noch Jahre nach dem Krieg naßgeschwitzt aus schrecklichen Alpträumen erwachte, um mich schlug und schrie. [...] War das, was ich im Widerstand tat, es *wirklich* wert, daß ich das alles im KZ durchmachen mußte? Und würde ich es wieder tun?

Meine Antwort war immer dieselbe: Ja. Weil das Leben ohne Freiheit *nichts* ist. *Niemals, niemals* möchte ich in Haß, Angst und Unterdrückung leben. Und *ja, ja,* ich würde es wieder tun. Wieder und immer wieder.

Epilog

Noch vor sechzig Jahren war der Massenmord an Millionen von Menschen undenkbar. Es brauchte den brutalen Erfindungsreichtum der deutschen Nazis mit ihren Gaskammern, Krematorien und methodisch vorgehenden Todesschwadronen, um der Welt zu zeigen, daß keine Grausamkeit unmöglich ist, wenn Rassenhaß sich der Menschen bemächtigt. Letztendlich besteht darin Hitlers bleibende und schrecklichste Hinterlassenschaft: Nach dem Holocaust ist keine Unmenschlichkeit mehr unvorstellbar, keine Barbarei mehr undenkbar.

In jüngster Vergangenheit waren Juden, Roma und Sinti, Homosexuelle, die Zeugen Jehovas und die Freimaurer Zielscheibe des Hasses. Heute trifft der Haß auch Moslems, Kroaten, Kurden und Araber. Im Moment, da ich das schreibe, metzeln die Serben auf dem Hintergrund alter Feindseligkeiten bosnische Moslems und Kroaten nieder. Auf Befehl ihrer Truppenführer begehen serbische Soldaten im Rahmen einer unentschuldbaren »ethnischen Säuberung« Massenmord und vergewaltigen routinemäßig moslemische Frauen. Daß militärische Befehlshaber solche Aktionen als ein legitimes Mittel der Kriegsführung betrachten, zeigt, wie recht Stanley Milgram mit seiner Behauptung hatte, daß der Konflikt zwischen Gewissen und Autorität in der Natur der Gesellschaft liegt und »wir [...] damit [würden] leben müssen, selbst wenn es Nazideutschland nie gegeben hätte. Wenn man das Problem ausschließlich historisch behandelt, verleiht man ihm eine allzu große, zu Illusionen verleitende Distanz« (Milgram 1982:207).

Doch gibt es nach Hitlers Krieg gegen die Juden in der Welt mehr und anderes als nur verhärteten Zynismus. Denn auch die wenigen Menschen, die damals über sich hinauswuchsen und sich aus Mitgefühl und Menschlichkeit mutig zur rettenden Tat entschlossen, haben uns ein Erbe hinterlassen, das gegenwärtig von anderen fortgeführt wird. Die RetterInnen von heute sind wie ihre VorgängerInnen während des Zweiten

Weltkriegs nicht überlebensgroße Helden, sondern gewöhnliche Leute mit Verantwortungsbewußtsein, die angesichts von Unmenschlichkeit nicht einfach wegsehen.

Eine gleichgelagerte Motivationsstruktur ist aber nicht das einzige, was die moralischen Helden der Vergangenheit und der Gegenwart verbindet. Auch die Faktoren, die bei der Verwandlung eines Zuschauers in einen Retter den Ausschlag geben, sind damals wie heute dieselben: Bewußtwerdung über die ausweglose Lage des Opfers, Empathie und situative Bedingungen, die rettendes Eingreifen ermöglichen. Wie die Holocaust-RetterInnen sind auch die heutigen Vorbilder an moralischem Mut bereit, wahrzunehmen, was andere lieber nicht wissen wollen. Entschlossen – oder wie manche sagen würden: stur – gehen sie der Wahrheit nach, wo immer sie auch hinführen mag.

Nirgends wird das so deutlich wie an der Geschichte von Anja Elisabeth Rosmus, der entschlossenen jungen Frau, die – wie Michael Verhoeven in seinem Film *Das schreckliche Mädchen* darstellt – die BürgerInnen der niederbayerischen Stadt Passau zwang, sich mit ihrer Vergangenheit und sich selbst auseinanderzusetzen. Im Alter von zwanzig Jahren gewann Anja mit einem Aufsatz zum Thema »Private und öffentliche Freiheit in der Politik und Geschichte Europas« 1980 den Geschwister-Scholl-Preis. Erfreut über diese Auszeichnung, nahm sie im folgenden Jahr an einem Aufsatzwettbewerb unter der Schirmherrschaft des deutschen Bundespräsidenten teil. Ihr Thema lautete: »Widerstand und Verfolgung am Beispiel Passaus in den Jahren 1933-1939«.

Sie begann ihre Nachforschungen in der festen Überzeugung, daß es mit der offiziellen Version, die Stadt habe sich – wie die Nachkriegsgeneration in Passau lernte – durch antifaschistische Heldentaten hervorgetan, seine Richtigkeit hatte. »Ich war einfach ein ehrgeiziges Schulmädchen«, erinnert sich Anja in der Fernsehdokumentation *Das Mädchen und die Stadt.* »Ich wollte einen Preis gewinnen und dachte, daß die früheren Widerstandskämpfer und ihre Verwandten mir sicher viel zu erzählen haben.«

Aber von Anbeginn traf Anjas Forschungsvorhaben auf unüberwindliche Hindernisse. Sie konnte über die Juden und Jüdinnen, die in Passau und Umgebung gelebt hatten, keinerlei Dokumente oder Informationen finden. Ob es überhaupt Unterlagen gab? War die gesamte jüdische Bevölkerung etwa vor dem Krieg weggezogen? In den Lokalzeitungen von damals wurden sie mit keinem Wort erwähnt, und die Erinnerungen der Passauer Bürger stellten sich als enttäuschend vage heraus. Da Anja ihr Thema trotz des von ihm ausgehenden Unbehagens nicht wechseln wollte, wandte sie sich in der verzweifelten Hoffnung, doch noch etwas in Erfahrung zu bringen, an das Jüdische Gemeindezentrum in München und bat um die Zusendung von eventuell vorhandenen Unterlagen, das Los der Passauer Juden betreffend. Der Leiter des Zentrums teilte ihr mit, ihm lägen keinerlei Informationen vor; sie solle es doch mit einer Anzeige im *Aufbau,* einer deutschsprachigen jüdischen Zeitschrift, die in New York erscheint und weltweit gelesen wird, versuchen.

Schon bald trafen die ersten Zuschriften ein, und Anja machte sich an die Arbeit, die Einzelinformationen zu einem Gesamtbild zusammenzufügen, das sich ganz anders ausnahm als die Geschichte, die sie in der Schule gelernt hatte. Passaus damaliger Bürgermeister war nicht der heldenhafte Widerstandskämpfer, als der er sich darstellte, sondern ein wohlangesehenes Mitglied der NSDAP. Auch der örtliche Priester, der die Rosmusens getraut hatte, war ein Nazi. Aus den Briefen der Überlebenden – darunter der Passauer Ladenbesitzer Robert Klein – ergab sich das Bild einer Stadt mit stark antisemitischen Tendenzen. Die jüdischen Geschäfte waren beschlagnahmt worden, und die örtliche Bevölkerung hatte den Soldaten bereitwillig geholfen, wenn es darum ging, Juden zu verhaften und zu deportieren. In deutlichem Gegensatz dazu stand das Verhalten von Anjas Großmutter, von dem Anja zuvor nie etwas erfahren hatte. Wie aus den Passauer Zeitungen von damals zu entnehmen war, hatte sie politischen Widerstandskämpfern Unterschlupf gewährt und den Insassen eines Arbeitslagers Lebensmittel zukommen lassen.

In den Briefen, die Anja Rosmus von Passauer Juden und Jüdinnen erhielt, spürte sie den Schmerz eines zerstörten Lebens. Aber Anja verschrieb sich nicht nur der Aufgabe, die Wahrheit aufzudecken, sondern suchte auch Wege und Möglichkeiten, die Vergangenheit wiedergutzumachen. Sie hatte ihre Mission gefunden. Die Gerechtigkeit erfordert es ihrer Ansicht nach, daß sich die Stadt zu ihrer wahren Vergangenheit bekennt und die Verantwortlichen der Deportation der Juden für ihre verbrecherischen Taten zur Rechenschaft zieht. Obwohl Anja wiederholt bedroht wurde, ihr Haus einem Brandanschlag zum Opfer fiel und ihr Ehemann, der ihr Interesse an Passaus Vergangenheit für eine fixe Idee hielt, zunehmend ungehaltener wurde, ließ sie sich von ihrer Mission nicht abbringen. Was sie teuer zu stehen kam. Ihre Ehe wurde geschieden, und die örtliche Universität warf sie hinaus, weil sie ihre Diplomarbeit unbedingt zu genanntem Aufsatzthema schreiben wollte. (Nach fünfjährigem Kampf konnte sich Anja Rosmus jedoch wieder als Studentin einschreiben, während die deutsche Regierung sich in aller Form bei ihr entschuldigte.) Freunde hat sie dadurch nur wenige gewonnen. Als ich sie fragte, ob sie an ihrer Fakultät von irgend jemandem bei ihrer Forschungsarbeit über Passau unterstützt werde, ließ die Antwort an Deutlichkeit nichts zu wünschen übrig: »Nein. Aber ich habe zwei Leute, die nicht gegen mich sind.«

Als Teil ihrer Bemühungen, die Vergangenheit aufzuarbeiten, lädt Anja Rosmus alljährlich einen Passauer Überlebenden ein, als Gast der Stadt ein paar Tage in seiner ehemaligen Heimat zu verbringen – eine Einrichtung, die nun schon Tradition ist. (Anjas erster Ehrengast war der Ladenbesitzer Robert Klein.) Die Veranstaltung dient dem Zweck, die jüngere Generation über die zerstörte jüdische Kultur zu informieren. Darüber hinaus ist der Besuch jedesmal ein geeigneter Anlaß, um in den Medien die Diskussion über die nötige Achtung und Toleranz anderen Kulturen und Religionen gegenüber anzukurbeln und der moralischen Empörung über den derzeitigen Rassismus und Fremdenhaß, dem TürkInnen, Roma und Sinti und andere zum Opfer fallen, Ausdruck zu verleihen.

Andere Menschen zu tolerieren oder vielmehr zu akzeptieren – diese Lektion ist nötiger denn je, nicht nur in Deutschland, sondern auch in anderen Ländern. In Israel zum Beispiel verleitete der israelisch-arabische Konflikt viele Israelis, die Araber nur noch als unversöhnliche Feinde zu betrachten. In ihrer grob vereinfachenden Weltsicht gibt es lediglich den Gegensatz zwischen »uns« und »denen«. Und da wird jeder, der die Dinge anders sieht, ebenfalls zum Feind gestempelt, wie Bella Freund erfahren mußte.

Es war im Juni 1991. Die vierzigjährige orthodoxe Jüdin und Mutter von acht Kindern war auf dem Weg zu einer Verabredung in einem Jerusalemer Einkaufszentrum, als ein großer Tumult ausbrach. Sie hörte, wie jemand »Terroristen!« und »Araber!« schrie und erblickte durch die Menge einen Mann, der von einem Angehörigen des Sicherheitsdienstes am Boden festgehalten wurde. Wie sich herausstellte, hatte der 21jährige moslemische Extremist namens Adnan Al-Afandi einen dreizehnjährigen jüdischen Jungen mit einem Messer angegriffen und leicht verletzt. Freund hörte Schüsse und spürte, daß »etwas Schreckliches bevorstand«. Noch bevor ihr recht klar wurde, was sie tat, warf sie sich auf den Araber, um ihn vor Schaden zu bewahren. Die Menge beschimpfte sie, schlug sie und betitelte sie als »Araber-Liebling« und »Verräterin«. Aber sie blieb, wo sie war, und wartete, bis die Polizei kam und den Mann in Sicherheit brachte.

Auf einmal stand Bella Freund wegen ihrer Tat im Mittelpunkt der Presseöffentlichkeit und einer heftigen Debatte. Die Ehefrauen von Mitgliedern der *Haredim,* einer streng orthodoxen jüdischen Sekte, sollen unterwürfig sein, viele Kinder gebären und in der Öffentlichkeit nicht in Erscheinung treten. Freund hatte nicht nur gegen diese stereotypen Vorstellungen verstoßen, sondern obendrein das Leben eines Mannes gerettet, der die Zerstörung Israels bezweckte. Die Mutter des verwundeten Jungen, Hanna Shahar, machte ihr darüber hinaus Vorwürfe, daß sie einen Mann in Schutz genommen habe, der beinahe zum Mörder geworden wäre.

Die israelische Presse hatte alle Hände voll zu tun. Bella Freund wurde tagelang fast ununterbrochen interviewt. Sie trat mit Hanna Shahar und deren Sohn in der israelischen Fernsehsendung *Konfrontationslinie* auf und diskutierte mit ihnen über den Vorfall. »Ich bin auf diese Frau sehr, sehr wütend, noch wütender als auf den Terroristen«, sagte Hanna Shahar in der Sendung. »Ich würde sie gerne fragen, wie sie sich gefühlt hätte, wenn ihr Sohn mit einem Messer angegriffen worden wäre und ich den Terroristen beschützt hätte?«

Auf die Frage des Moderators Dan Raviv, ob es ihr lieber gewesen wäre, wenn der Mob Al-Afandi umgebracht hätte, gab Shahar zur Antwort: »Da wir keine [Todesstrafe] haben, sagen sich die Leute, daß es an der Zeit ist, das Gesetz selbst in die Hand zu nehmen und diese Menschen zu lynchen, denn so kann es nicht weitergehen.«

Ungläubig und traurig blickt Bella Freund auf diese Erfahrung zurück. »Ich habe diesen Mann beschützt, weil er ein Mensch ist, und mußte feststellen, daß ich mich dafür zu rechtfertigen habe«, wundert sich die moderne Heldin. Als Kind eines Überlebenden des Holocaust wurde Freund in dem Glauben erzogen, daß das menschliche Leben heilig ist. Sie hätte nie gedacht, daß diese Auffassung strittig sein könnte.

Nach meinem Dafürhalten genügt es nicht, Toleranz und Mitgefühl lediglich verbal zu lehren. Werte können nicht in einem Vakuum existieren. Wenn man den Menschen keine Gelegenheit bietet, sich einzumischen und diese Werte praktisch umzusetzen, lösen sich ihre altruistischen Regungen in gute Absichten auf. Die Regierung und die religiösen und sozialen Institutionen müssen Programme auflegen, in deren Rahmen sich die Menschen altruistisch betätigen können. So könnte das US-Kultusministerium festlegen, daß alle College- und High School-StudentInnen einen mehrstündigen Sozialdienst abzuleisten haben, bevor sie ihr Abschlußzeugnis erhalten. Das Finanzministerium könnte die Unternehmen durch steuerliche Anreize dazu bewegen, mehr für die gemeinnützige Arbeit zu tun. Schließlich wäre es vorstellbar, daß die Menschen durch phantasiereiche Maßnahmen entwickeln, was Robert Lifton als »Gattungsselbst« bezeichnet: Menschen, die über den Tellerrand ihrer Nationalität und Rassenzugehörigkeit hinauszudenken vermögen und den anderen als menschliches Wesen annehmen können (Lifton 1987; 1993). Kann sein, daß das nur ein utopisches Trugbild ist, das Hirngespinst einer Holocaust-Forscherin. Aber verlockend ist die Vorstellung dennoch, daß die Menschen auf der Suche nach moralischen Helden eines Tages nur in den Spiegel zu schauen brauchen.

> *Es gibt Sterne, deren Strahlen auf Erden noch sichtbar sind, obgleich sie längst verloschen. Es gibt Menschen, die die Welt mit ihrem Glanz erhellen, obgleich sie nicht mehr unter den Lebenden weilen. Diese Lichter sind am hellsten, wenn die Nacht am finstersten. Sie leuchten der Menschheit den Weg.*
>
> *Hannah Senesh**

---

* Hannah Senesh ist eine Dichterin ungarischer Herkunft, die als Gesandte Palästinas versucht hat, andere Juden und Jüdinnen zu retten. Bei ihrem Absprung mit dem Fallschirm hinter den feindlichen Linien wurde sie von den Deutschen gefangengenommen und im Anschluß zu Tode gefoltert.

Danksagung

Die Arbeit an dieser Untersuchung über die Männer, Frauen und Kinder, die Juden vor dem Holocaust retteten, ließ mich wieder mit Zuversicht an die Zukunft der Menschheit denken. Ich verdanke das den zahlreichen Menschen, die zu diesem Buch beigetragen haben, insbesondere den RetterInnen und Überlebenden, die ich befragt, sowie all denen, die mich in meinem persönlichen und wissenschaftlichen Anliegen, die Wahrung moralischer Integrität angesichts unmenschlicher Verhältnisse zu verstehen, bestärkt haben.

Ohne die Anregungen meines Mentors und Freundes Stephen P. Cohen wäre ich wohl nie Sozialpsychologin geworden, hätte ich diese Arbeit wahrscheinlich nie in Angriff genommen. Steves unermüdliche und kreative Bemühungen, dem Nahen Osten Frieden zu bringen, waren mir bei meiner Arbeit stets Vorbild. Von Stephen Cohen lernte ich, wie wichtig es ist, das, wozu man sich aus Berufung entschieden hat, in das eigene Selbst zu integrieren; eine Erkenntnis, die am Anfang der Reise stand, die zu diesem Buch führte. In kritischen Augenblicken und an entscheidenden Wegkreuzungen waren mir sein Rat und sein Urteil von unschätzbarem Wert.

Es erfüllt mich mit Bedauern, daß John Slawson, der mein anfängliches RetterInnen-Projekt am *Graduate Center of the City University of New York* in Auftrag gab, die Früchte seiner Anregungen nicht mehr genießen kann. Sein Wunsch, die Sozialwissenschaftler mögen aus dem altruistischen Verhalten zur Zeit des Holocaust (für heutige Situationen) ebensoviel lernen wie aus den früheren, von ihm geförderten Studien zu Autorität und Familie, ist auf dem besten Wege, in Erfüllung zu gehen.

Enorm zugute kam meinen Forschungen die Zusammenarbeit mit Judith Kestenberg und dem verstorbenen Milton Kestenberg vom Forschungsprojekt *International Study of Organized Persecution of Children.*

Miltons seltene Gabe, Probleme sowohl von der gesetzlichen als auch von der menschlichen Seite her anzugehen, und Judiths leidenschaftliche Bemühungen um eine psychoanalytische Perspektive waren mir ein Ansporn. Die von unbestechlichem Forscherdrang zeugenden Anregungen der Kestenbergs veranlaßten mich, manches genauer zu durchdenken und präziser zu formulieren. Wo immer sich die Gelegenheit bot, zögerten sie nicht, RetterInnen und deren Kinder zu befragen und Belegmaterial aus dem Polnischen und Deutschen zu übersetzen. Bei ihnen lernte ich, wie fruchtbar kollegiale Zusammenarbeit sein kann.

Stanley Milgram, dem es nicht vergönnt war, die Erscheinung dieses Buchs zu erleben, vermittelte meiner Arbeit Wirklichkeitsnähe und Perspektive. Er wußte um die Stärken und Grenzen der Sozialpsychologie wie auch der Menschen, und er besaß die wunderbare Fähigkeit, seinen StudentInnen und der Wissenschaft das Äußerste zu entlocken. Ich schätzte ihn wegen seines altruistischen Wesens und als den exemplarischen Lehrer, der mir Anleitung gab und mich in meinem Vorhaben stets bestärkte.

Es war mir vergönnt, Charles Kadushin vom *Graduate Center* zum Freund zu gewinnen, dessen Leichtigkeit und Geschick bei der quantitativen Analyse von großen Datenmengen mir von außerordentlichem Nutzen war. Er vermittelte mir die Selbstsicherheit, die ich brauchte, um eine geeignete Methode zur systematischen Analyse meiner Interviews entwickeln zu können. Vor allem gab er mir den Mut, diese furchteinflößende Aufgabe in Angriff zu nehmen, mich auch durch andere Aufgaben nicht davon ablenken zu lassen und genau zu wissen, an welchem Punkt ich aufzuhören hatte. Seine Treffsicherheit bei der Interpretation detaillierter Befunde war mir bei der abschließenden Interpretation meines Materials eine große Hilfe. Ich bin ihm für immer zu Dank verpflichtet, daß er mir half, meine anfänglichen Berührungsängste gegenüber Computern zu überwinden.

Wiederholt kreuzte sich mein Weg mit dem von Robert Jay Lifton. Bob machte mich auf die Nuancen in den Erzählformen aufmerksam und zeigte mir den Wert klinischer Interviews, welche meiner Arbeit schließlich ein ganzheitlicheres Gepräge verliehen. Bob Lifton, der es meisterhaft versteht, seine Gedanken zu vermitteln, half mir, mit Blick auf die Formulierung meiner Wahrnehmungen und Interpretationen den rechten Ton zu finden.

Die Pionierleistungen von Rabbi Harold M. Schulweis – seine intellektuelle Neugier hinsichtlich des Guten und des Bösen ebenso wie seine pragmatische Art, RetterInnen in ihren letzten Lebensjahren beizustehen – verliehen meiner Arbeit neue Dimensionen. Sein führendes Eintreten für *hakarat hatov* (Anerkennung von Güte) als einer persönlichen Pflicht jedes Juden und einer Möglichkeit, das Gute in der Welt zu befördern, veranlaßte mich, mit ihm die *Foundation to Sustain Righteous Gentiles* zu gründen, die später in *Jewish Foundation for Christian Rescuers* umbenannt wurde und von der *Anti-Defamation League* auf Veranlassung ihres Direktors Abraham H. Foxman finanzielle und verwaltungstechnische Unterstützung erhielt. Ich möchte allen, die zum Wachstum und zur Entfaltung dieser Organisation beigetragen haben, recht herzlich danken: E. Robert Goodkind, der drei Jahre den Vorsitz führte, den Vorstandsmitgliedern Harvey Schulweis (derzeitiger Vorsitzender), Henry Ostberg, John Ruskay, Robert Goldman, Frank Morgens, Harvey Sarner, Roman Kent, Fanya Heller, Hadassa Rosensaft, Elaine Merians, Melvin Merians, Linda Bronfman, David Bellin, Melvin Salberg, Jack Salzberg, Jane Silverman, Cynthia Ozick, Leon Wieseltier, Morris Offit, Patricia Laskawy, Jeremy Mack, Judith Stern Peck und anderen, sowie den festen und ehrenamtlichen MitarbeiterInnen Stanlee Stahl, Diana Stein, Ella Tracewicz, Dennis Klein, David Szonyi, Suzie Kaufman, Dick Adler und Kathy Janowitz. Wärmsten Dank auch John Ruskay, der mir in der Anfangsphase mit seinem verwaltungstechnischen Wissen unter die Arme griff. Mein persönlicher Dank gilt Abe Foxman und Charney Bromberg von der *Anti-Defamation League*, deren Unterstützung mir die Fortführung dieses wichtigen Projekts ermöglichte. Besondere Freude bereitete mir die Mitwirkung an der von Gay Block organisierten Ausstellung mit Photographien von RetterInnen, die nun als Wanderausstellung um die Welt geht.

Ohne die anfängliche finanzielle Unterstützung des *John Slawson Fund of the American Jewish Committee* wäre dieses Buch nie zustande gekommen. Die anschließenden Stipendien von der *Memorial Foundation for Jewish Culture* und dem *Rosenthal Institute for Holocaust Studies* an der CUNY gestatteten mir, diese Arbeit weiterzuführen. Wärmsten Dank auch Jerry Hochbaum und Randolph Braham, die mir während all der Jahre zur Seite standen. Für ihre Unterstützung herzlich bedanken möchte ich mich bei Pamela Ween Bromberg, William Frost und den Kuratoren der *Lucius N. Littauer Foundation* sowie bei Viola Bernard von der *Tappanz Foundation*. Meine Anerkennung gilt den Studenten von der *Columbia University*, die mir halfen, das Manuskript für die Veröffentlichung vorzubereiten. Mit Gewinn nahm ich an den Diskussionen im Seminar für Moralerziehung teil.

Zu Dank verpflichtet bin ich auch meinen Freunden und Verwandten, die zum Gelingen dieses Projekts beitrugen: Judith und Milton Kestenberg vom *Child Development Research*, Jeremy und Judith Mack vom *Jeremy and Judith Mack Philanthropic Fund*, Dr. Herman Pineas, Stanley Vine, Isaac Jesin, William Grossman sowie Dorothy und Jay Fagelman.

Ohne die Mitarbeit zahlreicher ehrenamtlicher Helfer, die sich um die Übersetzung von Büchern, Zeitschriftenartikeln, Briefen und vor allem der Interviews verdient gemacht haben, hätte ich mein Vorhaben nicht zu Ende führen können. Mein Dank gilt hier Judith Kestenberg, Milton Kestenberg, Frank Morgens, Maria Morgens, Ella Tracewicz, Herman Pineas, Genia Malecki, Bella Tiberg, Jeremy Mack, Renee Lee, Nusia Shimrat, Dorothy Wallace, Andrea Fiano, Peter Jacobs, Pamela Oline, Kathy Janowitz, Leor Arian, Eva Rosenfeld, Valerie Lewis Wiener, Wlizabeth Fuerst, Viola Wdowinsky, Ingrid Tauber, Aviva Kempner, Gila Fogelman und den Interviewern der *Altruistic Personality Study.*

Für die mühselige Transkription der Interviews danke ich dem *Child Development Research*, Beatrice Mosberg und Barbara Jordan. Mein persönlicher Dank gilt Barbara Jordan, die mir stets mit Rat und Tat zur Seite stand. Annette Insdorf und Aviva Kempner kümmerten sich um die ständig umfangreicher werdende Film-Bibliographie.

Rachel Koenig half mir bei der Bearbeitung der Interviews und assistierte mir, wenn ich RetterInnen wiederholt befragen mußte, um die Verläßlichkeit ihrer Angaben zu erhöhen und fehlende Einzelheiten zu ergänzen. Aber am meisten schätzte ich Rachels begeistertes Engagement für diese Arbeit und die anregenden Diskussionen, die ich mit ihr über einzelne RetterInnen hatte. Sehr zu schätzen wußte ich auch die stundenlangen Diskussionen mit Kathleen Kelly und Harriet Arnone über meine Hypothesen, die Methode und einzelne Fallgeschichten sowie über die Frage, welches Ziel diese Arbeit realistischerweise haben könnte. Meine dankbare Anerkennung gilt der Schriftstellerin Bonnie Gordon, die mir zu Beginn half, meine akademische Sprache in allgemeinverständliche Prosa zu überführen.

Mit Gewinn nutzte ich die Archive des *Institut de Juive*, des *Leo Baeck-Institute*, des *YIVO Institute for Jewish Research*, der Wiener Staatsbibliothek und vor allem des *Yad Vashem-Department of the Righteous.* Insbesondere möchte ich mich hier bei Mordecai Paldiel, dem Richter

Moshe Bejski, Mina Yanco, Shalmi Barmor und Yitzhak Maiz bedanken, die dazu beigetragen haben, daß ich von meinen zahlreichen Studienaufenthalten in Yad Vashem stets mit neuer Begeisterung und neuen Ideen zurückkehrte.

Als ich Charlotte Sheedy bat, mich als Agentin zu vertreten, wußte ich sofort, daß ich an die richtige Person geraten war, so begeistert zeigte sie sich von meiner Arbeit. Ich kann ihr gar nicht genug danken, daß sie in schwierigen Augenblicken stets für mich da war. Auch Ellen Geiger, Charlottes Assistentin, möchte ich hier meine Dankbarkeit ausdrücken.

Meine Anerkennung gilt Mary Bralove, die aus meinem Text ein lesbares Buch gemacht hat. Harriet Arnone, eine liebe Freundin, verstand es, Ordnung in mein Chaos zu bringen. Und Jerome Chanes, mein geliebter Mann, der die englische Sprache beherrscht wie kein anderer, den ich kenne, stand mir bei Formulierungsschwierigkeiten stets zur Seite. Wie viele Baskettballspiele er doch versäumte, um meine Gedanken mit mir zu diskutieren und die Veröffentlichung vorzubereiten. Er ist ein wirklicher Fan von mir, was ich sehr zu schätzen weiß.

Bedanken möchte ich mich auch bei meinen Freunden, die das Manuskript in der Umarbeitungsphase wiederholt lasen und die theoretischen Ausführungen mit mir diskutierten. Besonders dankbar bin ich hier Menachem Rosensaft, der mir sein historisches Wissen zur Verfügung stellte, Otto Klineberg, John Darley, Harriet Arnone, Leo Goldberger, David Rosenhan, Ervin Staub, Helen Dermatis, Pamela Oline und Michael Schulman, deren sozialpsychologische Kenntnisse mir eine unschätzbare Hilfe waren, sowie Bill Novak, Nessa Rapoport, Helen Epstein, Daniel V. Allentuck, Kenneth Jacobson, Kathy Janowitz und Sivan Baron, die mir bei stilistischen Fragen unter die Arme griffen.

Mein persönlicher Dank gilt Sallye Leventhal, meiner ersten Lektorin vom Verlag Doubleday, die mich konsequent unterstützte, die Kapiteleinteilung mit mir diskutierte und hervorragende Lektoratsarbeit leistete. Arabella Meyer, die das Lektorat dann übernahm, führte das Buch zur Druckreife, und Martha Levin überwachte die Produktion.

Ich widme dieses Buch meinen geliebten Eltern, Simcha und Leah Fogelman. Obgleich sie viel durchzumachen hatten und viel verloren, vermittelten sie mir, woraus ich unschätzbaren Gewinn zog: ein Gefühl der Kontinuität und der Hoffnung.

Bibliographie

ABRAHAM, K. (1955), »The rescue and murder of the father in neurotic fantasy formations« in: *Clinical papers and essays on psychoanalysis,* Bd. 2, New York: Basic Books

ABRAHAMSEN, S. (1991), *Norway's response to the Holocaust: A historical perspective,* New York: Holocaust Library

AGAR, H. (1961), »Christians who dared death to save Jews« in: *Jewish Digest* v. 7.-11. Mai 1961

ALLPORT, G.W., ROSS, J.M. (1967), »Personal religious orientation and prejudice« in: *Journal of Personality and Social Psychology,* Bd. 5, S. 432-443

ANDREAS-FRIEDRICH, R. (1984), *Der Schattenmann. Tagebuchaufzeichnungen 1938-1945,* Frankfurt a.M.: Suhrkamp

ANGER, P. (1981), *With Raoul Wallenberg in Budapest,* New York: Holocaust Library

ARENDT, H. (1986), *Elemente und Ursprünge totaler Herrschaft,* München: Piper

ARTHUR, B. (1976), »Germans who saved Jews from Nazis« in: *Jerusalem Post* v. 2. Februar 1976

ASCH, S.E. (1956), »Studies of independence and conformity: A minority of one against an unanimous majority« in: *Psychological Monographs,* Bd. 70, H. 9

ATWOOD, G. (1974), »The loss of a loved parent and the origin of salvation fantasies« in: *Psychotherapy: Theory, Research and Practice,* Bd. 11, H. 3, S. 256-258

ATWOOD, G. (1978), »On the origins and dynamics of messianic salvation fantasies« in: *International Review of Psycho-Analysis,* Bd. 5, H. 1, S. 85-96

AUBERT, V. (1965), *Hidden society,* New Brunswick, NJ: Transaction Books

BACQUE, J. (1992), *Just Raoul: The private war against the Nazis of Raoul Laporterie, who saved over 1,600 lives in France,* Rocklin, CA: Prima Publishing

BAKER, L. (1982), *Hirt der Verfolgten. Leo Baeck im Dritten Reich,* Stuttgart: Klett-Cotta

BARSZ, J. (1985), Strijd om Voogdij Oorlogspleegkiinderen in: *NIW*, 15. NOV. 1985, S. 60-61.

BAR-TAL, D. (1976), *Prosocial behavoir: Theory and research,* Washington, DC: Hemisphere

BAR-TAL, D. (1984), »American study of helping behavior: What? why? and where?« in: E. Staub, D. Bar-Tal, J. Karylowski, J. Reykowski (Hg.), *Development and maintenance of prosocial behavior,* S. 5-21, New York: Plenum

BARTOSZEWSKI, W. (1983), *Das Warschauer Ghetto, wie es wirklich war. Zeugenbericht eines Christen,* Frankfurt a.M.: Fischer

BARTOSZEWSKI, W., Lewinowna, Z. (1970), *The Samaritans: Heroes of the Holocaust,* New York: Twayne Publishers

BAUER, Y. (1977), »Negotiations between Saly Mayer and the S.S.« in: Y. Gutman, E. Zuroff (Hg.), *Rescue attempts during the Holocaust: Proceedings of the Second Yad Vashem International Historical Conference, April 1974,* Jerusalem: Yad Vashem, S. 5-45

BAUER, Y. (1978), *The Holocaust in historical perspective,* Seattle: University of Washington Press

BAUER, Y. (1982), *A history of the Holocaust,* New York: Franklin Watts

BAUMINGER, A.L. (1969), *The righteous,* Jerusalem: Yad Vashem

BEARDSLEE, W.R. (1983), »Commitment and endurance: Common themes in the life histories of civil rights workers who stayed« in: *American Journal of Orthopsychiatry,* Bd. 53, H. 1, S. 34-42

BEJSKI, E. (1977), »The Righteous Among the Nations and their part in the rescue of Jews« in: Y. Gutman, E. Zuroff (Hg.), *Rescue attempts during the Holocaust: Proceedings of the Second Yad Vashem International Historical Conference, April 1974,* Jerusalem: Yad Vashem, S. 627-647

BEN-TOV, A. (1990), *Das Rote Kreuz kam zu spät. Die Auseinandersetzung zwischen dem jüdischen Volk und dem Internationalen Komitee vom Roten Kreuz im Zweiten Weltkrieg: Die Ereignisse in Ungarn,* Zürich: Ammann

BERKOWITZK, L. (1972), »Social norms, feelings, and other factors affecting helping and altruism« in: L. Berkowitz (Hg.), *Advances in experimental social psychology,* Bd. 6, New York: Academic Press

BERNSTEIN, T., Rutkoowski, A. (1963), *Assistance to the Jews in Poland,* Warschau: Polonia Foreign Languages Publishing House

BETHGE, E. (1978), *Dietrich Bonhoeffer. Theologe, Christ, Zeitgenosse,* München: Kaiser

BIERMAN, J. (1981), *Righteous Gentile: The story of Raoul Wallenberg,* New York: Viking

BISHOP, C.H. (1952), *Twenty and ten,* mit Illustrationen von W.P. Bois, New York: Penguin

BLASI, A. (1980), »Bridging moral cognition and moral action: A critical review of the literature« in: *Psychological Bulletin,* Bd. 88, H. 1, S. 1-45

BLOCK, G., Drucker, M. (1992), *Rescuers: Portraits of moral courage in the Holocaust,* New York: Holmes & Meier

BOEHM, E.H. (1985), *We survived: Fourteen histories of the hidden and hunted of Nazi Germany,* Santa Barbara, CA: ABC-Clio Information Services

BRAHAM, R. (1981), *The politics of genocide: The Holocaust in Hungary,* 2 Bde., New York: Columbia University Press

BREZNITZ, S. (1992), *Memory fields: The legacy of wartime childhood in Czechoslovakia,* New York: Knopf

BRYAN, J.H. (1972), »Why children help: A review« in: *Journal of Social Issues,* Bd. 28, H. 3, S. 87-104

CARPI, C. (1977), »The rescue of Jews in the Italian zone of occupied Croatia« in: Y. Gutman, E. Zuroff (Hrsg.), *Rescue attempts during the Holocaust: Proceedings of the Second Yad Vashem International Historical Conference, April 1974,* Jerusalem: Yad Vashem, S. 465-597

CHARY, F. (1972), *The Bulgarian Jews and the final solution,* Pittsburgh: University of Pittsburgh Press

CIALDINI, R.B., SCHALLER, M. HOULDIHAN, D., ARPS, K., FULTZ, J., BEAMAN, A.L. (1987), »Empathy-based helping: Is it selflessly or selfishly motivated?«, in: *Journal of Personality and Social Psychology*, Bd. 52, S. 749-758

CLARY, E.G., Miller, J. (1986), »Socialization and situational influences on sustained altruism« in: *Child Develpment,* Bd. 57, H. 6, S. 1358-1369

COLBY, A., DAMON, W. (1992), *Some do care: Contemporary lives of moral commitment,* New York: Free Press

CONWAY, J. (1969), *Die nationalsozialistische Kirchenpolitik 1933-1945. Ihre Ziele, Widersprüche und Fehlschläge,* München: Kaiser

DAMICO, A.J. (1982), »The sociology of justice: Kohlberg and Milgram« in: *Political Theory,* Bd. 10, H. 3, S. 409-434

DAMON, W. (1988), *The moral child: Nurturing children's natural moral growth,* New York: Free Press

DANIELS, L.R., BERKOWITZ, L. (1963), »Liking and response to dependency relationhips« in: *Human Relations,* Bd. 16, S. 141-148

DARLEY, J.M., BATSON, C. (1973), »From Jerusalem to Jericho: A study of situational and dispositional variables in helping behavior« in: *Journal of Personality and Social Psychology,* Bd. 27, H. 1, S. 100-108

DARLEY, J.M., LATANÉ, B. (1968), »Bystander intervention in emergencies: Diffusion of responsibility« in: *Journal of Personality and Social Psychology,* Bd. 8, S. 377-383

DAWIDOWICZ, LUCY S. (1979), *Der Krieg gegen die europäischen Juden 1933-1945,* Wiesbaden: Fourier

DE JONG, L. (1965), »Help to people in hiding: A review of arts, life and thought in the Netherlands 1940-1941« in: *Delta,* Bd. 8, H. 19, S. 37-39

DE JONG, L. (1990), *The Netherlands and Nazi Germany*, Cambridge: Harvard University Press

De Lubac, H. (1990), *Christian resistance to Anti-Semitism: Memories from 1940-1944,* San Francisco: Ignatius Press

Deaux, K. (1976), *The behavior of women and men,* Monterey: Brooks/Cole Publishing Company

Des Pres, T. (1979), »Goodness incarnate: Sheltering Jews in Vichy France« in: *Harper's,* Mai-Ausgabe, S. 83-86

Dietrich, D. (1988), *Catholic citizens in the Third Reich: Psychosocial principles and moral reasoning,* New Brunswick, NJ: Transaction Books

Drucker, M., Halpern, M. (1993), *Jacob's rescue: A Holocaust story,* New York: Bantam Books

Dwork, Deborah (1994), *Kinder mit dem gelben Stern. Europa 1933-1945,* München: Beck

Eagly, A.H., Crowley, M. (1986), »Gender and helping behavior: A meta-analytic review of the social psychological literature« in: *Psychological Bulletin,* Bd. 100, H. 3, S. 283-308

Edelstein, A. (1982), *An unacknowledged harmony,* Westport: Greenwood Press

Ehlert, J., Ehlert, N., Merrens, M. (1973), »The influence of ideological affiliation on helping behavior« in: *Journal of Social Psychology,* Bd. 89, S. 315-316

Erickson, B.H. (1981), »Secret societies and social structures« in: *Social Forces,* Bd. 60, S. 188-210

Erikson, E.H. (1971), *Kindheit und Gesellschaft,* Stuttgart: Klett Verlag

Erikson, E.H. (1970), *Jugend und Krise. Die Psychodynamik im sozialen Wandel,* Stuttgart: Klett-Cotta

Erikson, E.H. (1978), *Gandhis Wahrheit. Über die Ursprünge der militanten Gewaltlosigkeit,* Frankfurt a.M.: Suhrkamp

Ezratty, H. (1968), »The consul who disobeyed: A Christian who sacrificed his career to save Jewish lives« in: *Jewish Digest,* Bd. 8 (September 1968), S. 54-56

Fein, H. (1979), *Accounting for genocide: National responses and Jewish victimization during the Holocaust,* Chicago: University of Chicago Press

Feingold, H. (1970), *The politics of rescue,* New York: Holocaust Library

Fischman, W.I. (1964), »The friar who saved 5000 Jews« in: *Look,* 1. Dezember 1964, S. 66-71

Flender, H. (1964), *Rescue in Denmark,* New York: Holocaust Library

Fogelman, E. (1987), *The rescuers: A socio-psychological study of altruistic behavior during the Nazi era,* unveröff. Diss. am Graduate Center of the City University of New York

Fogelman, E. (1988), »Psychological origins of rescue« in: *Dimensions: A Journal of Holocaust Studies,* Bd. 3, H. 3, S. 9-12

FOGELMAN, E. (1989), »Forgotten heroes: Rescuers of Jews during the Nazi period« in: *America* v. 9. Dezember 1989, S. 426-428, 434

FOGELMAN, E. (1990), »In search of goodness: Finding and recognizing Righteous Gentiles« in: *Women's American ORT Reporter,* Frühjahr 1990

FOGELMAN, E. (1990), »What motivated the rescuers?« in: *Dimensions: A Journal of Holocaust Studies,* Bd. 5, H. 3, S. 8-11

FOGELMAN, E., Wiener, V.L. (1985), »The few, the brave, the noble« in: *Psychology Today,* Bd. 19, H. 8, S. 60-65

FORD, H. (1966), *Flee the captor,* Nashville, TN: Southern Publishing Association

FRABRE, E. (Hg.) (1970), *God's underground, CIMADE 1935-1945,* St. Louis: The Bethany Press

FRANK, ANNE (1991), *Anne Frank Tagebuch,* hrsg. v. Otto H. Frank u. Mirjam Pressler, Frankfurt a.M.: Fischer

FREUD, A. (1982), *Das Ich und die Abwehrmechanismen,* München: Kindler

FREUD, S. (1968), *Einige psychische Folgen des anatomischen Geschlechtsunterschieds,* GW Bd. 14, Frankfurt a.M.: Fischer, S. 17-30

FREUD, S. (1969), *Massenpsychologie und Ich-Analyse,* GW Bd. 13, Frankfurt a.M.: Fischer, S. 71-162

FRIEDLÄNDER, S. (1991), *Wenn die Erinnerung kommt…,* Frankfurt a. M.: Fischer

FRIEDMAN, P. (1957), *Their brothers' keepers,* New York: Crown

FRIEDMAN, P. (1980), »Righteous Gentiles in the Nazi era« in: A.J. Friedman (Hg.), *Roads to extinction: Essays on the Holocaust,* Philadelphia: Jewish Publication Society of America, S. 409-421

FRIEDMAN, P. (1980), »Was there an ›other Germany‹ during the Nazi period?« in: A.J. Friedman (Hg.), *Roads to extinction: Essays on the Holocaust,* Philadelphia: Jewish Publication Society of America

FRY, V. (1968), *Assignment rescue,* New York: Scholastic Books

FRY, V. (1986), *Auslieferung auf Verlangen. Die Rettung deutscher Emigranten in Marseille 1940/41,* München: Hanser

FUCHS EPSTEIN, C. (1988), *Deceptive distinctions,* New Haven-London-New York: Yale University Press, Russell Sage Foundation

GANZ, I. (1993), *Personal and familial predictors of altruism under stress,* unveröff. Diss. an der Graduate School of Arts and Sciences, Columbia University

GAYLIN, W. (1970), *In the service of the country: War resisters in prison,* New York: Viking

GIES, MIEP (1991), *Meine Zeit mit Anne Frank: Der Bericht jener Frau, die Anne Frank und ihre Familie in ihrem Versteck versorgte, sie lange Zeit vor der Deportation bewahrte – und sie doch nicht retten konnte,* München: Heyne

GILBERT, M. (1982), *Endlösung. Vertreibung und Vernichtung der Juden: Ein Atlas,* Reinbek b. Hamburg: Rowohlt

GILBERT, M. (1985), *The Holocaust: A history of the Jews during the Second World War,* New York: Holt, Rinehart and Winston

GILLIGAN, Carol (1991), *Die andere Stimme. Lebenskonflikte und Moral der Frau,* München-Zürich: Piper

GOLDBERGER, L. (1988), *Rescue of the Danish Jews,* New York: New York University Press

GOLEMAN, D. (1985), »Great altruists: Science ponders soul of goodness« in: *New York Times,* S. C1-C2

GORDON, S. (1984), *Hitler, Germans and the Jewish question,* Princeton: Princeton University Press

GROSS, L. (1988), *Versteckt: Wie Juden in Berlin die Nazi-Zeit überlebten,* Reinbek b. Hamburg: Rowohlt

GROSSMAN, F. (1982), »Righteous Gentiles« in: *Scarsdale Enquirer* v. 22. Juli 1982

GROSSMAN, F. (1984), »Psychological study of Gentiles who saved Jews« in: I. Charney (Hrsg.), *Toward the understanding of Holocaust and prevention of genocide,* S. 202-216, Boulder, CO: Westview Press

GROSSMAN, K.D. (1958), *Die unbesungenen Helden: Menschen in Deutschlands dunklen Tagen,* Berlin: Arani Verlag

GROSSMAN, K.D. (1959), »The humanitarian that cheated Hitler« in: *Coronet,* Dezember 1968, S. 66-71

GRUBER, R.M. (1968), »The Pole who saved 32 Jews« in: *Hadassah Magazine,* Dezember 1968, S. 21, 36

GUT OPDYKE, I. (1992), *Into the flames: The life story of a Righteous Gentile,* San Bernardino, CA: The Borgo Press

HAAN, N. (1978), »To moralities in action contexts: Relationships to thought, ego regulation, and development« in: *Journal of Personality and Social Psychology,* Bd. 36, S. 286-305

HAFFMAN, M.L. (1977), »Empathy, its development and prosocial implications« in: C.B. Keasey (Hrsg.), *Nebraska Symposium on Motivation,* Bd. 25, Lincoln: University of Nebraska Press

HALLIE, PHILIP (1983), ... *Daß nicht unschuldig Blut vergossen werde. Die Geschichte des Dorfes Le Chambon und wie dort Gutes geschah,* Neukirchen-Vluyn: Neukirchener Verlag

HARRIS, M.B. (1972), »The effects of performing one altruistic act on the likelihood of performing another« in: *Journal of Social Psychology,* Bd. 88, H. 1, S. 65-73

HAUSNER, G. (1967), *Gerechtigkeit in Jerusalem,* München; Kindler

HELLER, C. (1992), »The philosemites of Poland« in: *Midstream,* Bd. 1, S. 27-30

HELLMAN, P. (1980), *Avenue of the Righteous: Portraits in uncommon courage of Christians and the Jews they saved from Hitler,* New York: Atheneum

HENRY, F. (1984), *Victims and neighbors: A small town in Nazi Germany remembered,* South Hadley, MA: Bergin & Garvey

HERZER, I. (1983), »How Italians rescued Jews« in: *Midstream,* Juni-Juli 1983, S. 36-38

HILBERG, R. (1982), *Die Vernichtung der europäischen Juden,* Berlin: Olle & Wolter

HIRT-MANHEIMER, A. (Hrsg.) (1978), »The Christian conscience (Righteous Gentiles)« in: *Keeping Posted,* Oktober 1978

HOFFMAN, M. (1982), »Development of prosocial motivation: Empathy and guilt« in: N. Eisenberg (Hrsg.), *The development of prosocial behavior,* S. 281-313, New York: Academic Press

HOFFMAN, M. (1984), »Discipline, moral internalization, and prosocial motivation« in: E. Staub, D. Bar-Tal, J. Karylowski, J. Reykowski (Hg.), *Development and maintenance of prosocial behavior,* S. 117-132, New York: Plenum

HOFFMAN, M.L. (1963), »Parent discipline and the child's consideration for others« in: *Child Development,* Bd. 34, S. 573-588

HOFFMAN, M.L. (1975), »Altruistic Behavior and the parent-child relationship« in: *Journal of Personality and Social Psychology,* Bd. 31, S. 937-943

HOFFMAN, M.L. (1976), »Empathy, role taking, guilt, and development of altruistic motives« in: T. Lickons (Hrsg.), *Moral development and behavior,* New York: Holt, Rinehart and Winston

HORBACH, M. (1979), *So überlebten sie den Holocaust. Zeugnisse der Menschlichkeit 1933-1945,* München: Goldman

HORKHEIMER, M., FROMM, E., MARCUSE, H. u.a. (1987), *Studien über Autorität und Familie,* Lüneburg: Klampen Verlag

HUNEKE, D.K. (1980), *In the darkness... glimpses of light: A study of Nazi era rescuers,* Report to the Oregon Committee for the Humanities

HUNEKE, D.K. (1981/1982), »A study of Christians who rescued Jews during the Nazi era« in: *Humboldt Journal of Social Relations,* Bd. 9, H. 1, S. 144-149

HUNEKE, D.K. (1985), *The Moses of Rovno,* New York: Dodd, Mead

HUSTON, T.L., GEIS, G., WRIGHT, W. (1976), »The angry Samaritans« in: *Psychology Today,* Juni 1976, S. 61-85

HUSTON, T.L., RUGGIERO, M., CONNER, R., GEIS, G. (1981), »Bystander intervention into crime: A study based on naturally-occurring episodes« in: *Social Psychology Quarterly,* Bd. 44, H. 1, S. 14-23

Interview mit Marion Pritchard in: *Moment* vom 1. Dezember 1983, S. 26-33

IRANEK-OSMECKI, K. (1971), *He who saves one life,* New York: Crown

ISAACMAN, C. (1984), *Clara's story,* Philadelphia: Jewish Publication Society

JOUTARD, P., POUJOL, J., CABANEL, P. (Hg.) (1987), *Cévennes: Terre de refuge 1940-1944,* Montpellier: Presses du Languedoc/Club Cevenol

KADUSHIN, C. (1976), »Networks and circles in the production of culture« in: *American Behavioral Scientist,* Bd. 19, H. 6, S. 769-784

KAMEN, J., KESSLER, J.L., KUTRZEBA, J.S. (Reg.), *Messengers of hope: The hidden children of the Holocaust,* Dokumentarfilm

KARSKI, J. (1944), *Story of a secret state,* Boston: Houghton Mifflin

KELMAN, H. (1975), »Violence without moral restraint: Reflections on the dehumanization of victims and victimizers« in: *Journal of Social Issues,* Bd. 29, H. 4, S. 25-61

KELMAN, H.C., LAURENCE, H.C. (1972), »Assignment of responsibility in the case of Lieutenant Calley: Preliminary report on a national survey« in: *Journal of Social Issues,* Bd. 28, S. 177-212

KENEALLY, THOMAS (1994), *Schindlers Liste,* München: Bertelsmann

KENISTON, K. (1968), *Young radicals: Notes on committed youth,* New York: Harcourt, Brace & World

KENNEDY, P. (1964), »The Vatican pimpernal: Monsignor Hugh O'Flaherty« in: *Columbia,* April 1964, S. 26-27

KESTENBERG, J. (1984), *The response of the child to the rescuer,* Paper presented at the Acts of Humankind: Rescuers of Jews During the Holocaust Conference, Washington, DC

KESTENBERG, M. (1985), »Poland without Jews. Newsletter of Jerome Riker« in: *International Study of Organized Persecution of Children,* Bd. 1, H. 2, S. 1-2

KIEVAL, H.J. (1980), »Legality and assistance in Vichy France: The rescue of Jewish Children« in: *Proceedings of the American Philosophical Society,* Bd. 124, S. 339-366

KLEIN, D. (Hg.) (1993), »A singular universe: Rescuers and hidden children« in: *Dimensions: A Journal of Holocaust Studies,* Bd. 7, H. 1

KLINGEMANN, UTE (1985), *The Study of rescuers of Jews in Berlin: A progress report.* Paper presented at the Eighth Annual Scientific Meeting of the International Society of Political Psychology, Washington D.C.

KOHLBERG, L. (1969), »The cognitive-developmental approach to socialization« in: D.A. Goslin (Hg.), *Handbook of socialization theory and research,* S. 347-480, Chicago: Rand McNally

KOHLBERG, L. (1981), *The philosophy of moral development,* San Francisco: Harper & Row

KORBANSKI, S. (1968), *Fighting Warsaw,* New York: Funk & Wagnalls

KUREK-LESIK, E. (1992), *Gdy klasztor zuaczyk zycie*, Krakau.

LANZMANN, CLAUDE (1988), *Shoah,* München: dtv

LASKA, V. (Hg.) (1983), *Women in the resistance and in the Holocaust: The voices of eyewitnesses,* Westport, CT: Greenwood Press

LATANÉ, B., DARLEY, J.M. (1970), *The unresponsive bystander: Why doesn't he help?* New York: Appleton-Century-Crofts

LEBOUCHER, F. (1969), *Incredible mission,* New York: Doubleday

LERNER, M.J. (1980), *The belief in a just world: A fundamental delusion,* New York: Plenum

LESTER, E. (1984), *Wallenberg: The man in the iron web,* Englewood Cliffs, NJ: Prentice-Hall

LEUNER, H.D. (1967), *Als Mitleid ein Verbrechen war. Deutschlands stille Helden 1939-1945,* Wiesbaden: Limes

LEVY, D.M. (1946), »The German anti-Nazi« in: *American Journal of Orthopsychiatrie,* Bd. 16, S. 507-515

LEVY, D.M. (1948), »Anti-Nazis' criteria of differentiation« in: *Psychiatry,* Bd. 11, S. 125-167

LEWIN, K. (1952), »Group decision and social change« in: G.E. Swanson, T.M. Newcomb, E.L. Hartley (Hg.), *Readings in social psychology*, New York: Henry Holt

LEWY, G. (1965), *Die katholische Kirche und das Dritte Reich,* München: Piper

LIEF, L.H., FOX, R. (1963), »Training for detached concern in medical students« in: *Psychological basis of medical practice,* S. 12-35, New York: Harper & Row

LIFTON, R.J. (1961), *Thought reform and the psychology of totalism: A study of ›brainwashing‹ in China,* New York: W.W. Norton

LIFTON, R.J. (1970), »Protean man« in: *History and human survival,* S. 311-331, New York: Random House

LIFTON, R.J. (1976), *The life of the self: Toward a new psychology,* New York: Touchstone Books

LIFTON, R.J. (1982), »Medicalized killing in Auschwitz« in: *Psychiatry,* Bd. 45, S. 283-297

LIFTON, R.J. (1987), *The future of immortality and other essays for a nuclear age,* New York: Basic Books, S. 111f., 133-135

LIFTON, R.J. (1988), *Ärzte im Dritten Reich,* Stuttgart: Klett-Cotta

LIFTON, R.J. (1993), *The Protean Self,* New York: Basic Books

LOEVINGER, J. (1970), *Measuring ego development,* San Francisco: Jossey-Bass

LONDON, P. (1970), »The rescuers: Motivational hypotheses about Christians who saved Jews from the Nazis« in: J. Macauley, L. Berkowitz (Hg.), *Altruism and helping behavior,* S. 241-250, New York: Academic Press

LOWE, R., RICHTER, G. (1973), »Relation of altruism to age, social class and ethnic identity« in: *Psychological Reports,* Bd. 33, S. 567-572

LOWRIE, D. (1963), *The hunted children,* New York: W.W. Norton

LOWRY, L. (1989), *Number the stars,* Boston: Houghton Mifflin

LUBAC, H. DE (1990), *Christian resistance to Anti-Semitism: Memories from 1940-1944,* San Francisco: Ignatius Press

LYNCH, J.G. JR., COHEN, J.L. (1978), »The use of subjective expected utility theory as an aid to understanding variables that influence helping behaviors« in: *Journal of Personality and Social Psychology*, Bd. 36, S. 1138-1151

MAHLER, E. (1962), »How Granny saved Helenka from the Germans« in: Y. Shilhav, S. Feinstein (Hg.), *Flame and fury,* New York: Jewish Education Committee Press

MARRUS, M.R., PAXTON, R.O. (1983), *Vichy France and the Jews,* New York: Schocken Books

MARSHALL, R. (1990), *In the sewers of Lvov,* New York: Charles Scribner's Sons

MARTON, K. (1982), *Wallenberg,* New York: Random House

MCADAM, D., MCCARTHY, J.D., ZALD, M.N. (1988), »Social movements« in: N.J. Smelser (Hg.), *Handbook of sociology,* S. 695-737, Newbury Park, CA: Sage

MCDOUGALL, W. (1920), *The Group Mind,* Cambridge: Cambridge University Press

MCWILLIAMS, N. (1976), *Helpers: A Study in normal personality,* unveröff. Diss., Rutgers University

MCWILLIAMS, N. (1984), »The psychology of the altruist« in: *Psychoanalytic Psychology,* Bd. 1, H. 3, S. 193- 213

MEED, V. (1973), *On both sides of the wall,* Beit Lohamei Hagettaot: Ghetto Fighters House Hakibbutz Hameuchad Publishing House

MELTZER, M. (1990), *Zivilcourage. Die Geschichte tapferer Menschen, die Juden vor der Vernichtung bewahrten,* Recklinghausen: Bitter

MIDLARSKY, E. (1971), »Aiding under stress« in: *Journal of Personality,* Bd. 39, S. 132-149

MIDLARSKY, E. (1984), »Competence and helping: Notes toward a model« in: E. Staub, D. Bar-Tal, J. Karylowski, J. Reykowski (Hg.), *Development and maintenance of prosocial behavior,* S. 291-308, New York: Plenum

MIDLARSKY, E., BARON, L. (Hg.) (1986), »Altruism and prosocial behavior« in: *Humboldt Journal of Social Relations,* Bd. 13, H. 1, S. 1-2

MILGRAM, S. (1982), *Das Milgram-Experiment. Zur Gehorsamsbereitschaft gegenüber Autorität,* Reinbek: Rowohlt

MILLER, A. (1980), *Am Anfang war Erziehung,* Frankfurt a.M.: Suhrkamp

MILTON, S. (1983), »The righteous who helped Jews« in: A. Grobman, D. Landes (Hg.), *Genocide: Critical issues of the Holocaust,* Los Angeles: Simon Wiesenthal Publication

MONROE, K., BARTON, M., KLINGEMANN, U. (1990), »Altruism and the theory of rational action: Rescuers of Jews in Nazi Europe« in: *Ethics,* Bd. 101, S. 103-122

MONROE, K.R. (1991), »John Donne's people: Explaining altruism through cognitive frameworks« in: *Journal of Politics,* Bd. 53, S. 394-433

N.N. (1986), *An inventory to the Rescue Children, Inc., collection 1946-1985,* Yeshiva University archives.

NESHAMIT, S. (1977), »Rescue in Lithuania during the Nazi occupation« in: Y. Gutman, E. Zuroff (Hg.), *Rescue attempts during the Holocaust: Proceedings of the Second Yad Vashem International Historical Conference, April 1974,* Jerusalem: Yad Vashem, S. 289-331

OLINER, P., OLINER, S., BARON, L., BLUM, L., KRESS, D., SMOLENSKA, M.Z. (Hg.) (1992), *Embracing the other: Philosophical, psychological, and historical perspective on altruism,* New York: New York University Press

OLINER, S. (1979), *Restless memories,* Berkeley: Judah L. Magnes Museum

OLINER, S., OLINER, P. (1988), *The altruistic personality: Rescuers of Jews in Nazi Europe,* New York: Free Press

ORENSTEIN, H. (1987), *I shall live,* New York: Beaufort Books

ORLEV, V. (1991), *The man from the other side,* Boston: Houghton Mifflin

PIAGET, J. (1981), *Das moralische Urteil beim Kinde,* Frankfurt a.M.: Suhrkamp

PILIAVIN, I.M., PILIAVIN, J.A., RODIN, J. (1969), »Good Samaritanism: An underground phenomenon?« in: *Journal of Personality and Social Psychology,* Bd. 13, S. 289-299

PILIAVIN, J.A., PILIAVIN, I.M. (1972), »Effect of blood on reactions to a victim« in: *Journal of Personality and Social Psychology,* Bd. 23, S. 353-361

POLIAKOV, L. (1950), »Human morality and the Nazi terror« in: *Commentary,* August 1950, S. 111-116

POLIAKOV, L., SABILLE, J. (1954), *Jews under the Italian occupation,* Paris: Centre de Documentation Juive Contemporaine

POULOS, R.W., LIEBERT, R.M. (1972), »Influence of modeling, exhortative verbalization, and surveillance on children's sharing« in: *Developmental Psychology,* Bd. 6, S. 402-408

PRESSER, J. (1969), *The Destruction of the Dutch Jews,* New York: Dutton

PRITCHARD, M. (1984), »It came to pass in those days« in: *Sh'ma* v. 27. April 1984, S. 97-102

RADKE-YARROW, M., ZAHN-WAXLER, C. (1973), »Learning concern for others« in: *Developmental Psychology,* Bd. 8, H. 3, S. 240-260

RADKE-YARROW, M., ZAHN-WAXLER, C. (1986), »The role of familial factors in the development of prosocial behavior: Research findings and questions« in: D. Olweus, J. Block, M. Radke-Yarrow (Hg.), *Development of antisocial and prosocial behavior: Research, theories and issues,* S. 207-233, New York: Academic Press

RAMATI, A. (1986), *Der Assisi-Untergrund. Assisi und die Nazibesetzung nach dem Bericht von Pater Rufino Niccacci,* Frankfurt a.M.: Ullstein

REISS, J. (1975), *Und im Fenster der Himmel,* Köln: Benziger

REST, J.R. (1976), »New Approaches in the assessment of moral judgment« in: T. Lickona (Hrsg.), *Moral development and behavior,* New York: Holt, Rinehart and Winston

RINGELBLUM, E. (1967), *Ghetto Warschau. Tagebücher aus dem Chaos,* Stuttgart: Seewald

RITTNER, C., MYERS, S. (Hg.) (1986), *The courage to care,* New York: New York University Press

ROBERTSON, N. (1981), »Growing up in Nazi Germany: A backward look« in: *New York Times* vom 10. August 1981, S. B4

ROCHMAN, L, (1983), *The pit and the trap: A chronicle of survival,* New York: Holocaust Library

RORTY, J. (1946), »Father Benoit: Ambassador of the Jews, an untold story of the underground« in: Commentary, Dezember 1946, S. 507-513

ROSE, L. (1978), *The tulips are red,* New York: A.S. Barnes

ROSENFELD, H. (1982), *The Swedish angel of rescue: The heroism and torrent of Raoul Wallenberg,* Buffalo, NY: Prometheus Books

ROSENHAN, D. (1970), »The natural socialization of altruistic autonomy« in: J. Macauley, L. Berkowitz (Hg.), *Altruism and helping behavior,* S. 251-268, New York: Academic Press

ROSENHAN, D., WHITE, G.M. (1967), »Observation and rehearsal as determinants of prosocial behavior« in: *Journal of Personality and Social Psychology,* Bd. 5, S. 424-431

ROSENHAN, D.L. (1978), »Toward resolving the altruism paradox« in: L. Wispé (Hg.), *Altruism, sympathy and helping: Psychological and sociological principles,* S. 101-113, New York: Academic Press

ROSENHAN, D.L., MOORE, B.S., UNDERWOOD, B. (1976), »The social psychology of moral behavior« in: T. Lickona (Hg.), *Moral development and behavior,* S. 241-252, New York: Holt, Rinehart and Winston

ROSENHAN, D.L., SALOVEY, P., HARGIS, K. (1981), »The joys of helping: Focus of attention mediated the impact of positive affect on altruism« in: *Journal of Personality and Social Psychology,* Bd. 40, H. 5, S. 899-905

ROSENHAN, D.L., UNDERWOOD, B., MOORE, B.S. (1974), »Affect moderates altruism and self gratification« in: *Journal of Personality and Social Psychology,* Bd. 30, S. 546-552

ROSSITER, M. (1986), *Women in the resistance,* New York: Praeger

ROTENBERG, A. (1987), *Emissaries: A memoir of the Riviera, Haute-Savoie, Switzerland, and World War II,* Secaucus, NJ: Citadel Press

ROTH-HANO, R. (1988), *Touch wood: A girlhood in occupied France,* New York: Four Winds Presse

ROTHFES, H. (1969), *Die deutsche Opposition gegen Hitler. Eine Würdigung,* Frankfurt a.M.: Fischer

ROTHKIRCHEN, L. (1982), »The stand of the churches vis-à-vis the persecution of the Jews of Slovakia« in: *Papers presented to the International Symposium on Judaism and Christianity under the Impact of National Socialism (1919-1945),* Jerusalem: Historical Society of Israel, S. 273-286

ROTTER, J.B. (1966), »Generalized expectancies for internal vs. external locus of control of reinforcement« in: *Psychological Monograph,* 80 (609)

RUBINEK, S. (1988), *So many miracles,* New York: Viking Penguin

SAGAN, E. (1988), *Freud, women, and morality: The psychology of good and evil,* New York: Basic Books

SAUVAGE, P. (1983), »A most persistent haven: Le Chambon-sur-Lignon« in: *Moment,* Oktober 1983, S. 30-35

SCHARTZ, S. (1970), »Elicitation of moral obligation and self-sacrificing behavior« in: *Journal of Personality and Social Psychology,* Bd. 15, S. 283-293

SCHULMAN, M., MEKLER, E. (1985), *Bringing up a moral child: A new approach for teaching your child to be kind, just, and responsible,* New York: Doubleday

SCHULWEIS, H. (1962), »The bias against man« in: *Dimensions: A Journal of Holocaust Studies,* Bd. 3, H. 3, S. 4-9

SCHULWEIS, H. (1986), »They were our brothers' keepers« in: *Moment,* Mai 1986, S. 47-50

SCHULWEIS, H. (1990), »The fear and suspicion of goodness« in: *Dimension: A Journal of Holocaust Studies,* Bd. 5, H. 3, S. 22-25

SCHULWEIS, H. (1993), »The moral art of memory« in: *Dimensions: A Journal of Holocaust Studies,* Bd. 7, H. 1, S. 3-7

SELIGMANN, A. (1992), »An illegal way of life in Nazi Germany« in: *Leo Baeck Institute Year Book,* Bd. 37, S. 327

SILVER, E. (1994), *Sie waren stille Helden. Frauen und Männer, die Juden vor den Nazis retteten,* München-Wien: Hanser

SIMMEL, G. (1922), *Soziologie. Untersuchungen über die Formen der Vergesellschaftung,* München: Duncker & Humblot

SLOAN, J. (Hg.) (1974), *Notes from the Warsaw ghetto: The Journal of Emmanuel Ringelblum,* New York: Schocken Books

SOBCZAK, S. (1983) »How I hid twelve Jews« in: J. Kugelmass, J. Boyorin (Hrsg.), *The memorial books of Polish Jewry,* S. 175-176, New York: Schocken Books

STAUB, E. (1970), »A child in distress: The effects of focusing responsibility on children on their attempts to help« in: *Developmental Psychology,* Bd. 2, S. 152-154

STAUB, E. (1982), *Entwicklung prosozialen Verhaltens. Zur Psychologie der Mitmenschlichkeit,* München: Urban und Schwarzenberg

STAUB, E. (i.V.), »The psychology of bystanders, perpetrators, and heroic helpers« in: *International Journal of Intercultural Relations*

STAUB, E., BAR-TAL, D., KARYLOWSKI, J., REYKOWSKI, J. (Hg.) (1984), *Development and maintenance of prosocial behavior: International perspectives on positive morality,* New York: Plenum

STEIN, D. (1988), *Quiet heroes: True stories of the rescue of Jews by Christians in Nazi-occupied Holland,* Toronto: Lester & Orpen Dennys Limited

STEINBERG, L. (1974), *Not as a lamb: The Jews aganist Hitler,* Glasgow: The University Press

STEINBERG, L. (1977), »Jewish rescue activities in Belgium and France« in: *Rescue attempts during the Holocaust: Proceedings of the Second Yad Vashem International Historical Conference, April 1974,* Jerusalem: Yad Vashem, S. 603-615

STIX, H. (1978), »A German who really cared« in: *Los Angeles Times* v. 23. Juni 1978, Teil 4

SZONYI, D., FOGELMAN, E. (Hg.) (1990), »Moral courage during the Holocaust« in: *Dimensions: A Journal of Holocaust Studies,* Bd. 5, H. 3

TAVRIS, C. (1992), *The mismeasure of woman: Why women are not the better sex, the inferior sex or the opposite sex,* New York: Simon & Schuster

TEC, N. (1982), *Dry teyrs,* Westport, CT: Wildcat Publishing Company

TEC, N. (1985), »The rescuer-rescued relationship: How did it begin?« in: *Dimensions: A Journal of Holocaust Studies,* Bd. 1, H. 2, S. 4-7

TEC, N. (1986), *When light pierced the darkness: Christian rescue of Jews in Nazi-occupied Poland,* New York-Oxford: Oxford University Press

TEN BOOM, C., MIT SHERRIL, J. UND SHERRILL, E. (1971), *The hiding place,* Old Tappan, NJ: Fleming H. Revell

TOKAYU, M., SWART, M. (1979), *The Fugu plan: The untold story of the Japanese and the Jews during World War II,* London-New York: Paddington Press, Ltd.

VALENTIN, H. (1953), »Rescue and relief activities in behalf of Jewish victims of Nazism in Scandinavia« in: *YIVO Annual of Social Sciences,* Bd. 8, S. 224-251

VERHEY, E. (1991), *About the Jewish child,* Amsterdam: Nyghvanditmar

VINCENT, S. (1970), »Four Christians who were their brothers' keepers« in: *Jewish Digest,* Juni 1970, S. 78-80

VLCKO, P. (1973), *In the shadow of tyranny: A history in novel form,* New York: Vantage Press

VON STADEN, W. (1981), *Darkness over the valley,* New Haven-New York: Ticknor & Fields

VOS, J. (1952), *Like a cedar on the Lebanon,* Leiden: A.W. Sythoff Vitgeversammtschabpy M.V.

WAAGENAAR, S. (1974), »Unknown war hero: Rescue of the Jews by a Capuchin priest« in: *America,* 19. Oktober 1974, S. 210-212

WARMERDAM, E., BUTT, W. (1992), *Behind the green doors,* unveröff. Manuskript

WEIGLER, Z. (1957), »Two villages razed for extending help to Jews« in: *Yad Vashem Bulletin,* Bd. 1, S. 18-20

WEINBERG, W. (1983), »A Dutch couple« in: *The Christian Century* v. 22.-29. Juni 1983

WEINSTEIN, F.S. (1985), *A hidden childhood: A Jewish girl's sanctuary in a French convent, 1942-1945,* New York: Farrar, Straus, Giroux

WERBELL, F.E., CLARKE, T. (1982), *Lost hero: The mystery of Raoul Wallenberg,* New York: McGraw-Hill

WIENER, V.L., FOGELMAN, E., COHEN, S.P. (1985), »Why Righteous Gentiles risked their lives to save Jews« in: *Jewish Monthly: The B'nai B'rith International,* Bd. 99, H. 5, S. 16-19

WOLFE, J. (1981), *Take care of Josette: A memoir in defense of occupied France,* New York: Franklin Watts

WOLFSON, M. (1970), *The subculture of freedom: Some people will not,* Paper presented to the regional meeting of the Western Political Science Association, Sacramento, CA

WUNDHEILER, L.N. (1986), »Oskar Schindler's moral development during the Holocaust« in: E. Midlarsky, L. Baron (Hg.), *Altruism and prosocial behavior. Humboldt Journal of Social Relations,* Bd. 13, H. 1u.2, S. 333-356

WUTHNOW, R. (1991), *Acts of compassion,* Princeton: Princeton University Press

YAHIL, L. (1969), *The rescue of Danish Jewry: Test of a democracy,* Philadelphia: Jewish Publication Society

ZAHN-WAXLER, C., RADKE YARROW, M., KING, R. (1979), »Child rearing and children's prosocial initiations toward victims of distress« in: *Child Development,* Bd. 50, S. 319-330

ZAHN-WAXLER, C., RADKE-YARROW, M. (1982), »The development of altruism: Alternative research strategies« in: N. Eisenberg (Hg.), *The development of prosocial behavior,* New York: Academic Press

ZANDER, A. (1979), »The psychology of group processes« in: *Annual Review of Psychology,* Bd. 30, S. 417-451

ZASSENHAUS, H. (1974), *Walls: Resisting the Third Reich – one woman's story,* Boston: Beacon

ZEITOUN, S. (1988), »Role of the Christian community in saving Jewish children in France during the Second World War« in: *Remembering for the future,* Erg-Bd., S. 505-525, Oxford: Pergamon Press

ZUCCOTTI, S. (1987), *The Italians and the Holocaut: Persecution, rescue, survival,* New York: Basic Books

ZUCCOTTI, S. (1993), *The Holocaust, the French, and the Jews,* New York: Basic Books

Personenregister

Adamowicz, Antosia 232f.
Adamowicz, Jan 168f., 267
Al-Afandi, Adnan 296f.
Allport, Gordon 190f.
Antonescu, Ion 55

Baeck, Leo 42, 45
Bankier, Abraham 62
Banya, Ludwig 154f.
Banya, Maniek 155f.
Banya, Zofia 154-156
Bauer, Gitta Dubro 66, 74, 80f., 92, 96, 250, 255, 275, 286
Baumgart, Ilse 80f., 92
Beatrice Irene (Königin der Niederlande) 138
Bejski, Moshe 32
Ben Gurion, David 31
Berger, Salomon 82, 153, 268f., 286
Berkowitz Dr. 156
Berning, Wilhelm 185f.
Blom, Hubert 91
Blom, Janny 70, 78, 88, 91, 197
Blom, Willem 70, 92
Bochove, Bert 263f., 268
Boegner, Marc 187
Bonhoeffer, Dietrich 185
Boris III (König v. Bulgarien) 56
Born, Friedrich 204, 206
Bornstein, Elizabeth 35, 43f.
Bron, Irena 167
Bron, Zigmund 167f.
Brunacci, Aldo 187
Budna-Widerschal, Agnieszka 271f.
Budna-Widerschal, Bella 271f.
Burzminska, Helena (105-122), 110, 112, 115f., 119, 122, 238, 291
Burzminska Podgórska, Stefania 14, 105-122, 138, 142, 197f., 238, 255-257, 278
Byrczek, Maria 94, 98, 273

Cavaco Silva, Hanibal Antonió 209
Chodorow, Nancy 241
Christian X (König von Dänemark) 52
Chrostek, Franczek 269-271
Churchill, Winston 78
Ciesielska, Felix 97
Ciesielska, Romualda 97
Cohen, Stephen P. 12
Crowley, Maureen 239

D., Jopie 22-24, 100, 201f., 288
Damaskinos, Papandreou 56
Daniels 156
Danuta 110-112
Darley, John 60, 77
Dawidowicz, Lucy 44
De Jong, Louis 53, 71
De Klijn, Nap 83
Deaux, Kay 243
DeVries, Greta 162f.

DeVries, Janke 162f.
DeVries, Johannes 162f.
DeVries, Rex 163
Diamant, Henek 109, 111
Diamant, Isaac 108f.
Diamant, Joseph (105-122), 109-113, 115f., 121
Diamant, Lea Adler 106-108, 256
Donadille, Marc 88, 166
Douwes, Arnold 71
Duckwitt, Georg 213
Dwork, Deborah 245

Eagly, Alice 239
Eichmann, Adolf 30f., 204
Erickson, Bonni 216
Erikson, Erik 281f.
Evert, Anghelos 56

Fagelman, Simcha (siehe Fogelman)
Falkowski, Stanislaw 191f., 255, 284f.
Farber (SS-Mann) 147f.
Faulhaber, Michael von 45
Finkhauf, Miriam 218
Fischer, Esther 168f.
Fogelman, Simcha 9-11
Franco, Francisco 72
Frank, Anne 86, 285
Frank, Otto 196
Frankfurter, Felix 67
Freud, Anna 174
Freud, Sigmund 211, 215, 239-241
Freund, Bella 296f.
Friedman, Blumka 67
Frital, David 167f.
Fuchs Epstein, Cynthia 244
Fullenbaum, Carlotta 166
Fullenbaum, Esther 166
Fullenbaum, Wolf 166
Fürst, Marion 46

Galen, Clemens August Graf von 186
Gandhi, Mahatma 179
Gaylin, Willard 260
Gerasimov, Amfian 198f., 248f., 258, 287
Geritsen, Eva 161-163
Geritsen, Schlomo 161-163
Gies, Miep 24, 33, 86, 88f., 92, 196, 262, 285
Gilligan, Carol 179, 240-242, 246
Gölz, Richard 38
Göth, Amon 96
Goleman, Daniel 66
Göring, Hermann 43, 64
Gräbe, Hermann 30, 275f.
Grayson, Elizabeth 157, 165
Grossman, Frances 250
Gut, Irene (siehe Opdyke, Irene Gut)
Gutgelt, David 132, 134-136
Gutgelt, Jakob 124-127, 129-132, 134-137
Gutgelt, Sholom 127-129, 131, 134, 136

Halle, Olga 93
Hallie, Philip 166
Hannie 201
Hautval, Adelaïde 202
Heimsk, Elisabeth 38
Heksch, Alice 83
Heroma, Took 90
Herscovici, Andrée Guelen 245, 268
Heydrich, Reinhard 49, 64
Himmler, Heinrich 250
Hitler, Adolf 26, 39-41, 44-47, 49f., 52f., 57, 62f., 67, 74, 80, 88, 113, 192, 210, 212, 214, 228, 234, 253, 264, 271, 276, 289, 293
Hoffman, Martin 251, 260f.
Holm-Sørensen, Svend Aage 24, 29, 275, 288f., 291

Ivamauskiere, Elena 160

Jaksy, Josef 202
Jan und Mieke (Freunde der Vosens) 224-226
Johannes XXIII (Papst) 56
Jurek 238 (bei den Wlodeks)

K., Martha 14
Kadushin, Charles 214, 217
Kanabus, Feliks 202
Kanabus, Irene 202
Karski, Jan 55, 67, 253, 258, 264
Keniston, Kenneth 100
Kissinger, Heinrich/Henry 46
Kissinger, Ludwig 46, 248
Klein, Robert 295f.
Klingemann, Ute 254
Knottnerus, Cornelia 160f., 229, 234, 259
Kohlberg, Lawrence 240f.
Korngut, Erna 273
Korngut, Marysia 94, 273
Kowalyk, Jean 22, 67f., 81f., 89, 91, 95, 153, 229, 254f., 258, 262-264, 268f., 286f.
Kraay, Suzi 216
Kruger, Chaim 207
Kutrzeba, Joseph 191f., 284f.
Kuyper, Abraham 253

La Rochefoucauld, François 70
LaFontaine, Harry 27, 82f., 98, 101
Lanzmann, Claude 25
Latané, Bib 60, 77
Laval, Pierre 51
Levy, David 249, 254
Lewin, K. 81
Licht, Samuel 158
Licht, Teresa (Terry) 158f., 256, 273, 290
Lichtenberg, Bernhard 45
Lifton, Robert Jay 87f., 99, 298
Löwenberg, Ilse 35
Luckner, Gertrud 203

Marcus, Anna Marie 141f.
Marcus, Carl 144, 146
Marcus, Emmanuel 142-144, 146f., 150
McDougall, William 213
McWilliams, Nancy 190, 260
Meerburg, Piet 245
Mendes, Aristides de Sousa 204, 207-209, 288
Mengele, Josef 237
Midlarsky, Elizabeth 77f.
Mihalcsik, Lajos 21, 25
Milgram, Stanley 12, 28f., 79, 293
Miller, Alice 252
Miller, Jean Baker 241
Misiuna, Wladyslaw 89
Monroe, Kristen 174
Muhe, Liselotte 157, 165
Mussolini, Benito 55

Neurath, Baron Ernst von 58
Neurath, Irmgard von 58-61, 64, 73, 275, 283
Neurath, Konstantin von 58
Neurath, Wendelgard von 58-60, 73, 251f., 258, 267, 283
Nicolini, Giuseppe Placido 187
Niemiec, Jerzy 290
Niemiec, Maria 158f., 256, 290
Niemöller, Martin 185
Ninute 160

Oliner 257
Opdyke, Irene Gut 68f., 179-184, 248, 254f., 257-260, 262, 264, 283

P., Annie 91f., 231, 267, 291

Paul 227f.
Perlasca, Giorgio 72f., 204-206, 279
Pétain, Henri 51
Piaget, J. (Jean) 240

Radke-Yarrow, Marian 258
Raviv, Dan 297
Reyndeers, Henri 21, 38
Ringelblum, Emmanuel 48
Roos Geerling, Anje 245, 254, 257f., 274f., 289
Roosevelt, Franklin 46, 67
Rosenhan, David 100
Rosenstein, Abraham 270f.
Rosenstein, Pesach 270f.
Roslan, Alexander 105, 122-137, 138, 158, 193, 258, 275, 278, 280
Roslan, Jurek 123, 127-129, 134f.
Roslan, Maria 123, 127
Roslan, Mela 123, 127f., 131-133, 135, 275, 280
Rosmus, Anja Elisabeth 294-296
Rubinek, Frania 154f.
Rubinek, Israel 154f., 267
Ruegemer Major 69, 180-184

Sagan, Eli 249f.
Salazar, António de Oliveira 208
Salemyanski, Shraga 10f.
Salzberg, Devora 89
Sanz-Briz, Angel 57, 72, 204f.
Sarah 160f., 229
Sauvage, Pierre 166
Savran, Bella 12
Schindler, Oskar 21, 26f., 61f., 73, 96, 98, 195f., 279, 285f.
Schmeling, Max 45
Schortinghuis, Maria 98
Schortinghuis, Wilto 79, 98, 102, 167, 179, 256
Schulweis, Harold 17, 30, 36
Schweitzer, Albert 179
Sendlerowa, Irena 203, 223, 245,
Shahar, Hanna 297
Simaite, Ona 38, 53
Simmel, Georg 210
Simon, Shushu 219
Slawson, John 12f., 28
Soares, Mário 209
Socha, Leopold 33, 269
Staden, Wendelgard von (siehe Neurath)
Stalin 113
Staub, Ervin 260
Steenstra, Albert (137-151), 137-140, 143f., 146-148, 150
Steenstra, Beatrice 137, 139, 147f., 150f.
Steenstra, Louisa 87, 105, 137-151, 275, 278
Stenekes, Berta 84, 101
Stenekes, John 84, 95f., 101, 277
Stenekes, Rosie 84
Stepanovicz Dr. 130
Stern, Itzhak 195f.
Strobos, Tina 29, 99
Subkowa, Franciczka 165
Sugihara, Sempo 204-207, 288
Susi 169f.
Suss, Frieda 45f., 248

Tarkes Frau 146f.
Tavris, Carol 239, 241, 243
Tec, Nechama 254
Trocmé, Andre 165, 285
Trocmé, Magda 22, 51, 165, 178, 285
Trocmé, Nelly 164, 261, 291

Van Binsbergen Pritchard, Marion 21, 23, 65, 76f., 275
Van Santen, Miep (siehe Gies, Miep)
Veeth, Johnny 70

Verhoeven, Michael 294
Vos, Aart 63, 83, 100f., 159, 193, 225, 251, 274f.
Vos, Floris 251
Vos, Johtje 51, 63, 83, 90, 100, 192f., 224-226, 229, 159, 244, 253, 262, 274
Voûte, Hetti Dutihl 210, 220-223, 245, 282
Vreedenburg, Marianne 70
Vreedenburg, Samuel 70, 197

W., Katrina 21, 38, 92
Wallenberg, Raoul 15, 21, 26f., 57, 72, 197, 204, 206, 288
Warmerdam, Esther 164, 169f., 227f., 230f., 280, 290
Weerstra, Martin 189f.
Weerstra, Theresa 61, 75, 84, 93, 175, 188-190
Weidner, Gabrielle 216, 276
Weidner, John 93, 101f., 215-217, 275f.
Westerweel, Joop 217-221, 230
Westerweel, Will 217-220, 230, 254f., 275
Wieberdink, Gisela 221-223
Wienken, Heinrich 186
Wlodek, Janusz 238
Wlodek, Krystn 238
Wlodek, Stanislaw 237f.
Wróblewski, Stefak 33
Wundheiler, Luitgard 41
Wyszyński, Stefan 284
Wywiad, Pania 233-237, 291

Yurkansky, Fegel 168f., 267

Z., Hanna 115f.
Zahajkewycz, Helena 229, 232, 255, 258
Zahajkewycz, Orest 232, 255, 258
Zahn-Waxler, Carolyn 250f., 258
Zak, Walentyna 257, 286
Zander, Alvin 214
Zassenhaus, Hiltgunt 96, 258f., 281